Das

Bürgerliche Gesetzbuch

mit Nebengesetzen

Für den akademischen und praktischen Gebrauch

herausgegeben von

Professor Dr. Ernst Jaeger

in Würzburg.

Nachtrag

zur

Ausgabe für Bayern.

München 1903

J. Schweitzer Verlag (Arthur Sellier).

Inhalt.

Nachtrag zu den Reichsgesetzen.

Nachtrag zum Bayerischen Landesrecht.

Berichtigungen und Abänderungen.*)

Seite 17 des Hauptbandes im § 121 Satz 2 muß es statt „Anwesenden" heißen „Abwesenden".

Seite 237 des Hauptbandes im § 1617 muß es statt „erzogen und unterhalten" heißen „erzogen oder unterhalten".

Seite 425 des Hauptbandes ist § 12 zu streichen (aufgehoben durch § 1 Gesetz vom 12. Juni 1889, R.G.Bl. S. 95).

Seite 544 des Hauptbandes im § 730 erste Zeile muß es statt § 727 Abs. 1 § 726 Abs. 1 heißen.

Seite 165 des Ergänzungsbandes muß es im § 52 Abs. 2 Nr. 2 statt „zweiten Jahres" heißen „dritten Jahres". (Gesetz zur Abänderung der Seemannsordnung vom 23. März 1903 R.G.Bl. S. 57.)

Vergleiche ferner zu	I 833	des Hauptbandes	**21**.
zu	I 919	„ „	**19**, 30.
zu	VI 961	„ „	**6**.
zu	XXI	„ „	**8**.
zu	XXVI 481, 547—549, 553. 749		**17**.
zu	XXXVII	des Hauptbandes	**11**.
zu	XLIV 104	„ „	**23**, 11 Abs. 1
zu	XLIV 132	„ „	**23**, 11 Abs. 2
zu	XLVII 1 Abs. 2 Satz 2	des Hauptbandes	**23**, 11 Abs. 1 des Ergänzungsbandes.

---

*) Es wird dringend empfohlen, diese Berichtigungen und Abänderungen vor dem Gebrauche der Sammlung an den betreffenden Stellen einzutragen.

Nachtrag

zu den Reichsgesetzen.

1. Das Gesetz, betreffend die Gleichberechtigung der Konfessionen in bürgerlicher und staatsbürgerlicher Beziehung, vom 3. Juli 1869.

(B.G.Bl. S. 292.)

Wir **Wilhelm**, von Gottes Gnaden König von Preußen ꝛc.

verordnen im Namen des Norddeutschen Bundes, nach erfolgter Zustimmung des Bundesrathes und des Reichstages, was folgt:

Einziger Artikel.

Alle noch bestehenden, aus der Verschiedenheit des religiösen Bekenntnisses hergeleiteten Beschränkungen der bürgerlichen und staatsbürgerlichen Rechte werden hiedurch aufgehoben. Insbesondere soll die Befähigung zur Theilnahme an der Gemeinde- und Landesvertretung und zur Bekleidung öffentlicher Aemter vom religiösen Bekenntniß unabhängig sein.

Urkundlich unter Unserer Höchsteigenhändigen Unterschrift und beigedrucktem Bundes-Insiegel.

Gegeben Schloß Babelsberg, den 3. Juli 1869.

Wilhelm.

Gr. v. Bismarck-Schönhausen.

2. Gesetz über das Postwesen des Deutschen Reichs vom 28. Oktober 1871

in der Fassung der Novellen vom 20. Dezember 1875 und vom 20. Dezember 1899.

(Reichsgesetzblatt 1871 S. 347—358, 1875 S. 318—322, 1899 S. 715—719.)

Abschnitt I.

Grundsätzliche Rechte und Pflichten der Post.

§ 1. Die Beförderung

1. aller versiegelten, zugenähten oder sonst verschlossenen Briefe,
2. aller Zeitungen politischen Inhalts, welche öfter als einmal wöchentlich erscheinen,

gegen Bezahlung von Orten mit einer Postanstalt nach anderen Orten mit einer Postanstalt des In- oder Auslandes auf andere Weise als durch die Post ist verboten. Hinsichtlich der politischen Zeitungen erstreckt dieses Verbot sich nicht auf den zweimeiligen Umkreis ihres Ursprungsortes.

Wenn Briefe und Zeitungen (Nr. 1 und 2) vom Auslande eingehen und nach inländischen Orten mit einer Postanstalt bestimmt sind, oder durch das Gebiet des Deutschen Reichs transitieren sollen, so müssen sie bei der nächsten inländischen Postanstalt zur Weiterbeförderung eingeliefert werden.

Unverschlossene Briefe, welche in versiegelten, zugenähten oder sonst verschlossenen Packeten befördert werden, sind den verschlossenen Briefen gleich zu achten. Es ist jedoch gestattet, versiegelten, zugenähten oder sonst verschlossenen Packeten, welche auf andere Weise, als durch die Post befördert werden, solche unverschlossene Briefe, Fakturen, Preiskurante, Rechnungen und ähnliche Schriftstücke beizufügen, welche den Inhalt des Packets betreffen.

§ 1a.[1]) Die §§ 1, 27, 28, 30 bis 33 dieses Gesetzes finden auch Anwendung auf verschlossene und solchen gleichzuachtende Briefe, die inner-

---

[1]) Die §§ 1a u. 2a sind neueingestellt durch Art. 2 der Novelle v. 20. Dezember 1899. (R.G.Bl. S. 715—719). Artikel 3 derselben bestimmt:

„Anstalten zur gewerbsmäßigen Einsammlung, Beförderung oder Vertheilung von unverschlossenen Briefen, Karten, Drucksachen und Waarenproben, die mit der Aufschrift bestimmter Empfänger versehen sind, dürfen vom 1. April 1900 ab nicht betrieben werden.

Zuwiderhandlungen werden mit Geldstrafe bis zu eintausendfünfhundert Mark oder mit Haft oder mit Gefängniß bis zu sechs Monaten bestraft.

Abgesehen von den bezeichneten Anstalten ist die gewerbsmäßige oder nicht gewerbsmäßige Beförderung von unverschlossenen politischen Zeitungen innerhalb der

halb der Gemeindegrenzen ihres mit einer Postanstalt versehenen Ursprungsorts verbleiben.

§ 2. Die Beförderung von Briefen und politischen Zeitungen (§ 1) gegen Bezahlung durch expresse Boten oder Fuhren ist gestattet. Doch darf ein solcher Expresser nur von Einem Absender abgeschickt sein, und dem Postzwange unterliegende Gegenstände weder von Anderen mitnehmen, noch für Andere zurückbringen.

§ 2a.[1]) Die Beförderung von verschlossenen Briefen im Ursprungsorte (§ 1a) gegen Bezahlung durch Boten, welche weder die Einsammlung von Briefen, Karten, Drucksachen, Zeitungen und Zeitschriften oder Waarenproben gewerbsmäßig betreiben, noch im Dienste einer Privatbeförderungsanstalt stehen, ist ohne die im § 2 vorgeschriebenen Einschränkungen gestattet.

Privatbeförderungsanstalten dürfen in eigener Angelegenheit verschlossene Briefe auch durch ihre Bediensteten befördern lassen.

§ 3. Die Annahme und Beförderung von Postsendungen darf von der Post nicht verweigert werden, sofern die Bestimmungen dieses Gesetzes und des Reglements (§ 50) beobachtet sind. Auch darf keine im Gebiete des Deutschen Reichs erscheinende politische Zeitung vom Postdebit ausgeschlossen und ebensowenig darf bei der Normirung der Provision, welche für die Beförderung und Debitirung der im Gebiete des Deutschen Reichs erscheinenden Zeitungen zu erheben ist, nach verschiedenen Grundsätzen verfahren werden. Die Post besorgt die Annahme der Pränumeration auf die Zeitungen, sowie den gesammten Debit derselben.

§ 4. (Novelle vom 20. Dezember 1875):

Art. 1. Der Eisenbahnbetrieb ist, soweit es die Natur und die Erfordernisse desselben gestatten, in die nothwendige Uebereinstimmung mit den Bedürfnissen des Postdienstes zu bringen.

Die Einlegung besonderer Züge für die Zwecke des Postdienstes kann jedoch von der Postverwaltung nicht beansprucht werden.

Bei Meinungsverschiedenheiten zwischen der Postverwaltung und den Eisenbahnverwaltungen über die Bedürfnisse des Postdienstes, die Natur und die Erfordernisse des Eisenbahnbetriebes entscheidet, soweit die Postverwaltung sich bei dem Ausspruche der Landes-Aufsichtsbehörde nicht beruhigt, der Bundesrath, nach Anhörung der Reichs-Postverwaltung und des Reichs-Eisenbahn-Amts.

Art. 2. Mit jedem für den regelmäßigen Beförderungsdienst der Bahn bestimmten Zuge ist auf Verlangen der Postverwaltung Ein von dieser gestellter Postwagen unentgeltlich zu befördern. Diese unentgeltliche Beförderung umfaßt:

Gemeindegrenzen eines Ortes, insbesondere auch wenn sie durch die Post oder durch Expreßboten dorthin befördert wurden, Jedermann gestattet, auch an Sonn- und Feiertagen während der Stunden, in denen die Kaiserliche Post bestellt."

Die Art. 4 u. 5 regeln die Entschädigung der bisherigen Privatbriefbeförderungsanstalten und ihrer Bediensteten. Die Art. 2 bis 5 sind nach Art. 6 am 1. April 1900 in Kraft getreten.

[1]) Siehe die Note zu § 1a

a) die Briefpostsendungen, Zeitungen, Gelder mit Einschluß des ungemünzten Goldes und Silbers, Juwelen und Pretiosen ohne Unterschied des Gewichts, ferner sonstige Poststücke bis zum Einzelngewichte von 10 Kilogramm einschließlich,
b) die zur Begleitung der Postsendungen, sowie zur Verrichtung des Dienstes unterwegs erforderlichen Postbeamten, auch wenn dieselben vom Dienste zurückkehren,
c) die Geräthschaften, deren die Postbeamten unterwegs bedürfen.

Für Poststücke, welche nicht unentgeltlich zu befördern sind, hat die Postverwaltung eine Frachtvergütung zu zahlen, welche nach der Gesammtmenge der auf der betreffenden Eisenbahn sich bewegenden zahlungspflichtigen Poststücke für den Achskilometer berechnet wird.

Die Mitbeförderung solcher Päckereien, welche nicht zu den Brief- und Zeitungspacketen gehören, soll bei Zügen, deren Fahrzeit besonders kurz bemessen ist, beschränkt oder ausgeschlossen werden, wenn dies von der Eisenbahn-Aufsichtsbehörde zur Wahrung der pünktlichen und sicheren Beförderung der betreffenden Züge für nothwendig erachtet wird, und andere zur Mitnahme der Päckereien geeignete Züge auf der betreffenden Bahn eingerichtet sind.

Art. 3. Auf Grund vorangegangener Verständigung kann an Stelle eines besonderen Postwagens eine Abtheilung eines Eisenbahnwagens gegen Erstattung der für Herstellung und Wiederbeseitigung der für die Zwecke des Postdienstes erforderlichen Einrichtungen von der Eisenbahnverwaltung aufgewendeten Selbstkosten, sowie gegen Zahlung einer Miethe für Hergabe und Unterhaltung benutzt werden, welche nach Artikel 6 Absatz 5 zu berechnen ist.

Art. 4. Bei solchen für den regelmäßigen Beförderungsdienst der Bahn bestimmten Zügen, welche nicht in der in den Artikeln 2 und 3 bezeichneten Weise zur Postbeförderung benutzt werden, kann die Postverwaltung entweder, insoweit dies nach dem Ermessen der Eisenbahnverwaltung zulässig ist, der letzteren Briefbeutel, sowie Brief- und Zeitungspackete zur unentgeltlichen Beförderung durch das Zugpersonal überweisen, oder die Beförderung von Briefbeuteln, sowie Brief- und Zeitungspacketen durch einen Postbeamten besorgen lassen, welchem der erforderliche Platz in einem Eisenbahnwagen unentgeltlich einzuräumen ist.

Art. 5. Reicht der eine Postwagen (Art. 2) oder die an Stelle für Postzwecke bestimmte Wagenabtheilung (Art. 3) für die Bedürfnisse des Postdienstes nicht aus, so sind die Eisenbahnverwaltungen auf rechtzeitige Anmeldung oder Bestellung gehalten, nach Wahl der Postverwaltung

mehrere Postwagen zur Beförderung zuzulassen,

oder der Postverwaltung zur Befriedigung des Mehrbedürfnisses geeignete Güterwagen oder einzelne geeignete Abtheilungen solcher Personenwagen, deren übrige Abtheilungen in dem betreffenden Zuge für Eisenbahnzwecke verwendbar sind, zu gestellen,

oder endlich die ihnen von der Postverwaltung überwiesenen Postsendungen zur eigenen Beförderung zu übernehmen.

Bei Zügen, auf denen die Beförderung von Postpäckereien ausgeschlossen oder beschränkt ist (Art. 2 Abs. 3), darf die Gestellung außerordentlicher Transportmittel seitens der Postverwaltung nicht beansprucht werden. Die Ueberweisung von Postsendungen an die Eisenbahnverwaltungen ist nur insoweit zulässig, als letztere sich bei dem betreffenden Zuge mit der Beförderung von Gütern (Eil- oder Frachtgütern) befaßt und die zu überweisenden Poststücke nicht in Geld- oder Werthsendungen bestehen.

Für die Beförderung eines zweiten oder mehrerer Postwagen, sowie für die Gestellung und Beförderung der erforderlichen Eisenbahn-Transportmittel ist von der Postverwaltung eine für den Achskilometer zu berechnende Vergütung, für die Beförderung der überwiesenen Poststücke aber die tarifmäßige Eisenbahn-Eilfrachtgebühr zu zahlen. Für die Mitbeförderung des etwa erforderlichen Postbegleitungspersonals und der Geräthschaften für den Dienst wird eine Vergütung nicht gezahlt.

Art. 6. Die für den regelmäßigen Dienst erforderlichen Eisenbahn-Postwagen werden für Rechnung der Postverwaltung beschafft.

Die Eisenbahnverwaltungen sind verbunden, die Unterhaltung, äußere Reinigung, das Schmieren und das Ein- und Ausrangieren dieser Wagen gegen eine den Selbstkosten entsprechende Vergütung zu bewirken.

Wenn die im regelmäßigen Dienst befindlichen Eisenbahn-Postwagen während des Stillagers auf den Bahnhöfen der Endstationen im Freien stehen bleiben, so ist dafür eine Vergütung nicht zu zahlen. Letzteres gilt auch für die Plätze auf den Bahnhöfen, welche der Postverwaltung zur Aufbewahrung der Perronwagen und sonstigen Geräthschaften für das Verladungsgeschäft angewiesen werden.

Unbeladene Postwagen sind gegen Erstattung der für Eisenbahn-Güterwagen tarifmäßig zu entrichtenden Frachtgebühr zu befördern. Für die Beförderung zur Eisenbahn-Reparaturwerkstatt und zurück findet eine Vergütung nicht statt.

Wenn Eisenbahn-Postwagen beschädigt oder laufunfähig werden, so sind die Eisenbahnverwaltungen gehalten, der Postverwaltung geeignete Güterwagen zur Aushülfe zu überlassen. Für diese Güterwagen hat die Postverwaltung die nämliche Miethe zu bezahlen, welche die betreffende Eisenbahnverwaltung im Verkehr mit benachbarten Bahnen für Benutzung fremder Wagen von gleicher Beschaffenheit entrichtet.

Desgleichen sind die theilweise von der Post benutzten Eisenbahnwagen (Art. 3), wenn sie laufunfähig werden, von den Eisenbahnverwaltungen auf ihre Kosten durch andere zu ersetzen.

Art. 7. Bei Errichtung neuer Bahnhöfe oder Stationsgebäude sind auf Verlangen der Postverwaltung die durch den Eisenbahnbetrieb bedingten, für die Zwecke des Postdienstes erforderlichen Diensträume mit den für den Postdienst etwa erforderlichen besonderen baulichen Anlagen von der Eisenbahnverwaltung gegen Miethsentschädigung zu beschaffen und zu unterhalten.

Dasselbe gilt bei dem Um- oder Erweiterungsbau bestehender Stationsgebäude, insofern durch die den Bau veranlassenden Verhältnisse eine Erweiterung oder Veränderung der Postdiensträume bedingt wird.

Bei dem Mangel geeigneter Privatwohnungen in der Nähe der Bahnhöfe sind die Eisenbahnverwaltungen gehalten, bei Aufstellung von Bauplänen zu Bahnhofsanlagen und bei dem Um- oder Erweiterungsbau von Stationsgebäuden auf die Beschaffung von Dienstwohnungsräumen für die Postbeamten, welche zur Verrichtung des durch den Eisenbahnbetrieb bedingten Postdienstes erforderlich sind, Rücksicht zu nehmen. Ueber den Umfang dieser Dienstwohnungsräume wird sich die Postverwaltung mit der Eisenbahnverwaltung und erforderlichen Falls mit der Landes-Aufsichtsbehörde in jedem einzelnen Falle verständigen. Für die Beschaffung und Unterhaltung der Dienstwohnungsräume hat die Postverwaltung eine Miethsentschädigung nach gleichen Grundsätzen wie für die Diensträume auf den Bahnhöfen zu entrichten.

Das Miethsverhältniß bezüglich der der Postverwaltung überwiesenen Dienst- und Dienstwohnungsräume auf den Bahnhöfen kann nur durch das Einverständniß beider Verwaltungen aufgelöst werden.

Werden bei Errichtung neuer Bahnhofsanlagen, sowie bei dem Um- oder Erweiterungsbau bestehender Stationsgebäude zur Unterbringung von Dienst- oder Dienstwohnungsräumen auf Verlangen der Postbehörde besondere Gebäude auf den Bahnhöfen hergestellt, so ist der erforderliche Bauplatz von den Eisenbahnverwaltungen gegen Erstattung der Selbstkosten zu beschaffen, der Bau und die Unterhaltung derartiger Gebäude aber aus der Postkasse zu bestreiten.

Art. 8. Wenn bei dem Betriebe einer Eisenbahn ein im Dienst befindlicher Postbeamter getödtet oder körperlich verletzt worden ist, und die Eisenbahnverwaltung den nach den Gesetzen ihr obliegenden Schadensersatz dafür geleistet hat, so ist die Postverwaltung verpflichtet, derselben das Geleistete zu ersetzen, falls nicht der Tod oder die Körperverletzung durch ein Verschulden des Eisenbahnbetriebs-Unternehmers oder einer der im Eisenbahnbetrieb verwendeten Personen herbeigeführt worden ist.

Art. 9. Der Reichskanzler ist ermächtigt, für Eisenbahnen mit schmalerer als der Normalspur, und für Eisenbahnen, bei welchen wegen ihrer untergeordneten Bedeutung das Bahnpolizei-Reglement für die Eisenbahnen Deutschlands nicht für anwendbar erachtet ist, die vorstehenden Verpflichtungen für die Zwecke des Postdienstes zu ermäßigen oder ganz zu erlassen.

Art. 10. Durch die von dem Reichskanzler, nach Anhörung der Reichs-Postverwaltung und des Reichs-Eisenbahn-Amts, unter Zustimmung des Bundesraths zu erlassenden Vollzugsbestimmungen werden die näheren Anordnungen über die Ausführung der vorstehenden Leistungen, sowie über die Festsetzung und die Berechnung der Vergütung für die gegen Entgelt zu gewährenden Leistungen getroffen.

Art. 11. Auf die bei Erlaß dieses Gesetzes bereits konzessionirten Eisenbahngesellschaften und deren zukünftig konzessionirte Erweiterungen durch Neubauten finden die vorstehenden Vorschriften insoweit Anwendung, als dies nach den Konzessionsurkunden zulässig ist. Im Uebrigen bewendet es für die Verbindlichkeiten der bereits konzessionirten Eisenbahngesellschaften bei den Bestimmungen der Konzessionsurkunden, und bleiben insbesondere in dieser Beziehung die bis dahin zur Anwendung gekommenen Vorschriften über den Umfang des Postzwanges und über die Verbindlichkeiten der Eisenbahnverwaltungen zu Leistungen für die Zwecke des Postdienstes maßgebend.

Die bereits konzessionirten Eisenbahngesellschaften sind jedoch berechtigt, an Stelle der ihnen konzessionsmäßig obliegenden Verpflichtungen für die Zwecke des Postdienstes die durch das gegenwärtige Gesetz angeordneten Leistungen zu übernehmen.

Art. 12. Die vertragsmäßige Vergütung, welche an das Großherzogthum Baden für Leistungen seiner Staatsbahnen zu den Zwecken des Postdienstes zu entrichten ist, wird, sofern nicht eine anderweite Vereinbarung erfolgt, bis zum Ablauf des Jahres 1879 weiter gezahlt. Bis dahin bleiben für die Leistungen der badischen Staatsbahnen zu Zwecken des Postdienstes die Bestimmungen des Reglements über die Verhältnisse der Post zu den Staatseisenbahnen vom 1. Januar 1868 maßgebend.

Im Uebrigen kommen die Vorschriften dieses Gesetzes auf die im Eigenthum des Reichs oder eines Bundesstaates befindlichen, sowie auf die in das Eigenthum des Reichs oder eines Bundesstaates übergehenden Eisenbahnen mit dem Inkrafttreten dieses Gesetzes zur Anwendung.

Art. 13. Dieses Gesetz tritt mit dem 1. Januar 1876 in Kraft. Dasselbe findet auf Bayern und Württemberg keine Anwendung.

§ 5. Das Briefgeheimniß ist unverletzlich. Die bei strafgerichtlichen Untersuchungen und in Konkurs- und civilprozessualischen Fällen nothwendigen Ausnahmen sind durch ein Reichsgesetz festzustellen.[1]) Bis zu dem Erlaß eines Reichsgesetzes werden jene Ausnahmen durch die Landesgesetze bestimmt.

Abschnitt II.

Garantie.

§ 6. Die Postverwaltung leistet dem Absender im Falle reglementsmäßig erfolgter Einlieferung Ersatz:

I. für den Verlust und die Beschädigung
   1. der Briefe mit Werthangabe,
   2. der Packete mit oder ohne Werthangabe;

II. für den Verlust der rekommandirten Sendungen, denen in dieser Beziehung Sendungen gleichgestellt werden, welche zur Beförderung durch Estafette eingeliefert sind.

Für einen durch verzögerte Beförderung oder Bestellung der unter I bezeichneten Gegenstände entstandenen Schaden leistet die Postverwaltung nur dann Ersatz, wenn die Sache durch die verzögerte Beförderung oder Bestellung verdorben ist, oder ihren Werth bleibend ganz oder theilweise verloren hat. Auf eine Veränderung des Kurses oder marktgängigen Preises wird jedoch hierbei keine Rücksicht genommen.

---

[1]) Vgl. § 121 K.O.

Die Verbindlichkeit der Postverwaltung zur Ersatzleistung bleibt ausgeschlossen, wenn der Verlust, die Beschädigung oder die verzögerte Beförderung oder Bestellung

a) durch die eigene Fahrlässigkeit des Absenders, oder

b) durch die unabwendbaren Folgen eines Naturereignisses, oder durch die natürliche Beschaffenheit des Gutes herbeigeführt worden ist, oder

c) auf einer auswärtigen Beförderungsanstalt sich ereignet hat, für welche die Postverwaltung nicht durch Konvention die Ersatzleistung ausdrücklich übernommen hat; ist jedoch in diesem Falle die Einlieferung bei einer deutschen Postanstalt erfolgt, und will der Absender seine Ansprüche gegen die auswärtige Beförderungsanstalt geltend machen, so hat die Postverwaltung ihm Beistand zu leisten.

Für die auf Postanweisungen eingezahlten Beträge leistet die Postverwaltung Garantie.

Für andere, als die vorstehend bezeichneten Gegenstände, insbesondere für gewöhnliche Briefe, wird weder im Falle eines Verlustes oder einer Beschädigung, noch im Falle einer verzögerten Beförderung oder Bestellung Ersatz geleistet.

§ 7. Wenn der Verschluß und die Verpackung der zur Post gegebenen Gegenstände bei der Aushändigung an den Empfänger äußerlich unverletzt und zugleich das Gewicht mit dem bei der Einlieferung ermittelten übereinstimmend befunden wird, so darf dasjenige, was bei der Eröffnung an dem angegebenen Inhalte fehlt, von der Postverwaltung nicht vertreten werden. Die ohne Erinnerung geschehene Annahme einer Sendung begründet die Vermuthung, daß bei der Aushändigung Verschluß und Verpackung unverletzt und das Gewicht mit dem bei der Einlieferung ermittelten übereinstimmend befunden worden ist.

§ 8. Wenn eine Werthangabe geschehen ist, so wird dieselbe bei der Feststellung des Betrages des von der Postverwaltung zu leistenden Schadenersatzes zum Grunde gelegt. Beweist jedoch die Postverwaltung, daß der angegebene Werth den gemeinen Werth der Sache übersteigt, so hat sie nur diesen zu ersetzen.

Ist in betrüglicher Absicht zu hoch deklarirt worden, so verliert der Absender nicht nur jeden Anspruch auf Schadenersatz, sondern ist auch nach den Vorschriften der Strafgesetze zu bestrafen.

§ 9. Wenn bei Packeten die Angabe des Werthes unterblieben ist, so vergütet die Postverwaltung im Falle eines Verlustes oder einer Beschädigung den wirklich erlittenen Schaden, jedoch niemals mehr, als Einen Thaler für jedes Pfund (= 500 Gramme) der ganzen Sendung. Packete, welche weniger als Ein Pfund wiegen, werden den Packeten zum Gewicht von Einem Pfund gleichgestellt und überschießende Pfundtheile für Ein Pfund gerechnet.

§ 10. Für eine rekommandirte Sendung, sowie für eine zur Beförderung durch Estafette eingelieferte Sendung (§ 6, II) wird dem Absender im Falle des Verlustes, ohne Rücksicht auf den Werth der Sendung, ein Ersatz von vierzehn Thalern gezahlt.

§ 11. Bei Reisen mit den ordentlichen Posten leistet die Postverwaltung Ersatz:

1. für den Verlust oder die Beschädigung des reglementsmäßig eingelieferten Passagiergutes nach Maßgabe der §§ 8 und 9, und
2. für die erforderlichen Kur- und Verpflegungskosten im Falle der körperlichen Beschädigung eines Reisenden, wenn dieselbe nicht erweislich durch höhere Gewalt oder durch eigene Fahrlässigkeit des Reisenden herbeigeführt ist.

Bei der Extrapostbeförderung wird weder für den Verlust oder die Beschädigung an Sachen, welche der Reisende bei sich führt, noch bei einer körperlichen Beschädigung des Reisenden Entschädigung von der Postverwaltung geleistet.

§ 12. Eine weitere, als die in den §§ 8, 9, 10 und 11 nach Verschiedenheit der Fälle bestimmte Entschädigung wird von der Postverwaltung nicht geleistet; insbesondere findet gegen dieselbe ein Anspruch wegen eines durch den Verlust oder die Beschädigung einer Sendung entstandenen mittelbaren Schadens oder entgangenen Gewinnes nicht statt.

§ 13. Der Anspruch auf Schadloshaltung gegen die Postverwaltung muß in allen Fällen gegen die Ober-Postdirektion, beziehungsweise gegen die mit deren Funktionen beauftragte Postbehörde gerichtet werden, in deren Bezirk der Ort der Einlieferung der Sendung oder der Ort der Einschreibung des Reisenden liegt.

§ 14. Der Anspruch auf Entschädigung an die Postverwaltung erlischt mit Ablauf von sechs Monaten, vom Tage der Einlieferung der Sendung oder vom Tage der Beschädigung des Reisenden an gerechnet. Diese Verjährung wird *nicht allein durch Anmeldung der Klage, sondern auch*[1]) durch Anbringung der Reklamation bei der kompetenten Postbehörde (§ 13) unterbrochen. Ergeht hierauf eine abschlägige Bescheidung, so beginnt vom Empfange derselben eine neue Verjährung, welche durch eine Reklamation gegen jenen Bescheid nicht unterbrochen wird.

§ 15. In Fällen des Krieges und gemeiner Gefahr ist die Postverwaltung befugt, durch öffentliche Bekanntmachung jede Vertretung abzulehnen und Briefe, sowie andere Sachen, nur auf Gefahr des Absenders zur Beförderung zu übernehmen. In solchem Falle steht jedoch dem Absender frei, sich ohne Rücksicht auf die Bestimmungen des § 1 jeder anderen Beförderungsgelegenheit zu bedienen.

Abschnitt III.

Besondere Vorrechte der Posten.

§ 16. Die ordentlichen Posten nebst deren Beiwagen, die auf Kosten des Staates beförderten Kuriere und Estafetten, die von Postbeförderungen ledig zurückkommenden Postfuhrwerke und Postpferde, die Briefträger und die Postboten sind von Entrichtung der Chausseegelder

---

[1]) Die kursiv gedruckten Worte sind aufgehoben durch § 13 Abs. 2 Nr. 4 E.G. z. C.P.O.

und anderen Kommunikationsabgaben befreit. Dasselbe gilt von Personenfuhrwerken, welche durch Privatunternehmer eingerichtet und als Ersatz für ordentliche Posten ausschließlich zur Beförderung von Reisenden und deren Effekten und von Postsendungen benützt werden.

Diese Befreiung findet auch, jedoch unbeschadet wohlerworbener Rechte, gegen die zur Erhebung solcher Abgaben berechtigten Korporationen, Gemeinden oder Privatpersonen statt.

§ 17. In besonderen Fällen, in denen die gewöhnlichen Postwege gar nicht oder schwer zu passiren sind, können die ordentlichen Posten, die Extraposten, Kuriere und Estafetten sich der Neben- und Feldwege, sowie der ungehegten Wiesen und Aecker bedienen, unbeschadet jedoch des Rechtes der Eigenthümer auf Schadenersatz.

§ 18. Gegen die ordentlichen Posten, Extraposten, Kuriere und Estafetten ist keine Pfändung erlaubt; auch darf dieselbe gegen einen Postillon nicht geübt werden, welcher mit dem ledigen Gespann zurückkehrt. Bei Zuwiderhandlungen ist eine Geldstrafe von zehn Silbergroschen bis zu zwanzig Thalern verwirkt.

§ 19. Jedes Fuhrwerk muß den ordentlichen Posten, sowie den Extraposten, Kurieren und Estafetten auf das übliche Signal ausweichen. Bei Zuwiderhandlungen ist eine Geldstrafe von zehn Silbergroschen bis zu zehn Thalern verwirkt.

§ 20.[1]) Das Inventarium der Posthaltereien darf im Wege des Arrestes oder der Exekution nicht mit Beschlag belegt werden.

§ 21. Wenn den ordentlichen Posten, Extraposten, Kurieren oder Estafetten unterwegs ein Unfall begegnet, so sind die Anwohner der Straße verbunden, denselben die zu ihrem Weiterkommen erforderliche Hülfe gegen vollständige Entschädigung schleunigst zu gewähren.

§ 22. Die vorschriftsmäßig zu haltenden Postpferde und Postillone dürfen zu den behufs der Staats- und Kommunalbedürfnisse zu leistenden Spanndiensten nicht herangezogen werden.

§ 23. Die Thorwachen, Thor-, Brücken- und Barrierebeamten sind verbunden, die Thore und Schlagbäume schleunigst zu öffnen, sobald der Postillon das übliche Signal giebt. Ebenso müssen auf dasselbe die Fährleute die Ueberfahrt unverzüglich bewirken. Bei Zuwiderhandlungen ist eine Geldstrafe von zehn Silbergroschen bis zu zehn Thalern verwirkt.

§ 24. Auf Requisition der Postbehörden haben die Polizei- und Steuerbeamten und deren Organe zur Verhütung und Entdeckung von Postübertretungen mitzuwirken.

§ 25. Die Postanstalten sind berechtigt, unbezahlt gebliebene Beträge an Personengeld, Porto und Gebühren nach den für die Beitreibung öffentlicher Abgaben bestehenden Vorschriften exekutivisch einziehen zu lassen.

---

[1]) Unanwendbarkeit im Konkurse: § 1 Abs. 2 K.O.

Die mit Beitreibung exekutionsreifer Forderungen im Allgemeinen betrauten Organe sind verpflichtet, die von den Postanstalten angemeldeten rückständigen Beträge an Personengeld, Porto und Gebühren im Wege der Hülfsvollstreckung einzuheben.

Dem Exequirten steht jedoch die Betretung des Rechtsweges offen.

§ 26. Die Beträge, welche in einer Sendung enthalten sind, die weder an den Adressaten bestellt, noch an den Absender zurückgegeben werden kann, oder welche aus dem Verkaufe der vorgefundenen Gegenstände gelöst werden, fließen nach Abzug des Portos und der sonstigen Kosten zur Postarmen- oder Unterstützungskasse. Meldet sich der Absender oder der Adressat später, so zahlt ihm die Postarmen- oder Unterstützungskasse die ihr zugeflossenen Summen, jedoch ohne Zinsen, zurück.

Nach gleichen Grundsätzen ist mit Beträgen, welche auf Postsendungen eingezahlt sind, und mit zurückgelassenen Passagier-Effekten zu verfahren.

Abschnitt IV.

Strafbestimmungen bei Post- und Porto-Defraudationen.

§ 27. Mit dem vierfachen Betrage des defraudirten Portos, jedoch niemals unter einer Geldstrafe von Einem Thaler, wird bestraft:

1. wer Briefe oder politische Zeitungen, den Bestimmungen der §§ 1 und 2 zuwider, auf andere Weise, als durch die Post, gegen Bezahlung befördert oder verschickt, erfolgt die Beförderung in versiegelten, zugenähten oder sonst verschlossenen Packeten, so trifft die Strafe den Beförderer nur dann, wenn er den verbotwidrigen Inhalt des Packets zu erkennen vermochte;
2. wer sich zu einer portopflichtigen Sendung einer, von der Entrichtung des Portos befreienden Bezeichnung bedient oder eine solche Sendung in eine andere verpackt, welche bei Anwendung einer vorgeschriebenen Bezeichnung portofrei befördert wird;
3. wer Postwerthzeichen nach ihrer Entwerthung zur Frankirung einer Sendung benutzt; inwiefern in diesem Falle wegen hinzugetretener Vertilgung des Entwerthungszeichens eine härtere Strafe verwirkt ist, wird nach den allgemeinen Strafgesetzen beurtheilt;
4. wer Briefe oder andere Sachen zur Umgehung der Portogefälle einem Postbeamten oder Postillon zur Mitnahme übergiebt.

In den unter Nr. 2 und 3 bestimmten Fällen ist die Strafe mit der Einlieferung der Sendung zur Post verwirkt.

§ 28. Im ersten Rückfalle wird die Strafe (§ 27) verdoppelt und bei ferneren Rückfällen auf das Vierfache erhöht.

Im Rückfalle befindet sich derjenige, welcher, nachdem er wegen einer der im § 27 bezeichneten Defraudationen vom Gerichte oder im Verwaltungswege (§§ 34, 35) bestraft worden, abermals eine dieser Defraudationen begeht.

Die Straferhöhung wegen Rückfalls tritt auch ein, wenn die frühere Strafe nur theilweise verbüßt, oder ganz oder theilweise erlassen ist, bleibt jedoch ausgeschlossen, wenn seit der Verbüßung oder dem Erlasse der letzten Strafe bis zur Begehung der neuen Defraudation drei Jahre verflossen sind.

§ 29. Wer wissentlich, um der Postkasse das Personengeld zu entziehen, uneingeschrieben mit der Post reist, wird mit dem vierfachen Betrage des defraudirten Personengeldes, jedoch niemals unter einer Geldstrafe von Einem Thaler, bestraft.

§ 30. Außer der Strafe muß in den Fällen des § 27 das Porto, welches für die Beförderung der Gegenstände der Post zu entrichten gewesen wäre, und in dem Falle des § 29 das defraudirte Personengeld gezahlt werden. In dem Falle des § 27 unter Nr. 1 haften der Absender und der Beförderer für das Porto solidarisch.

§ 31. Die Dauer der Haft, welche an die Stelle einer nicht beizutreibenden Geldstrafe tritt, ist vom Richter festzusetzen und darf sechs Wochen nicht übersteigen.

§ 32. Die Postbehörden und Postbeamten, welche eine Defraudation entdecken, sind befugt, die dabei vorgefundenen Briefe oder anderen Sachen, welche Gegenstand der Uebertretung sind, in Beschlag zu nehmen und so lange ganz oder theilweise zurückzuhalten, bis entweder die defraudirten Postgefälle, die Geldstrafe und die Kosten gezahlt oder durch Kaution sichergestellt sind.

§ 33. Die in den §§ 27 bis 29 bestimmten Geldstrafen fließen zur Postarmen- und Unterstützungskasse.

Abschnitt V.

Strafverfahren bei Post- und Porto-Defraudationen.

§ 34. Wenn eine Post- oder Porto-Defraudation entdeckt wird, so eröffnet die Ober-Postdirektion oder die mit den Funktionen der Ober-Postdirektion beauftragte Postbehörde mittelst besonderer Verfügung vor Einleitung eines förmlichen Verfahrens dem Angeschuldigten, welche Geldstrafe für von ihm verwirkt zu erachten sei, und stellt ihm hierbei frei, das fernere Verfahren und die Ertheilung eines Strafbescheides durch Bezahlung der Strafe und Kosten innerhalb einer präklusivischen Frist von zehn Tagen zu vermeiden. Leistet der Angeschuldigte hierauf die Zahlung ohne Einrede, so gilt die Verfügung als rechtskräftiger Strafbescheid; entgegengesetzten Falles erfolgt die Untersuchung und Entscheidung nach Maßgabe der §§ 35 bis 46.

§ 35. Die Untersuchung wird summarisch von den Postanstalten oder von den Bezirksaufsichtsbeamten geführt und darauf im Verwaltungswege von den Ober-Postdirektionen rc. entschieden. Diese können jedoch, so lange noch kein Strafbescheid erlassen worden ist, die Verweisung der Sache zum gerichtlichen Verfahren verfügen, und ebenso kann der Angeschuldigte während der Untersuchung bei der Postbehörde, und binnen zehn Tagen präklusivischer Frist, nach Eröffnung des von letzterer abgefaßten Strafbescheides, auf rechtliches Gehör antragen. Dieser Antrag ist an die Postbehörde zu richten. Der Strafbescheid wird alsdann als nicht ergangen angesehen.

Einer ausdrücklichen Anmeldung der Berufung auf rechtliches Gehör wird es gleich geachtet, wenn der Angeschuldigte auf die Vorladung der Postbehörde nicht erscheint oder die Auslassung vor derselben verweigert.

§ 36. Bei den Untersuchungen im Verwaltungswege werden die Betheiligten mündlich verhört und ihre Aussagen zu Protokoll genommen.

§ 37. Die Zustellungen und die Vorladungen geschehen durch die Beamten oder Unterbeamten der Postanstalten, oder auf deren Requisition nach den für gerichtliche Insinuationen bestehenden Vorschriften.

§ 38. Die Zeugen sind verbunden, den an sie von den Postbehörden ergehenden Vorladungen Folge zu leisten. Wer sich dessen weigert, wird dazu auf Requisition der Postbehörden durch das Gericht in gleicher Art, wie bei gerichtlichen Vorladungen, angehalten.

§ 39. In Sachen, wo die zu verhängende Geldstrafe den Betrag von fünfzig Thalern übersteigt, muß dem Angeschuldigten auf Verlangen eine Frist von acht Tagen bis vier Wochen zur Einreichung einer schriftlichen Vertheidigung gestattet werden.

§ 40. Findet die Ober-Postdirektion ꝛc. die Anwendung einer Strafe nicht begründet, so verfügt sie die Zurücklegung der Akten und benachrichtigt hiervon den Angeschuldigten.

§ 41. Dem Strafbescheide müssen die Entscheidungsgründe beigefügt sein. Auch ist darin der Angeschuldigte sowohl mit den ihm dagegen zustehenden Rechtsmitteln (§ 42), als auch mit der Straferhöhung, welche er beim Rückfalle (§ 28) zu erwarten hat, bekannt zu machen.

Der Strafbescheid ist durch die Postanstalt dem Angeschuldigten entweder zu Protokoll zu publiziren oder in der für die Vorladung vorgeschriebenen Form zu insinuiren.

§ 42. Der Angeschuldigte kann, wenn er von der Befugniß zur Berufung auf richterliche Entscheidung keinen Gebrauch machen will, gegen den Strafbescheid den Rekurs an die der Ober-Postdirektion ꝛc. vorgesetzte Behörde ergreifen. Dies muß jedoch binnen zehn Tagen präklusivischer Frist nach der Eröffnung des Strafbescheides geschehen und schließt fernerhin jedes gerichtliche Verfahren aus. Der Rekurs ist durch Anmeldung bei einer Postbehörde gewahrt.

Wenn mit der Anmeldung des Rekurses nicht zugleich dessen Rechtfertigung verbunden ist, so wird der Angeschuldigte durch die Postanstalt aufgefordert, die Ausführung seiner weiteren Vertheidigung in einem nicht über vier Wochen hinaus anzusetzenden Termine zu Protokoll zu geben oder bis dahin schriftlich einzureichen.

§ 43. Die Verhandlungen werden hiernächst zur Abfassung des Rekursresoluts an die kompetente Behörde eingesandt. Hat jedoch der Angeschuldigte zur Rechtfertigung des Rekurses neue Thatsachen oder Beweismittel, deren Aufnahme erheblich befunden wird, angeführt, so wird mit der Instruktion nach den für die erste Instanz gegebenen Bestimmungen verfahren.

§ 44. Das Rekursresolut, welchem die Entscheidungsgründe beizufügen sind, wird an die betreffende Postbehörde befördert und nach erfolgter Publikation oder Insinuation vollstreckt.

§ 45. Mit der Verurtheilung des Angeschuldigten zu einer Strafe, durch Strafbescheid oder Rekursresolut, ist zugleich die Verurtheilung desselben in die baaren Auslagen des Verfahrens auszusprechen.

Bei der Untersuchung im Verwaltungswege kommen, außer den baaren Auslagen an Porto, Stempel, Zeugengebühren 2c., keine Kosten zum Ansatz.

Der Angeschuldigte, welcher wegen Post- oder Porto-Defraudation zu einer Strafe gerichtlich verurtheilt wird, hat auch die durch das Verfahren im Verwaltungswege entstandenen Kosten zu tragen.

§ 46. Die Vollstreckung der rechtskräftigen Erkenntnisse geschieht nach den für die Vollstreckung strafgerichtlicher Erkenntnisse im Allgemeinen bestehenden Vorschriften, die Vollstreckung der Strafbescheide oder der Resolute aber von der Postbehörde; letztere hat dabei nach denjenigen Vorschriften zu verfahren, welche für die Exekution der im Verwaltungswege festgesetzten Geldstrafen ertheilt wird

Abschnitt VI.

Allgemeine Bestimmungen.

§ 47. Was ein Briefträger oder Postbote über die von ihm geschehene Bestellung auf seinen Diensteid anzeigt, ist so lange für wahr und richtig anzunehmen, bis das Gegentheil überzeugend nachgewiesen wird.

§ 48. Die Postverwaltung ist für die richtige Bestellung nicht verantwortlich, wenn der Adressat erklärt hat, die an ihn eingehenden Postsendungen selbst abzuholen oder abholen zu lassen. Auch liegt in diesem Falle der Postanstalt eine Prüfung der Legitimation desjenigen, welcher sich zur Abholung meldet, nicht ob, sofern nicht auf den Antrag des Adressaten zwischen diesem und der Postanstalt ein desfallsiges besonderes Abkommen getroffen worden ist.

§ 49. Die Postverwaltung ist, nachdem sie das Formular zum Ablieferungsscheine dem Adressaten reglementsmäßig hat ausliefern lassen, nicht verpflichtet, die Echtheit der Unterschrift und des etwa hinzugefügten Siegels unter dem mit dem Namen des Empfangsberechtigten unterschriebenen und beziehungsweise untersiegelten Ablieferungsscheine zu untersuchen. Ebensowenig braucht sie die Legitimation desjenigen zu prüfen, welcher unter Vorlegung des vollzogenen Ablieferungsscheines, oder bei Packeten ohne Werthangabe unter Vorlegung des reglementsmäßig ausgelieferten Begleitbriefes, die Aushändigung der Sendung verlangt.

§ 50.[1]) Durch ein von dem Reichskanzler zu erlassendes Reglement, welches mittelst der für die Publikation amtlicher Bekanntmachungen be-

[1]) Postordnung für das Reich vom 20. März 1900 (Centralblatt S. 53), für Bayern vom 27. März 1900 (G. u. V.Bl. S. 227), für Württemberg vom 21. März 1900 (Reg.Bl. S. 369).

stimmten Blätter zu veröffentlichen ist, werden die weiteren bei Benutzung der Postanstalt zu beobachtenden Vorschriften getroffen.

Diese Vorschriften gelten als Bestandtheil des Vertrages zwischen der Postanstalt und dem Absender, beziehungsweise Reisenden.

Das Reglement hat zu enthalten:

1. die Bedingungen für die Annahme aller behufs der Beförderung durch die Post eingelieferten Gegenstände;
2. das Maximalgewicht der Briefe und Packete;
3. die Bedingungen der Rückforderung von Seite des Absenders und die Vorschriften über die Behandlung unbestellbarer Sendungen;
4. die Bestimmungen wegen schließlicher Verfügung über die unanbringlichen Sendungen;
5. die Bezeichnung der für Beförderung durch die Post unzulässigen Gegenstände;
6. die Gebühren für Postanweisungen, Vorschußsendungen und sonstige Geldübermittelungen durch die Post, für Sendungen von Drucksachen, Waarenproben und Mustern, Korrespondenzkarten, rekommandirte Sendungen, für Zustellung von Sendungen mit Behändigungsscheinen, für Laufschreiben wegen Postsendungen und Ueberweisung der Zeitungen;
7. Anordnungen über die Art der Bestellung der durch die Post beförderten Gegenstände und die hierfür zu erhebenden Gebühren, insbesondere die Gebühren für Bestellung der Expreßsendungen, der Stadtbriefe und Packete, der Werthsendungen, ferner die Vorschriften über Estafettenbeförderung;
8. die Bedingungen für die Beförderung der Reisenden mit den ordentlichen Posten oder mit Extrapost, die Bestimmung des Personengeldes und der Gebühr für Beförderung von Passagiergut;
9. die näheren Anordnungen über Kontirung und Kreditirung von Porto, sowie die dafür zu entrichtenden Gebühren;
10. Anordnungen zur Aufrechthaltung der Ordnung, der Sicherheit und des Anstandes auf den Posten, in den Postlokalen und Passagierstuben.

Die unter Ziffer 2, 4 und 6 bezeichneten Anordnungen unterliegen der Beschlußfassung des Bundesrathes.

Für den inneren Postverkehr der Königreiche Bayern und Württemberg werden die reglementairen Anordnungen von den zuständigen Behörden dieser Staaten erlassen.

§ 51. Alle bisherigen allgemeinen und besonderen Bestimmungen über Gegenstände, worüber das gegenwärtige Gesetz verfügt, soweit jene Bestimmungen nicht auf den mit dem Auslande abgeschlossenen Staatsverträgen oder Konventionen beruhen, werden hierdurch aufgehoben.

§ 52. Das gegenwärtige Gesetz tritt mit dem 1. Januar 1872 in Kraft.

3. Gerichtskostengesetz.

Vom 18. Juni 1878 (R.G.Bl. S. 141) mit den Abänderungen vom 29. Juni 1881 (R.G.Bl. S. 178) und 17. Mai 1898 (R.G.Bl. S. 333) in der Fassung vom 20. Mai 1898 (R.G.Bl. S. 659).

Erster Abschnitt.

Allgemeine Bestimmungen.

§ 1. In den vor die ordentlichen Gerichte gehörigen Rechtssachen, auf welche die Civilprozeßordnung, die Strafprozeßordnung oder die Konkursordnung Anwendung findet, werden Gebühren und Auslagen der Gerichte nur nach Maßgabe dieses Gesetzes erhoben.

§ 2. Eine Erhebung von Stempeln und anderen Abgaben neben den Gebühren findet nicht statt.

Urkunden, von denen im Verfahren Gebrauch gemacht wird, sind nur insoweit einem Stempel oder einer anderen Abgabe unterworfen, als sie es ohne diesen Gebrauch sein würden.

Urkunden, welche im Verfahren errichtet werden, bleiben, soweit ihr Inhalt über den Gegenstand des Verfahrens hinausgeht, den allgemeinen Vorschriften über Erhebung von Stempeln oder anderen Abgaben unterworfen.

§ 3. In einem weiteren Umfange, als die Prozeßordnungen und dieses Gesetz es gestatten, darf die Thätigkeit der Gerichte von der Sicherstellung oder Zahlung der Gebühren oder Auslagen nicht abhängig gemacht werden.

§ 4. Ueber Erinnerungen des Zahlungspflichtigen oder der Staatskasse gegen den Ansatz von Gebühren oder Auslagen entscheidet das Gericht der Instanz gebührenfrei. Die Entscheidung kann von dem Gerichte, welches dieselbe getroffen hat, sowie von dem Gerichte der höheren Instanz von Amtswegen geändert werden.

Gegen die Entscheidung findet Beschwerde nach Maßgabe des § 567 Abs. 2 und der §§ 568 bis 575 der Civilprozeßordnung, in Strafsachen nach Maßgabe der §§ 346 bis 352 der Strafprozeßordnung statt.

Die Einlegung von Erinnerungen oder Beschwerden kann durch Erklärung zum Protokolle des Gerichtsschreibers oder schriftlich ohne Mitwirkung eines Anwalts erfolgen.

§ 5. Eine Nachforderung von Gerichtskosten wegen irrigen Ansatzes ist nur zulässig, wenn der berichtigte Ansatz vor Ablauf des nächsten Kalenderjahres nach rechtskräftiger oder endgültiger Erledigung des Verfahrens dem Zahlungspflichtigen eröffnet ist.

§ 6. Die Gerichte sind befugt, Gebühren, welche durch eine unrichtige Behandlung der Sache ohne Schuld der Betheiligten entstanden sind, niederzuschlagen, und für abweisende Bescheide, wenn der Antrag auf nicht anzurechnender Unkenntniß der Verhältnisse oder auf Unwissenheit beruht, Gebührenfreiheit zu gewähren.

§ 7. Der Mindestbetrag einer Gebühr ist zwanzig Pfennig.

Pfennigbeträge, welche ohne Bruch nicht durch zehn theilbar sind, werden auf den nächst höheren durch zehn theilbaren Betrag abgerundet.

Zweiter Abschnitt.

Gebühren in bürgerlichen Rechtsstreitigkeiten.

§ 8. In bürgerlichen Rechtsstreitigkeiten werdem die Gebühren nach dem Werthe des Streitgegenstandes erhoben.

Die volle Gebühr beträgt bei Gegenständen im Werthe:

1.	bis 20 Mark einschließlich					1 Mark,		
2.	von mehr als	20	bis	60	Mark einschließlich	2	„	40 Pf.
3.	„ „ „	60	„	120	„ „	4	„	60 „
4.	„ „ „	120	„	200	„ „	7	„	50 „
5.	„ „ „	200	„	300	„ „	11	„	
6.	„ „ „	300	„	450	„ „	15	„	
7.	„ „ „	450	„	650	„ „	20	„	
8.	„ „ „	650	„	900	„ „	26	„	
9.	„ „ „	900	„	1 200	„ „	32	„	
10.	„ „ „	1 200	„	1 600	„ „	38	„	
11.	„ „ „	1 600	„	2 100	„ „	44	„	
12.	„ „ „	2 100	„	2 700	„ „	50	„	
13.	„ „ „	2 700	„	3 400	„ „	56	„	
14.	„ „ „	3 400	„	4 300	„ „	62	„	
15.	„ „ „	4 300	„	5 400	„ „	68	„	
16.	„ „ „	5 400	„	6 700	„ „	74	„	
17.	„ „ „	6 700	„	8 200	„ „	81	„	
18.	„ „ „	8 200	„	10 000	„ „	90	„	

Die ferneren Werthsklassen steigen um je 2 000 Mark und die Gebühren um je 10 Mark.

§ 9. Für die Werthsberechnung sind die Vorschriften der Civilprozeßordnung §§ 3 bis 9 und der Konkursordnung § 148 mit den nachstehenden Bestimmungen maßgebend.

§ 9a. Ist das Bestehen oder die Dauer eines Pacht- oder Miethverhältnisses für einen längeren als einjährigen Zeitraum streitig, so wird der Werth auf den Betrag des einjährigen Zinses berechnet.

Bei Ansprüchen auf Alimente, welche auf gesetzlicher Vorschrift beruhen, wird der Werth des Rechts auf die wiederkehrenden Leistungen, falls nicht der Gesammtbetrag der geforderten Leistungen geringer ist, auf den fünffachen Betrag des einjährigen Bezugs berechnet. Das Gleiche gilt bei Ansprüchen auf Entrichtung einer Geldrente, welche nach den

§§ 843, 844 des Bürgerlichen Gesetzbuchs oder nach den §§ 3, 3a, 7 des Gesetzes, betreffend die Verbindlichkeit zum Schadenersatze für die bei dem Betriebe von Eisenbahnen, Bergwerken u. s. w. herbeigeführten Tödtungen und Körperverletzungen, vom 7. Juni 1871 erhoben werden.

Ist für die Dauer des Rechtsstreits, welcher eine Ehesache betrifft, über die Unterhaltspflicht der Ehegatten zu entscheiden, so wird der Werth des Rechts auf Entrichtung einer Geldrente auf den einjährigen Betrag derselben berechnet.

§ 10. Bei nicht vermögensrechtlichen Ansprüchen wird der Werth des Streitgegenstandes zu 2000 Mark, ausnahmsweise niedriger oder höher, jedoch nicht unter 200 Mark und nicht über 50000 Mark angenommen.

Ist mit einem nicht vermögensrechtlichen Anspruch ein aus ihm hergeleiteter vermögensrechtlicher verbunden, so ist nur Ein Anspruch, und zwar der höhere maßgebend.

§ 10a. Im Falle des § 254 der Civilprozeßordnung ist für die Werthsberechnung nur einer der verbundenen Ansprüche, und zwar der höhere maßgebend.

§ 11. Soweit Klage und Widerklage, welche nicht in getrennten Prozessen verhandelt werden, denselben Streitgegenstand betreffen, sind die Gebühren nach dem einfachen Werthe dieses Gegenstandes zu berechnen. Soweit beide Klagen nicht denselben Streitgegenstand betreffen, sind die Gegenstände zusammenzurechnen.

Das Gleiche gilt für wechselseitig eingelegte Rechtsmittel, welche nicht in getrennten Prozessen verhandelt werden.

§ 12. Für Akte, welche einen Theil des Streitgegenstandes betreffen, sind die Gebühren nur nach dem Werthe dieses Theils zu berechnen.

Sind von einzelnen Werthstheilen in derselben Instanz für gleiche Akte Gebühren zu berechnen, so darf nicht mehr erhoben werden, als wenn die Gebühr von dem Gesammtbetrage der Werthstheile zu berechnen wäre; treten für die Akte verschiedene Gebührensätze ein, so ist der höchste Satz maßgebend.

§ 13. Für Akte, welche Früchte, Nutzungen, Zinsen, Schäden oder Kosten als Nebenforderungen ohne den Hauptanspruch betreffen, ist der Werth der Nebenforderungen insoweit maßgebend, als er den Werth des Hauptanspruchs nicht übersteigt.

Für Akte der Zwangsvollstreckung wegen einer Geldforderung werden die einzuziehenden Zinsen mitberechnet.

Für Akte, welche die Kosten des Rechtsstreits ohne den Hauptanspruch betreffen, ist der Betrag der Kosten maßgebend.

§ 14. Bei jedem Antrag ist der Werth des Streitgegenstandes, sofern derselbe nicht in einer bestimmten Geldsumme besteht oder aus früheren Anträgen erhellt, und auf Erfordern auch der Werth eines Theils desselben schriftlich oder zum Protokolle des Gerichtsschreibers anzugeben.

Die Angabe kann jederzeit berichtigt werden.

§ 15. Die zum Zwecke der Entscheidung über die Zuständigkeit des Prozeßgerichts oder die Zulässigkeit des Rechtsmittels erfolgte Festsetzung des Werthes ist, unbeschadet der Vorschrift des § 9a, für die Berechnung der Gebühren maßgebend.

§ 16. Soweit eine Entscheidung in Gemäßheit des § 15 nicht stattfindet, und nach der Natur des Streitgegenstandes oder durch den Antrag einer Partei die Festsetzung des Werthes erforderlich wird, erfolgt dieselbe gebührenfrei durch Beschluß des Prozeßgerichts, bei der Zwangsvollstreckung, falls der Werth noch nicht festgesetzt ist, durch Beschluß des Vollstreckungsgerichts. Die Festsetzung kann von dem Gerichte, welches dieselbe getroffen hat, sowie von dem Gerichte der höheren Instanz im Laufe des Verfahrens von Amtswegen geändert werden.

Gegen den Beschluß findet Beschwerde nach Maßgabe des § 567 Abs. 2 und der §§ 568 bis 575 der Civilprozeßordnung sowie des § 4 Abs. 3 dieses Gesetzes statt.

§ 17. Wird eine Abschätzung durch Sachverständige erforderlich, so ist in dem Beschlusse, durch welchen der Werth festgesetzt wird (§ 16), über die Kosten der Abschätzung zu entscheiden. Dieselben können ganz oder theilweise der Partei zur Last gelegt werden, welche durch Unterlassung der ihr obliegenden Werthsangabe oder durch unrichtige Werthsangabe, unbegründetes Bestreiten der Werthsangabe oder unbegründete Beschwerde die Abschätzung veranlaßt hat.

§ 18. Die volle Gebühr (§ 8) wird erhoben:
1. für die kontradiktorische mündliche Verhandlung (Verhandlungsgebühr);
2. für die Anordnung einer Beweisaufnahme (Beweisgebühr);
3. für eine andere Entscheidung (Entscheidungsgebühr).

§ 19. Die Verhandlung gilt als kontradiktorisch im Sinne des § 18 Nr. 1, soweit in derselben von beiden Parteien einander widersprechende Anträge gestellt werden.

§ 20. Die Verhandlungsgebühr kommt auch zur Erhebung:
1. für eine nicht kontradiktorische mündliche Verhandlung in Ehesachen, in Rechtsstreitigkeiten, welche die Feststellung des Rechtsverhältnisses zwischen Eltern und Kindern zum Gegenstande haben, in den vor die Landgerichte gehörigen Entmündigungssachen und in dem Verfahren über die gegen eine Todeserklärung erhobene Anfechtungsklage, sofern der Kläger verhandelt;
2. für die Verhandlung im vorbereitenden Verfahren (Civilprozeßordnung §§ 348 bis 354).

§ 21. Die Verhandlungsgebühr wird nicht erhoben, soweit ein zur Beilegung des Rechtsstreits abgeschlossener Vergleich aufgenommen oder auf Grund eines Anerkenntnisses oder Verzichts eine Entscheidung erlassen wird, ohne daß die Anordnung einer Beweisaufnahme oder eine andere gebührenpflichtige Entscheidung vorhergegangen ist.

§ 22. Die Beweisgebühr (§ 18 Nr. 2) wird nur zur Hälfte erhoben, wenn die angeordnete Beweisaufnahme weder ganz noch theilweise stattgefunden hat.

Dasselbe findet statt, soweit bezüglich des durch die Beweisanordnung betroffenen Gegenstandes ein zur Beilegung des Rechtsstreits abgeschlossener Vergleich aufgenommen oder auf Grund eines Anerkenntnisses oder Verzichts eine Entscheidung erlassen wird.

§ 23. Nur drei Zehntheile der Entscheidungsgebühr werden erhoben für die auf Grund eines Anerkenntnisses oder Verzichts erlassene Entscheidung.

Die Entscheidungsgebühr wird zu drei Zehntheilen auch für die Aufnahme eines zur Beilegung des Rechtsstreits abgeschlossenen Vergleichs erhoben.

§ 24. Ein bedingtes Urtheil (Civilprozeßordnung § 460) gilt für die Gebührenerhebung als Beweisanordnung; das Urtheil, durch welches das bedingte Urtheil erledigt wird (Civilprozeßordnung § 462 Abs. 2), als Entscheidung im Sinne des § 18 Nr. 3.

Ist jedoch das bedingte Urtheil in der Instanz, in welcher es ergangen ist, bis zum Eintritt der Fälligkeit der Gebühren nicht erledigt, so wird für dasselbe die Entscheidungsgebühr erhoben, vorbehaltlich der Berichtigung des Gebührenansatzes nach Maßgabe der Vorschriften des ersten Absatzes für den Fall einer nachträglichen Erledigung des Urtheils in derselben Instanz.

§ 25. Sechs Zehntheile der Gebühr (§§ 18 bis 24) werden erhoben, wenn der Akt im Urkunden- oder Wechselprozesse (Civilprozeßordnung §§ 592 bis 605) erfolgt.

§ 26. Fünf Zehntheile der Gebühr (§§ 18 bis 24) werden erhoben, wenn der Akt ausschließlich betrifft:

1. prozeßhindernde Einreden (Civilprozeßordnung § 274);
2. die Unzuständigkeit des Gerichts, die Unzulässigkeit des Rechtswegs, den Mangel der Parteifähigkeit, der Prozeßfähigkeit, der Legitimation eines gesetzlichen Vertreters oder der erforderlichen Ermächtigung zur Prozeßführung, sofern dieselben von Amtswegen berücksichtigt sind (Gerichtsverfassungsgesetz § 17 Abs. 1, Civilprozeßordnung §§ 40, 56);
3. die Entlassung des Beklagten aus dem Rechtsstreite (Civilprozeßordnung §§ 75 bis 77), oder die Uebernahme des Rechtsstreits durch den Rechtsnachfolger (Civilprozeßordnung § 266);
4. die Aufnahme eines unterbrochenen oder ausgesetzten Verfahrens (Civilprozeßordnung §§ 239 bis 250);
5. die Zulässigkeit der Wiedereinsetzung in den vorigen Stand, der Berufung, Revision oder der Wiederaufnahme des Verfahrens oder die Zurücknahme eines Rechtsmittels (Civilprozeßordnung §§ 238, 515 Abs. 3, §§ 535, 566, 589);
6. den Einspruch (Civilprozeßordnung §§ 341, 345, 346, 700), sowie die gegen ein Versäumnißurtheil eingelegten Rechtsmittel (Civilprozeßordnung § 513 Abs. 2, § 566);
7. die vorläufige Vollstreckbarkeit eines Urtheils;
8. die Ertheilung der Vollstreckungsklausel, sofern sie im Wege der Klage beantragt oder angefochten wird (Civilprozeßordnung §§ 731, 738,

742, 744, 745 Abs. 2, §§ 749, 768), oder Einwendungen gegen die Zwangsvollstreckung, welche den Anspruch selbst betreffen, sofern der § 767 Abs. 2 oder § 796 Abs. 2 der Civilprozeßordnung Anwendung findet, oder die Zulassung der Zwangsvollstreckung aus dem Urtheil eines ausländischen Gerichts oder aus einem Schiedsspruche (Civilprozeßordnung § 722, 1042);

9. die Anordnung, Abänderung oder Aufhebung eines Arrestes oder einer einstweiligen Verfügung, sofern die Entscheidung durch Endurtheil zu treffen ist (Civilprozeßordnung § 922 Abs. 1, §§ 925, 926, Abs. 2, §§ 927, 936);
10. die Unzulässigkeit des schiedsrichterlichen Verfahrens oder die Aufhebung eines Schiedsspruchs (Civilprozeßordnung § 1046).

Ist in den Fällen der Nr. 1, 2 der Kläger abgewiesen, oder in Fällen der Nr. 5, 6 die Wiedereinsetzung, Berufung, Revision, Wiederaufnahme oder der Einspruch als unzulässig verworfen, so werden auch für eine Verhandlung zur Hauptsache nur fünf Zehntheile der Gebühr erhoben, sofern die Entscheidung auf diese Verhandlung ergangen ist.

§ 27. Drei Zehntheile der Gebühr (§§ 18 bis 24 werden erhoben, wenn der Akt betrifft:

1. die Zulässigkeit einer Nebenintervention (Civilprozeßordnung § 71);
2. die Zwangsvollstreckung zur Erwirkung von Handlungen oder Unterlassungen (Civilprozeßordnung §§ 887 bis 891).

§ 28. Jede der im § 18 bezeichneten Gebühren wird in jeder Instanz rücksichtlich eines jeden Theils des Streitgegenstandes nur einmal erhoben. Treffen für gleiche Akte die volle Gebühr und die Gebühr des § 26 rücksichtlich desselben Streitgegenstandes zusammen, so kommt nur die volle Gebühr zur Erhebung.

§ 29. Wird die Ergänzung eines Urtheils beantragt (Civilprozeßordnung § 321), so findet, soweit der Antrag nicht zurückgewiesen wird, die Bestimmung des § 12 Anwendung; soweit der Antrag zurückgewiesen wird kommen fünf Zehntheile der Gebühr (§§ 18 bis 24) zur Erhebung.

§ 30. Verweist das Amtsgericht einen Rechtsstreit vor das Landgericht, weil durch Widerklage oder durch Erweiterung des Klagantrags ein Anspruch erhoben ist, welcher zur Zuständigkeit der Landgerichte gehört, oder die Feststellung eines Rechtsverhältnisses beantragt worden ist, für welches die Landgerichte zuständig sind (Civilprozeßordnung § 506), so bildet das weitere Verfahren vor dem Landgerichte mit dem Verfahren vor dem Amtsgericht im Sinne des § 28 Eine Instanz.

Das Gleiche gilt, wenn der Einspruch gegen einen Vollstreckungsbefehl von dem Amtsgerichte für zulässig befunden und die Klage während der Rechtshängigkeit des Anspruchs bei dem Landgericht erhoben ist (Civilprozeßordnung § 700), für das amtsgerichtliche Verfahren über die Zulässigkeit des Einspruchs und das Verfahren vor dem Landgerichte.

§ 31. Wird eine Sache zur anderweiten Verhandlung an das Gericht unterer Instanz zurückverwiesen (Civilprozeßordnung §§ 538, 539,

565), so bildet das weitere Verfahren mit dem früheren Verfahren vor diesem Gericht im Sinne des § 28 Eine Instanz.

§ 32. Das Verfahren in Folge des Einspruchs gegen ein Versäumnißurtheil gilt im Sinne des § 28 als neue Instanz, insoweit der Einspruch verworfen, zurückgenommen oder nicht verhandelt wird (Civilprozeßordnung §§ 341, 345, 346).

Gilt das Verfahren als Fortsetzung der Instanz, so wird durch die Gebühr für das Versäumnißurtheil eine andere Entscheidungsgebühr derselben Instanz nicht ausgeschlossen.

§ 33. Das ordentliche Verfahren, welches nach der Abstandnahme vom Urkunden- oder Wechselprozesse, sowie nach dem mit Vorbehalt in demselben erlassenen Urtheil anhängig bleibt (Civilprozeßordnung §§ 596, 600), gilt für die Gebührenerhebung als besonderer Rechtsstreit.

§ 34. Drei Zehntheile der Gebühr (§ 8) werden erhoben für die Entscheidung einschließlich des Verfahrens:

1. über Anträge auf Entmündigung oder Wiederaufhebung einer Entmündigung, soweit die Amtsgerichte zuständig sind (Civilprozeßordnung §§ 645 bis 662, 675 bis 678, 680 bis 683, 685);
2. über die Ernennung oder Ablehnung eines Schiedsrichters, das Erlöschen eines Schiedsvertrags oder die Anordnung der von Schiedsrichtern für erforderlich erachteten richterlichen Handlungen (Civilprozeßordnung § 1045).

§ 35. Zwei Zehntheile der Gebühr (§ 8) werden erhoben für die Entscheidung, einschließlich des vorangegangenen Verfahrens, über Anträge:

1. auf vorläufige Einstellung, Beschränkung oder Aufhebung einer Zwangsvollstreckung (Civilprozeßordnung §§ 707, 719, 769, 771 Abs. 3, §§ 785, 786, 805, Abs. 4, § 810 Abs. 2);
2. auf gerichtliche Handlungen der Zwangsvollstreckung (Civilprozeßordnung §§ 764, 791, 822, 823, 825, 828, 829 Abs. 1, §§ 835, 839, 844, 846 bis 848, 857, 858, 885 Abs. 4, §§ 886, 900 Abs. 3, §§ 901, 930 Abs. 3);
3. auf Anordnung oder Aufhebung eines Arrestes oder einer einstweiligen Verfügung (Civilprozeßordnung §§ 921, 922, 934, 936 bis 944), soweit nicht nachträglich eine Gebühr des § 26 Nr. 9 zur Erhebung kommt;

sowie

4. über Anträge, Einwendungen oder Erinnerungen, welche die Art und Weise der Zwangsvollstreckung oder das bei derselben vom Gerichtsvollzieher zu beobachtende Verfahren oder die von ihm in Ansatz gebrachten Kosten oder die Weigerung desselben betreffen, einen Vollstreckungsauftrag zu übernehmen oder eine Vollstreckungshandlung dem Auftrage gemäß auszuführen (Civilprozeßordnung § 766).

§ 36. Für die Entscheidung, einschließlich des Verfahrens, über Anträge auf Sicherung des Beweises (Civilprozeßordnung §§ 485 bis 494) werden drei Zehntheile der Gebühr (§ 8) und, wenn eine Beweisaufnahme stattfindet, fünf Zehntheile der Gebühr erhoben.

§ 37. Im Mahnverfahren werden erhoben:

1. zwei Zehntheile der Gebühr (§ 8) für die Entscheidung über das Gesuch um Erlassung des Zahlungsbefehls (Civilprozeßordnung §§ 691, 692);
2. ein Zehntheil der Gebühr (§ 8) für die Entscheidung über das Gesuch um Erlassung des Vollstreckungsbefehls (Civilprozeßordnung § 699).

Wird ein Gesuch um Erlassung des Zahlungsbefehls zurückgewiesen, weil der Zahlungsbefehl in Ansehung eines Theils des Anspruchs nicht erlassen werden kann (Civilprozeßordnung § 691 Abs. 2), so ist die Gebühr nur nach dem Werthe dieses Theils zu berechnen.

Soweit die Kosten des Mahnverfahrens als Theil der Kosten eines entstehenden Rechtsstreits anzusehen sind (Civilprozeßordnung § 698), wird die im Falle der Nr. 1 erhobene Gebühr auf die Gebühr des entstehenden Rechtsstreits angerechnet.

§ 38. Ein Zehntheil der Gebühr (§ 8) wird erhoben für die Entscheidung, einschließlich des vorangegangenen Verfahrens, über Anträge:

1. auf Festsetzung der vom Gegner zu erstattenden Prozeßkosten, sofern dieselbe im besonderen Verfahren erfolgt (Civilprozeßordnung § 105), oder auf Abänderung der Kostenfestsetzung (Civilprozeßordnung § 107);
2. auf Bestimmung einer Frist zur Rückgabe und auf Anordnung der Rückgabe einer Sicherheit in den Fällen des § 109 Abs. 1, 2 der Civilprozeßordnung;
3. auf Ertheilung der Vollstreckungsklausel in den Fällen, in welchen dieselbe auf Anordnung des Vorsitzenden zu erfolgen hat, oder auf Zurücknahme der Vollstreckungsklausel, sofern diese Anträge nicht im Wege der Klage gestellt werden (Civilprozeßordnung §§ 726 bis 730, 732, 738, 742, 744, 745 Abs. 2, §§ 749, 795, 796 Abs. 1, § 797 Abs. 3, § 929), oder auf Ertheilung einer weiteren vollstreckbaren Ausfertigung (Civilprozeßordnung § 733).

§ 39. Jede der im § 27 bezeichneten Streitigkeiten, sowie jedes Verfahren über die in den §§ 34 bis 38 bezeichneten Anträge, Einwendungen oder Erinnerungen gilt für die Gebührenerhebung als besonderer Rechtsstreit.

Betreffen mehrere gerichtliche Handlungen der Zwangsvollstreckung (§ 35 Nr. 2) wegen desselben Anspruchs denselben Gegenstand, so kommt die Gebühr nur einmal zur Erhebung.

Die im besonderen Verfahren erfolgte Festsetzung der Kosten und die Abänderung der Kostenfestsetzung (§ 38 Nr. 1) gelten als Ein Rechtsstreit. Das Gleiche gilt von dem Verfahren über die im § 38 Nr. 2 bezeichneten Anträge.

§ 40. Für das durch den Gerichtsschreiber an die Post gerichtete Ersuchen um Bewirkung einer Zustellung (Civilprozeßordnung § 196) ist die einem Gerichtsvollzieher für den gleichen Akt zustehende Gebühr als Gerichtsgebühr zu erheben, sofern nicht die Zustellung von Amtswegen bewirkt wird.

§ 41. Für einen in Gemäßheit des § 510 der Civilprozeßordnung stattgehabten Sühnetermin, einschließlich des in demselben etwa aufgenommenen Vergleichs, werden drei Zehntheile der Gebühr (§ 8) erhoben.

Die Gebühr wird, wenn der Gegner desjenigen, welcher zum Sühnetermin geladen hat, nicht erschienen oder der Sühneversuch erfolglos geblieben ist, auf die Gebühren eines entstehenden Rechtsstreits angerechnet.

§ 42. Für das Vertheilungsverfahren (Civilprozeßordnung § 858 Abs. 6, §§ 872 bis 877, 882) werden fünf Zehntheile und, wenn das Verfahren vor dem Termine zur Ausführung der Vertheilung erledigt wird, drei Zehntheile der Gebühr (§ 8) erhoben.

§ 43. Für die Verhandlung in dem zur Abnahme des Offenbarungseides bestimmten Termine werden im Falle des § 889 der Civilprozeßordnung zwei Zehntheile der Gebühr (§ 8) erhoben.

Das Gleiche gilt für die Fälle der §§ 900, 901 der Civilprozeßordnung, sofern nicht über einen Widerspruch des Schuldners oder über einen spätestens im Termine gestellten Antrag auf Erzwingung der Eidesleistung zu entscheiden ist.

§ 44. Im Aufgebotsverfahren (Civilprozeßordnung §§ 946 bis 956, 959 bis 972, 977 bis 1024) wird ein Zehntheil der Gebühr (§ 8) erhoben:

1. für die Entscheidung über die Zulässigkeit des Antrags auf Erlassung des Aufgebots;
2. für die vor der Einleitung des Aufgebotsverfahrens erfolgende Entscheidung über den Antrag auf Anordnung der Zahlungssperre;
3. für die Verhandlung im Aufgebotstermine;
4. für die Endentscheidung.

§ 45. Drei Zehntheile der Gebühr (§ 8) werden erhoben für die Entscheidung, einschließlich des vorangegangenen Verfahrens, in der Beschwerdeinstanz, soweit die Beschwerde als unzulässig verworfen oder zurückgewiesen wird oder die Kosten des Verfahrens einem Gegner zur Last fallen. Insoweit dies nicht der Fall ist, werden Gebühren nicht erhoben.

Diese Vorschrift kommt bei Anträgen auf Aenderung einer Entscheidung des beauftragten oder ersuchten Richters oder des Gerichtsschreibers (Civilprozeßordnung § 576) zur entsprechenden Anwendung.

§ 46. Wird eine Klage, ein Antrag, ein Einspruch oder ein Rechtsmittel zurückgenommen, bevor ein gebührenpflichtiger Akt stattgefunden hat, so wird ein Zehntheil der Gebühr erhoben, welche für die beantragte Entscheidung oder im Falle des § 43 für die beantragte Verhandlung zu erheben sein würde.

Diese Gebühr wird nicht erhoben, wenn ein zur Terminsbestimmung eingereichter Schriftsatz vor Bestimmung des Termins zurückgezogen ist.

Betrifft die Zurücknahme nur einen Theil des Streitgegenstandes, während über einen anderen Theil verhandelt, entschieden oder ein Vergleich aufgenommen wird, so ist die Gebühr für die Zurücknahme nur insoweit zu erheben, als die Verhandlungsgebühr oder die Entscheidungsgebühr sich erhöht haben würde, wenn die Verhandlung, die Entscheidung oder der Vergleich auf den zurückgenommenen Theil erstreckt worden wäre.

§ 47. Gebühren werden nicht erhoben für die Verhandlung und Entscheidung:

1. über die Prozeß- oder Sachleitung, einschließlich der Bestimmung oder Aenderung von Terminen und Fristen;
2. über die Bewilligung oder Entziehung des Armenrechts, sowie die Verpflichtung zur Nachzahlung von Kosten (Civilprozeßordnung § 126);
3. über die Zuständigkeit des obersten Landesgerichts (§ 7 des Einführungsgesetzes zur Civilprozeßordnung) oder der Kammer für Handelssachen (Gerichtsverfassungsgesetz §§ 103 bis 106), über die Bestimmung des zuständigen Gerichts (Civilprozeßordnung § 36), die Uebernahme eines Entmündigungsverfahrens (Civilprozeßordnung § 650 Abs. 3, § 651 Abs. 2), die Bestimmung eines Gerichtsvollziehers (Civilprozeßordnung § 827 Abs. 1, § 854 Abs. 1) oder eines Sequesters (Civilprozeßordnung §§ 848, 855);
4. über die Ablehnung eines Richters, eines Gerichtsschreibers oder eines Sachverständigen (Civilprozeßordnung §§ 42 bis 49, 406);
5. über die Verpflichtung eines Gerichtsschreibers, gesetzlichen Vertreters, Rechtsanwalts oder anderen Bevollmächtigten, sowie eines Gerichtsvollziehers zur Tragung der durch Verschulden derselben veranlaßten Kosten (Civilprozeßordnung § 102);
6. über die Verpflichtung eines Rechtsanwalts zur Zurückgabe einer vom Gegner ihm mitgetheilten Urkunde (Civilprozeßordnung § 135);
7. über die Verpflichtung zur Abgabe eines Zeugnisses oder Gutachtens (Civilprozeßordnung §§ 386 bis 389, 408);
8. über die Zwangsmaßregeln gegen einen Zeugen oder Sachverständigen, sowie die Verurtheilung derselben zu Kosten und Strafe (Civilprozeßordnung §§ 380, 381, 390, 409);
9. über die Bestellung eines Vertreters für eine nicht prozeßfähige oder unbekannte Partei für ein von dem Eigenthümer aufgegebenes Grundstück oder für einen Erben, der die Erbschaft noch nicht angenommen hat (Civilprozeßordnung §§ 57, 58, 494, 668, 679, 686, 779, 787);
10. über die Berichtigung eines Urtheils oder des Thatbestandes desselben (Civilprozeßordnung §§ 319, 320);
11. über die Vollstreckbarkeit der durch Rechtsmittelanträge nicht angefochtenen Theile eines Urtheils (Civilprozeßordnung §§ 534, 560);
12. über die Zulassung einer Zustellung oder eines Aktes der Zwangsvollstreckung zur Nachtzeit oder an einem Sonntag oder allgemeinen Feiertage (Civilprozeßordnung §§ 188, 761);
13. über die Mitwirkung des Gerichts bei Handlungen der Zwangsvollstreckung in den Fällen des § 758 Abs. 3, der §§ 789, 790 Abs. 1, § 912 der Civilprozeßordnung;
14. über die in § 35 Nr. 4 bezeichneten Anträge, Einwendungen oder Erinnerungen, soweit dieselben für begründet befunden werden und die Kosten des Verfahrens nicht dem Gegner, sondern dem Gerichtsvollzieher zur Last fallen;
15. über Anträge auf Ertheilung der Vollstreckungsklausel (Civilprozeßordnung §§ 724, 725, 795, 797 Abs. 1), sofern nicht Gebühren nach den Vorschriften des § 26 Nr. 8 oder des § 38 zu erheben sind;

16. über Anträge auf Anordnung der Rückgabe einer Sicherheit im Falle des § 715 der Civilprozeßordnung, sowie über Gesuche um Ertheilung des Zeugnisses der Rechtskraft oder um Ertheilung des Zeugnisses, daß innerhalb der Nothfrist ein Schriftsatz zum Zwecke der Terminsbestimmung nicht eingereicht sei, oder um Bestimmung einer Frist zum Nachweise der Zustellung eines Schriftsatzes (Civilprozeßordnung § 706).

Ist in den Fällen der Nr. 2, 4, 5, 6, 7, 10 das Verfahren nach freier richterlicher Ueberzeugung muthwillig veranlaßt, so hat das Gericht von Amtswegen die besondere Erhebung von drei Zehntheilen der Gebühr (§ 8) zu beschließen. Gegen den Beschluß findet Beschwerde nach Maßgabe des § 567 Abs. 2 und der §§ 568 bis 575 der Civilprozeßordnung sowie des § 4 Abs. 3 dieses Gesetzes statt.

In der Beschwerdeinstanz findet die Bestimmung des ersten Absatzes keine Anwendung, wenn die Beschwerde als unzulässig verworfen oder zurückgewiesen wird.

§ 48. Ist außer dem Falle des § 335 der Civilprozeßordnung durch Verschulden einer Partei oder eines Vertreters derselben die Vertagung einer mündlichen Verhandlung oder die Anberaumung eines Termins zur Fortsetzung der mündlichen Verhandlung veranlaßt, oder ist durch nachträgliches Vorbringen von Angriffs- oder Vertheidigungsmitteln, Beweismitteln oder Beweiseinreden, welches zeitiger erfolgen konnte, die Erledigung des Rechtsstreits verzögert worden, so kann das Gericht von Amtswegen die besondere Erhebung einer Gebühr für die verursachte weitere Verhandlung, sowie einer Gebühr für die durch das neue Vorbringen veranlaßte nochmalige Beweisanordnung beschließen. Die Gebühr besteht in der vollen Gebühr (§ 8); sie kann jedoch bis zu zwei Zehntheilen herabgesetzt werden.

Gegen den Beschluß findet Beschwerde nach Maßgabe des § 567 Abs. 2 und der §§ 568 bis 575 der Civilprozeßordnung sowie des § 4 Abs. 3 dieses Gesetzes statt.

§ 49. In der Berufungsinstanz erhöhen sich die Gebührensätze um ein Viertheil, in der Revisionsinstanz um die Hälfte.

Für eine Beweisanordnung sowie Beweisaufnahme in der Berufungsinstanz, welche nur auf Grund der in der ersten Instanz vorgebrachten Thatsachen und Beweismittel erfolgt, kommt eine Beweisgebühr nicht zur Erhebung, soweit eine solche rücksichtlich desselben Streitgegenstandes schon in der ersten Instanz zu erheben war.

Dritter Abschnitt.

Gebühren im Konkursverfahren.

§ 50. Auf die Gebühren im Konkursverfahren finden die Vorschriften des § 8 über die Werthsklassen und den Gebührensatz, sowie der §§ 14, 16, 17 dieses Gesetzes und des § 3 der Civilprozeßordnung über die Werthsfestsetzung entsprechende Anwendung.

§ 51. Für das Konkursverfahren, einschließlich des der Eröffnung vorangegangenen Verfahrens, werden erhoben:

1. wenn auf Grund der Schlußvertheilung die Aufhebung des Konkursverfahrens erfolgt, mit Einschluß von Nachtragsvertheilungen, das Zweifache der Gebühr (§ 8);
2. wenn auf Grund eines Zwangsvergleichs die Aufhebung erfolgt, die volle Gebühr (§ 8) und acht Zehntheile derselben;
3. wenn nach dem Beginne des Vollzugs einer Abschlagsvertheilung (Konkursordnung § 159 Abs. 2) oder nach dem Beginn eines Vergleichstermins eine Einstellung des Verfahrens (Konkursordnung §§ 202, 204) erfolgt, die volle Gebühr (§ 8) und fünf Zehntheile derselben;
4. wenn nach dem Ablaufe der Anmeldefrist und vor den unter Nr. 3 bezeichneten Zeitpunkten eine Einstellung erfolgt, die volle Gebühr (§ 8) und drei Zehntheile derselben;
5. wenn vor dem Ablaufe der Anmeldefrist eine Einstellung erfolgt, acht Zehntheile der Gebühr (§ 8).

§ 52. Die im § 51 bestimmte Gebühr wird nach dem Betrage der Aktivmasse erhoben. Massekosten, mit Ausnahme der Gebühren des Konkursgerichts, des Konkursverwalters und des Gläubigerausschusses, sowie Masseschulden werden abgesetzt. Gegenstände, welche zur abgesonderten Befriedigung dienen, werden nur in Höhe des für diese nicht erforderlichen Betrags angesetzt.

Ist die Aktivmasse höher als die Schuldenmasse, so wird die Gebühr nach dem Betrage der letzteren erhoben.

Für die Berechnung der Masse ist die Zeit der Beendigung des Verfahrens maßgebend.

§ 53. Für den Beschluß, durch welchen der Antrag auf Eröffnung des Konkursverfahrens abgewiesen wird, einschließlich des vorangegangenen Verfahrens, werden drei Zehntheile der Gebühr (§ 8) erhoben.

Wird das Verfahren durch Versagung der Zulassung des Antrags (Konkursordnung § 105 Abs. 1, § 208 Abs. 2, § 110 Abs. 2, §§ 213, 217 Abs. 2, § 218 Abs. 2, § 236, Gesetz, betreffend die Erwerbs- und Wirthschaftsgenossenschaften, § 100 Abs. 2) oder durch Zurücknahme des zugelassenen Antrags erledigt, so wird nur ein Zehntheil der Gebühr (§ 8) erhoben.

Die Vorschrift des § 52 findet Anwendung; sofern jedoch der Antrag von einem Gläubiger gestellt wird und die Forderung desselben nicht höher ist als der Betrag der Aktivmasse, wird die Gebühr nach dem Betrage dieser Forderung erhoben.

§ 54. Für jeden besonderen Prüfungstermin (Konkursordnung § 142) werden nach dem Betrage der einzelnen Forderungen, zu deren Prüfung der Termin dient, die volle Gebühr (§ 8) und, soweit Anmeldungen vor der Prüfung zurückgenommen werden, drei Zehntheile der Gebühr (§ 8) erhoben. Auf die Werthsberechnung findet die Vorschrift des § 148 der Konkursordnung entsprechende Anwendung.

§ 55. Für die auf Betreiben des Konkursverwalters erfolgende Zwangsverwaltung oder Zwangsversteigerung eines zur Konkursmasse gehörigen Gegenstandes (Konkursordnung §§ 126, 127) wird die Gebühr nach den Vorschriften über die Gebührenerhebung für Zwangsvollstreckungen besonders erhoben.

§ 56. Für die in Gemäßheit des § 125 der Konkursordnung erfolgende Abhaltung des zur Abnahme des Offenbarungseides bestimmten Termins (§ 43), sowie für das Verfahren und die Entscheidung über Anträge auf Erzwingung der Eidesleistung (Civilprozeßordnung § 901) werden Gebühren nicht erhoben.

§ 57. Für die Beschwerdeinstanz wird die in den §§ 45, 46 bestimmte Gebühr besonders erhoben.

Im Falle der Beschwerde gegen den Beschluß über Eröffnung des Konkursverfahrens (Konkursordnung § 109) oder den Beschluß über Bestätigung eines Zwangsvergleichs (Konkursordnung §§ 189, 230 Abs. 2, § 236) finden die Vorschriften des § 52 Anwendung.

§ 58. Für ein wiederaufgenommenes Konkursverfahren wird einschließlich der Wiederaufnahme die volle Gebühr (§ 8) besonders erhoben. Die Vorschriften der §§ 52, 54 bis 57 finden Anwendung.

Wird vor der Wiederaufnahme die Anordnung von Sicherheitsmaßregeln beantragt (Konkursordnung § 197 Abs. 2), so wird die Gebühr in Gemäßheit des § 35 nach dem Werthe des Gegenstandes, durch welchen die Sicherung erfolgen soll, besonders erhoben.

Die Gebühr für die Anordnung einer Sicherheitsmaßregel wird im Falle der Wiederaufnahme auf die im ersten Absatze bezeichnete Gebühr angerechnet.

Vierter Abschnitt.

Gebühren in Strafsachen.

§ 59. In Strafsachen giebt die rechtskräftig erkannte Strafe den Maßstab für die Höhe der Gerichtsgebühren aller Instanzen.

Ist neben einer Freiheitsstrafe auf Geldstrafe erkannt, so wird der ersteren die für den Fall, daß die Geldstrafe nicht beigetrieben werden kann, festgesetzte Freiheitsstrafe hinzugerechnet. Ist die bedingte Festsetzung der Freiheitsstrafe unterlassen worden, so wird für jeden angefangenen Betrag von zehn Mark der Geldstrafe ein Tag Freiheitsstrafe zugerechnet.

Ist nun auf Geldstrafe und für den Fall, daß dieselbe nicht beigetrieben werden kann, auf Freiheitsstrafe erkannt, so bestimmt sich die Gebühr nach der Höhe der ersteren. In diesem Falle, sowie wenn nur auf Geldstrafe erkannt ist, darf die Gebühr den Betrag der Geldstrafe nicht übersteigen.

§ 60. Im Falle des § 79 des Strafgesetzbuchs bestimmt sich die Gebühr für das neue Verfahren durch den Betrag, um welchen die Gesammtstrafe die früher erkannte Strafe übersteigt.

Im Falle des § 492 der Strafprozeßordnung ist eine besondere Gebühr nicht zu erheben.

§ 61. Betrifft eine Strafsache mehrere Angeschuldigte, so ist die Gebühr von jedem Verurtheilten besonders nach Maßgabe der gegen ihn erkannten Strafe zu erheben.

§ 62. Für das Verfahren in erster Instanz werden erhoben: im Falle einer Geldstrafe oder Freiheitsstrafe von

1. 1 bis 20 Mark einschl. oder 1 bis 10 Tage einschl. 5 Mark,
2. mehr als 20 bis 30 Mark einschl. oder mehr als 10 Tage bis 14 Tage einschl. 10 Mark,
3. mehr als 30 bis 60 Mark einschl. oder mehr als 14 Tage bis 4 Wochen einschl. 20 Mark,
4. mehr als 60 bis 150 Mark einschl. oder mehr als 4 Wochen bis 6 Wochen einschl. 30 Mark,
5. mehr als 150 bis 300 Mark einschl. oder mehr als 6 Wochen bis 3 Monate einschl. 45 Mark,
6. mehr als 300 bis 500 Mark einschl. oder mehr als 3 Monate bis 6 Monate einschl. 60 Mark,
7. mehr als 500 bis 1000 Mark einschl. oder mehr als 6 Monate bis 1 Jahr einschl. 75 Mark,
8. mehr als 1000 bis 1500 Mark einschl. oder mehr als 1 Jahr bis 2 Jahre einschl. 100 Mark,
9. mehr als 1500 bis 3000 Mark einschl. oder mehr als 2 Jahre bis 3 Jahre einschl. 130 Mark,
10. mehr als 3000 Mark oder mehr als 3 Jahre bis 10 Jahre einschl. 180 Mark,
11. im Falle einer schwereren Strafe 300 Mark.

Ist auf Verweis erkannt, so beträgt die Gebühr 5 Mark und ist ausschließlich auf Verlust der bürgerlichen Ehrenrechte überhaupt oder einzelner bürgerlicher Ehrenrechte erkannt 45 Mark.

§ 63. Zwei Zehntheile der Sätze des § 62 werden erhoben in dem Verfahren bei amtsrichterlichen Strafbefehlen, wenn die Strafe ohne Hauptverhandlung rechtskräftig festgesetzt ist (Strafprozeßordnung § 450).

Wird der gegen einen Strafbefehl erhobene Einspruch wegen Ausbleibens des Angeklagten in der Hauptverhandlung durch Urtheil verworfen (Strafprozeßordnung § 452), so sind für das ganze Verfahren vier Zehntheile der Sätze des § 62 zu erheben.

§ 64. Hat weder eine Voruntersuchung, noch in dem Hauptverfahren eine Beweisaufnahme stattgefunden, so kann das Gericht die Sätze des § 62 bis auf fünf Zehntheile ermäßigen.

Das Gleiche gilt in den Fällen des § 211 der Strafprozeßordnung.

§ 65. Die Sätze des § 62 sind für die Berufungsinstanz, sowie für die Revisionsinstanz zu erheben, wenn in derselben eine Hauptverhandlung stattgefunden hat und das Rechtsmittel nicht als unzulässig verworfen wird.

Hat eine Beweisaufnahme in der Berufungsinstanz nicht stattgefunden, so kann das Gericht die Sätze bis auf fünf Zehntheile ermäßigen.

Wird die Berufung wegen Ausbleibens des Angeklagten in der Hauptverhandlung verworfen (Strafprozeßordnung § 370), oder betrifft die Berufung die Verwerfung des gegen einen Strafbefehl erhobenen Einspruchs (Strafprozeßordnung § 452), so sind vier Zehntheile zu erheben.

§ 66. Ein Zehntheil der Sätze des § 62 wird besonders erhoben:

1. für Verwerfung eines Gesuchs um Wiedereinsetzung in den vorigen Stand (Strafprozeßordnung §§ 46, 234, 370 Abs. 2);
2. für die Entscheidung, durch welche eine Berufung oder Revision als unzulässig verworfen wird (Strafprozeßordnung §§ 360, 363, 386, 389);
3. für die Entscheidung, durch welche ein Antrag auf Wiederaufnahme des Verfahrens als unzulässig verworfen wird (Strafprozeßordnung § 408);
4. für die Entscheidung, durch welche ein Einspruch gegen einen amtsrichterlichen Strafbefehl (Strafprozeßordnung § 449) oder ein Antrag auf gerichtliche Entscheidung nach vorangegangener polizeilicher Strafverfügung (Strafprozeßordnung § 454) oder nach Erlaß eines Strafbescheides einer Verwaltungsbehörde (Strafprozeßordnung § 460) als unzulässig verworfen wird;
5. für Zurückweisung von Beschwerden gegen die unter Nr. 1 bis 4 bezeichneten Entscheidungen.

§ 67. Wird ein Antrag auf Wiederaufnahme des Verfahrens als unbegründet verworfen (Strafprozeßordnung §§ 410, 411 Abs. 1), so werden zwei Zehntheile und, wenn eine Beweisaufnahme stattgefunden hat (Strafprozeßordnung § 409), vier Zehntheile der Sätze des § 62 erhoben.

Für Zurückweisung von Beschwerden gegen die im vorstehenden Absatze bezeichneten Entscheidungen wird ein Zehntheil der Sätze des § 62 erhoben.

§ 68. Für die Zurückweisung anderer, als der in § 66 Nr. 5, § 67 Abs. 2 bezeichneten Beschwerden wird eine Gebühr von 1 Mark erhoben.

Die Gebühr ist von dem Beschuldigten nur zu erheben, wenn er zu Strafe rechtskräftig verurtheilt wird.

§ 69. Werden in den Fällen der §§ 172 und 173 der Strafprozeßordnung nach Maßgabe der §§ 175 und 504 derselben dem Antragsteller die Kosten auferlegt, so beträgt die Gebühr:

wenn es sich um eine Uebertretung handelt 20 Mark,
wenn es sich um ein Vergehen handelt 50 Mark,
wenn es sich um ein Verbrechen handelt 100 Mark.

Das Gleiche gilt im Falle des § 501 der Strafprozeßordnung.

Im Falle des § 174 Abs. 2 der Strafprozeßordnung ist die Hälfte der vorstehenden Sätze zu erheben. Das Gleiche gilt, wenn nach eröffnetem Hauptverfahren die Einstellung des Verfahrens wegen Zurücknahme desjenigen Antrags erfolgt, durch welchen dasselbe bedingt war.

§ 70. Für das Verfahren auf erhobene Privatklage werden in erster Instanz erhoben:

1. wenn nach Beginn der Hauptverhandlung Einstellung des Verfahrens erfolgt 5 Mark,

2. wenn außer dem Falle der Nr. 1 die Instanz ohne Beweisaufnahme durch ein Urtheil beendigt wird 15 Mark,
3. wenn außer dem Falle der Nr. 1 die Instanz nach stattgehabter Beweisaufnahme durch Urtheil beendigt wird 20 Mark.

Dieselben Sätze sind für die Berufungsinstanz sowie für die Revisionsinstanz zu erheben.

Für die Widerklage wird ein besonderer Satz nicht erhoben.

Die von der Verwaltungsbehörde erhobene Klage (Strafprozeßordnung § 464) ist nicht als Privatklage im Sinne dieses Gesetzes zu erachten.

§ 71. In dem Verfahren auf erhobene Privatklage sind:
1. in den Fällen des § 66 Nr. 1, 2, 3, sowie bei Zurückweisung von Beschwerden gegen die ebendaselbst bezeichneten Entscheidungen 2 Mark,
2. im Falle des § 67 Abs. 1 — 4 Mark,
und, wenn eine Beweisaufnahme stattgefunden hat 8 Mark,
3. im Falle des § 67 Abs. 2 — 2 Mark,
4. in den Fällen des § 68 1 Mark,
5. für Zurückweisung einer Privatklage 3 Mark,
6. für Verwerfung einer Beschwerde über Zurückweisung einer Privatklage 3 Mark, zu erheben.

§ 72. Bei Zurücknahme einer Privatklage vor Beginn der Hauptverhandlung werden 2 Mark erhoben.

§ 73. Sind in einer Sache mehrere Personen als Privatkläger oder als Beschuldigte in derselben Instanz betheiligt, so wird ohne Rücksicht auf die Zahl der Personen das Doppelte der in den §§ 70 bis 72 bestimmten Gebühren erhoben.

§ 74. Werden dem Nebenkläger die Kosten eines von ihm eingelegten Rechtsmittels auferlegt (Strafprozeßordnung § 441), so sind die Sätze zu erheben, welche nach Maßgabe der §§ 70, 71, 73 zu erheben sein würden, wenn er als Privatkläger das Rechtsmittel eingelegt hätte.

§ 75. Für das Verfahren in den Fällen der §§ 477 bis 479 der Strafprozeßordnung beträgt die Gebühr in jeder Instanz 5 Mark.

§ 76. Wird ein Gesuch, ein Antrag, ein Einspruch oder eine Beschwerde vor der Entscheidung über dieselben, oder wird eine Berufung oder eine Revision vor Beginn der Hauptverhandlung durch Zurücknahme oder Einstellung des Verfahrens erledigt, so werden drei Zehntheile der Gebühr erhoben, welche nach Maßgabe der §§ 66 bis 68, 69 Abs. 1, §§ 71, 73 bis 75 für eine zurückweisende Entscheidung zu erheben sein würde.

§ 77. Wird die Wiederaufnahme des Verfahrens angeordnet (Strafprozeßordnung § 410), so werden, wenn das frühere Urtheil aufrecht erhalten wird, die Gebühren für das neue Verfahren nach denselben Bestimmungen, wie für das erste Verfahren erhoben. Führt die Wiederaufnahme zu einer Aufhebung des früheren Urtheils, so gilt für die Gebührenerhebung das neue Verfahren mit dem früheren Verfahren zusammen als Ein Verfahren der Instanz.

§ 78. Nach Maßgabe der Vorschriften des zweiten Abschnitts werden besonders erhoben:

1. die Gebühren für Akte, welche die Verpflichtung eines Vertheidigers zur Tragung der durch Verschulden desselben veranlaßten Kosten (Strafprozeßordnung § 145) betreffen;
2. die Gebühren für Entscheidungen, welche betreffen:
   a) Anträge auf Festsetzung der zu erstattenden Kosten (Strafprozeßordnung § 496 Abs. 2);
   b) die Vollstreckung einer über eine Vermögensstrafe, eine Buße oder über Erstattung von Kosten ergangenen Entscheidung (Strafprozeßordnung §§ 495, 496);
   c) die Beschwerde gegen eine Entscheidung, durch welche der Verfall einer zur Abwendung einer Untersuchungshaft oder zur Erlangung eines Strafaufschubs bestellten Sicherheit ausgesprochen wird (Strafprozeßordnung §§ 122, 488).

Fünfter Abschnitt.

Auslagen.

§ 79. An baaren Auslagen werden erhoben:

1. die Schreibgebühren;
2. die Post- und Telegraphengebühren;
3. die durch Einrückung einer Bekanntmachung in öffentliche Blätter entstehenden Kosten;
4. die an Zeugen und Sachverständige zu zahlenden Gebühren;
5. die bei Geschäften außerhalb der Gerichtsstelle den Gerichtsbeamten zustehenden Tagegelder und Reisekosten;
6. die an andere Behörden oder Beamte oder an Rechtsanwälte für deren Thätigkeit zu zahlenden Beträge;
7. die Kosten eines Transports von Personen;
8. die Haftkosten nach Maßgabe der für die Strafhaft geltenden landesgesetzlichen Vorschriften.

§ 80. Die Schreibgebühren werden für Ausfertigungen und Abschriften erhoben. Die Schreibgebühr beträgt für die Seite, welche mindestens zwanzig Zeilen von durchschnittlich zwölf Silben enthält, zehn Pfennig, auch wenn die Herstellung auf mechanischem Wege stattgefunden hat.

Jede angefangene Seite wird voll berechnet.

§ 80a. Schreibgebühren werden nicht erhoben:

1. für die von Amtswegen anzufertigenden Ausfertigungen und Abschriften in den Fällen der §§ 4, 6, 16, 45, 47, 57, sofern in denselben keine Gebühren zu erheben sind;
2. für die Benachrichtigung von dem gegen einen Zahlungsbefehl erhobenen Widerspruche (Civilprozeßordnung § 694);
3. für den Vollstreckungsbefehl (Civilprozeßordnung § 699);
4. für die Vollstreckungsklausel (Civilprozeßordnung § 725);

5. für das Zeugniß der Rechtskraft und für das Zeugniß, daß innerhalb der Nothfrist ein Schriftsatz zur Terminsbestimmung nicht eingereicht sei (Civilprozeßordnung § 706).

§ 80b. Für die von Amtswegen bewirkten Zustellungen werden baare Auslagen nicht erhoben. Die Erhebung der Schreibgebühr für die Ausfertigungen und Abschriften des zuzustellenden Schriftstücks wird hierdurch nicht ausgeschlossen.

Sechster Abschnitt.

Kostenvorschuß und Kostenzahlung.

§ 81. In bürgerlichen Rechtsstreitigkeiten ist ein Gebührenvorschuß für jede Instanz von dem Antragsteller zu zahlen. Der Vorschuß beträgt soviel wie die höchste Gebühr, welche für einen Akt der Instanz zum Ansatze kommen kann.

Diese Verpflichtung besteht auch für den Widerkläger und im Falle wechselseitig eingelegter Rechtsmittel für jede Partei, in beiden Fällen unter getrennter Berechnung der Streitgegenstände.

Bei Erweiterung der Anträge ist der Vorschuß nach Maßgabe der Erweiterung zu erhöhen.

§ 82. Im Konkursverfahren ist ein Gebührenvorschuß

1. bei dem Antrag auf Eröffnung des Konkursverfahrens,
2. bei der Anmeldung einer Konkursforderung nach dem Ablaufe der Anmeldefrist,
3. bei dem Antrag auf Anordnung einer Sicherheitsmaßregel in Gemäßheit des § 197 Abs. 2 der Konkursordnung

von dem Antragsteller zu zahlen.

Der Vorschuß beträgt ebensoviel wie die zu erhebende Gebühr, im Falle der Nr. 1 soviel wie die im § 53 Abs. 1 bestimmte Gebühr.

§ 83. In Strafsachen ist von dem Privatkläger oder demjenigen, welcher als Privatkläger eine Berufung oder Revision einlegt oder eine Wiederaufnahme des Verfahrens beantragt, sowie von dem Nebenkläger, welcher eine Berufung oder Revision einlegt, ein Gebührenvorschuß von 10 Mark für die Instanz zu zahlen.

Im Falle des § 75 beträgt der Vorschuß 5 Mark.

§ 84. Außer dem Gebührenvorschuß (§§ 81 bis 83) ist bei jedem Antrag auf Vornahme einer Handlung, mit welcher baare Auslagen verbunden sind, ein zur Deckung derselben hinreichender Vorschuß von dem Antragsteller zu zahlen.

Diese Vorschußpflicht besteht in Strafsachen nur in dem Verfahren auf erhobene Privatklage und für den Nebenkläger, welcher sich eines Rechtsmittels bedient.

Die Ladung und Vernehmung von Zeugen oder Sachverständigen auf Antrag des Privatklägers oder des Nebenklägers kann von der vorgängigen Zahlung eines zur Deckung der erwachsenden Auslagen hinreichenden Vorschusses abhängig gemacht werden.

§ 85. Ausländer, welche als Kläger auftreten, haben das Dreifache des im § 81 bestimmten Betrags als Vorschuß zu zahlen.

Diese Verpflichtung tritt nicht ein:

1. wenn nach den Gesetzen des Staates, welchem der Kläger angehört, ein Deutscher in gleichem Falle zu einer besonderen Vorauszahlung oder zu einer Sicherstellung der Gerichtskosten nicht verpflichtet ist;
2. im Urkunden- oder Wechselprozesse;
3. bei Widerklagen;
4. bei Klagen, welche in Folge einer öffentlichen Aufforderung angestellt werden;
5. bei Klagen aus Ansprüchen, welche in das Grund- oder Hypothekenbuch einer deutschen Behörde eingetragen sind;
6. wenn dem Kläger das Armenrecht bewilligt ist.

Die Verpflichtung besteht auch dann, wenn im Laufe des Rechtsstreits der Kläger die Eigenschaften eines Deutschen verliert, oder die Voraussetzung, unter welcher der Ausländer von der Verpflichtung befreit war, wegfällt.

Unter den gleichen Voraussetzungen haben Ausländer in den Fällen des § 83 Abs. 1 einen Gebührenvorschuß von 30 Mark zu zahlen.

Vor Zahlung des von einem Ausländer nach den vorstehenden Bestimmungen oder den Bestimmungen der § 83 Abs. 2, § 84 zu zahlenden Vorschusses ist die Vornahme jeder gerichtlichen Handlung abzulehnen, sofern nicht glaubhaft gemacht wird, daß die Verzögerung dem Ausländer einen nicht zu ersetzenden Nachtheil bringen würde.

§ 86. Schuldner der entstandenen Gebühren und Auslagen ist derjenige, welchem durch gerichtliche Entscheidung die Kosten des Verfahrens auferlegt sind, oder welcher dieselben durch eine vor dem Gericht abgegebene oder demselben mitgetheilte Erklärung übernommen hat.

Schuldner der Schreibgebühr für Ausfertigungen und Abschriften, welche nicht von Amtswegen zu ertheilen sind, ist der Antragsteller.

§ 87. Die durch gerichtliche Entscheidung begründete Verpflichtung zur Zahlung der Gebühren und Auslagen (§ 86) erlischt, insoweit eine Aufhebung oder Abänderung der Entscheidung erfolgt.

Die Zurückzahlung bereits gezahlter Beträge findet, soweit der Gebührenansatz bestehen bleibt, nicht statt.

§ 88. Sind die entstandenen Gebühren und Auslagen von der einen oder der anderen Partei durch Uebereinkunft beider Parteien übernommen (§ 86), so haftet jede Partei wenigstens für die Hälfte derselben.

Diese Haftbarkeit kann erst geltend gemacht werden, wenn eine Zwangsvollstreckung in das bewegliche Vermögen der nach § 86 zahlungspflichtigen Partei erfolglos geblieben ist.

§ 89. In Ermangelung eines anderen Schuldners (§ 86) ist derjenige, welcher das Verfahren der Instanz beantragt hat, Schuldner der entstandenen Gebühren und Auslagen. Soweit es sich jedoch um Auslagen handelt, für welche der Gegner in Gemäßheit des § 84 Vorschuß zu leisten verpflichtet war, sind diese Auslagen vom Gegner zu erheben.

§ 90. Die Verpflichtung zur Zahlung der vorzuschießenden Beträge (§§ 81 bis 85) bleibt bestehen, wenn auch die Kosten des Verfahrens einem Anderen auferlegt oder von einem Anderen übernommen sind.

§ 91. Besteht die Partei aus mehreren Personen, so haften dieselben in Ermangelung einer gerichtlichen Entscheidung über die Kostenvertheilung nach Kopftheilen.

§ 92. Durch die Bestimmungen der §§ 81 bis 91 wird eine nach den Vorschriften des bürgerlichen Rechts oder den Vorschriften der Civilprozeßordnung § 100 Abs. 4, § 788, der Konkursordnung §§ 57 bis 60, 142, oder der Strafprozeßordnung § 498 Abs. 2, § 503, Abs. 4, § 504 begründete Verpflichtung zur Zahlung der entstandenen Gebühren und Auslagen nicht berührt.

§ 93. Die Gebühren und Auslagen werden fällig, sobald das Verfahren oder die Instanz durch unbedingte Entscheidung über die Kosten, durch Vergleich oder Zurücknahme oder anderweite Erledigung beendigt ist.

§ 94. In bürgerlichen Rechtsstreitigkeiten kommen folgende besondere Vorschriften zur Anwendung:

1. Schon vor der Beendigung der Instanz werden mit dem Ablaufe je eines Jahres seit Bestimmung des ersten Termins oder Stellung des ersten Antrags die bis dahin entstandenen Gebühren und Auslagen fällig. Die einjährigen Fristen können auf Antrag von dem Gerichte verlängert werden. Der Ablauf der Fristen begründet nicht die Zurückforderung eines nicht verbrauchten Vorschusses.
2. In den Fällen einer Widerklage oder wechselseitig eingelegter Rechtsmittel kann jede Partei, wenn sie das von ihr beantragte Verfahren zurücknimmt, die getrennte Berechnung der Gebühren und Auslagen für dasselbe und die Zurückzahlung des von ihr gezahlten nicht verbrauchten Vorschusses fordern.
3. Eine nach § 47 Abs. 2, § 48 beschlossene Gebühr kann sofort nach dem Beschlusse von der in diesem bezeichneten Partei ohne Anrechnung eines derselben obliegenden Vorschusses erhoben werden.

§ 95. Im Konkursverfahren können auf die im § 51 und § 58 Abs. 1 bestimmte Gebühr je nach dem Fortgange des Verfahrens Abschlagszahlungen erhoben werden.

Die Erhebung der Gebühren und Auslagen kann im Falle des § 54 sofort nach Abhaltung des Prüfungstermins oder Zurücknahme der Anmeldung, im Falle des § 58 Abs. 2 sofort nach Erledigung des Antrags erfolgen.

§ 96. In Strafsachen werden die Gebühren und Auslagen, welche dem verurtheilten Beschuldigten zur Last fallen, erst mit der Rechtskraft des Urtheils fällig.

§ 97. Die Schreibgebühr für Abschriften und Ausfertigungen, welche nicht von Amtswegen zu ertheilen sind, wird sofort nach Anfertigung der Schriftstücke fällig.

Die Anfertigung kann von vorgängiger Zahlung eines die Gebühr deckenden Betrags abhängig gemacht werden.

Siebenter Abschnitt.

Schlußbestimmungen.

§ 98. Von Zahlung der Gebühren sind befreit:

das Reich in dem Verfahren vor den Landesgerichten,
die Bundesstaaten in dem Verfahren vor dem Reichsgerichte.

Die landesgesetzlichen Vorschriften, welche für gewisse Rechtssachen oder gewisse Personen in dem Verfahren vor den Landesgerichten Gebührenfreiheit gewähren, werden durch dieses Gesetz nicht berührt.

Für das Verfahren vor dem Reichsgerichte kann die Befreiung von Gebühren durch Kaiserliche Verordnung mit Zustimmung des Bundesraths gewährt werden.[1])

Soweit demjenigen, welchem die Gebührenfreiheit zusteht, Kosten des Verfahrens auferlegt werden (§ 86), sind Gebühren überhaupt nicht zu erheben und erhobene zurückzuzahlen.

§ 99. Die Behörden haben einander zum Zwecke der Einziehung von Gebühren und Auslagen nach näherer Bestimmung der vom Bundesrath zu erlassenden Anweisung Beistand zu leisten.

§ 100. Unberührt bleiben die bestehenden Landesgesetze, nach welchen neben der für ein Urtheil zu erhebenden Entscheidungsgebühr die Registrirungsgebühr für das im Urtheil festgestellte Rechtsverhältniß zu erheben ist.

§ 101. Beträgt die Gebühr für die Aufnahme eines Vergleichs oder die auf Grund eines Anerkenntnisses oder Verzichts erlassene Entscheidung (§§ 23, 41) weniger als die Gebühr oder Abgabe, welche nach den Landesgesetzen für einen außerhalb des Rechtsstreits abgeschlossenen Vergleich zur Staatskasse zu erheben sein würde, so ist der Mehrbetrag der letzteren neben der Entscheidungsgebühr zu erheben.

---

[1]) Die Kais. Verordnung vom 24. Dezember 1883 (R.G.Bl. 1884 S. 1; ausgegeben zu Berlin den 2. Januar 1884) bestimmt:

§ 1. In dem Verfahren vor dem Reichsgericht sind von Zahlung der Gebühren befreit:

1. öffentliche Armen-, Kranken-, Arbeits- und Besserungsanstalten, ferner Waisenhäuser und andere milde Stiftungen, insofern solche nicht einzelne Familien oder bestimmte Personen betreffen, oder in bloßen Studienstipendien bestehen;
2. öffentliche Volksschulen;
3. öffentliche gelehrte Anstalten und Schulen, Kirchen, Pfarreien, Kaplaneien, Vikarien und Küstereien, jedoch nur insoweit, als die Einnahmen derselben die etatsmäßige Ausgabe, einschließlich der Besoldung oder des statt dieser überlassenen Nießbrauchs, nicht übersteigen, und dieses durch ein Zeugniß der denselben vorgesetzten Staatsbehörden bescheinigt wird. Insoweit aber in Rechtsstreitigkeiten derselben solche Ansprüche, welche lediglich das zeitige Interesse derjenigen berühren, welchen die Nutzung des betreffenden Vermögens für ihre Person zusteht, zugleich mitverhandelt werden, haben letztere die auf ihren Theil verhältnißmäßig fallenden Gebühren zu tragen.

§ 2. Gegenwärtige Verordnung tritt mit dem Tage ihrer Verkündung in Kraft. Die Befreiung erstreckt sich auf alle bis dahin noch nicht fälligen Gebühren.

4. Rechtsanwaltsordnung vom 1. Juli 1878.

(R.G.Bl. S. 177—198.)

Erster Abschnitt.

Zulassung zur Rechtsanwaltschaft.

§ 1. Zur Rechtsanwaltschaft kann nur zugelassen werden, wer die Fähigkeit zum Richteramt erlangt hat.

§ 2. Wer die Fähigkeit zum Richteramt in einem Bundesstaat erlangt hat, kann in jedem Bundesstaate zur Rechtsanwaltschaft zugelassen werden.

§ 3. Ueber den Antrag auf Zulassung entscheidet die Landesjustizverwaltung.

Vor der Entscheidung ist der Vorstand der Anwaltskammer gutachtlich zu hören.

§ 4. Wer zur Rechtsanwaltschaft befähigt ist, muß zu derselben bei den Gerichten des Bundesstaats, in welchem er die zum Richteramte befähigende Prüfung bestanden hat, auf seinen Antrag zugelassen werden.

Das Recht auf Zulassung bei einem mehreren Bundesstaaten gemeinschaftlichen Gerichte wird dadurch begründet, daß der Antragsteller in einem dieser Bundesstaaten die zum Richteramte befähigende Prüfung bestanden hat.

Der Antrag eines nach den vorstehenden Vorschriften berechtigten Antragstellers darf nur aus den in diesem Gesetze bezeichneten Gründen abgelehnt werden.

§ 5. Die Zulassung muß versagt werden:

1. wenn der Antragsteller in Folge strafgerichtlichen Urtheils die Fähigkeit zur Bekleidung öffentlicher Aemter dauernd verloren hat oder zur Zeit nicht besitzt;
2. wenn der Antragsteller in Folge ehrengerichtlichen Urtheils von der Rechtsanwaltschaft ausgeschlossen ist;
3. wenn der Antragsteller in Folge gerichtlicher Anordnung in der Verfügung über sein Vermögen beschränkt ist;
4. wenn der Antragsteller ein Amt bekleidet oder eine Beschäftigung betreibt, welche nach den Gesetzen oder nach dem Gutachten des Vorstandes der Anwaltskammer mit dem Beruf oder der Würde der Rechtsanwaltschaft nicht vereinbar sind;
5. wenn der Antragsteller nach dem Gutachten des Vorstandes der Anwaltskammer sich eines Verhaltens schuldig gemacht hat, welches die Ausschließung von der Rechtsanwaltschaft bedingen würde;

6. wenn der Antragsteller nach dem Gutachten des Vorstands der Anwaltskammer in Folge eines körperlichen Gebrechens oder wegen eingetretener Schwäche seiner körperlichen oder geistigen Kräfte zur Erfüllung der Pflichten eines Rechtsanwalts dauernd unfähig ist.

§ 6. Die Zulassung kann versagt werden:

1. wenn der Antragsteller, nachdem er die Fähigkeit zur Rechtsanwaltschaft erlangt hatte, während eines Zeitraumes von drei Jahren weder als Rechtsanwalt zugelassen ist, noch ein Reichs-, Staats- oder Gemeindeamt bekleidet hat, noch im Justizdienst oder als Lehrer des Rechts an einer deutschen Universität thätig gewesen ist;
2. wenn der Antragsteller in Folge strafgerichtlichen Urtheils die Fähigkeit zur Bekleidung öffentlicher Aemter auf Zeit verloren hatte;
3. wenn gegen den Antragsteller, welcher früher Rechtsanwalt gewesen ist, innerhalb der letzten zwei Jahre im ehrengerichtlichen Verfahren auf Verweis oder auf Geldstrafe von mehr als einhundertfünfzig Mark erkannt worden ist.

§ 7. Ist gegen den nach § 4 berechtigten Antragsteller wegen einer strafbaren Handlung, welche die Unfähigkeit zur Bekleidung öffentlicher Aemter zur Folge haben kann, die öffentliche Klage erhoben, so ist die Entscheidung über die Zulassung bis zur Beendigung der Untersuchung auszusetzen.

§ 8. Die Zulassung erfolgt bei einem bestimmten Gerichte.

Kammern für Handelssachen, welche ihren Sitz an einem anderen Orte, als an dem des Landgerichts haben, sind im Sinne dieses Gesetzes als besondere Gerichte anzusehen.

§ 9. Der bei einem Amtsgerichte zugelassene Rechtsanwalt kann auf seinen Antrag zugleich bei dem Landgerichte, in dessen Bezirk das Amtsgericht seinen Sitz hat, sowie bei den im Bezirke des Landgerichts befindlichen Kammern für Handelssachen zugelassen werden. Die Zulassung muß erfolgen, wenn sie nach dem übereinstimmenden Gutachten des Oberlandesgerichts und des Vorstandes der Anwaltskammer dem Interesse der Rechtspflege förderlich ist.

§ 10. Der bei einem Kollegialgerichte zugelassene Rechtsanwalt ist auf seinen Antrag zugleich bei einem anderen, an dem Orte seines Wohnsitzes befindlichen Kollegialgerichte zuzulassen, wenn das Oberlandesgericht durch Plenarbeschluß die Zulassung dem Interesse der Rechtspflege für förderlich erklärt.

Erklärt das Oberlandesgericht die Zulassung einer bestimmten Anzahl von Rechtsanwälten für förderlich und beantragt innerhalb einer bekannt zu machenden vierwöchigen Frist eine größere Anzahl von Rechtsanwälten ihre Zulassung, so entscheidet unter den Antragstellern die Landesjustizverwaltung.

§ 11. Ist der Rechtsanwalt bei einem Landgerichte zugelassen, welches zum Bezirk eines mehreren Bundesstaaten gemeinschaftlichen Oberlandesgerichts gehört, so kann er zugleich bei dem letzteren zugelassen werden, auch wenn dasselbe an einem anderen Orte seinen Sitz hat.

§ 12. Auf Antrag eines Landgerichts können bei demselben Rechtsanwälte, welche bei einem benachbarten Landgerichte zugelassen sind, widerruflich zugelassen werden, wenn nach dem Gutachten des Oberlandesgerichts die Zulassung zur ordnungsmäßigen Erledigung der Anwaltsprozesse erforderlich ist.

§ 13. Die Zulassung bei dem im Antrage bezeichneten Gerichte darf wegen mangelnden Bedürfnisses zur Vermehrung der Zahl der bei demselben zugelassenen Rechtsanwälte nicht versagt werden.

§ 14. Die Zulassung bei dem im Antrage bezeichneten Gerichte kann versagt werden, wenn bei demselben ein Richter angestellt ist, mit welchem der Antragsteller in gerader Linie verwandt oder verschwägert oder in der Seitenlinie im zweiten Grade verwandt oder verschwägert ist, auch wenn die Ehe, durch welche die Schwägerschaft begründet wird, nicht mehr besteht.

§ 15. Die Zulassung eines Rechtsanwalts bei einem anderen Gerichte kann versagt werden:

1. wenn gegen den Antragsteller innerhalb der letzten zwei Jahre im ehrengerichtlichen Verfahren auf Verweis oder auf Geldstrafe von mehr als einhundertfünfzig Mark erkannt ist;
2. wenn gegen den Antragsteller die Klage im ehrengerichtlichen Verfahren erhoben ist.

§ 16. Der Bescheid, welcher einem Antragsteller die beantragte Zulassung versagt, muß den Grund der Versagung angeben.

Wird die Zulassung nach dem Gutachten des Vorstandes der Anwaltskammer aus einem der im § 5 Nr. 4, 5, 6 bezeichneten Gründe versagt, so ist auf Verlangen des Antragstellers über den Grund der Versagung im ehrengerichtlichen Verfahren zu entscheiden.

Das Verlangen muß bei der Landesjustizverwaltung innerhalb der Frist von einer Woche seit der Zustellung des Bescheides angebracht werden.

Die Landesjustizverwaltung hat den rechtzeitig gestellten Antrag dem Vorstande der Anwaltskammer zu übersenden.

§ 17. Nach der ersten Zulassung hat der Rechtsanwalt in einer öffentlichen Sitzung des Gerichts, bei welchem er zugelassen ist, folgenden Eid zu leisten:

„Ich schwöre bei Gott dem Allmächtigen und Allwissenden, die Pflichten eines Rechtsanwalts gewissenhaft zu erfüllen, so wahr mir Gott helfe."

§ 18. Der Rechtsanwalt muß an dem Orte des Gerichts, bei welchem er zugelassen ist, seinen Wohnsitz nehmen. Inwieweit benachbarte Orte im Sinne dieser Vorschrift als ein Ort anzusehen sind, bestimmt die Landesjustizverwaltung.

Dieselbe kann einem bei einem Amtsgerichte zugelassenen Rechtsanwalte gestatten, an einem anderen Orte innerhalb des Amtsgerichtsbezirks seinen Wohnsitz zu nehmen.

Ist der Rechtsanwalt bei mehreren Gerichten zugelassen, so muß er im Falle des § 9 am Orte des Amtsgerichts, im Falle des § 11 am Orte des Landgerichts seinen Wohnsitz nehmen.

Die Mehrkosten, welche bei der Vertretung einer Partei vor einem Kollegialgerichte durch einen bei demselben zugelassenen Rechtsanwalt dadurch entstehen, daß der letztere seinen Wohnsitz nicht am Orte des Gerichts hat, ist die Gegenpartei zu erstatten nicht verpflichtet.

§ 19. Ist der Rechtsanwalt an dem Ort eines Gerichts, bei welchem er zugelassen ist, nicht wohnhaft, so muß er bei diesem Gericht einen an dem Orte desselben wohnhaften ständigen Zustellungsbevollmächtigten bestellen.

An den Zustellungsbevollmächtigten kann auch die Zustellung von Anwalt zu Anwalt wie an den Rechtsanwalt selbst erfolgen.

Ist eine Zustellung an den Zustellungsbevollmächtigten am Orte des Gerichts nicht ausführbar, so kann sie an den Rechtsanwalt durch Aufgabe zur Post erfolgen.

§ 20. Bei jedem Gericht ist eine Liste der bei demselben zugelassenen Rechtsanwälte zu führen. In der Liste ist der Wohnsitz der Rechtsanwälte anzugeben.

Hat der Rechtsanwalt den Eid geleistet und seinen Wohnsitz in Gemäßheit des § 18 genommen, so ist er in die Liste einzutragen. Veränderungen des Wohnsitzes hat derselbe unverzüglich anzuzeigen.

Mit der Eintragung beginnt die Befugniß zur Ausübung der Rechtsanwaltschaft.

Die Eintragungen sind von dem Gericht auf Kosten des Rechtsanwalts durch den Deutschen Reichsanzeiger bekannt zu machen.

§ 21. Die Zulassung muß zurückgenommen werden:

1. wenn der Rechtsanwalt seinen Wohnsitz (§ 18) binnen drei Monaten seit Mittheilung des die Zulassung aussprechenden Bescheides nicht genommen hat;
2. wenn der Rechtsanwalt den Wohnsitz (§ 18) aufgiebt;
3. wenn nach der Zulassung sich ergiebt, daß sie in Gemäßheit des § 5 Nr. 1, 2 hätte versagt werden müssen.

Die Zurücknahme kann im Falle des § 5 Nr. 1 unterbleiben, wenn der daselbst bezeichnete Versagungsgrund nicht mehr vorliegt.

Die Zulassung bei einem Gericht, an dessen Orte der Rechtsanwalt nicht wohnhaft ist, muß zurückgenommen werden, wenn der Rechtsanwalt einen Monat lang versäumt hat, einen dort wohnhaften Zustellungsbevollmächtigten zu bestellen.

§ 22. Die Zulassung kann zurückgenommen werden, wenn der Rechtsanwalt in Folge gerichtlicher Anordnung in der Verfügung über sein Vermögen beschränkt ist.

§ 23. Die Zurücknahme der Zulassung erfolgt durch die Landesjustizverwaltung nach Anhörung des Rechtsanwalts und des Vorstandes der Anwaltskammer.

Ein die Zulassung zurücknehmender Bescheid muß den Grund der Zurücknahme angeben.

§ 24. Stirbt der Rechtsanwalt oder giebt er die Zulassung auf oder wird die Zulassung zurückgenommen oder verliert der Rechtsanwalt in Folge Urtheils die Fähigkeit zur Ausübung der Rechtsanwaltschaft, so ist die Eintragung in der Liste zu löschen.

Die Löschung ist von dem Gerichte durch den Deutschen Reichsanzeiger bekannt zu machen.

§ 25. Die Stellvertretung eines an der Ausübung seines Berufs zeitweise verhinderten Rechtsanwalts kann nur einem Rechtsanwalt oder einem Rechtskundigen, welcher mindestens zwei Jahre im Vorbereitungsdienste beschäftigt worden ist, übertragen werden.

Insofern die Stellvertretung nicht von einem bei demselben Gerichte zugelassenen Rechtsanwalt übernommen wird, darf die Bestellung des Stellvertreters nur durch Anordnung der Landesjustizverwaltung erfolgen.

Auf die in Abs. 1 bezeichneten Stellvertreter, auch wenn dieselben nicht Rechtsanwälte sind, finden die Vorschriften des § 143[1]) Abs. 1, 2 der Civilprozeßordnung nicht Anwendung. Das Gleiche gilt für die im Justizdienste befindlichen Rechtskundigen, welche mindestens zwei Jahre im Vorbereitungsdienste beschäftigt worden sind, wenn sie einen Rechtsanwalt ohne als dessen Stellvertreter bestellt zu sein, in Fällen vertreten, in denen eine Vertretung durch einen Rechtsanwalt nicht geboten ist, oder wenn sie unter Beistand des Rechtsanwalts die Ausführung der Parteirechte übernehmen.

Zweiter Abschnitt.

Rechte und Pflichten der Rechtsanwälte.

§ 26. Auf Grund der Zulassung bei einem Gerichte ist der Rechtsanwalt befugt, in den Sachen, auf welche die Strafprozeßordnung, Civilprozeßordnung und die Konkursordnung Anwendung finden, vor jedem Gericht innerhalb des Reichs Vertheidigungen zu führen, als Beistand aufzutreten und, insoweit eine Vertretung durch Anwälte nicht geboten ist, die Vertretung zu übernehmen.

§ 27. Insoweit eine Vertretung durch Anwälte geboten ist, kann nur ein bei dem Prozeßgerichte zugelassener Rechtsanwalt die Vertretung als Prozeßbevollmächtigter übernehmen.

In der mündlichen Verhandlung, einschließlich der vor dem Prozeßgericht erfolgenden Beweisaufnahme, kann jedoch jeder Rechtsanwalt die Ausführung der Parteirechte und für den Fall, daß der bei dem Prozeßgerichte zum Prozeßbevollmächtigten bestellte Rechtsanwalt ihm die Vertretung überträgt, auch diese übernehmen.

§ 28. Der Rechtsanwalt ist verpflichtet, seine Berufsthätigkeit gewissenhaft auszuüben und durch sein Verhalten in Ausübung des Be-

[1]) Jetzt § 157.

rufs sowie außerhalb desselben sich der Achtung würdig zu zeigen, die sein Beruf erfordert.

§ 29. Der Rechtsanwalt muß, wenn er sich über eine Woche hinaus von seinem Wohnsitze entfernen will, für seine Stellvertretung sorgen, auch dem Vorsitzenden des Gerichts, bei welchem er zugelassen ist, sowie dem Amtsgericht, in dessen Bezirk er seinen Wohnsitz hat, Anzeige machen und den Stellvertreter benennen.

§ 30. Der Rechtsanwalt, dessen Berufsthätigkeit in Anspruch genommen wird, ist verpflichtet, wenn er den Antrag nicht annimmt, die Ablehnung ohne Verzug zu erklären, widrigenfalls er den durch die Verzögerung erwachsenen Schaden zu ersetzen hat.

§ 31. Der Rechtsanwalt hat seine Berufsthätigkeit zu versagen:

1. wenn sie für eine pflichtwidrige Handlung in Anspruch genommen wird;
2. wenn sie von ihm in derselben Rechtssache bereits einer anderen Partei im entgegengesetzten Interesse gewährt ist;
3. wenn er sie in einer streitigen Angelegenheit gewähren soll, an deren Entscheidung er als Richter theilgenommen hat.

§ 32. Der Rechtsanwalt ist nicht verpflichtet, vor Empfang seiner Auslagen und Gebühren die Handakten dem Auftraggeber herauszugeben.

Die Pflicht zur Aufbewahrung der Handakten erlischt mit Ablauf von fünf Jahren nach Beendigung des Auftrags und schon vor Beendigung dieses Zeitraums, wenn der Auftraggeber, zur Empfangnahme der Handakten aufgefordert, sie nicht binnen sechs Monaten nach erhaltener Aufforderung in Empfang genommen hat.

§ 33. Außer den in der Civilprozeßordnung bezeichneten Fällen hat das Prozeßgericht, insoweit eine Vertretung durch Anwälte geboten ist, einer Partei auf Antrag einen Rechtsanwalt zur Wahrnehmung ihrer Rechte beizuordnen, wenn die Partei einen zu ihrer Vertretung geneigten Anwalt nicht findet und die Rechtsverfolgung oder Rechtsvertheidigung nicht muthwillig oder aussichtslos erscheint.

§ 34. Einer Partei, welcher das Armenrecht bewilligt ist, kann auch, insoweit eine Vertretung durch Anwälte nicht geboten ist, zur vorläufig unentgeltlichen Wahrnehmung ihrer Rechte von dem Prozeßgericht ein Rechtsanwalt auf Antrag beigeordnet werden.

§ 35. Gegen die Entscheidung, durch welche die Beiordnung eines Rechtsanwalts abgelehnt wird, steht der Partei die Beschwerde nach Maßgabe der Civilprozeßordnung zu.

§ 36. Die Auswahl eines beizuordnenden Rechtsanwalts erfolgt durch den Vorsitzenden des Gerichts aus der Zahl der bei diesem zugelassenen Rechtsanwälte.

Gegen die Verfügung steht der Partei und dem Rechtsanwalte die Beschwerde nach Maßgabe der Civilprozeßordnung zu.

§ 37. Die Mehrkosten, welche bei der Vertretung einer armen Partei durch den ihr beigeordneten Rechtsanwalt dadurch entstehen, daß der letztere seinen Wohnsitz nicht am Orte des Gerichts hat, ist die Gegenpartei zu erstatten nicht verpflichtet.

§ 38. Im Falle des § 33 kann der beigeordnete Rechtsanwalt die Uebernahme der Vertretung davon abhängig machen, daß ihm ein nach den Vorschriften der Gebührenordnung zu bemessender Vorschuß gezahlt wird.

§ 39. Für die Verpflichtung des Rechtsanwalts, in Strafsachen die Vertheidigung zu führen, sind die Bestimmungen der Strafprozeßordnung maßgebend.

In denjenigen Fällen, in welchen nach § 144 der Strafprozeßordnung die Bestellung des Vertheidigers durch den Vorsitzenden des Landgerichts oder den Amtsrichter zu erfolgen hat, stehen den am Sitze des Gerichts wohnhaften Rechtsanwälten die innerhalb des Bezirks desselben wohnhaften und bei demselben zugelassenen gleich. Auf Reisekosten und Tagegelder für die Reise nach dem Sitze des Gerichts haben dieselben keinen Anspruch.

Ein nach § 12 widerruflich zugelassener Rechtsanwalt kann in Ermangelung von Rechtsanwälten, welche im Bezirke des Gerichts wohnhaft sind, in den Fällen des § 144 der Strafprozeßordnung zum Vertheidiger bestellt werden.

§ 40. Der Rechtsanwalt ist verpflichtet, den im Vorbereitungsdienste bei ihm beschäftigten Rechtskundigen Anleitung und Gelegenheit zu praktischen Arbeiten zu geben.

Dritter Abschnitt.

Anwaltskammern.

§ 41. Die innerhalb des Bezirks eines Oberlandesgerichts zugelassenen Rechtsanwälte bilden eine Anwaltskammer.

Die Kammer hat ihren Sitz am Orte des Oberlandesgerichts.

§ 42. Die Kammer hat einen Vorstand von neun Mitgliedern.

Durch die Geschäftsordnung kann die Zahl der Mitglieder bis auf fünfzehn erhöht werden.

§ 43. Der Vorstand wird durch die Kammer gewählt.

Wählbar sind die Mitglieder der Kammer.

Nicht wählbar sind:

1. diejenigen, welche in Folge gerichtlicher Anordnung in der Verfügung über ihr Vermögen beschränkt sind;
2. diejenigen, gegen welche im ehrengerichtlichen Verfahren oder wegen einer strafbaren Handlung, welche die Unfähigkeit zur Bekleidung öffentlicher Aemter zur Folge haben kann, die öffentliche Klage erhoben ist;
3. diejenigen, gegen welche im ehrengerichtlichen Verfahren auf Verweis oder auf Geldstrafe von mehr als einhundertfünfzig Mark erkannt ist, auf die Dauer von fünf Jahren nach der Rechtskraft des Urtheils.

Verliert ein Mitglied des Vorstandes die Wählbarkeit, so scheidet dasselbe aus dem Vorstande.

§ 44. Die Wahl des Vorstandes erfolgt auf vier Jahre jedoch mit der Maßgabe, daß alle zwei Jahre die Hälfte der Mitglieder, bei ungerader Zahl zum ersten Male die größere Zahl ausscheidet. Die zum ersten Mal Ausscheidenden werden durch das Loos bestimmt.

Eine Ersatzwahl für ein vor dem Ablaufe der Wahlperiode ausscheidendes Mitglied erfolgt für den Rest derselben.

§ 45. Die Wahl zum Mitgliede des Vorstandes darf ablehnen:

1. wer das fünfundsechzigste Lebensjahr vollendet hat;
2. wer die letzten vier Jahre Mitglied des Vorstandes gewesen ist, für die nächsten vier Jahre.

Das freiwillige Ausscheiden eines Mitgliedes bedarf der Zustimmung des Vorstandes.

§ 46. Der Vorstand wählt aus seiner Mitte einen Vorsitzenden, einen stellvertretenden Vorsitzenden, einen Schriftführer und einen stellvertretenden Schriftführer.

§ 47. Das Ergebniß der Wahlen wird der Landesjustizverwaltung und dem Oberlandesgericht angezeigt und von dem letzteren auf Kosten der Anwaltskammer durch den Deutschen Reichsanzeiger bekannt gemacht.

§ 48. Der Kammer liegt ob:

1. Die Feststellung der Geschäftsordnung für die Kammer und den Vorstand;
2. die Bewilligung der Mittel zur Bestreitung des für die gemeinschaftlichen Angelegenheiten erforderlichen Aufwandes und die Bestimmung des Beitrages der Mitglieder;
3. die Prüfung und Abnahme der seitens des Vorstandes zu legenden Rechnung.

§ 49. Der Vorstand hat

1. die Aufsicht über die Erfüllung der den Mitgliedern der Kammer obliegenden Pflichten zu üben und die ehrengerichtliche Strafgewalt zu handhaben;
2. Streitigkeiten unter den Mitgliedern der Kammer auf Antrag zu vermitteln.
3. Streitigkeiten aus dem Auftragsverhältnisse zwischen einem Mitgliede der Kammer und dem Auftraggeber auf Antrag des letzteren zu vermitteln;
4. Gutachten, welche von der Landesjustizverwaltung, sowie solche, welche in Streitigkeiten zwischen einem Mitgliede der Kammer und seinem Auftraggeber von den Gerichten erfordert werden, zu erstatten;
5. das Vermögen der Kammer zu verwalten und derselben über die Verwaltung jährlich Rechnung zu legen.

Der Vorstand kann die in Nr. 2, 3 bezeichneten Geschäfte einzelnen seiner Mitglieder übertragen.

§ 50. Der Vorstand sowie die Kammer ist berechtigt, Vorstellungen und Anträge, welche das Interesse der Rechtspflege oder der Rechtsanwaltschaft betreffen, an die Landesjustizverwaltung zu richten.

§ 51. Die Geschäfte des Vorstandes werden von den Mitgliedern unentgeltlich geführt; baare Auslagen werden ihnen erstattet.

§ 52. Der Vorsitzende beruft die Versammlungen der Kammer und des Vorstandes und führt in beiden den Vorsitz.

Die Berufung der Kammer muß erfolgen, wenn zehn Mitglieder derselben, die Berufung des Vorstandes, wenn zwei Mitglieder desselben unter Angabe des zu verhandelnden Gegenstandes schriftlich darauf antragen. Durch die Geschäftsordnung kann die Zahl der Mitglieder, auf deren Antrag die Berufung der Kammer erfolgen muß, erhöht werden. Die Kammer kann auf Beschluß des Vorstandes an jeden innerhalb des Oberlandesgerichtsbezirks belegenen Ort, welcher der Sitz eines Landgerichts ist, berufen werden.

§ 53. Die Versammlungen der Kammer werden mittels öffentlicher Bekanntmachung in den durch die Geschäftsordnung bestimmten Blättern oder mittels schriftlicher Einladung der Mitglieder berufen. Die Berufung des Vorstandes erfolgt mittels schriftlicher Einladung.

Die öffentliche Bekanntmachung muß spätestens am fünften Tage vor der Versammlung erfolgen.

Die schriftliche Einladung von Mitgliedern, welche nicht am Sitze der Kammer wohnen, gilt als bewirkt, wenn das Einladungsschreiben spätestens am fünften Tage vor der Versammlung eingeschrieben zur Post gegeben ist.

Bei der Berufung der Kammer muß der Gegenstand, über welchen in der Versammlung ein Beschluß gefaßt werden soll, bekannt gemacht werden. Ueber andere Gegenstände, mit Ausnahme des Antrags auf abermalige Berufung der Kammer, darf ein Beschluß nicht gefaßt werden.

§ 54. Die Beschlüsse der Kammer und des Vorstandes werden nach absoluter Stimmenmehrheit gefaßt. Das Gleiche gilt für die Wahlen.

Im Falle der Stimmengleichheit entscheidet die Stimme des Vorsitzenden, bei Wahlen das Loos.

Die bei einer Angelegenheit betheiligten Mitglieder sind von der Beschlußfassung über dieselbe ausgeschlossen.

§ 55. Zur Beschlußfähigkeit des Vorstandes ist die Theilnahme der Mehrheit der Mitglieder erforderlich.

Die Beschlüsse des Vorstandes können mittels schriftlicher Abstimmung gefaßt werden, sofern nicht ein Mitglied mündliche Abstimmung verlangt.

§ 56. Ueber die in einer Versammlung gefaßten Beschlüsse und die Ergebnisse der Wahlen ist ein Protokoll aufzunehmen, welches von dem Vorsitzenden und dem Schriftführer zu unterzeichnen ist.

§ 57. Der Vorsitzende hat den geschäftlichen Verkehr der Kammer und des Vorstandes zu vermitteln, die Beschlüsse derselben zur Ausführung zu bringen und die Urkunden im Namen derselben zu vollziehen.

Die Kassengeschäfte liegen dem Schriftführer ob; er ist zur Empfangnahme von Geld berechtigt und vertritt die Kammer in Prozessen.

§ 58. Die Mitglieder der Kammer haben auf die in Gemäßheit des § 49 Abs. 1 Nr. 1 bis 3 und Abs. 2 ergehenden Ladungen zu erscheinen, die verlangten Aufschlüsse zu ertheilen und den zu diesem Zwecke erlassenen Anordnungen Folge zu leisten.

Zur Erzwingung einer solchen Anordnung können Geldstrafen bis zum Gesammtbetrage von dreihundert Mark festgesetzt werden. Der Festsetzung einer Strafe muß deren schriftliche Androhung vorangehen.

Gegen die Anordnungen oder Straffestsetzungen eines beauftragten Mitgliedes des Vorstandes findet Beschwerde an den Vorstand statt.

§ 59. Die Aufsicht über den Geschäftsbetrieb des Vorstandes steht dem Präsidenten des Oberlandesgerichts zu. Derselbe entscheidet über Beschwerden, welche den Geschäftsbetrieb des Vorstandes betreffen. Für die Aufsicht und die Beschwerden sind die landesgesetzlichen Vorschriften maßgebend, welche die Aufsicht und die Beschwerden über den Geschäftsbetrieb der Gerichte regeln.

Gesetzwidrige Beschlüsse oder Wahlen der Kammer oder des Vorstandes können von dem Oberlandesgericht aufgehoben werden.

§ 60. Die Verhandlungen und Erlasse der Kammer und des Vorstandes, sowie die an dieselben gerichteten Erlasse und Eingaben sind, soweit dieselben nicht eine Beurkundung von Rechtsgeschäften enthalten, frei von Gebühren und Stempeln.

§ 61. Der Vorsitzende hat jährlich der Landesjustizverwaltung und dem Oberlandesgericht einen schriftlichen Bericht über die Thätigkeit der Kammer und des Vorstandes zu erstatten.

Vierter Abschnitt.

Ehrengerichtliches Verfahren.

§ 62. Ein Rechtsanwalt, welcher die ihm obliegenden Pflichten (§ 28) verletzt, hat die ehrengerichtliche Bestrafung verwirkt.

§ 63. Die ehrengerichtlichen Strafen sind:

1. Warnung;
2. Verweis;
3. Geldstrafe bis zu dreitausend Mark;
4. Ausschließung von der Rechtsanwaltschaft.

Geldstrafe kann mit Verweis verbunden werden.

§ 64. Wegen Handlungen, welche ein Rechtsanwalt vor seiner Zulassung begangen hat, ist ein ehrengerichtliches Verfahren nur dann zulässig, wenn jene Handlungen die Ausschließung von der Rechtsanwaltschaft begründen.

§ 65. Ist gegen einen Rechtsanwalt wegen einer strafbaren Handlung die öffentliche Klage erhoben, so ist während der Dauer des Strafverfahrens wegen der nämlichen Thatsachen das ehrengerichtliche Verfahren nicht zu eröffnen und, wenn die Eröffnung stattgefunden hat, auszusetzen.

Ist im Strafverfahren auf Freisprechung erkannt, so findet wegen derjenigen Thatsachen, welche in diesem zur Erörterung gekommen sind, ein ehrengerichtliches Verfahren nur insofern statt, als dieselben an sich und unabhängig von dem Thatbestand einer im Strafgesetze vorgesehenen Handlung die ehrengerichtliche Bestrafung begründen.

Ist im Strafverfahren eine Verurtheilung ergangen, welche die Unfähigkeit zur Ausübung der Rechtsanwaltschaft nicht zur Folge hat, so beschließt das Ehrengericht, ob außerdem das ehrengerichtliche Verfahren zu eröffnen oder fortzusetzen sei.

Kann im Strafverfahren eine Hauptverhandlung nicht stattfinden, weil der Angeklagte abwesend ist, so findet die Vorschrift des Absatzes 1 keine Anwendung.

§ 66. Insoweit nicht aus den nachfolgenden Bestimmungen Abweichungen sich ergeben, finden auf das ehrengerichtliche Verfahren die Vorschriften der Strafprozeßordnung über das Verfahren in den zur Zuständigkeit der Landgerichte gehörigen Strafsachen und die Vorschriften der §§ 156 Nr. II, 177, 186 bis 200 des Gerichtsverfassungsgesetzes entsprechende Anwendung.

§ 67. Der Vorstand entscheidet im ehrengerichtlichen Verfahren als Ehrengericht in der Besetzung von fünf Mitgliedern. Dasselbe besteht aus dem Vorsitzenden, dem stellvertretenden Vorsitzenden und drei anderen Mitgliedern des Vorstandes. Der Vorstand wählt die letzteren und bestimmt die Reihenfolge, in welcher die übrigen Mitglieder als Stellvertreter zu berufen sind.

§ 68. Zuständig ist das Ehrengericht der Kammer, welcher der Angeschuldigte zur Zeit der Erhebung der Klage angehört.

§ 69. Der Antrag auf Eröffnung der Voruntersuchung kann von dem Ehrengerichte sowohl aus rechtlichen, als aus thatsächlichen Gründen abgelehnt werden.

Gegen den ablehnenden Beschluß steht der Staatsanwaltschaft die sofortige Beschwerde zu.

Gegen den die Voruntersuchung eröffnenden Beschluß steht dem Angeklagten die Beschwerde nur wegen Unzuständigkeit des Ehrengerichts zu.

§ 70. Das Ehrengericht kann beschließen, daß ohne Voruntersuchung das Hauptverfahren zu eröffnen sei.

Beschwerde findet nicht statt.

§ 71. Mit der Führung der Voruntersuchung wird ein Richter durch den Präsidenten des Oberlandesgerichts beauftragt.

§ 72. Die Verhaftung und vorläufige Festnahme sowie die Vorführung des Angeschuldigten ist unzulässig.

§ 73. Die Beeidigung von Zeugen und Sachverständigen kann in der Voruntersuchung erfolgen, auch wenn die Voraussetzungen des § 65 Abs. 2 und des § 222 der Strafprozeßordnung nicht vorliegen.

§ 74. Beantragt die Staatsanwaltschaft eine Ergänzung der Voruntersuchung, so hat der Untersuchungsrichter, wenn er dem Antrage nicht stattgeben will, die Entscheidung des Ehrengerichts einzuholen.

§ 75. Nach geschlossener Voruntersuchung sind dem Angeschuldigten auf seinen Antrag die Ergebnisse des bisherigen Verfahrens mitzutheilen.

§ 76. Die Anklageschrift hat die dem Angeschuldigten zur Last gelegte Pflichtverletzung durch Angabe der sie begründenden Thatsachen zu bezeichnen und, soweit in der Hauptverhandlung Beweise erhoben werden sollen, die Beweismittel anzugeben.

§ 77. Ist der Angeschuldigte außer Verfolgung gesetzt, so kann die Klage nur während eines Zeitraums von fünf Jahren, vom Tage des Beschlusses ab, und nur auf Grund neuer Thatsachen oder Beweismittel wieder aufgenommen werden.

§ 78. In dem Beschlusse, durch welchen das Hauptverfahren eröffnet wird, ist die dem Angeklagten zur Last gelegte Pflichtverletzung durch Angabe der sie begründenden Thatsachen zu bezeichnen.

§ 79. Die Mittheilung der Anklageschrift erfolgt mit der Ladung zur Hauptverhandlung.

§ 80. Die Mitglieder des Vorstandes, welche bei der Entscheidung über die Eröffnung des Hauptverfahrens mitgewirkt haben, sind von der Theilnahme an dem Hauptverfahren nicht ausgeschlossen.

§ 81. In der Hauptverhandlung ist als Gerichtsschreiber ein dem Vorstande nicht angehörender, am Sitze der Kammer wohnhafter Rechtsanwalt von dem Vorsitzenden zuzuziehen.

§ 82. Die Hauptverhandlung ist nicht öffentlich. Die Mitglieder der Kammer sind als Zuhörer zuzulassen, andere Personen nur auf Antrag des Angeklagten nach dem Ermessen des Vorsitzenden.

§ 83. Die Hauptverhandlung kann auch ohne Anwesenheit des Angeklagten stattfinden, sofern er zu derselben geladen ist, auch wenn er im Sinne des § 318 der Strafprozeßordnung als abwesend gilt. Eine öffentliche Ladung ist unzulässig.

Das Ehrengericht kann das persönliche Erscheinen des Angeklagten unter der Verwarnung anordnen, daß bei seinem Ausbleiben ein Vertreter nicht werde zugelassen werden.

§ 84. In der Hauptverhandlung hält nach Verlesung des Beschlusses über die Eröffnung des Hauptverfahrens ein Berichterstatter in Abwesenheit der Zeugen einen Vortrag über die Ergebnisse des bisherigen Verfahrens, soweit dieselben sich auf die in dem Beschlusse über die Eröffnung des Hauptverfahrens enthaltenen Thatsachen beziehen.

§ 85. Das Ehrengericht bestimmt den Umfang der Beweisaufnahme, ohne hierbei durch Anträge, Verzichte oder frühere Beschlüsse gebunden zu sein.

§ 86. Das Ehrengericht kann nach freiem Ermessen die Vernehmung von Zeugen oder Sachverständigen durch einen ersuchten Richter oder in der Hauptverhandlung anordnen.

Auf das Ersuchen finden die §§ 158 bis 160, 166 des Gerichtsverfassungsgesetzes entsprechende Anwendung.

Die Vernehmung muß auf Antrag der Staatsanwaltschaft oder des Angeschuldigten in der Hauptverhandlung erfolgen, sofern nicht voraussichtlich der Zeuge oder Sachverständge am Erscheinen in der Hauptverhandlung verhindert oder sein Erscheinen wegen großer Entfernung besonders erschwert sein wird.

§ 87. Die Verhängung von Zwangsmaßregeln, sowie die Festsetzung von Strafen gegen Zeugen und Sachverständige, welche in der Hauptverhandlung ausbleiben oder ihre Aussage oder deren Beeidigung verweigern, erfolgt auf Ersuchen durch das Amtsgericht, in dessen Bezirke dieselben ihren Wohnsitz und in Ermangelung eines solchen ihren Aufenthalt haben.

§ 88. Die Aussage eines außerhalb der Hauptverhandlung vernommenen Zeugen oder Sachverständigen, dessen Vernehmung nicht in der Hauptverhandlung erfolgen muß, ist, sofern es die Staatsanwaltschaft oder der Angeklagte beantragt oder das Ehrengericht es für erforderlich erachtet, zu verlesen.

§ 89. Für die Verhandlung und Entscheidung über das Rechtsmittel der Beschwerde ist das Oberlandesgericht zuständig.

§ 90. Gegen die Urtheile des Ehrengerichts ist die Berufung an den Ehrengerichtshof zulässig.

Der Ehrengerichtshof besteht aus dem Präsidenten des Reichsgerichts als Vorsitzenden, drei Mitgliedern des Reichsgerichts und drei Mitgliedern der Anwaltskammer bei dem Reichsgerichte.

Die Mitglieder des Reichsgerichts werden nach den Vorschriften der §§ 62, 63, 133 des Gerichtsverfassungsgesetzes bestimmt. Die Mitglieder der Anwaltskammer werden vor Beginn des Geschäftsjahres auf die Dauer desselben von der Anwaltskammer gewählt.

In gleicher Weise werden drei Stellvertreter der Mitglieder des Reichsgerichts und zwei Stellvertreter der Mitglieder der Anwaltskammer bestimmt.

Auf die Vertretung des Präsidenten findet die Vorschrift des § 65 Abs. 2 des Gerichtsverfassungsgesetzes entsprechende Anwendung.

§ 91. Auf das Verfahren in der Beschwerdeinstanz und in der Berufungsinstanz finden die Vorschriften der Strafprozeßordnung und der § 82, 83 Abs. 1, §§ 84, 86 bis 88 dieses Gesetzes entsprechende Anwendung.

§ 92. Die Verrichtungen der Staatsanwaltschaft werden von der Staatsanwaltschaft bei dem Oberlandesgerichte, in der Berufungsinstanz von der Staatsanwaltschaft bei dem Reichsgerichte wahrgenommen.

§ 93. Im Falle des § 16 Abs. 2 wird ohne Beschluß über die Eröffnung des Hauptverfahrens zur Hauptverhandlung geschritten.

Das Ehrengericht kann nach Maßgabe des § 86 auch die Vernehmung des Antragstellers vor der Hauptverhandlung anordnen.

Dem Antragsteller sind auf Verlangen die ihm zur Last gelegten Thatsachen sowie die Beweismittel vor der Hauptverhandlung schriftlich anzugeben.

Das Verfahren ist einzustellen, wenn der Antrag auf Entscheidung im ehrengerichtlichen Verfahren zurückgenommen wird; die Kosten trägt in diesem Falle der Antragsteller.

§ 94. Für das Verfahren werden weder Gebühren noch Stempel, sondern nur baare Auslagen in Ansatz gebracht.

Der Betrag der Kosten ist von dem Vorsitzenden festzustellen. Die Festsetzung ist vollstreckbar.

Kosten, welche weder dem Angeschuldigten noch einem Dritten auferlegt werden oder von dem Verpflichteten nicht eingezogen werden können, fallen der Kammer zur Last. Dieselbe haftet den Zeugen und Sachverständigen für die ihnen zukommende Entschädigung in gleichem Umfange, wie in Strafsachen die Staatskasse. Bei weiterer Entfernung des Aufenthaltsorts der geladenen Personen ist denselben auf Antrag ein Vorschuß zu bewilligen.

Die Hinterlegung der gesetzlichen Entschädigung für Personen, welche von dem Angeklagten unmittelbar geladen sind, erfolgt bei dem Schriftführer des Vorstandes.

§ 95. Ausfertigungen und Auszüge der Urtheile des Ehrengerichts sind von dem Schriftführer des Vorstandes zu ertheilen.

§ 96. Die Ausschließung von der Rechtsanwaltschaft tritt mit der Rechtskraft des Urtheils ein. Dieselbe wird von dem Schriftführer des Vorstandes unter Mittheilung einer mit der Bescheinigung der Vollstreckbarkeit versehenen beglaubigten Abschrift der Urtheilsformel den Gerichten, bei welchen der Rechtsanwalt zugelassen war, und der Landesjustizverwaltung angezeigt.

§ 97. Geldstrafen (§§ 58, 63) fließen zur Kasse der Kammer.

Die Vollstreckung der eine Geldstrafe aussprechenden Entscheidung erfolgt auf Grund einer von dem Schriftführer des Vorstandes ertheilten, mit der Bescheinigung der Vollstreckbarkeit versehenen beglaubigten Abschrift der Entscheidungsformel nach den Vorschriften über die Vollstreckung der Urtheile in bürgerlichen Rechtsstreitigkeiten.

Dasselbe gilt von der Vollstreckung der die Kosten festsetzenden Verfügung.

Die Vollstreckung wird von dem Schriftführer des Vorstandes betrieben.

Fünfter Abschnitt.

Rechtsanwaltschaft bei dem Reichsgerichte.

§ 98. Auf die Rechtsanwaltschaft bei dem Reichsgerichte finden, insoweit nicht in den nachfolgenden Paragraphen abweichende Bestimmungen enthalten sind, die Vorschriften der ersten vier Abschnitte dieses Gesetzes mit der Maßgabe Anwendung, daß an die Stelle der Landesjustizverwaltung der Reichskanzler und an die Stelle des Oberlandesgerichts das Reichsgericht tritt.

§ 99. Die Zulassung zur Rechtsanwaltschaft und die Zurücknahme der Zulassung bei dem Reichsgericht erfolgt durch das Präsidium des Reichsgerichts. Dasselbe entscheidet über den Antrag auf Zulassung nach freiem Ermessen, jedoch vorbehaltlich der Vorschriften der §§ 1, 5.

§ 100. Die Zulassung zur Rechtsanwaltschaft bei dem Reichsgericht ist mit der Zulassung bei einem anderen Gericht unvereinbar.

Die bei dem Reichsgerichte zugelassenen Rechtsanwälte dürfen bei einem anderen Gerichte nicht auftreten.

§ 101. Eine Uebertragung der dem Prozeßbevollmächtigten zustehenden Vertretung auf einen bei dem Reichsgerichte nicht zugelassenen Rechtsanwalt findet nicht statt.

§ 102. Die Anwaltskammer bei dem Reichsgerichte wird durch die bei demselben zugelassenen Rechtsanwälte gebildet.

Die Mitglieder des Ehrengerichtshofs können nicht Mitglieder des Ehrengerichts sein.

Sechster Abschnitt.

Schluß- und Uebergangsbestimmungen.

§ 103. Dieses Gesetz tritt, vorbehaltlich der Bestimmungen der §§ 112, 113, im ganzen Umfange des Reichs gleichzeitig mit dem Gerichtsverfassungsgesetz in Kraft.

§ 104. Der am Orte eines obersten Landesgerichts wohnhafte Rechtsanwalt kann bei diesem Gericht zugelassen werden, wenn nach dem Gutachten des letzteren die Zulassung zur ordnungsmäßigen Erledigung der Anwaltsprozesse erforderlich ist.

§ 105. Die bei einem obersten Landesgerichte zugelassenen Rechtsanwälte sind Mitglieder der Anwaltskammer, in deren Bezirke das Gericht seinen Sitz hat.

§ 106. Die erste Versammlung der Anwaltskammern findet zur Wahl der Mitglieder des Vorstandes binnen drei Monaten nach dem Inkrafttreten dieses Gesetzes statt.

Die Versammlung wird von dem Präsidenten des Oberlandesgerichts, bei dem Reichsgerichte von dem Präsidenten des letzteren berufen. Den Vorsitz in derselben führt der Präsident oder ein von ihm beauftragtes Mitglied des Gerichts.

Der Vorsitzende ernennt für die Versammlung aus deren Mitte einen Schriftführer.

§ 107. Den zur Zeit des Inkrafttretens dieses Gesetzes vorhandenen Rechtsanwälten (Anwälten, Advokaten, Advokatanwälten, Prokuratoren) kann die Zulassung bei einem Landesgerichte, in dessen Bezirke sie bisher ihren Wohnsitz hatten, nicht versagt werden, wenn sie dieselbe vor dem Inkrafttreten dieses Gesetzes oder binnen drei Monaten nach demselben beantragen.

Dieselben sind, sofern sie die Zulassung bei dem Landgericht ihres Wohnsitzes beantragen, befugt, ihren bisherigen Wohnsitz beizubehalten.

Eine nochmalige Beeidigung dieser Rechtsanwälte findet nicht statt.

Den zur Zeit des Inkrafttretens dieses Gesetzes vorhandenen Rechtsanwälten, welche bei den an ihrem Wohnsitze befindlichen mehreren Kollegialgerichten die Anwaltschaft auszuüben berechtigt sind, kann die gleichzeitige Zulassung bei den an demselben Orte an die Stelle der bisherigen tretenden Kollegialgerichten nicht versagt werden, wenn sie dieselbe vor dem Inkrafttreten dieses Gesetzes beantragen. Durch landesherrliche Verordnung kann in diesem Falle für einzelne Orte die gleichzeitige Zulassung bei mehreren Kollegialgerichten ausgeschlossen werden.

§ 108. Diejenigen, welche zur Zeit des Inkrafttretens dieses Gesetzes die Fähigkeit zur Rechtsanwaltschaft erlangt haben, können zur Rechtsanwaltschaft zugelassen werden, auch wenn sie die Fähigkeit zum Richteramte nicht erlangt haben.

Dieselben haben nach Maßgabe des § 4 ein Recht auf Zulassung bei den Gerichten des Bundesstaats, in welchem sie die Fähigkeit zur Rechtsanwaltschaft erlangt haben.

Die Zulassung eines solchen zum Richteramte nicht befähigten Antragstellers kann auch dann versagt werden, wenn dieselbe nicht vor dem Inkrafttreten dieses Gesetzes oder binnen drei Monaten nach demselben oder, falls der Antragsteller zu dieser Zeit ein Amt bekleidet, mit welchem die Rechtsanwaltschaft nicht vereinbar ist, nicht vor Ablauf von drei Monaten nach dem Ausscheiden aus diesem Amte beantragt wird.

§ 109. Die Landesgesetze können für solche Kategorien von Rechtsanwälten und zur Rechtsanwaltschaft Befähigten (§§ 107, 108), für welche die Fähigkeit zum Richteramte nicht erforderlich war, bestimmen, daß deren Zulassung zu versagen oder nur unter Beschränkungen zu ertheilen sei.

§ 110. Durch landesherrliche Verordnung kann die Landesjustizverwaltung auf einen Zeitraum von drei Jahren nach dem Inkrafttreten dieses Gesetzes ermächtigt werden, die Zulassung zur Rechtsanwaltschaft denjenigen zu versagen, welche im Justizdienste sich befinden, sowie denjenigen, welche aus demselben ausgeschieden sind, ohne in einen anderen Zweig des Reichs- oder Staatsdienstes oder in ein besoldetes Gemeindeamt übergegangen oder zur Rechtsanwaltschaft zugelassen worden zu sein.

Auf Grund einer solchen Ermächtigung kann jedoch die Zulassung denjenigen nicht versagt werden, welche dieselbe binnen einem Jahre nach erlangter Fähigkeit zur Rechtsanwaltschaft beantragen und nicht bereits im Justizdienste angestellt worden sind. Für diejenigen, welche die Fähigkeit zur Rechtsanwaltschaft bei dem Inkrafttreten dieses Gesetzes bereits erlangt hatten, läuft diese Frist noch mindestens drei Monate nach diesem Zeitpunkte.

§ 111. Bis zur Wahl des Vorstandes der Anwaltskammer ist die Anhörung desselben nach den Vorschriften der §§ 3, 99 nicht erforderlich.

§ 112. Auf Anordnung der Landesjustizverwaltung können schon vor dem Inkrafttreten des Gerichtsverfassungsgesetzes die Rechtsanwaltslisten (§ 20) angelegt und Eintragungen der in Gemäßheit des § 107 erfolgenden Zulassungen bewirkt werden.

Die Landesjustizverwaltung bestimmt die Gerichte, welche bis zu dem bezeichneten Zeitpunkte die Listen zu führen haben.

§ 113. Ueber den Antrag auf Zulassung zur Rechtsanwaltschaft bei dem Reichsgericht entscheidet vor dem Inkrafttreten des Gerichtsververfassungsgesetzes an Stelle des Präsidiums des Reichsgerichts das Plenum des Reichs-Oberhandelsgerichts.

Das letztere hat bis zu dem bezeichneten Zeitpunkte die Rechtsanwaltsliste zu führen.

§ 114. Mit Zustimmung des Bundesraths kann die Landesjustizverwaltung, wenn in dem Bezirk eines nur einem Bundesstaate angehörigen Oberlandesgerichts das System des französischen Rechts und an dem Sitze einzelner Landgerichte ein anderes System des bürgerlichen Rechts besteht, oder wenn das umgekehrte Verhältniß obwaltet, die bei diesen Landgerichten zugelassenen Rechtsanwälte in den daselbst verhandelten Prozessen bis zur Einführung eines gemeinschaftlichen bürgerlichen Gesetzbuchs zur Vertretung der Parteien auch bei dem Oberlandesgerichte zulassen.

§ 115. Auf die gegen einen Rechtsanwalt (§ 107) zur Zeit des Inkrafttretens dieses Gesetzes anhängigen Disziplinarsachen finden die Bestimmungen der §§ 8, 9, 10, 12 des Einführungsgesetzes zur Strafprozeßordnung entsprechende Anwendung.

An die Stelle des nach den bisherigen Gesetzen zuständigen obersten Landesgerichts tritt der Ehrengerichtshof nach Maßgabe des § 90.

§ 116. Eine nach den bisherigen Gesetzen erkannte zeitige Entziehung der Befugniß zur Ausübung der Rechtsanwaltschaft (Suspension, Dienstsperre) ist im Sinne der § 6 Nr. 3, § 15 Nr. 1, § 43 Nr. 3 für eine härtere Strafe als Verweis zu erachten.

Der Landesgesetzgebung bleibt überlassen, zu bestimmen, in welchem Verhältniß andere bisherige zulässige Strafen zu den im § 63 bezeichneten stehen.

5. Das Gesetz, betr. die Unzulässigkeit der Pfändung von Eisenbahnfahrbetriebsmitteln,[1]) vom 3. Mai 1886

(Reichsgesetzblatt 1886 S. 131)

bestimmt:

Die Fahrbetriebsmittel der Eisenbahnen, welche Personen oder Güter im öffentlichen Verkehr befördern, sind von der ersten Einstellung in den Betrieb bis zur endgültigen Ausscheidung aus den Beständen der Pfändung nicht unterworfen.

Durch diese Bestimmung werden dieselben im Falle des Konkursverfahrens von der Konkursmasse nicht ausgeschlossen.

Auf die Fahrbetriebsmittel ausländischer Eisenbahnen findet die Bestimmung des ersten Absatzes nur insoweit Anwendung, als die Gegenseitigkeit verbürgt ist.

Dieses Gesetz tritt mit dem 1. Juni 1886 in Kraft.

---

6. Die Bekanntmachung des Reichskanzlers, betr. die Zuständigkeit für Todeserklärungen, vom 8. März 1900

(Reichsgesetzblatt 1900 S. 128)

lautet:

Auf Grund des § 961 der Civilprozeßordnung bestimme ich:

Für das Aufgebotsverfahren zum Zwecke der Todeserklärung eines Verschollenen, der weder einen inländischen Wohnsitz gehabt hat noch einem Bundesstaat angehört, ist das Königlich preußische Amtsgericht I in Berlin zuständig.

---

[1]) Verbürgung der Gegenseitigkeit mit Oesterreich-Ungarn durch Erklärung vom 17. März 1887 (R.G.Bl. S. 153).

Das Internationale Uebereinkommen über den Eisenbahnfrachtverkehr vom 14. Oktober 1890 (R.G.Bl. 1892 S. 793) bestimmt im Art. 23 Abs. 5:

In gleicher Weise kann das rollende Material der Eisenbahnen mit Einschluß sämmtlicher beweglicher, der betreffenden Eisenbahn gehörigen Gegenstände, welche sich in diesem Material vorfinden, in dem Gebiete eines anderen Staates als desjenigen, welchem die betreffende Eisenbahn angehört, weder mit Arrest belegt noch gepfändet werden, außer in dem Falle, wenn der Arrest oder die Pfändung auf Grund einer Entscheidung der Gerichte des Staates erfolgt, dem die betreffende Eisenbahn angehört.

7. Gesetz über die Konsulargerichtsbarkeit vom 7. April 1900.

(Reichsgesetzblatt 1900 S. 213—228.)

Wir **Wilhelm**, von Gottes Gnaden Deutscher Kaiser, König von Preußen &c.

verordnen im Namen des Reichs, nach erfolgter Zustimmung des Bundesraths und des Reichstags, was folgt:

Erster Abschnitt.

Umfang der Konsulargerichtsbarkeit.

§ 1. Die Konsulargerichtsbarkeit wird in den Ländern ausgeübt, in denen ihre Ausübung durch Herkommen oder durch Staatsverträge gestattet ist.

Sie kann durch Kaiserliche Verordnung mit Zustimmung des Bundesraths für bestimmte Gebiete und in Ansehung bestimmter Rechtsverhältnisse außer Uebung gesetzt werden.

§ 2. Der Konsulargerichtsbarkeit sind unterworfen:

1. Deutsche, soweit sie nicht in dem Lande, in dem die Konsulargerichtsbarkeit ausgeübt wird, nach allgemeinen völkerrechtlichen Grundsätzen das Recht der Exterritorialität genießen;
2. Ausländer, soweit sie für ihre Rechtsverhältnisse durch Anordnung des Reichskanzlers oder auf Grund einer solchen dem deutschen Schutze unterstellt sind (Schutzgenossen).

Den Deutschen (Abs. 1 Nr. 1) werden gleichgeachtet Handelsgesellschaften, eingetragene Genossenschaften und juristische Personen, wenn sie im Reichsgebiet oder in einem deutschen Schutzgebiet ihren Sitz haben, juristische Personen auch dann, wenn ihnen durch den Bundesrath oder nach den bisherigen Vorschriften durch einen Bundesstaat die Rechtsfähigkeit verliehen worden ist. Das Gleiche gilt von offenen Handelsgesellschaften und Kommanditgesellschaften, die in einem Konsulargerichtsbezirk ihren Sitz haben, wenn die persönlich haftenden Gesellschafter sämmtlich Deutsche sind. Andere als die bezeichneten Handelsgesellschaften, eingetragenen Genossenschaften und juristischen Personen werden den Ausländern (Abs. 1 Nr. 2) gleichgeachtet.

Durch Anordnung des Reichskanzlers oder auf Grund einer solchen kann bestimmt werden, daß die im Abs. 2 Satz 1 bezeichneten Handelsgesellschaften, eingetragenen Genossenschaften und juristischen Personen, wenn Ausländer daran betheiligt sind, der Konsulargerichtsbarkeit nicht unterstehen.

§ 3. Die Militärgerichtsbarkeit wird durch dieses Gesetz nicht berührt.

Zweiter Abschnitt.

Gerichtsverfassung.

§ 4. Die Konsulargerichtsbezirke werden von dem Reichskanzler nach Vernehmung des Ausschusses des Bundesraths für Handel und Verkehr bestimmt.

§ 5. Die Konsulargerichtsbarkeit wird durch den Konsul (§ 2 des Gesetzes, betreffend die Organisation der Bundeskonsulate, vom 8. November 1867), durch das Konsulargericht und durch das Reichsgericht ausgeübt.

§ 6. Der Konsul ist zur Ausübung der Gerichtsbarkeit befugt, wenn er dazu von dem Reichskanzler ermächtigt wird.

Der Reichskanzler kann neben dem Konsul sowie an dessen Stelle einem anderen Beamten die dem Konsul bei der Ausübung der Gerichtsbarkeit obliegenden Verrichtungen übertragen.

§ 7. Der Konsul ist zuständig:

1. für die durch das Gerichtsverfassungsgesetz, die Prozeßordnungen und die Konkursordnung den Amtsgerichten zugewiesenen Sachen;
2. für die durch Reichsgesetze oder in Preußen geltende allgemeine Landesgesetze den Amtsgerichten übertragenen Angelegenheiten der freiwilligen Gerichtsbarkeit.

§ 8. Das Konsulargericht besteht aus dem Konsul als Vorsitzendem und zwei Beisitzern.

In Strafsachen sind in der Hauptverhandlung vier Beisitzer zuzuziehen, wenn der Beschluß über die Eröffnung des Hauptverfahrens ein Verbrechen oder ein Vergehen zum Gegenstande hat, das weder zur Zuständigkeit der Schöffengerichte noch zu den in den §§ 74, 75 des Gerichtsverfassungsgesetzes bezeichneten Handlungen gehört.

§ 9. Ist in bürgerlichen Rechtsstreitigkeiten die Zuziehung von zwei Beisitzern nicht ausführbar, so tritt an die Stelle des Konsulargerichts der Konsul.

Ist in Strafsachen die vorgeschriebene Zuziehung von vier Beisitzern nicht ausführbar, so genügt die Zuziehung von zwei Beisitzern.

Die Gründe, aus denen die Zuziehung von Beisitzern nicht ausführbar war, müssen in dem Sitzungsprotokoll angegeben werden.

§ 10. Das Konsulargericht ist zuständig:

1. für die durch das Gerichtsverfassungsgesetz und die Prozeßordnung den Landgerichten in erster Instanz sowie den Schöffengerichten zugewiesenen Sachen;
2. für die Verhandlung und Entscheidung über das Rechtsmittel der Beschwerde gegen die Entscheidungen des Konsuls in Strafsachen.

§ 11. In den vor das Konsulargericht gehörenden Sachen steht den Beisitzern ein unbeschränktes Stimmrecht zu.

In den im § 10 Nr. 1 bezeichneten Sachen nehmen die Beisitzer nur an der mündlichen Verhandlung und an den im Laufe oder auf Grund dieser Verhandlung ergehenden Entscheidungen Theil; die sonst erforderlichen Entscheidungen werden von dem Konsul erlassen.

§ 12. Der Konsul ernennt für die Dauer eines jeden Geschäftsjahrs aus den achtbaren Gerichtseingesessenen oder in Ermangelung solcher aus sonstigen achtbaren Einwohnern seines Bezirkes vier Beisitzer und mindestens zwei Hülfsbeisitzer.

Die Gerichtseingesessenen haben der an sie ergehenden Berufung Folge zu leisten; die §§ 53, 55, 56 des Gerichtsverfassungsgesetzes finden entsprechende Anwendung.

§ 13. Die Beeidigung der Beisitzer erfolgt bei ihrer ersten Dienstleistung in öffentlicher Sitzung. Sie gilt für die Dauer des Geschäftsjahrs. Der Vorsitzende richtet an die zu Beeidigenden die Worte: „Sie schwören bei Gott dem Allmächtigen und Allwissenden, die Pflichten eines Beisitzers des deutschen Konsulargerichts getreulich zu erfüllen und Ihre Stimme nach bestem Wissen und Gewissen abzugeben.“

Die Beisitzer leisten den Eid, indem jeder einzeln, unter Erhebung der rechten Hand, die Worte spricht: „Ich schwöre es, so wahr mir Gott helfe.“ Ist ein Beisitzer Mitglied einer Religionsgesellschaft, der das Gesetz den Gebrauch gewisser Betheuerungsformeln an Stelle des Eides gestattet, so wird die Abgabe einer Erklärung unter der Betheuerungsformel dieser Religionsgesellschaft der Eidesleistung gleichgeachtet. Ueber die Beeidigung ist ein Protokoll aufzunehmen.

§ 14. Das Reichsgericht ist zuständig für die Verhandlung und endgültige Entscheidung über die Rechtsmittel

1. der Beschwerde und der Berufung in den vor dem Konsul oder dem Konsulargerichte verhandelten bürgerlichen Rechtsstreitigkeiten und in Konkurssachen;
2. der Beschwerde und der Berufung gegen die Entscheidungen des Konsulargerichts in Strafsachen;
3. der Beschwerde gegen die Entscheidungen des Konsuls in den Angelegenheiten der freiwilligen Gerichtsbarkeit.

§ 15. Eine Mitwirkung der Staatsanwaltschaft findet, soweit nicht in diesem Gesetz ein Anderes vorgeschrieben ist, in den vor den Konsul oder das Konsulargericht gehörenden Sachen nicht statt.

§ 16. Die Personen, welche die Verrichtungen der Gerichtsschreiber und der Gerichtsvollzieher sowie die Verrichtungen der Gerichtsdiener als

Zustellungsbeamten auszuüben haben, werden von dem Konsul bestimmt. Sofern diese Personen nicht bereits den Diensteid als Konsularbeamte geleistet haben, sind sie vor ihrem Amtsantritt auf die Erfüllung der Obliegenheiten des ihnen übertragenen Amtes eidlich zu verpflichten.

Das Verzeichniß der Gerichtsvollzieher ist in der für konsularische Bekanntmachungen ortsüblichen Weise, jedenfalls durch Anheftung an die Gerichtstafel bekannt zu machen.

§ 17. Die Personen, die zur Ausübung der Rechtsanwaltschaft zuzulassen sind, werden von dem Konsul bestimmt. Die Zulassung ist widerruflich.

Gegen eine Verfügung des Konsuls, durch die der Antrag einer Person auf Zulassung zur Ausübung der Rechtsanwaltschaft abgelehnt oder die Zulassung zurückgenommen wird, findet Beschwerde an den Reichskanzler statt.

Das Verzeichniß der zur Ausübung der Rechtsanwaltschaft zugelassenen Personen ist in der für konsularische Bekanntmachungen ortsüblichen Weise, jedenfalls durch Anheftung an die Gerichtstafel bekannt zu machen.

§ 18. Die Vorschriften der §§ 157 bis 169 des Gerichtsverfassungsgesetzes und des § 2 des Reichsgesetzes über die Angelegenheiten der freiwilligen Gerichtsbarkeit finden auf die Leistung der Rechtshülfe unter den bei der Ausübung der Konsulargerichtsbarkeit mitwirkenden Behörden sowie unter diesen Behörden und den Behörden im Reichsgebiet oder in den deutschen Schutzgebieten mit der Maßgabe entsprechende Anwendung, daß für die im § 160 Abs. 1 des Gerichtsverfassungsgesetzes vorgesehene Entscheidung, sofern die Rechtshülfe von dem Konsul versagt oder gewährt wird, das Reichsgericht in erster und letzter Instanz zuständig ist.

Dritter Abschnitt.

Allgemeine Vorschriften über das anzuwendende Recht.

§ 19. In den Konsulargerichtsbezirken gelten für die der Konsulargerichtsbarkeit unterworfenen Personen, soweit nicht in diesem Gesetz ein Anderes vorgeschrieben ist:

1. die dem bürgerlichen Rechte angehörenden Vorschriften der Reichsgesetze und der daneben innerhalb Preußens im bisherigen Geltungsbereiche des preußischen Allgemeinen Landrechts in Kraft stehenden allgemeinen Gesetze sowie die Vorschriften der bezeichneten Gesetze über das Verfahren und die Kosten in bürgerlichen Rechtsstreitigkeiten, in Konkurssachen und in den Angelegenheiten der freiwilligen Gerichtsbarkeit;
2. die dem Strafrecht angehörenden Vorschriften der Reichsgesetze sowie die Vorschriften dieser Gesetze über das Verfahren und die Kosten in Strafsachen.

§ 20. Die in § 19 erwähnten Vorschriften finden keine Anwendung, soweit sie Einrichtungen und Verhältnisse voraussetzen, an denen es für den Konsulargerichtsbezirk fehlt.

Durch Kaiserliche Verordnung können die hiernach außer Anwendung bleibenden Vorschriften, soweit sie zu den im § 19 Nr. 1 erwähnten gehören, näher bezeichnet, auch andere Vorschriften an deren Stelle getroffen werden.

§ 21. Durch Kaiserliche Verordnung können die Rechte an Grundstücken, das Bergwerkseigenthum sowie die sonstigen Berechtigungen, für welche die sich auf Grundstücke beziehenden Vorschriften gelten, abweichend von den nach § 19 maßgebenden Vorschriften geregelt werden.

§ 22. Durch Kaiserliche Verordnung kann bestimmt werden, inwieweit die Vorschriften der Gesetze über den Schutz von Werken der Literatur und Kunst, von Photographien, von Erfindungen, von Mustern und Modellen, von Gebrauchsmustern und von Waarenbezeichnungen in den Konsulargerichtsbezirken Anwendung finden oder außer Anwendung bleiben.

§ 23. Soweit die im § 19 bezeichneten Gesetze landesherrliche Verordnungen oder landesherrliche Genehmigung vorsehen, treten an deren Stelle in den Konsulargerichtsbezirken Kaiserliche Verordnungen oder die Genehmigung des Kaisers.

Die nach diesen Gesetzen im Verwaltungsstreitverfahren zu treffenden Entscheidungen werden für die Konsulargerichtsbezirke in erster und letzter Instanz von dem Bundesrath erlassen.

Soweit in diesen Gesetzen auf Anordnungen oder Verfügungen einer Landes-Zentralbehörde oder einer höheren Verwaltungsbehörde verwiesen wird, treten an deren Stelle in den Konsulargerichtsbezirken Anordnungen oder Verfügungen des Reichskanzlers oder der von diesem bezeichneten Behörde.

Die nach diesen Gesetzen den Polizeibehörden zustehenden Befugnisse werden in den Konsulargerichtsbezirken von dem Konsul ausgeübt.

Bis zum Erlasse der im Abs. 1 vorgesehenen Kaiserlichen Verordnungen sowie der im Abs. 3 vorgesehenen Anordnungen oder Verfügungen des Reichskanzlers finden die innerhalb Preußens im bisherigen Geltungsbereiche des preußischen Allgemeinen Landrechts geltenden landesherrlichen Verordnungen sowie die dort geltenden Anordnungen oder Verfügungen der Landes-Zentralbehörden entsprechende Anwendung.

§ 24. Soweit nach den im § 19 bezeichneten Gesetzen dem Landesfiskus Rechte zustehen oder Verpflichtungen obliegen, tritt in den Konsulargerichtsbezirken an dessen Stelle der Reichsfiskus. Diese Vorschrift findet keine Anwendung auf die Rechte und Verpflichtungen, die für den Landesfiskus mit Rücksicht auf die Staatsangehörigkeit eines Betheiligten begründet sind.

Geldstrafen fließen zur Reichskasse. Durch Kaiserliche Verordnung kann bestimmt werden, daß die wegen Zuwiderhandlung gegen einzelne Gesetze oder Verordnungen verhängten Geldstrafen einem anderen Berechtigten zufallen.

§ 25. Die Rechtsverhältnisse der Schutzgenossen, die keinem Staate angehören, werden, soweit dafür die Staatsangehörigkeit in Betracht kommt, nach den Vorschriften beurtheilt, die für die keinem Bundesstaat angehörenden Deutschen gelten.

Die Rechtsverhältnisse der Schutzgenossen, die einem fremden Staate angehören, werden, soweit dafür die Staatsangehörigkeit in Betracht kommt, nach den für Ausländer geltenden Vorschriften beurtheilt.

§ 26. Durch Kaiserliche Verordnung kann bestimmt werden, inwieweit die Konsulargerichtsbezirke im Sinne der in den §§ 19, 22 bezeichneten Gesetze als deutsches Gebiet oder Inland oder als Ausland anzusehen sind.

§ 27. Soweit die nach § 19 zur Anwendung kommenden Gesetze auf die an einem ausländischen Orte geltenden Vorschriften Bezug nehmen, sind hierunter, falls es sich um einen Ort innerhalb eines Konsulargerichtsbezirkes und um die Rechtsverhältnisse einer der Konsulargerichtsbarkeit unterworfenen Person handelt, die deutschen Gesetze zu verstehen.

Durch Kaiserliche Verordnung kann bestimmt werden, inwieweit in einem Konsulargerichtsbezirke die von der dortigen Staatsgewalt erlassenen Vorschriften neben den deutschen Gesetzen als Gesetze des Ortes anzusehen sind.

§ 28. Zustellungen an die der Konsulargerichtsbarkeit unterworfenen Personen erfolgen im Konsulargerichtsbezirke, sofern sie entweder in einer in diesem Bezirke vor den Konsul oder das Konsulargericht gehörenden Sache oder in nicht gerichtlichen Rechtsangelegenheiten auf Betreiben einer in dem Bezirke befindlichen Person zu geschehen haben, nach den Vorschriften über Zustellungen im Inlande. Falls die Verfolgung dieser Vorschriften mit Schwierigkeiten verbunden ist, kann die Zustellung durch den Konsul nach den Vorschriften über Zustellungen im Auslande mit der Maßgabe bewirkt werden, daß an die Stelle des Ersuchens bei Zustellungen auf Betreiben der Betheiligten deren Antrag und bei Zustellungen von Amtswegen die Anzeige des Gerichtsschreibers tritt.

Im Uebrigen erfolgen Zustellungen im Konsulargerichtsbezirk an die der Konsulargerichtsbarkeit unterworfenen Personen nach den Vorschriften über Zustellungen im Ausland, und zwar in gerichtlichen Angelegenheiten mittelst Ersuchens des Konsuls und in nicht gerichtlichen Rechtsangelegenheiten auf einen von den Betheiligten an ihn zu richtenden Antrag.

§ 29. Die Einrückung einer öffentlichen Bekanntmachung in den Deutschen Reichsanzeiger ist nicht erforderlich, sofern daneben eine andere Art der Veröffentlichung vorgeschrieben ist. Der Reichskanzler kann Ausnahmen von dieser Vorschrift anordnen.

Der Reichskanzler kann bestimmen, daß an die Stelle der Einrückung einer öffentlichen Bekanntmachung in den Deutschen Reichsanzeiger eine andere Art der Veröffentlichung tritt.

§ 30. Neue Gesetze erlangen in den Konsulargerichtsbezirken, die in Europa, in Egypten oder an der asiatischen Küste des Schwarzen oder des Mittelländischen Meeres liegen, mit dem Ablaufe von zwei Monaten, in den übrigen Konsulargerichtsbezirken mit dem Ablaufe von vier Monaten nach dem Tage, an dem das betreffende Stück des Reichs-Gesetzblatts oder der Preußischen Gesetz-Sammlung in Berlin ausgegeben worden ist, verbindliche Kraft, soweit nicht für das Inkrafttreten ein späterer Zeitpunkt festgesetzt ist oder für die Konsulargerichtsbezirke reichsgesetzlich ein Anderes vorgeschrieben wird.

Vierter Abschnitt.

Besondere Vorschriften über das bürgerliche Recht.

§ 31. Auf Vereine, die ihren Sitz in einem Konsulargerichtsbezirke haben, finden die Vorschriften der §§ 21, 22, des § 44 Abs. 1 und der §§ 55 bis 79 des Bürgerlichen Gesetzbuchs keine Anwendung.

§ 32. Die in den §§ 8 bis 10 des Gesetzes, betreffend die Rechtsverhältnisse der deutschen Schutzgebiete (Reichs-Gesetzbl. 1888 S. 75, Reichs-Gesetzbl. 1899 S. 365), für die Errichtung deutscher Kolonialgesellschaften erlassenen Vorschriften finden entsprechende Anwendung auf deutsche Gesellschaften, die den Betrieb eines Unternehmens der im § 8 Abs. 1 des Gesetzes bezeichneten Art in einem Konsulargerichtsbezirke zum Gegenstand und ihren Sitz entweder im Reichsgebiet oder in einem deutschen Schutzgebiet oder in einem Konsulargerichtsbezirke haben.

§ 33. Durch Kaiserliche Verordnung kann für einen Konsulargerichtsbezirk oder für einen Theil eines solchen angeordnet werden, daß statt der in den §§ 246, 247, 288 des Bürgerlichen Gesetzbuchs und im § 352 des Handelsgesetzbuchs aufgestellten Zinssätze ein höherer Zinssatz gilt.

§ 34. Inhaberpapiere der im § 795 Abs. 1 des Bürgerlichen Gesetzbuchs bezeichneten Art, die in einem Konsulargerichtsbezirke von einer der Konsulargerichtsbarkeit unterworfenen Person ausgestellt worden sind, dürfen nur mit Genehmigung des Reichskanzlers in den Verkehr gebracht werden.

§ 35. Durch Anordnung des Reichskanzlers kann bestimmt werden, wer in den Konsulargerichtsbezirken an die Stelle der Gemeinde des Fundorts in den Fällen der §§ 976, 977 und an die Stelle der öffentlichen Armenkasse einer Gemeinde im Falle des § 2072 des Bürgerlichen Gesetzbuchs zu treten hat.

§ 36. Die Form einer Ehe, die in einem Konsulargerichtsbezirke von einem Deutschen oder von einem Schutzgenossen, der keinem Staate angehört, geschlossen wird, bestimmt sich ausschließlich nach den Vorschriften des Gesetzes, betreffend die Eheschließung und die Beurkundung des Personenstandes von Reichsangehörigen im Auslande, vom 4. Mai 1870 (Bundes-Gesetzbl. S. 599, Reichs-Gesetzbl. 1896 S. 614). Ein Schutzgenosse, der einem fremden Staate angehört, kann die Ehe in dieser oder in einer anderen, nach den Gesetzen seines Staates zulässigen Form schließen.

Durch Kaiserliche Verordnung kann bestimmt werden, inwieweit in einem Konsulargerichtsbezirke die Beachtung der Vorschriften genügt, die von der dortigen Staatsgewalt über die Form der Eheschließung erlassen sind.

§ 37. Durch Kaiserliche Verordnung können für die innerhalb der Konsulargerichtsbezirke belegenen Grundstücke die Grundsätze bestimmt werden, nach denen die Sicherheit einer Hypothek, einer Grundschuld oder einer Rentenschuld im Sinne des § 1807 des Bürgerlichen Gesetzbuchs festzustellen ist.

§ 38. Im Falle des § 2249 Abs. 1 des Bürgerlichen Gesetzbuchs kann das Testament durch mündliche Erklärung vor drei Zeugen nach § 2250 errichtet werden; der § 2249 Abs. 2 findet entsprechende Anwendung.

§ 39. Durch Kaiserliche Verordnung können für die Konsulargerichtsbezirke die der Landesgesetzgebung vorbehaltenen Bestimmungen über die Hinterlegung und die Hinterlegungsstellen getroffen werden.

§ 40. In Handelssachen finden die Vorschriften der im § 19 bezeichneten Gesetze nur soweit Anwendung, als nicht das im Konsulargerichtsbezirke geltende Handelsgewohnheitsrecht ein Anderes bestimmt.

Handelssachen im Sinne des Abs. 1 sind die von einem Kaufmanne vorgenommenen Rechtsgeschäfte der im § 1 Abs. 2 des Handelsgesetzbuchs bezeichneten Art sowie die Angelegenheiten, die eines der im § 101 Nr. 3a, d, e, f des Gerichtsverfassungsgesetzes aufgeführten Rechtsverhältnisse zum Gegenstande haben.

Fünfter Abschnitt.

Besondere Vorschriften über das Verfahren in bürgerlichen Rechtsstreitigkeiten, in Konkurssachen und in den Angelegenheiten der freiwilligen Gerichtsbarkeit.

§ 41. In bürgerlichen Rechtsstreitigkeiten richtet sich das Verfahren vor dem Konsul sowie vor dem Konsulargerichte nach den Vorschriften über das Verfahren vor den Amtsgerichten mit der Maßgabe, daß auch die Vorschriften der §§ 348 bis 354 der Civilprozeßordnung Anwendung finden.

§ 42. In Rechtsstreitigkeiten, die die Nichtigkeit einer Ehe zum Gegenstande haben, werden die Verrichtungen der Staatsanwaltschaft von dem Konsul einer der zur Ausübung der Rechtsanwaltschaft zugelassenen Personen, einem anderen achtbaren Gerichtseingesessenen oder sonst im Konsulargerichtsbezirke befindlichen Deutschen oder Schutzgenossen übertragen. Das Gleiche gilt in Entmündigungssachen sowie im Aufgebotsverfahren zum Zwecke der Todeserklärung.

§ 43. In den nach § 7 Nr. 1 zur Zuständigkeit des Konsuls gehörenden bürgerlichen Rechtsstreitigkeiten findet, sofern der Werth des Streitgegenstandes die Summe von dreihundert Mark nicht übersteigt, ein Rechtsmittel nicht statt.

§ 44. Der Konsul ist zur Abänderung seiner durch sofortige Beschwerde angefochtenen Entscheidung auch außer den im § 577 Abs. 3 der Civilprozeßordnung bezeichneten Fällen befugt.

§ 45. Das Rechtsmittel der Berufung wird bei dem Konsul eingelegt. Die Einlegung erfolgt durch Einreichung der Berufungsschrift.

Auf die Einlegung findet die Vorschrift des § 78 Abs. 1 der Civilprozeßordnung keine Anwendung. Die Berufungsschrift ist der Gegenpartei unter Beachtung der Vorschriften des § 179 der Civilprozeßordnung von Amtswegen zuzustellen. Der Konsul hat die Prozeßakten mit dem Nachweise der Zustellung dem Reichsgerichte zu übersenden.

Das Reichsgericht hat den Termin zur mündlichen Verhandlung von Amtswegen zu bestimmen und den Parteien bekannt zu machen.

Die Bekanntmachung des Termins erfolgt an den für die Berufungsinstanz bestellten und dem Reichsgerichte durch Vermittelung des Konsuls oder durch die Partei selbst rechtzeitig benannten Prozeßbevollmächtigten oder Zustellungsbevollmächtigten, in Ermangelung eines solchen an die Partei selbst.

Die im § 520 der Civilprozeßordnung vorgesehene Frist beginnt mit dem Zeitpunkt, in dem der Termin dem Berufungsbeklagten bekannt gemacht worden ist.

§ 46. Die Zwangsvollstreckung im Konsulargerichtsbezirk aus den bei der Ausübung der Konsulargerichtsbarkeit für diesen Bezirk entstandenen vollstreckbaren Schuldtiteln erfolgt gegen die der Konsulargerichtsbarkeit unterworfenen Personen nach den Vorschriften über die Zwangsvollstreckung im Inlande. Im Uebrigen wird die Vollstreckung im Konsulargerichtsbezirke gegen solche Personen durch den Konsul auf ein an ihn gemäß § 791 der Civilprozeßordnung gerichtetes Ersuchen veranlaßt.

§ 47. In den Fällen der §§ 110, 179 der Konkursordnung soll der Termin zur Beschlußfassung über die Wahl eines anderen Verwalters und über die Bestellung eines Gläubigerausschusses sowie der Vergleichstermin nicht über zwei Monate hinaus anberaumt werden.

Diese Termine können bis auf drei Monate hinausgeschoben werden, wenn der Bezirk des Konsulargerichts, vor dem das Verfahren schwebt, nicht in Europa, in Egypten oder an der asiatischen Küste des Schwarzen oder des Mittelländischen Meeres liegt.

Der Zeitraum, der nach § 138 der Konkursordnung zwischen dem Ablaufe der Anmeldefrist und dem allgemeinen Prüfungstermine liegen muß, soll mindestens zwei Wochen und höchstens drei Monate betragen.

An die Stelle der in den §§ 152, 203 der Konkursordnung vorgesehenen Fristen tritt eine Frist von einem Monat, im Falle des Abs. 2 eine Frist von zwei Monaten.

§ 48. Die Vorschrift des § 18 Abs. 2 des Reichsgesetzes über die Angelegenheiten der freiwilligen Gerichtsbarkeit findet auf eine durch Beschwerde angefochtene Verfügung des Konsuls keine Anwendung.

Sechster Abschnitt.

Besondere Vorschriften über das Strafrecht.

§ 49. In den Konsulargerichtsbezirken finden die von der dortigen Staatsgewalt erlassenen Strafgesetze soweit Anwendung, als dies durch Herkommen oder durch Staatsverträge bestimmt ist.

§ 50. Durch Kaiserliche Verordnung kann bestimmt werden, inwieweit in den Konsulargerichtsbezirken die strafrechtlichen Vorschriften der allgemeinen Gesetze Anwendung finden, die innerhalb Preußens im bisherigen Geltungsbereiche des preußischen Allgemeinen Landrechts in Kraft stehen.

§ 51. Der Konsul ist befugt, für seinen Gerichtsbezirk oder einen Theil des Bezirkes polizeiliche Vorschriften mit verbindlicher Kraft für die seiner Gerichtsbarkeit unterworfenen Personen zu erlassen und deren Nichtbefolgung mit Haft, Geldstrafe bis zum Betrage von eintausend Mark und Einziehung einzelner Gegenstände zu bedrohen. Diese Vorschriften sind sofort in Abschrift dem Reichskanzler mitzutheilen.

Der Reichskanzler ist befugt, die von dem Konsul erlassenen polizeilichen Vorschriften aufzuheben.

Die Verkündung der polizeilichen Vorschriften sowie die Verkündung ihrer Aufhebung erfolgt in der für konsularische Bekanntmachungen ortsüblichen Weise, jedenfalls durch Anheftung an die Gerichtstafel.

Siebenter Abschnitt.

Besondere Vorschriften über das Verfahren in Strafsachen.

§ 52. Der Konsul übt in Strafsachen die Verrichtungen des Amtsrichters und des Vorsitzenden der Strafkammer aus.

§ 53. Die Zustellungen, die Ladungen, die Vollstreckung von Beschlüssen und Verfügungen sowie die Strafvollstreckung werden durch den Konsul veranlaßt.

§ 54. Im vorbereitenden Verfahren ist die Beeidigung eines Zeugen oder Sachverständigen auch in den im § 65 Abs. 2 der Strafprozeßordnung bezeichneten Fällen zulässig.

Die Vorschriften des § 126 der Strafprozeßordnung finden keine Anwendung.

§ 55. Erhält der Konsul von dem Verdacht eines zur Zuständigkeit des Reichsgerichts oder der Schwurgerichte gehörenden Verbrechens Kenntniß, so hat er die zur Strafverfolgung erforderlichen Sicherheitsmaßregeln zu treffen sowie die Untersuchungshandlungen, in Ansehung deren Gefahr im Verzug obwaltet oder die Voraussetzungen des § 65 Abs. 2 der Strafprozeßordnung zutreffen, vorzunehmen und demnächst die Akten der Staatsanwaltschaft bei dem zuständigen deutschen Gericht, in Ermangelung eines solchen dem Ober-Reichsanwalte zu übersenden. Im letzteren Falle wird das zuständige Gericht von dem Reichsgerichte bestimmt.

§ 56. Gehört die strafbare Handlung zur Zuständigkeit des Konsulargerichts oder des Konsuls, so ist an Stelle der Staatsanwaltschaft der Konsul zum Einschreiten berufen. Er stellt insbesondere die der Staatsanwaltschaft im vorbereitenden Verfahren obliegenden Ermittelungen an.

§ 57. Eine Voruntersuchung findet nicht statt.

§ 58. An die Stelle der öffentlichen Klage tritt in den Fällen, in denen nicht sofort das Hauptverfahren eröffnet wird, die Verfügung des Konsuls über die Einleitung des Strafverfahrens gegen den Beschuldigten. Diese Verfügung hat die dem Angeschuldigten zur Last gelegte That unter Hervorhebung ihrer gesetzlichen Merkmale und des anzuwendenden Strafgesetzes zu bezeichnen.

Der Beschluß, durch den das Hauptverfahren eröffnet wird, hat auch die Beweismittel anzugeben.

§ 59. Die Vorschrift des § 232 der Strafprozeßordnung findet auch dann Anwendung, wenn nach dem Ermessen des Gerichts die zu erwartende Freiheitsstrafe nicht mehr als sechs Monate beträgt.

§ 60. Den Umfang der Beweisaufnahme bestimmt das Gericht, ohne hierbei durch Anträge, Verzichte oder frühere Beschlüsse gebunden zu sein.

§ 61. In das Protokoll über die Hauptverhandlung sind die wesentlichen Ergebnisse der Vernehmungen aufzunehmen.

§ 62. In den Fällen der §§ 45, 449 der Strafprozeßordnung beträgt die Frist zwei Wochen.

§ 63. Gegen die wegen Uebertretungen erlassenen Entscheidungen ist, sofern eine Verurtheilung auf Grund des § 361 Nr. 3 bis 8 des Strafgesetzbuchs erfolgt oder nur auf Geldstrafe oder auf Geldstrafe und Einziehung erkannt wird, ein Rechtsmittel nicht zulässig.

Im Uebrigen findet in Strafsachen gegen die Urtheile des Konsulargerichts das Rechtsmittel der Berufung statt.

§ 64. Auf Beschwerden gegen Entscheidungen des Konsuls findet die Vorschrift des § 23 Abs. 1 der Strafprozeßordnung keine Anwendung.

In den Fällen des § 353 der Strafprozeßordnung ist der Konsul zur Abänderung seiner durch Beschwerde angefochtenen Entscheidung befugt.

§ 65. Die der Staatsanwaltschaft zustehenden Rechtsmittel können gegen die Entscheidungen des Konsulargerichts von dem Konsul eingelegt werden.

§ 66. In den Fällen der §§ 353, 355, 358, 360 der Strafprozeßordnung beträgt die Frist zwei Wochen.

§ 67. Die Frist zur Anfechtung einer Entscheidung beginnt für den Nebenkläger im Falle des § 439 der Strafprozeßordnung mit der Bekanntmachung der Entscheidung an den Beschuldigten.

§ 68. Der Konsul kann Zeugen und Sachverständige, die zur Rechtfertigung der Berufung benannt sind, vernehmen und beeidigen, wenn die Voraussetzungen des § 65 Abs. 2 der Strafprozeßordnung vorliegen. Die Protokolle über diese Vernehmungen sind dem Ober-Reichsanwalte zu übersenden. Die Vorschriften des § 223 und des § 250 Abs. 2 der Strafprozeßordnung finden entsprechende Anwendung.

§ 69. Der Angeklagte kann in der Hauptverhandlung vor dem Berufungsgericht erscheinen oder sich durch einen mit schriftlicher Vollmacht versehenen Vertheidiger vertreten lassen.

Der nicht auf freiem Fuße befindliche Angeklagte hat keinen Anspruch auf Anwesenheit.

Soweit der Angeklagte die Berufung eingelegt hat, ist über diese auch dann zu verhandeln, wenn weder der Angeklagte noch ein Vertreter für ihn erschienen ist.

§ 70. Die Wiederaufnahme eines durch rechtskräftiges Urtheil geschlossenen Verfahrens kann von Amtswegen erfolgen.

§ 71. Das Gesetz, betreffend die Entschädigung der im Wiederaufnahmeverfahren freigesprochenen Personen, vom 20. Mai 1898 (Reichs-Gesetzbl. S. 345) findet mit folgenden Maßgaben Anwendung.

An die Stelle der Staatsanwaltschaft des Landgerichts tritt der Konsul. Die im § 5 Abs. 3 vorgesehene Ausschlußfrist beträgt sechs Monate. Für die Ansprüche auf Entschädigung ist das Reichsgericht in erster und letzter Instanz zuständig.

§ 72. In Strafsachen, in denen der Konsul oder das Konsulargericht in erster Instanz erkannt hat, steht das Begnadigungsrecht dem Kaiser zu.

Achter Abschnitt.

Besondere Vorschriften über die Kosten.

§ 73. Die Gebühren der Gerichte und der Gerichtsvollzieher in den Konsulargerichtsbezirken werden im doppelten Betrage der Sätze erhoben, die in den nach § 19 maßgebenden Vorschriften bestimmt sind.

Die Gebühr für eine Zustellung in den Konsulargerichtsbezirken nach den Vorschriften über Zustellungen im Auslande beträgt drei Mark.

Die den Gerichtsbeamten und Gerichtsvollziehern zustehenden Tagegelder und Reisekosten werden, soweit es sich um Konsularbeamte handelt, nach Maßgabe der für diese geltenden Vorschriften erhoben.

§ 74. Die Erhebung und Beitreibung der Kosten wird durch den Konsul veranlaßt.

Die Regelung des Beitreibungsverfahrens erfolgt im Anschluß an die Vorschriften der Civilprozeßordnung durch Anordnung des Reichskanzlers.

§ 75. Die bei der Ausübung der Konsulargerichtsbarkeit mitwirkenden Behörden haben einander zum Zwecke der Erhebung und Beitreibung der Kosten Beistand zu leisten.

Das Gleiche gilt für die Beistandsleistung unter diesen Behörden und den Behörden im Reichsgebiet oder in den deutschen Schutzgebieten. Dabei finden die gemäß § 99 des Gerichtskostengesetzes (Reichs-Gesetzbl. 1898 S. 659) erlassenen Vorschriften über den zum Zwecke der Einziehung von Gerichtskosten unter den Bundesstaaten zu leistenden Beistand entsprechende Anwendung.

§ 76. Soweit die Gebühren der Rechtsanwälte durch Ortsgebrauch geregelt sind, kommt dieser zunächst zur Anwendung.

Neunter Abschnitt.

Schlußbestimmungen.

§ 77. Die im § 2 bezeichneten Personen können nach den in Gemäßheit dieses Gesetzes in den Konsulargerichtsbezirken Anwendung findenden strafrechtlichen Vorschriften wegen eines Verbrechens oder Vergehens auch dann verfolgt werden, wenn sie die Handlung in einem Gebiete begangen haben, das keiner Staatsgewalt unterworfen ist.

Im Uebrigen können durch Kaiserliche Verordnung die in Gemäßheit dieses Gesetzes in den Konsulargerichtsbezirken geltenden Vorschriften in Gebieten der im Abs. 1 bezeichneten Art ganz oder theilweise für anwendbar erklärt werden. Soweit hiernach die Vorschriften über die Ausübung der Gerichtsbarkeit Geltung erlangen, ist der Reichskanzler befugt, an Stelle des Konsuls einen anderen Beamten zur Wahrnehmung der Gerichtsbarkeit zu ermächtigen; auch können als Gerichtsbeisitzer Personen zugezogen werden, die nicht Eingesessene oder Einwohner des Gerichtsbezirkes sind.

§ 78. Dieses Gesetz tritt an einem durch Kaiserliche Verordnung festzusetzenden Tage in Kraft.[1]

§ 79. Soweit in Reichsgesetzen oder in Landesgesetzen auf Vorschriften des Gesetzes über die Konsulargerichtsbarkeit vom 10. Juli 1879 verwiesen ist, treten die entsprechenden Vorschriften dieses Gesetzes an deren Stelle.

§ 80. Der Reichskanzler hat die zur Ausführung des Gesetzes erforderlichen Anordnungen zu erlassen.

Urkundlich unter Unserer Höchsteigenhändigen Unterschrift und beigedrucktem Kaiserlichen Insiegel.

Gegeben Berlin, den 7. April 1900.

Wilhelm.

Fürst zu Hohenlohe.

---

[1]) Die Verordnung vom 25. Oktober 1900 zur Einführung des Gesetzes über die Konsulargerichtsbarkeit (R.G.Bl. S. 999) bestimmt:

Art. 1. Das Gesetz über die Konsulargerichtsbarkeit vom 7. April 1900 tritt am 1. Januar 1901 in Kraft.

Art. 2. Für die Uebertragung des Eigenthums an Grundstücken in den Konsulargerichtsbezirken genügt, soweit nicht für diese Grundstücke ein Grundbuch im Sinne der Reichsgesetze angelegt ist, die Beobachtung der Form, die den von der dortigen Staatsgewalt erlassenen Vorschriften entspricht.

Innerhalb Rumäniens, Serbiens und Bulgariens gilt das Gleiche auch für die Form eines anderen Rechtsgeschäfts, das dort vorgenommen, sowie für die Form einer Ehe, die dort geschlossen wird.

Art. 3. Statt der in den §§ 246, 247, 288 des Bürgerlichen Gesetzbuchs und im § 352 des Handelsgesetzbuchs aufgestellten Zinssätze gilt in den Konsulargerichtsbezirken ein den landesüblichen Vertragszinsen entsprechender Zinssatz, jedoch höchstens ein solcher von zehn vom Hundert für das Jahr.

Art. 4. Diese Verordnung tritt gleichzeitig mit dem Gesetz über die Konsulargerichtsbarkeit in Kraft.

8. Schutzgebietsgesetz nach der Bekanntmachung des Reichskanzlers vom 10. September 1900.

(Reichsgesetzblatt 1900 S. 813—817.)[1]

§ 1. Die Schutzgewalt in den deutschen Schutzgebieten übt der Kaiser im Namen des Reichs aus.

§ 2. Auf die Gerichtsverfassung in den Schutzgebieten finden die Vorschriften der §§ 5, 7 bis 15, 18 des Gesetzes über die Konsulargerichtsbarkeit vom 7. April 1900 (Reichs-Gesetzbl. S. 213) mit der Maßgabe entsprechende Anwendung, daß an die Stelle des Konsuls der von dem Reichskanzler zur Ausübung der Gerichtsbarkeit ermächtigte Beamte und an die Stelle des Konsulargerichts das in Gemäßheit der Vorschriften über das letztere zusammengesetzte Gericht des Schutzgebietes tritt.

§ 3. In den Schutzgebieten gelten die im § 19 des Gesetzes über die Konsulargerichtsbarkeit bezeichneten Vorschriften der Reichsgesetze und preußischen Gesetze. Die Vorschriften der §§ 20 bis 22, des § 23 Abs. 1 bis 3 und 5, der §§ 26, 29 bis 31, 33 bis 35, 37 bis 45, 47, 48, 52 bis 75 des Gesetzes über die Konsulargerichtsbarkeit finden entsprechende Anwendung.[2])

---

1) Das S. 765 ff. des Hauptbandes abgedruckte Gesetz hat eine abermalige Aenderung erfahren durch Art. 1 der Novelle vom 25. Juli 1900 (R.G.Bl. S. 809).
Art. 2 u. 3 dieser Novelle bestimmen:

Art. 2. Der Reichskanzler wird ermächtigt, den Text des Schutzgebietsgesetzes, wie er sich aus den Aenderungen ergiebt, die im Artikel 1 sowie in dem Gesetze, betreffend Abänderung und Ergänzung des Gesetzes über die Rechtsverhältnisse der deutschen Schutzgebiete, vom 2. Juli 1899 (Reichs-Gesetzbl. S. 365) vorgesehen sind, unter fortlaufender Reihenfolge der Paragraphenzahlen und Nummern durch das Reichs-Gesetzblatt bekannt zu machen. Hierbei sind die in dem bisherigen Gesetz enthaltenen Verweisungen auf die Vorschriften von Gesetzen, die durch neuere Gesetze aufgehoben oder geändert worden sind, durch Verweisungen auf die an die Stelle jener Vorschriften getretenen neuen Vorschriften zu ersetzen.

Soweit in Reichsgesetzen oder Landesgesetzen auf Vorschriften des Gesetzes, betreffend die Rechtsverhältnisse der deutschen Schutzgebiete, verwiesen ist, treten die entsprechenden Vorschriften des von dem Reichskanzler bekannt gemachten Textes an die Stelle.

Art. 3. Die Vorschriften des Artikel 2 Abs. 1 treten mit dem Tage der Verkündung in Kraft.

Im Uebrigen tritt dieses Gesetz an einem durch Kaiserliche Verordnung festzusetzenden Tage in Kraft. (Am 1. Januar 1901 laut § 1 der Verordnung vom 9. November 1900, R.G.Bl. S. 1005.)

2) Siehe namentlich die kaiserlichen Verordnungen vom 9. November 1900, betr. die Rechtsverhältnisse in den deutschen Schutzgebieten (R.G.Bl. S. 1005) und vom 21. November 1902, betr. die Rechte an Grundstücken in den deutschen Schutzgebieten (R.G.Bl. S. 283).

§ 4. Die Eingeborenen unterliegen der im § 2 geregelten Gerichtsbarkeit und den im § 3 bezeichneten Vorschriften nur insoweit, als dies durch Kaiserliche Verordnung bestimmt wird. Den Eingeborenen können durch Kaiserliche Verordnung bestimmte andere Theile der Bevölkerung gleichgestellt werden.[1])

§ 5. Die Militärgerichtsbarkeit wird durch dieses Gesetz nicht berührt.

§ 6. Durch Kaiserliche Verordnung kann:

1. in Vorschriften über Materien, welche nicht Gegenstand des Strafgesetzbuchs für das Deutsche Reich sind, Gefängniß bis zu einem Jahre, Haft, Geldstrafe und Einziehung einzelner Gegenstände angedroht werden;
2. vorgeschrieben werden, daß in Strafsachen
   a) die Mitwirkung einer Staatsanwaltschaft mit der Maßgabe eintritt, daß, soweit die Staatsanwaltschaft zuständig ist, die Vorschriften der §§ 56, 65 und des § 71 Abs. 2 Satz 1 des Gesetzes über die Konsulargerichtsbarkeit außer Anwendung bleiben,
   b) eine Voruntersuchung stattfindet, deren Regelung der Verordnung vorbehalten bleibt,
   c) der § 9 Abs. 2 des Gesetzes über die Konsulargerichtsbarkeit keine Anwendung findet;
3. angeordnet werden, daß in Strafsachen, wenn der Beschluß über die Eröffnung des Hauptverfahrens eine Handlung zum Gegenstande hat, welche zur Zuständigkeit der Schöffengerichte oder zu den in den §§ 74, 75 des Gerichtsverfassungsgesetzes bezeichneten Vergehen gehört, in der Hauptverhandlung eine Zuziehung von Beisitzern nicht erforderlich ist;
4. die Gerichtsbarkeit in den zur Zuständigkeit der Schwurgerichte gehörenden Sachen den Gerichten der Schutzgebiete in der Weise übertragen werden, daß für diese Sachen, soweit nicht auf Grund der Nr. 2 etwas Anderes bestimmt wird, die Vorschriften Anwendung finden, welche für die im § 8 Abs. 2 des Gesetzes über die Konsulargerichtsbarkeit bezeichneten Strafsachen gelten;
5. an Stelle der Enthauptung eine andere, eine Schärfung nicht enthaltende Art der Vollstreckung der Todesstrafe angeordnet werden;
6. die nach dem Gesetz über die Konsulargerichtsbarkeit begründete Zuständigkeit des Reichsgerichts einem Konsulargericht oder einem Gerichtshof in einem Schutzgebiet übertragen und über die Zusammensetzung des letzteren Gerichtshofs sowie über das Verfahren in Berufungs- und Beschwerdesachen, die vor einem dieser Gerichte zu verhandeln sind, mit der Maßgabe Anordnung getroffen werden, daß

---

[1]) § 2 der Verordnung vom 9. November 1900 bestimmt:
Den Eingeborenen werden im Sinne des § 4 und des § 7 Abs. 3 des Schutzgebietsgesetzes die Angehörigen fremder farbiger Stämme gleichgestellt, soweit nicht der Gouverneur (Landeshauptmann) mit Genehmigung des Reichskanzlers Ausnahmen bestimmt. Japaner gelten nicht als Angehörige farbiger Stämme.

das Gericht aus einem Vorsitzenden und mindestens vier Beisitzern bestehen muß;[1])

7. für die Zustellungen, die Zwangsvollstreckung und das Kostenwesen die Anwendung einfacherer Bestimmungen vorgeschrieben werden;[2])
8. für die gerichtliche und notarielle Beurkundung von Rechtsgeschäften mit Ausschluß der Verfügungen von Todeswegen ein einfacheres Verfahren vorgeschrieben sowie die Zuständigkeit der Notare eingeschränkt werden;[3])
9. die Verlängerung aller zur Geltendmachung von Rechten und zur Erfüllung von Pflichten gesetzlich festgestellten Fristen angeordnet werden.

§ 7. Auf die Eheschließung und die Beurkundung des Personenstandes in den Schutzgebieten finden die §§ 2 bis 9, 11, 12 und 14 des Gesetzes vom 4. Mai 1870 (Bundes-Gesetzbl. S. 599, Reichs-Gesetzbl. 1896 S. 614) entsprechende Anwendung. Die Ermächtigung zur Eheschließung und zur Beurkundung des Personenstandes wird durch den Reichskanzler ertheilt.

Die Form einer Ehe, die in einem Schutzgebiete geschlossen wird, bestimmt sich ausschließlich nach den Vorschriften des bezeichneten Gesetzes.

Die Eingeborenen unterliegen den Vorschriften der Abs. 1, 2 nur insoweit, als dies durch Kaiserliche Verordnung bestimmt wird. Den Eingebornen können durch Kaiserliche Verordnung bestimmte andere Theile der Bevölkerung gleichgestellt werden.[4])

§ 8. Die Befugnisse, welche den deutschen Konsuln im Auslande nach anderen als den beiden in den §§ 2 und 7 bezeichneten Gesetzen zustehen, können durch den Reichskanzler Beamten in den Schutzgebieten übertragen werden.

§ 9. Ausländern, welche in den Schutzgebieten sich niederlassen, sowie Eingeborenen kann durch Naturalisation die Reichsangehörigkeit von dem Reichskanzler verliehen werden. Der Reichskanzler ist ermächtigt, diese Befugniß einem anderen Kaiserlichen Beamten zu übertragen.

Auf die Naturalisation und das durch dieselbe begründete Verhältniß der Reichsangehörigkeit finden die Bestimmungen des Gesetzes über die Erwerbung und den Verlust der Bundes- und Staatsangehörigkeit vom 1. Juni 1870 (Bundes-Gesetzbl. S. 355, Reichs-Gesetzbl. 1896 S. 615) sowie Artikel 3 der Reichsverfassung und § 4 des Wahlgesetzes für den Deutschen Reichstag vom 31. Mai 1869 (Bundes-Gesetzbl. S. 145) entsprechende Anwendung.

---

[1]) Vgl. § 8 der Verordnung vom 9. November 1900.

[2]) § 10 der Verordnung vom 9. November 1900 bestimmt:

Für die Zustellungen, die Zwangsvollstreckungen und das Kostenwesen können einfachere Bestimmungen zur Anwendung kommen.

Der Reichskanzler und mit dessen Genehmigung der Gouverneur (Landeshauptmann) sind befugt, die erforderlichen Anordnungen zu treffen.

[3]) § 11 der Verordnung vom 9. November 1900 bestimmt:

Der Reichskanzler ist befugt, Notare zu ernennen.

Die Zuständigkeit der Notare wird auf die Beurkundung von Rechtsgeschäften unter Lebenden beschränkt.

[4]) Siehe die Note zu § 4.

Im Sinne des § 21 des bezeichneten Gesetzes sowie bei Anwendung des Gesetzes wegen Beseitigung der Doppelbesteuerung vom 13. Mai 1870 (Bundes-Gesetzbl. S. 119) gelten die Schutzgebiete als Inland.

§ 10. Durch Kaiserliche Verordnung können Eingeborene der Schutzgebiete in Beziehung auf das Recht zur Führung der Reichsflagge (Gesetz, betreffend das Flaggenrecht der Kauffahrteischiffe, vom 22. Juni 1899, Reichs-Gesetzbl. S. 319) den Reichsangehörigen gleichgestellt werden.

Die Führung der Reichsflagge in Folge der Verleihung dieses Rechtes hat nicht die Wirkung, daß das betreffende Schiff als deutsches Seefahrzeug im Sinne des § 1 Abs. 1 Nr. 1 und § 3 Abs. 1 des See-Unfallversicherungsgesetzes vom 30. Juni 1900 (Reichsgesetzbl. S. 716) gilt.

§ 11. Deutschen Kolonialgesellschaften, welche die Kolonisation der deutschen Schutzgebiete, insbesondere den Erwerb und die Verwerthung von Grundbesitz, den Betrieb von Land- oder Plantagenwirthschaft, den Betrieb von Bergbau, gewerblichen Unternehmungen und Handelsgeschäften in denselben zum ausschließenden Gegenstand ihres Unternehmens und ihren Sitz entweder im Reichsgebiet oder in einem Schutzgebiet oder in einem Konsulargerichtsbezirke haben oder denen durch Kaiserliche Schutzbriefe die Ausübung von Hoheitsrechten in den deutschen Schutzgebieten übertragen ist, kann auf Grund eines vom Reichskanzler genehmigten Gesellschaftsvertrags (Statuts) durch Beschluß des Bundesraths die Fähigkeit beigelegt werden, unter ihrem Namen Rechte, insbesondere Eigenthum und andere dingliche Rechte an Grundstücken zu erwerben, Verbindlichkeiten einzugehen, vor Gericht zu klagen und verklagt zu werden. In solchem Falle haftet den Gläubigern für alle Verbindlichkeiten der Kolonialgesellschaft nur das Vermögen derselben.

Das Gleiche gilt für deutsche Gesellschaften, welche den Betrieb eines Unternehmens der im Abs. 1 bezeichneten Art in dem Hinterland eines deutschen Schutzgebiets oder in sonstigen dem Schutzgebiete benachbarten Bezirken zum Gegenstand und ihren Sitz entweder im Reichsgebiet oder in einem Schutzgebiet oder in einem Konsulargerichtsbezirke haben.

Der Beschluß des Bundesraths und im Auszuge der Gesellschaftsvertrag sind durch den Reichsanzeiger zu veröffentlichen.

§ 12. Der Gesellschaftsvertrag hat insbesondere Bestimmungen zu enthalten:

1. über den Erwerb und den Verlust der Mitgliedschaft;
2. über die Vertretung der Gesellschaft Dritten gegenüber;
3. über die Befugnisse der die Gesellschaft leitenden und der die Leitung beaufsichtigtenden Organe derselben;
4. über die Rechte und Pflichten der einzelnen Mitglieder;
5. über die Jahresrechnung und Vertheilung des Gewinns;
6. über die Auflösung der Gesellschaft und die nach derselben eintretende Vermögensvertheilung.

§ 13. Die Gesellschaften, welche die im § 11 erwähnte Fähigkeit durch Beschluß des Bundesraths erhalten haben, unterstehen der Aufsicht des Reichskanzlers. Die einzelnen Befugnisse desselben sind in den Gesellschaftsvertrag aufzunehmen.

§ 14. Den Angehörigen der im Deutschen Reiche anerkannten Religionsgemeinschaften werden in den Schutzgebieten Gewissensfreiheit und religiöse Duldung gewährleistet. Die freie und öffentliche Ausübung dieser Kulte, das Recht der Erbauung gottesdienstlicher Gebäude und der Einrichtung von Missionen der bezeichneten Religionsgemeinschaften unterliegen keinerlei gesetzlicher Beschränkung noch Hinderung.

§ 15. Der Reichskanzler hat die zur Ausführung des Gesetzes erforderlichen Anordnungen zu erlassen.

Der Reichskanzler ist befugt, für die Schutzgebiete oder für einzelne Theile derselben polizeiliche und sonstige die Verwaltung betreffende Vorschriften zu erlassen und gegen die Nichtbefolgung derselben Gefängnis bis zu drei Monaten, Haft, Geldstrafe und Einziehung einzelner Gegenstände anzudrohen.

Die Ausübung der Befugniß zum Erlasse von Ausführungsbestimmungen (Abs. 1) und von Verordnungen der im Abs. 2 bezeichneten Art kann vom Reichskanzler der mit einem Kaiserlichen Schutzbriefe für das betreffende Schutzgebiet versehenen Kolonialgesellschaft sowie den Beamten des Schutzgebiets übertragen werden.

§ 16. Für Schutzgebiete, in denen das Gesetz über die Konsulargerichtsbarkeit vom 10. Juli 1879 (Reichs-Gesetzbl. S. 197) und das Gesetz, betreffend die Eheschließung und Beurkundung des Personenstandes von Reichsangehörigen im Auslande, vom 4. Mai 1870 noch nicht in Kraft gesetzt sind, wird der Zeitpunkt, in welchem die §§ 2 bis 7 dieses Gesetzes in Kraft treten, durch Kaiserliche Verordnung bestimmt.

9. Gesetz über die privaten Versicherungsunternehmungen vom 12. Mai 1901.

(R.G.Bl. S. 139–173.)

Wir Wilhelm, von Gottes Gnaden Deutscher Kaiser, König von Preußen 2c.

verordnen im Namen des Reichs, nach erfolgter Zustimmung des Bundesraths und des Reichstags, was folgt:

I. Einleitende Vorschriften.

§ 1. Privatunternehmungen, welche den Betrieb von Versicherungsgeschäften zum Gegenstande haben, unterliegen, vorbehaltlich der in den §§ 116, 117, 122 gegebenen Vorschriften, der Beaufsichtigung nach Maßgabe dieses Gesetzes.

Als Versicherungsunternehmungen im Sinne dieses Gesetzes sind solche Personenvereinigungen nicht anzusehen, die ihren Mitgliedern Unterstützung gewähren, ohne ihnen einen Rechtsanspruch darauf einzuräumen.

§ 2. Die Beaufsichtigung der Versicherungsunternehmungen wird, sofern ihr Geschäftsbetrieb durch die Satzung oder die sonstigen Geschäftsunterlagen auf das Gebiet eines Bundesstaats beschränkt ist, durch Landesbehörden, anderenfalls durch die hierzu bestellte Reichsbehörde ausgeübt.

§ 3. Die Beaufsichtigung von Versicherungsunternehmungen, deren Geschäftsbetrieb auf das Gebiet eines Bundesstaats beschränkt ist, kann auf Antrag dieses Bundesstaats mit Zustimmung des Bundesraths durch Kaiserliche Verordnung der Reichsbehörde übertragen werden.

Im Einvernehmen mit den betheiligten Landesregierungen kann der Reichskanzler bestimmen, daß Unternehmungen, deren Geschäftsbetrieb sich zwar über das Gebiet eines Bundesstaats hinaus erstreckt, aber sachlich, örtlich oder hinsichtlich des Personenkreises eng begrenzt ist, durch die Landesbehörde desjenigen Bundesstaats beaufsichtigt werden, in dessen Gebiete sie ihren Sitz haben.

II. Zulassung zum Geschäftsbetriebe.

§ 4. Versicherungsunternehmungen bedürfen zum Geschäftsbetriebe der Erlaubniß der Aufsichtsbehörde.

Mit dem Antrag auf Ertheilung der Erlaubniß ist der Geschäftsplan einzureichen, welcher den Zweck und die Einrichtung des Unternehmens, das räumliche Gebiet des beabsichtigten Geschäftsbetriebs sowie namentlich auch diejenigen Verhältnisse klarzulegen hat, aus denen sich die dauernde Erfüllbarkeit der künftigen Verpflichtungen des Unternehmens ergeben soll.

Als Bestandtheile des Geschäftsplans sind insbesondere einzureichen:
1. der Gesellschaftsvertrag oder die Satzung, sofern die Unternehmung auf solchen beruht,
2. die allgemeinen Versicherungsbedingungen und die technischen Geschäftsunterlagen, soweit solche nach der Art der zu betreibenden Versicherungen erforderlich sind.

§ 5. Die Ertheilung der Erlaubniß erfolgt unabhängig von dem Nachweis eines Bedürfnisses und, sofern nicht der Wirkungskreis des Unternehmens nach dem Geschäftsplan auf eine bestimmte Zeit oder auf ein kleineres Gebiet beschränkt ist, ohne Zeitbeschränkung beziehungsweise für den Umfang des Reichs.

§ 6. Die Erlaubniß darf Personenvereinigungen, welche die Versicherung ihrer Mitglieder nach dem Grundsatze der Gegenseitigkeit betreiben wollen, nur ertheilt werden, wenn diese Vereinigungen in der Form von Versicherungsvereinen auf Gegenseitigkeit (§§ 15 bis 53) errichtet werden.

Zum Betriebe der verschiedenen Arten der Lebensversicherung sowie zum Betriebe der Unfall-, Haftpflicht-, Feuer- oder Hagelversicherung darf die Erlaubniß außer Versicherungsvereinen auf Gegenseitigkeit nur an Aktiengesellschaften ertheilt werden.

Als Lebensversicherung im Sinne dieses Gesetzes gilt auch die Invaliditäts-, Alters-, Wittwen-, Waisen-, Aussteuer- und Militärdienstversicherung, gleichviel ob auf Kapital oder Renten.

§ 7. Die Erlaubniß zum Geschäftsbetriebe darf nur versagt werden, wenn
1. der Geschäftsplan gesetzlichen Vorschriften zuwiderläuft;
2. nach dem Geschäftsplane die Interessen der Versicherten nicht hinreichend gewahrt sind oder die dauernde Erfüllbarkeit der aus den Versicherungen sich ergebenden Verpflichtungen nicht genügend dargethan ist;
3. Thatsachen vorliegen, welche die Annahme rechtfertigen, daß ein den Gesetzen oder den guten Sitten entsprechender Geschäftsbetrieb nicht stattfinden wird.

Die Erlaubniß kann von der Stellung einer angemessenen Sicherheit abhängig gemacht werden, wobei deren Zweck und die Bedingungen für die Rückgabe festzustellen sind.

§ 8. Der Gesellschaftsvertrag einer Aktiengesellschaft soll die einzelnen Versicherungszweige, auf welche sich der Geschäftsbetrieb erstreckt, sowie die Grundsätze für die Anlegung des Vermögens festsetzen und ersichtlich machen, ob das Versicherungsgeschäft lediglich unmittelbar oder zugleich auch mittelbar (durch Rückversicherung) betrieben werden soll.

Bei Unternehmungen, die durch eine Satzung geregelt sind, sollen die im Abs. 1 bezeichneten Angaben in der Satzung enthalten sein.

§ 9. In den allgemeinen Versicherungsbedingungen sollen diejenigen Bestimmungen enthalten sein, welche getroffen werden:
1. über die Ereignisse, bei deren Eintritte der Versicherer zu einer Leistung verpflichtet ist, und über die Fälle, in denen aus besonderen

Gründen diese Verpflichtung ausgeschlossen oder aufgehoben sein soll (wegen unrichtiger Angaben im Antrage, wegen Aenderungen während der Vertragsdauer u. s. w.);

2. über die Art, den Umfang und die Fälligkeit der dem Versicherer obliegenden Leistungen;
3. über die Feststellung und Leistung des vom Versicherten an den Versicherer zu entrichtenden Entgelts und über die Rechtsfolgen eines Verzugs in der Entrichtung des Entgelts;
4. über die Dauer, insbesondere eine stillschweigende Verlängerung, über die Kündigung sowie über die sonstige gänzliche oder theilweise Aufhebung des Versicherungsvertrags und die Verpflichtungen des Versicherers in den Fällen der letzteren Art (Storni, Rückkauf, Umwandlung der Versicherung, Reduktion und dergleichen);
5. über den Verlust des Anspruchs aus dem Versicherungsvertrag in Folge der Versäumung von Fristen;
6. über das Verfahren im Falle von Streitigkeiten aus dem Versicherungsvertrag, über das zuständige Gericht und die Bestellung eines Schiedsgerichts;
7. über die Grundsätze und Maßstäbe, nach denen die Versicherten an den Ueberschüssen Theil nehmen;
8. bei Lebensversicherungen über die Voraussetzungen und den Umfang von Vorauszahlungen oder Darlehen auf Versicherungsscheine (Policen).

Bei Versicherungsvereinen auf Gegenseitigkeit können die im Abs. 1 bezeichneten Gegenstände statt in den allgemeinen Versicherungsbedingungen in der Satzung geregelt werden.

Abweichungen von den allgemeinen Versicherungsbedingungen zu Ungunsten des Versicherten sind nur aus besonderen Gründen sowie unter der Bedingung statthaft, daß der Versicherungsnehmer vor dem Abschlusse des Vertrags auf diese Abweichungen ausdrücklich hingewiesen worden ist und sich hiernach schriftlich damit einverstanden erklärt hat.

§ 10. Vor dem Abschlusse des Versicherungsvertrags ist dem Versicherungsnehmer ein Exemplar der maßgebenden allgemeinen Versicherungsbedingungen gegen eine besonders auszufertigende Empfangsbescheinigung auszuhändigen. Das Gleiche gilt, soweit es sich um Versicherung auf Gegenseitigkeit handelt, auch von der Satzung des Vereins.

Auf solche Feuerversicherungen, deren Abschluß im Börsenverkehr oder nach Börsenusance erfolgt, findet die Vorschrift des Abs. 1 keine Anwendung.

Die Aufsichtsbehörde kann weitere Ausnahmen von den Vorschriften des Abs. 1 zulassen.

§ 11. Der Geschäftsplan einer Lebensversicherungsunternehmung hat die von ihr angenommenen Tarife sowie die Grundsätze für die Berechnung der Prämien und Prämienreserven vollständig darzustellen, namentlich auch den anzuwendenden Zinsfuß und die Höhe des Zuschlags zur Nettoprämie anzugeben. Auch ist anzugeben, ob und in welchem Maße bei der Berechnung der Prämienreserve eine Methode angewandt werden soll, nach welcher anfänglich nicht die volle Prämienreserve zurückgestellt wird, wobei jedoch der Satz von zwölfeinhalb per Mille der Versicherungssumme nicht überschritten werden darf. Die als Grundlage der Berechnungen dienenden Wahrscheinlichkeitstafeln, insbesondere über die Sterblichkeit und die Invaliditäts- und Krankheitsgefahr, sind beizufügen.

Für jede Versicherungsart (Versicherung auf den Lebensfall — auf den Todesfall, Kapitalversicherung — Rentenversicherung u. s. w.) sind die zur Berechnung der Prämien und der Prämienreserven dienenden Formeln vorzulegen und durch ein Zahlenbeispiel zu erläutern.

Sollen auch Versicherungen mit erhöhter Prämie übernommen werden, so ist in dem Geschäftsplane ferner anzugeben, ob und nach welchen Grundsätzen hierfür eine besondere Prämienreserve gebildet werden soll.

§ 12. Soweit Kranken- oder Unfallversicherungsunternehmungen Versicherungen nach Art der Lebensversicherung unter Zugrundelegung bestimmter Wahrscheinlichkeitstafeln betreiben, insbesondere die Versicherung von Renten, Versicherungen mit Prämienrückgewähr oder sonstige die Ansammlung von Prämienreserven erfordernde Versicherungen übernehmen, finden die Vorschriften des § 11 entsprechende Anwendung.

§ 13. Jede Aenderung des Geschäftsplans ist der Aufsichtsbehörde anzuzeigen und bedarf, bevor sie in Kraft gesetzt wird, ihrer Genehmigung. Die Genehmigung darf nur aus den Gründen des § 7 versagt werden.

§ 14. Jedes Uebereinkommen, wodurch der Versicherungsbestand eines Unternehmens in seiner Gesammtheit oder in einzelnen Zweigen mit den darauf bezüglichen Reserven und Prämienüberträgen auf ein anderes Unternehmen übertragen werden soll, bedarf der Genehmigung der für die betheiligten Unternehmungen zuständigen Aufsichtsbehörden. Die Genehmigung darf nur aus den Gründen des § 7 versagt werden.

III. Versicherungsvereine auf Gegenseitigkeit.

§ 15. Ein Verein, welcher die Versicherung seiner Mitglieder nach dem Grundsatze der Gegenseitigkeit betreiben will, erlangt durch die von der Aufsichtsbehörde ertheilte Erlaubniß zum Geschäftsbetrieb als „Versicherungsverein auf Gegenseitigkeit" die Rechtsfähigkeit.

§ 16. Die in Betreff der Kaufleute im ersten und dritten Buche des Handelsgesetzbuchs gegebenen Vorschriften, mit Ausnahme der §§ 1 bis 7, finden auf die Versicherungsvereine auf Gegenseitigkeit entsprechende Anwendung, soweit dieses Gesetz nicht ein Anderes bestimmt.

§ 17. Die Verfassung eines Versicherungsvereins auf Gegenseitigkeit wird durch die Satzung bestimmt, soweit sie nicht auf den nachfolgenden Vorschriften beruht.

Die Satzung bedarf der gerichtlichen oder notariellen Beurkundung.

§ 18. Die Satzung hat den Namen (die Firma) und den Sitz des Vereins zu bestimmen.

Die Firma soll den Sitz des Vereins erkennen lassen. Auch ist in der Firma oder in einem Zusatz auszudrücken, daß Versicherung auf Gegenseitigkeit betrieben wird.

§ 19. Für alle Verbindlichkeiten des Vereins haftet den Vereinsgläubigern nur das Vereinsvermögen. Eine Haftung der Mitglieder gegenüber den Gläubigern des Vereins findet nicht statt.

§ 20. Die Satzung soll Bestimmungen über den Beginn der Mitgliedschaft enthalten. Der Erwerb der Mitgliedschaft setzt die Begründung eines Versicherungsverhältnisses mit dem Vereine voraus. Die Mitgliedschaft endigt, soweit nicht die Satzung ein Anderes bestimmt, mit Beendigung des Versicherungsverhältnisses.

§ 21. Die Beiträge der Mitglieder und die Leistungen des Vereins an die Mitglieder dürfen bei gleichen Voraussetzungen nur nach gleichen Grundsätzen bemessen sein.

Der Verein darf Versicherungsgeschäfte gegen feste Prämien in der Art, daß die Versicherungsnehmer nicht Mitglieder des Vereins werden, nur betreiben, soweit die Satzung dies ausdrücklich gestattet.

§ 22. In der Satzung ist die Bildung eines Gründungsfonds vorzusehen, der zur Deckung der Kosten der Errichtung des Vereins sowie als Garantie- und Betriebsfonds zu dienen hat. Die Satzung soll die Bedingungen, unter denen der Fonds dem Vereine zur Verfügung steht, enthalten und insbesondere bestimmen, in welcher Weise eine Tilgung des Gründungsfonds erfolgen und ob und in welchem Umfange den Personen, welche den Gründungsfonds zur Verfügung gestellt haben, ein Recht zur Theilnahme an der Verwaltung des Vereins eingeräumt sein soll.

Der Gründungsfonds ist baar einzuzahlen, soweit nicht die Satzung an Stelle der Baarzahlung die Hingabe eigener Wechsel gestattet; als Baarzahlung gilt nur die Zahlung in deutschem Gelde, in Reichskassenscheinen sowie in gesetzlich zugelassenen Noten deutscher Banken.

Denjenigen, welche den Gründungsfonds zur Verfügung gestellt haben, darf ein Kündigungsrecht nicht eingeräumt werden. In der Satzung kann ihnen außer einer Verzinsung aus den Jahreseinnahmen eine Betheiligung an dem aus der Jahresbilanz sich ergebenden Ueberschusse zugesichert werden; die Verzinsung darf vier, die gesammten Bezüge dürfen sechs vom Hundert des baar eingezahlten Betrags nicht übersteigen. Der Gründungsfonds darf in Antheile zerlegt werden, über welche Antheilscheine ausgegeben werden können.

Eine Tilgung des Gründungsfonds darf nur aus den Jahreseinnahmen erfolgen und nur in dem Maße, als die Bildung des im § 37 vorgesehenen Reservefonds fortgeschritten ist; sie muß beginnen, nachdem die Kosten der Errichtung und die im ersten Geschäftsjahr entstandenen Kosten der Einrichtung getilgt worden sind.

§ 23. Die Aufsichtsbehörde kann gestatten, von der Bildung eines Gründungsfonds Abstand zu nehmen, wenn nach der Natur der zu betreibenden Geschäfte oder durch besondere Einrichtungen eines Unternehmens anderweitige Sicherheit gegeben ist.

§ 24. Die Satzung hat darüber Bestimmung zu treffen, ob die Deckung der Ausgaben erfolgen soll

1. durch einmalige oder wiederkehrende Beiträge im voraus, und zwar mit Vorbehalt von Nachschüssen oder unter Ausschluß von Nachschüssen mit oder ohne Vorbehalt der Kürzung der Versicherungsansprüche,
2. durch Beiträge, die nach Maßgabe des eingetretenen Bedarfs umgelegt werden.

Die Satzung kann einen Höchstbetrag festsetzen, auf welchen die Pflicht zur Zahlung von Nachschüssen oder Umlagen beschränkt ist. Eine Beschränkung, wonach die Ausschreibung von Nachschüssen oder Umlagen nur zum Zwecke der Deckung von Versicherungsansprüchen der Mitglieder stattfinden darf, ist unzulässig.

§ 25. Zu den Nachschüssen oder Umlagen haben auch die im Laufe des Geschäftsjahrs ausgeschiedenen Mitglieder beizutragen. Die Beitragspflicht dieser Mitglieder sowie der im Laufe des Geschäftsjahrs eingetretenen Mitglieder bemißt sich nach dem Verhältnisse der Zeitdauer der Mitgliedschaft innerhalb des Geschäftsjahrs.

Bemißt sich die Höhe des von dem einzelnen Mitgliede zu leistenden Nachschuß- oder Umlagebetrags nach der Höhe des im voraus erhobenen Beitrags oder der Versicherungssumme, so ist bei der Berechnung, wenn im Laufe des Geschäftsjahrs eine Erhöhung oder Herabsetzung des Beitrags oder der Versicherungssumme eingetreten ist, der höhere Betrag zu Grunde zu legen.

Die Vorschriften der Abs. 1, 2 finden nur insoweit Anwendung, als nicht die Satzung ein Anderes bestimmt.

§ 26. Gegen eine Forderung des Vereins aus der Beitragspflicht kann das Mitglied eine Aufrechnung nicht geltend machen.

§ 27. Die Satzung soll über die Voraussetzungen, unter denen die Ausschreibung von Nachschüssen oder Umlagen zu erfolgen hat, insbesondere darüber Bestimmung treffen, inwieweit zuvor die sonst vorhandenen Deckungsmittel (Gründungsfonds, Rücklagen) zu verwenden sind.

Die Satzung soll ferner bestimmen, in welcher Weise die Nachschüsse oder Umlagen ausgeschrieben und eingezogen werden.

§ 28. Die Satzung hat über die Form Bestimmung zu treffen, in der die Bekanntmachungen des Vereins zu erfolgen haben.

Bekanntmachungen, die durch öffentliche Blätter erfolgen sollen, sind, wenn der Geschäftsbetrieb des Vereins sich über das Gebiet eines Bundesstaats hinaus erstreckt, in den Reichsanzeiger einzurücken. Ist der Geschäftsbetrieb auf das Gebiet eines Bundesstaats beschränkt, so kann die Landes-Zentralbehörde an Stelle des Reichsanzeigers ein anderes Blatt bestimmen. Weitere Blätter bestimmt die Satzung.

§ 29. Die Satzung hat über die Bildung eines Vorstandes, eines Aufsichtsraths und eines obersten Organs (Versammlung von Mitgliedern oder von Vertretern der Mitglieder) Bestimmung zu treffen.

Die durch das oberste Organ auszuübenden Obliegenheiten können auf mehrere dem Vorstand und dem Aufsichtsrath übergeordnete Organe vertheilt sein.

§ 30. Der Verein ist bei dem Gericht, in dessen Bezirk er seinen Sitz hat, von sämmtlichen Mitgliedern des Vorstandes und des Aufsichtsraths zur Eintragung in das Handelsregister anzumelden.

Von jeder Ertheilung der Erlaubniß zum Geschäftsbetriebe (§ 15) hat die Aufsichtsbehörde dem Registergerichte Mittheilung zu machen.

§ 31. Der Anmeldung sind beizufügen:

1. die Urkunde über die Erlaubniß zum Geschäftsbetrieb;
2. die Satzung;
3. die Urkunden über die Bestellung des Vorstandes und des Aufsichtsraths;
4. die Urkunden über die Bestellung des Gründungsfonds nebst einer Erklärung des Vorstandes und des Aufsichtsraths darüber, inwieweit der Gründungsfonds durch Baarzahlung gedeckt und in ihrem Besitz ist.

Die Mitglieder des Vorstandes haben ihre Namensunterschrift zur Aufbewahrung bei dem Gerichte zu zeichnen.

Die der Anmeldung beigefügten Schriftstücke werden bei dem Gericht in Urschrift oder in beglaubigter Abschrift aufbewahrt.

§ 32. Bei der Eintragung in das Handelsregister sind die Firma und der Sitz des Vereins, die Versicherungszweige, auf welche sich der Betrieb erstrecken soll, die Höhe des Gründungsfonds, der Tag, an dem die Erlaubniß zum Geschäftsbetrieb ertheilt ist, und die Mitglieder des Vorstandes anzugeben.

Enthält die Satzung besondere Bestimmungen über die Dauer des Vereins oder über die Befugniß der Mitglieder des Vorstandes oder der Liquidatoren zur Vertretung des Vereins, so sind auch diese Bestimmungen einzutragen.

§ 33. In die Veröffentlichung, durch welche die Eintragung bekannt gemacht wird, sind außer dem Inhalte der Eintragung aufzunehmen:

1. eine Angabe darüber, ob die Deckung der Ausgaben durch Beiträge im voraus oder im Umlageverfahren erfolgen soll, und im ersteren Falle, ob mit Ausschluß oder mit Vorbehalt von Nachschüssen, ob die Beitragspflicht beschränkt ist oder nicht, und ob eine Kürzung der Versicherungsansprüche vorbehalten ist (§ 24);
2. die im § 28 bezeichneten Festsetzungen;
3. die Art der Bestellung und Zusammensetzung der Vereinsorgane;
4. Name, Stand und Wohnort der Mitglieder des ersten Aufsichtsraths;
5. die Form, in der die Berufung des obersten Organs erfolgt.

§ 34. Auf den Vorstand finden die Vorschriften der §§ 231 bis 239, 241, 242 des Handelsgesetzbuchs mit der Maßgabe entsprechende Anwendung, daß das von Beschlüssen der Generalversammlung Gesagte von den Beschlüssen des obersten Organs gilt und daß an die Stelle des § 236 Abs. 1 und des § 241 Abs. 3 des Handelsgesetzbuchs folgende Vorschriften treten:

1. die Mitglieder des Vorstandes dürfen, sofern die Satzung nicht ein Anderes bestimmt, ohne Einwilligung des Aufsichtsraths weder ein Handelsgewerbe betreiben noch dem Vorstand oder Aufsichtsrath einer gleichartigen Versicherungsunternehmung angehören;

2. die Mitglieder des Vorstandes sind insbesondere zum Schadensersatze verpflichtet, wenn entgegen den Vorschriften des Gesetzes eine Verzinsung oder Tilgung des Gründungsfonds oder eine Vertheilung des Vereinsvermögens erfolgt oder wenn Zahlungen geleistet werden, nachdem die Zahlungsunfähigkeit des Vereins eingetreten ist oder seine Ueberschuldung sich ergeben hat.

§ 35. Auf den Aufsichtsrath finden die Vorschriften der §§ 243 bis 249 des Handelsgesetzbuchs mit der Maßgabe entsprechende Anwendung, daß die der Generalversammlung übertragenen Aufgaben von dem obersten Organe wahrgenommen werden, und daß an die Stelle des § 243 Abs. 4 Satz 2, des § 245 Abs. 1 und des § 249 Abs. 3 Satz 1 des Handelsgesetzbuchs folgende Vorschriften treten:

1. die Satzung hat zu bestimmen, ob für einen Beschluß des obersten Organs, durch den die Bestellung zum Mitgliede des Aufsichtsraths widerrufen wird, eine besondere Mehrheit erforderlich sein soll;
2. eine nach dem Jahresüberschusse bemessene Vergütung für die Mitglieder des Aufsichtsraths darf nur von dem Betrage gewährt werden, welcher verbleibt, nachdem sämmtliche Abschreibungen und Rücklagen bewirkt worden sind und nachdem für diejenigen Personen, welche gegen Zusicherung einer Betheiligung am Ueberschusse den Gründungsfonds zur Verfügung gestellt haben, der nach § 22 Abs. 3 bedungene Antheil am Ueberschuß in Abzug gebracht worden ist;
3. die Mitglieder des Aufsichtsraths sind insbesondere zum Schadensersatze verpflichtet, wenn mit ihrem Wissen und ohne ihr Einschreiten die im § 34 Nr. 2 bezeichneten Handlungen vorgenommen werden.

§ 36. Auf das oberste Organ finden die für die Generalversammlung der Aktionäre gegebenen Vorschriften der §§ 250, 251, des § 252 Abs. 3, 4, der §§ 253, 256 bis 261, 264, 265, des § 266 Abs. 1, des § 267 Abs. 1, 2, der §§ 268 bis 273 des Handelsgesetzbuchs und, wenn als oberstes Organ die Versammlung der Mitglieder bestellt ist, auch die Vorschriften des § 252 Abs. 2 und der §§ 254, 255, 263 des Handelsgesetzbuchs mit folgenden Maßgaben entsprechende Anwendung:

1. soweit nach diesen Vorschriften einer Minderheit von Aktionären, deren Antheile den zehnten oder den zwanzigsten Theil des Grundkapitals erreichen, gewisse Rechte gewährt sind, hat die Satzung die erforderliche Minderheit der Mitglieder des obersten Organs zu bestimmen;
2. die bezeichneten Vorschriften bleiben insoweit außer Anwendung, als sie eine Hinterlegung von Aktien oder die Angabe des Betrags der vertretenen Aktien vorschreiben;
3. die Aufsichtsbehörde kann bei der Erlaubniß zum Geschäftsbetriebe gestatten, daß die Kosten der Errichtung und die im ersten Geschäftsjahr entstehenden Kosten der Einrichtung, soweit sie weder die Hälfte des gesammten Gründungsfonds noch den baar eingezahlten Theil übersteigen, auf mehrere, höchstens jedoch auf die ersten fünf Geschäftsjahre vertheilt werden und der jedesmal verbleibende Rest als Aktivum in die Bilanz eingestellt wird.

Die Satzung hat die Form und, soweit nicht nach Abs. 1 die §§ 254, 255 des Handelsgesetzbuchs zur entsprechenden Anwendung gelangen, auch die Voraussetzungen und die Frist für die Berufung des obersten Organs zu bestimmen.

§ 37. Die Satzung hat die Bildung einer Rücklage, die zur Deckung eines aus dem Geschäftsbetriebe sich ergebenden außergewöhnlichen Verlustes zu dienen hat (Reservefonds), insbesondere die Beträge zu bestimmen, welche hierzu jährlich zurückzulegen sind, und den Mindestbetrag, bis zu dessen Erreichung die Zurücklegung zu erfolgen hat.

Aus den Gründen, aus denen von der Bildung eines Gründungsfonds Abstand genommen werden darf (§ 23), kann die Aufsichtsbehörde auch gestatten, von der Bildung eines Reservefonds abzusehen.

§ 38. Ein nach der Bilanz sich ergebender Ueberschuß kommt, soweit er nicht nach der Satzung dem Reservefonds oder anderen Rücklagen zuzuführen oder zur Vertheilung von Tantiemen zu verwenden oder auf das nächste Geschäftsjahr zu übertragen ist, zur Vertheilung unter die in der Satzung bestimmten Mitglieder.

Die Satzung hat über den Maßstab der Vertheilung sowie darüber zu bestimmen, ob die Vertheilung nur unter die am Schlusse des Geschäftsjahrs vorhandenen oder auch unter ausgeschiedene Mitglieder erfolgen soll.

Die Vertheilung darf erst erfolgen, nachdem die Kosten der Errichtung und ersten Einrichtung (§ 36 Abs. 1 Nr. 3) getilgt sind.

§ 39. Die Satzung kann nur durch Beschluß des obersten Organs geändert werden.

Die Vornahme von Aenderungen, die nur die Fassung betreffen, kann durch Beschluß des obersten Organs dem Aufsichtsrath übertragen werden.

Der Aufsichtsrath kann durch Beschluß des obersten Organs ermächtigt werden, den Aenderungsbeschluß für den Fall, daß die Aufsichtsbehörde vor der Genehmigung die Vornahme von Aenderungen verlangt, diesen Aenderungen zu unterziehen.

Der Beschluß des obersten Organs bedarf, wenn durch ihn ein Versicherungszweig aufgegeben oder ein neuer eingeführt werden soll, einer Mehrheit von drei Viertheilen der abgegebenen Stimmen; die Satzung kann noch andere Erfordernisse aufstellen. Zu sonstigen Beschlüssen der im Abs. 1 bis 3 bezeichneten Art bedarf es einer solchen Mehrheit nur dann, wenn die Satzung nicht andere Erfordernisse aufstellt.

§ 40. Die Aenderung der Satzung ist zur Eintragung in das Handelsregister anzumelden. Der Anmeldung ist die Genehmigungsurkunde beizufügen.

Bei der Eintragung genügt, soweit nicht die Aenderung die im § 32 bezeichneten Angaben betrifft, die Bezugnahme auf die bei dem Gericht eingereichten Urkunden über die Aenderung. Die öffentliche Bekanntmachung findet in Betreff aller Bestimmungen statt, auf welche sich die im § 33 vorgeschriebenen Veröffentlichungen beziehen.

Die Aenderung hat keine Wirkung, bevor sie bei dem Gericht, in dessen Bezirke der Verein seinen Sitz hat, in das Handelsregister eingetragen worden ist.

§ 41. Die Vorschriften des § 39 Abs. 1 bis 3 finden auf Aenderungen der nach § 9 festgesetzten allgemeinen Versicherungsbedingungen entsprechende Anwendung.

Der Aufsichtsrath kann durch die Satzung oder durch Beschluß des obersten Organs ermächtigt werden, dringliche Aenderungen der allgemeinen Versicherungsbedingungen mit Genehmigung der Aufsichtsbehörde vorläufig vorzunehmen. Diese Aenderungen sind dem obersten Organe bei seinem nächsten Zusammentritte vorzulegen. Sie sind außer Kraft zu setzen, wenn das oberste Organ dies verlangt.

Durch eine Aenderung der Satzung oder der allgemeinen Versicherungsbedingungen wird ein bestehendes Versicherungsverhältniß nur berührt, wenn der Versicherte der Aenderung ausdrücklich zustimmt. Dies gilt nicht von der Aenderung solcher Bestimmungen, für welche die Satzung ausdrücklich vorsieht, daß ihre Aenderung auch mit Wirkung für die bestehenden Versicherungsverhältnisse geschehen kann.

§ 42. Durch den Ablauf der in der Satzung bestimmten Zeit wird der Verein aufgelöst.

§ 43. Die Auflösung des Vereins kann nur durch das oberste Organ beschlossen werden.

Zu dem Beschlusse bedarf es einer Mehrheit von drei Viertheilen der abgegebenen Stimmen, sofern nicht die Satzung andere Erfordernisse aufstellt. Mitglieder des obersten Organs, welche gegen die Auflösung gestimmt haben, sind berechtigt, gegen den Auflösungsbeschluß Widerspruch zum Protokolle zu erklären (§ 74).

Der Beschluß bedarf der Genehmigung der Aufsichtsbehörde. Von der Genehmigung hat die Aufsichtsbehörde dem Registergerichte Mittheilung zu machen.

Die zwischen den Mitgliedern und dem Vereine bestehenden Versicherungsverhältnisse erlöschen mit dem in dem Beschlusse bestimmten Zeitpunkte, frühestens jedoch mit dem Ablaufe von vier Wochen, mit der Wirkung, daß die bis zu diesem Zeitpunkt entstandenen Versicherungsansprüche geltend gemacht, im Uebrigen aber nur die für künftige Versicherungsperioden vorausbezahlten Beiträge, abzüglich der hierfür aufgewandten Kosten, zurückgefordert werden können.

Auf die Versicherungsverhältnisse aus der Lebensversicherung finden die Vorschriften des Abs. 4 keine Anwendung. Diese Versicherungsverhältnisse bleiben unberührt, soweit die Satzung nicht ein Anderes bestimmt.

§ 44. Die Vorschriften des § 43 Abs. 1, 2 Satz 1 finden auf Beschlüsse, die ein Uebereinkommen der im § 14 bezeichneten Art zum Gegenstande haben, entsprechende Anwendung.

§ 45. Die Auflösung des Vereins ist außer dem Falle des Konkurses durch den Vorstand zur Eintragung in das Handelsregister anzumelden.

§ 46. Nach der Auflösung des Vereins findet die Liquidation statt, sofern nicht über sein Vermögen der Konkurs eröffnet ist.

Bis zur Beendigung der Liquidation gilt der Verein als fortbestehend, soweit nicht aus den folgenden Vorschriften oder dem Zwecke der Liquidation ein Anderes sich ergiebt; insbesondere kann die Ausschreibung und Einziehung von Nachschüssen oder Umlagen (§§ 24 ff.) erfolgen.

Neue Versicherungen dürfen nicht mehr übernommen, die bestehenden nicht erhöht oder verlängert werden.

§ 47. Auf die Liquidation finden die Vorschriften des § 295 Abs. 1, Abs. 3 Satz 2, der §§ 296 bis 299 und des § 302 des Handelsgesetzbuchs entsprechende Anwendung. Auf Antrag des Aufsichtsraths oder einer in der Satzung zu bestimmenden Minderheit von Mitgliedern kann aus wichtigen Gründen die Ernennung von Liquidatoren durch das Gericht erfolgen, in dessen Bezirke der Verein seinen Sitz hat. Die Abberufung von Liquidatoren kann durch das Gericht unter denselben Voraussetzungen wie die Bestellung stattfinden. Die Vorschriften der §§ 145, 146 des Gesetzes über die Angelegenheiten der freiwilligen Gerichtsbarkeit finden entsprechende Anwendung.

Eine Tilgung des Gründungsfonds darf erst erfolgen, nachdem die Ansprüche sämmtlicher übrigen Gläubiger, insbesondere die Ansprüche der Mitglieder aus dem Versicherungsverhältnisse, befriedigt oder sichergestellt worden sind. Zum Zwecke der Tilgung dürfen Nachschüsse oder Umlagen nicht erhoben werden.

§ 48. Das nach der Berichtigung der Schulden verbleibende Vermögen des Vereins wird, sofern nicht in der Satzung andere Anfallberechtigte bestimmt sind, an die zur Zeit der Auflösung vorhanden gewesenen Mitglieder und zwar, sofern die Satzung nicht ein Anderes bestimmt, nach demselben Maßstabe vertheilt, nach welchem während des Bestehens des Vereins die Vertheilung des Ueberschusses stattfindet.

Die Satzung kann vorschreiben, daß die Anfallberechtigten durch Beschluß des obersten Organs bestimmt werden.

Auf die Ausführung der Vertheilung finden die Vorschriften des § 301 des Handelsgesetzbuchs entsprechende Anwendung.

§ 49. Durch die Eröffnung des Konkurses wird der Verein aufgelöst. Die Vorschriften des § 307 Abs. 2, 3 des Handelsgesetzbuchs finden entsprechende Anwendung.

§ 50. Soweit den Mitgliedern oder ausgeschiedenen Mitgliedern nach dem Gesetz oder der Satzung eine Beitragspflicht obliegt (§§ 24 bis 26), haften sie im Falle des Konkurses dem Vereine gegenüber für dessen Schulden.

Ausgeschiedene Mitglieder gelten, wenn ihr Ausscheiden innerhalb des letzten Jahres vor der Konkurseröffnung stattgefunden hat, in Ansehung der Haftung für die Schulden des Vereins noch als dessen Mitglieder.

§ 51. Die Ansprüche auf Tilgung des Gründungsfonds stehen allen übrigen Konkursforderungen nach. Unter den letzteren werden die

Ansprüche aus dem Versicherungsverhältnisse, soweit sie den zur Zeit der Konkurseröffnung dem Verein angehörenden oder den innerhalb des letzten Jahres vor der Konkurseröffnung ausgeschiedenen Mitgliedern zustehen, im Range nach den Ansprüchen der sonstigen Konkursgläubiger befriedigt.

Zur Tilgung des Gründungsfonds dürfen Nachschüsse oder Umlagen nicht erhoben werden.

§ 52. Die Feststellung und Ausschreibung der im Falle des Konkurses erforderlichen Nachschüsse oder Umlagen erfolgt durch den Konkursverwalter. Dieser hat sofort, nachdem die Bilanz auf der Gerichtsschreiberei niedergelegt worden ist (Konkursordnung § 124), zu berechnen, wieviel die Mitglieder zur Deckung des in der Bilanz bezeichneten Fehlbetrags auf Grund ihrer Beitragspflicht vorschußweise beizutragen haben. Auf diese Vorschußberechnung und die erforderlich werdenden Zusatzberechnungen finden die Vorschriften des § 106 Abs. 2, 3 und der §§ 107 bis 113 des Gesetzes, betreffend die Erwerbs- und Wirthschaftsgenossenschaften, entsprechende Anwendung.

Sobald mit dem Vollzuge der Schlußvertheilung (Konkursordnung § 161) begonnen ist, hat der Konkursverwalter in Ergänzung oder Berichtigung der Vorschußberechnung und der etwa ergangenen Zusätze die von den Mitgliedern zu leistenden Beiträge zu berechnen. Auf diese Berechnung und das weitere Verfahren finden die Vorschriften des § 114 Abs. 2 und der §§ 115 bis 118 des Gesetzes, betreffend die Erwerbs- und Wirthschaftsgenossenschaften, entsprechende Anwendung.

§ 53. Auf Vereine, die bestimmungsgemäß einen sachlich, örtlich oder hinsichtlich des Personenkreises engbegrenzten Wirkungskreis haben, finden von den im Abschnitte III gegebenen Vorschriften nur der § 15, der § 17 Abs. 1, der § 18 Abs. 1, die §§ 19, 20, der § 21 Abs. 1, die §§ 22 bis 27, der § 28 Abs. 1, der § 37, der § 38 Abs. 1, 2, der § 39 Abs. 1 bis 3, die §§ 41 bis 44, der § 47 Abs. 2 und die §§ 50 bis 52 Anwendung. Die Uebernahme von Versicherungen gegen feste Prämie ohne Erwerb der Mitgliedschaft durch den Versicherungsnehmer ist ausgeschlossen.

Soweit sich nach Abs. 1 nicht ein Anderes ergiebt, hat es für die daselbst bezeichneten Vereine bei den für Vereine gegebenen allgemeinen Vorschriften der §§ 24 bis 53 des Bürgerlichen Gesetzbuchs mit den Maßgaben sein Bewenden, daß

1. in den Fällen des § 29 und des § 37 Abs. 2 des Bürgerlichen Gesetzbuchs an die Stelle des Amtsgerichts die Aufsichtsbehörde tritt,
2. im Falle des § 45 Abs. 3 des Bürgerlichen Gesetzbuchs das Vermögen an die Mitglieder nach dem im § 48 Abs. 1 dieses Gesetzes bestimmten Maßstabe zu vertheilen ist.

Soll nach der Satzung ein Aufsichtsrath bestellt werden, so finden die Vorschriften des § 36 Abs. 2, 3, der §§ 37 bis 40 und des § 41 Abs. 1, 2, 4 des Gesetzes, betreffend die Erwerbs- und Wirthschaftsgenossenschaften, entsprechende Anwendung.

Darüber, ob ein Verein im Sinne des Abs. 1 als kleinerer Verein anzusehen ist, entscheidet die Aufsichtsbehörde.

IV. Geschäftsführung der Versicherungsunternehmungen.

1. Allgemeine Vorschriften. Rechnungslegung.

§ 54. Zum Erwerbe von Grundstücken bedürfen Versicherungsaktiengesellschaften und Versicherungsvereine auf Gegenseitigkeit der Genehmigung der Aufsichtsbehörde, soweit es sich nicht um den Erwerb von ihnen beliehener Grundstücke im Zwangsversteigerungsverfahren handelt. Die Genehmigung ist zu ertheilen, wenn es sich außerhalb des Zwangsversteigerungsverfahrens um die Sicherung eingetragener Forderungen, oder wenn es sich um den Erwerb von Grundstücken handelt, die für die Zwecke des Geschäftsbetriebs bestimmt sind.

In den Fällen des Abs. 1, auch soweit die Genehmigung der Aufsichtsbehörde nicht erforderlich ist, bedarf es der landesgesetzlich vorgeschriebenen staatlichen Genehmigung (Artikel 86 des Einführungsgesetzes zum Bürgerlichen Gesetzbuche) nicht.

§ 55. Die Bücher einer Versicherungsunternehmung sind jährlich abzuschließen; auf Grund der Bücher ist für das verflossene Geschäftsjahr ein Rechnungsabschluß und ein die Verhältnisse sowie die Entwickelung des Unternehmens darstellender Jahresbericht anzufertigen und der Aufsichtsbehörde einzureichen.

Soweit nicht in diesem Gesetz oder in sonstigen Reichsgesetzen oder durch den Bundesrath Vorschriften über die Buchführung und Rechnungslegung der Versicherungsunternehmungen getroffen sind, können nähere Vorschriften über die Fristen sowie die Art und Form des Rechnungsabschlusses und des Jahresberichts von der Aufsichtsbehörde erlassen werden.

Versicherungsaktiengesellschaften und Versicherungsvereine auf Gegenseitigkeit sind verpflichtet, innerhalb des auf das Berichtsjahr folgenden Geschäftsjahrs jedem Versicherten auf Verlangen ein Exemplar des Rechnungsabschlusses und des Jahresberichts mitzuteilen. Im Uebrigen kann die Aufsichtsbehörde darüber Bestimmung treffen, inwieweit und auf welche Weise alljährlich der Rechnungsabschluß und der Jahresbericht den Versicherten zugänglich zu machen oder zu veröffentlichen sind.

Vor Erlassung von Vorschriften der in den Abs. 2, 3 bezeichneten Art hat die aufsichtführende Reichsbehörde den Versicherungsbeirath zu hören.

2. Besondere Vorschriften über die Prämienreserve bei der Lebensversicherung.

§ 56. Die Prämienreserve für Lebensversicherungen ist hinsichtlich der in Kraft stehenden Versicherungsverträge für den Schluß eines jeden Geschäftsjahrs, unter Anwendung der nach § 11 angenommenen Rechnungsgrundlagen, getrennt nach den einzelnen Versicherungsarten zu berechnen und zu buchen.

Durch mindestens einen mit der Berechnung der Prämienreserve bei Lebens-, Kranken- oder Unfallversicherungsunternehmungen (§ 12) beauftragten Sachverständigen ist, unbeschadet der eigenen Verantwortlichkeit der Vertreter des Unternehmens, unter der Bilanz zu bestätigen, daß die eingestellte Prämienreserve gemäß Abs. 1 berechnet ist. Auf kleinere Vereine im Sinne des § 53 findet diese Vorschrift keine Anwendung.

§ 57. Der Vorstand des Unternehmens hat dafür Sorge zu tragen, daß unverzüglich die der Berechnung gemäß § 56 entsprechenden Beträge dem Prämienreservefonds zugeführt und vorschriftsmäßig angelegt werden. Diese Zuführung darf nur insoweit unterbleiben, als im Auslande zu Gunsten bestimmter Versicherungen besondere Sicherheit aus der Prämieneinnahme gestellt werden muß.

Der Prämienreservefonds (Gelder, Werthpapiere, Urkunden u. s. w.) ist gesondert von jedem anderen Vermögen zu verwalten und am Sitze des Unternehmens in einer der Aufsichtsbehörde bekannt zu gebenden Weise aufzubewahren; die Aufsichtsbehörde kann auch die Genehmigung zur Aufbewahrung an einem anderen Orte des Inlandes ertheilen.

Die den Prämienreservefonds bildenden Bestände sind einzeln in ein Register einzutragen. Jedoch brauchen darin die Forderungen aus Vorauszahlungen oder Darlehen auf die eigenen Versicherungsscheine des Unternehmens (Policenbeleihungen), soweit sie zu den Beständen des Prämienreservefonds gehören, nur in einer Gesammtsumme nachgewiesen zu werden. Am Schlusse eines jeden Geschäftsjahrs ist der Aufsichtsbehörde eine bezüglich ihrer Uebereinstimmung mit dem Originale gerichtlich oder notariell beglaubigte Abschrift der im Laufe des Geschäftsjahrs bewirkten Eintragungen vorzulegen. Die Abschrift ist von der Aufsichtsbehörde aufzubewahren.

§ 58. Bei Rückversicherungen hat das rückversicherte Unternehmen die Prämienreserve auch für die in Rückversicherung gegebenen Summen nach den Vorschriften der §§ 56, 57 zu berechnen sowie selbst aufzubewahren und zu verwalten.

§ 59. Die Anlegung der den Prämienreservefonds bildenden Bestände (§ 57) kann erfolgen:

1. in der im § 1807 Abs. 1 Nr. 1 bis 4 des Bürgerlichen Gesetzbuchs für die Anlegung von Mündelgeld vorgeschriebenen Weise. Außerdem dürfen die Bestände bis höchstens zum zehnten Theile des Prämienreservefonds in Werthpapieren, welche nach landesgesetzlichen Vorschriften zur Anlegung von Mündelgeld zugelassen sind, sowie in solchen auf den Inhaber lautenden Pfandbriefen deutscher Hypotheken-Aktien-Banken angelegt werden, welche die Reichsbank in Klasse I beleiht;
2. gegen Verpfändung solcher Hypotheken oder Werthpapiere, in denen eine Anlegung nach Nr. 1 gestattet ist, bis zu fünfundsiebzig vom Hundert ihres Nennwerths, sofern aber der Kurswerth niedriger ist, bis zu fünfundsiebzig vom Hundert des Kurswerths;
3. in der Weise, daß Vorauszahlungen oder Darlehen auf die eigenen Versicherungsscheine des Unternehmens (Policenbeleihung) nach Maßgabe der allgemeinen Versicherungsbedingungen (§ 9 Nr. 8) gewährt werden;
4. mit Genehmigung der Aufsichtsbehörde in Schuldverschreibungen inländischer kommunaler Körperschaften, Schulgemeinden und Kirchengemeinden, wofern diese Schuldverschreibungen entweder von Seiten des Gläubigers kündbar sind oder einer regelmäßigen Tilgung unterliegen.

Kann die Anlegung den Umständen nach nicht in einer dem Abs. 1 entsprechenden Weise erfolgen, so ist eine vorübergehende Anlegung bei der Reichsbank, bei einer Staatsbank oder bei einer durch die Aufsichtsbehörde dazu für geeignet erklärten anderen inländischen Bank oder öffentlichen Sparkasse gestattet.

§ 60. Bei der Anlegung der Bestände des Prämienreservefonds nach der Vorschrift des § 59 Abs. 1 Nr. 1 darf die Sicherheit einer Hypothek, einer Grundschuld oder einer Rentenschuld angenommen werden, wenn die Beleihung die ersten drei Fünftheile des Werthes des Grundstücks nicht übersteigt. Soweit jedoch die Zentralbehörde eines Bundesstaats gemäß § 11 Abs. 2 des Hypothekenbankgesetzes die Beleihung landwirthschaftlicher Grundstücke bis zu zwei Drittheilen des Werthes gestattet hat, darf die Sicherheit auch bei einer solchen Beleihung angenommen werden.

Die Beleihungen dürfen der Regel nach nur zur ersten Stelle erfolgen.

Beleihungen von Bauplätzen und solchen Neubauten, welche noch nicht fertiggestellt und ertragsfähig sind, sowie von Grundstücken, die einen dauernden Ertrag nicht gewähren, insbesondere von Gruben, Brüchen und Bergwerken, sind ausgeschlossen.

Der bei der Beleihung angenommene Werth des Grundstücks darf den durch sorgfältige Ermittelung festgestellten Verkaufswerth nicht übersteigen. Bei der Feststellung dieses Werthes sind nur die dauernden Eigenschaften des Grundstücks und der Ertrag zu berücksichtigen, welchen das Grundstück bei ordnungsmäßiger Wirthschaft jedem Besitzer nachhaltig gewähren kann.

Auf Verlangen der Aufsichtsbehörde haben die Unternehmungen über die Werthsermittelung eine Anweisung zu erlassen, welche der Genehmigung der Aufsichtsbehörde bedarf.

§ 61. Dem Prämienreservefonds dürfen, abgesehen von den zur Vornahme und Aenderung der Kapitalanlagen erforderlichen Mitteln, nur diejenigen Beträge entnommen werden, welche durch Eintritt des Versicherungsfalls, durch Rückkauf oder andere Fälle der Beendigung von Versicherungsverhältnissen frei werden.

Durch die Eröffnung des Konkurses erlöschen die Lebensversicherungsverhältnisse; die Versicherten können, unbeschadet ihrer weitergehenden Ansprüche aus dem Versicherungsverhältnisse, denjenigen Betrag fordern, der als rechnungsmäßige Prämienreserve zur Zeit der Konkurseröffnung auf sie entfällt.

In Ansehung der Befriedigung aus den in das Register der Bestände des Prämienreservefonds (§ 57 Abs. 3) eingetragenen Gegenständen gehen die Forderungen auf die rechnungsmäßige Prämienreserve insoweit, als für sie die Zuführung zu diesem Fonds vorgeschrieben ist (§ 57 Abs. 1), den Forderungen aller übrigen Konkursgläubiger vor. Unter einander haben sie gleichen Rang. In Betreff des Anspruchs der Versicherten auf Befriedigung aus dem sonstigen Vermögen der Unternehmung finden die für die Absonderungsberechtigten geltenden Vorschriften der §§ 64, 153, 155, 156 und des § 168 Nr. 3 der Konkursordnung entsprechende Anwendung.

§ 62. Das Konkursgericht hat den Versicherten zur Wahrung der ihnen nach § 61 zustehenden Rechte einen Pfleger zu bestellen. Für die Pflegschaft tritt an die Stelle des Vormundschaftsgerichts das Konkursgericht.

Dem Pfleger liegt ob, den Umfang des vorhandenen Prämienreservefonds festzustellen sowie die den Versicherten zustehenden Ansprüche zu ermitteln und anzumelden.

Der Pfleger hat die Versicherten soweit thunlich vor der Anmeldung zu hören und von der erfolgten Anmeldung zu benachrichtigen, ihnen auf Verlangen auch sonst über die für ihre Ansprüche erheblichen Thatsachen Auskunft zu ertheilen. Das Recht des einzelnen Versicherten zur Anmeldung bleibt unberührt. Soweit mit der Anmeldung des Versicherten eine Anmeldung des Pflegers in Widerspruch steht, gilt bis zur Beseitigung des Widerspruchs die dem Versicherten günstigere Anmeldung.

Der Konkursverwalter hat dem Pfleger die Einsichtnahme aller Bücher und Schriften des Gemeinschuldners zu gestatten und ihm auf Verlangen den Bestand des Prämienreservefonds nachzuweisen.

Der Pfleger kann für die Führung seines Amtes eine angemessene Vergütung verlangen. Die ihm zu erstattenden Auslagen und die Vergütung fallen dem Prämienreservefonds zur Last.

Vor der Bestellung des Pflegers und vor der Festsetzung der Vergütung ist die Aufsichtsbehörde zu hören.

§ 63. Auf Kranken- oder Unfallversicherungen der im § 12 bezeichneten Art finden die Vorschriften der §§ 56 bis 62 entsprechende Anwendung.

V. Beaufsichtigung der Versicherungsunternehmungen.

1. Aufgaben und Befugnisse der Aufsichtsbehörden.

§ 64. Der Aufsichtsbehörde liegt es ob, den ganzen Geschäftsbetrieb der Versicherungsunternehmungen, insbesondere die Befolgung der gesetzlichen Vorschriften und die Einhaltung des Geschäftsplans, zu überwachen.

Sie ist befugt, diejenigen Anordnungen zu treffen, welche geeignet sind, den Geschäftsbetrieb mit den gesetzlichen Vorschriften und dem Geschäftsplan im Einklange zu erhalten oder Mißstände zu beseitigen, durch welche die Interessen der Versicherten gefährdet werden oder der Geschäftsbetrieb mit den guten Sitten in Widerspruch geräth.

Zur Befolgung ihrer nach Abs. 2 erlassenen Anordnungen kann die Aufsichtsbehörde die Inhaber und Geschäftsleiter der Unternehmungen durch Geldstrafen bis zu eintausend Mark anhalten. Solche Geldstrafen werden in derselben Weise beigetrieben wie Gemeindeabgaben.

§ 65. Die Aufsichtsbehörde ist befugt, jederzeit die Geschäftsführung und Vermögenslage eines Unternehmens auch nach der Richtung zu prüfen, ob die veröffentlichten Rechnungsabschlüsse und die Jahresberichte mit den Thatsachen und dem Inhalte der Bücher übereinstimmen und ob die vorschriftsmäßigen Reserven vorhanden und vorschriftsmäßig angelegt und verwaltet sind.

Die Inhaber, Geschäftsleiter, Bevollmächtigten und Agenten eines Unternehmens haben innerhalb ihrer Geschäftsräume der Aufsichtsbehörde auf Erfordern alle Bücher, Belege und diejenigen Schriften vorzulegen, welche für die Beurtheilung des Geschäftsbetriebs und der Vermögenslage von Bedeutung sind, sowie jede von ihnen erforderte Auskunft über den Geschäftsbetrieb und die Vermögenslage zu ertheilen. Die Vorschriften des § 64 Abs. 3 finden entsprechende Anwendung.

Bei Versicherungsunternehmungen, die einen Aufsichtsrath, eine Mitgliederversammlung oder ähnliche Gesellschaftsorgane haben, ist die Aufsichtsbehörde befugt, Vertreter in die Versammlungen und Sitzungen dieser Organe zu entsenden; die Vertreter sind jederzeit zu hören. Die Aufsichtsbehörde ist ferner befugt, die Berufung von Versammlungen und Sitzungen sowie die Ankündigung von Gegenständen zur Berathung und Beschlußfassung zu verlangen und, wenn dem Verlangen nicht entsprochen wird, die Berufung oder Ankündigung auf Kosten der Unternehmung selbst vorzunehmen. In den Versammlungen und Sitzungen, welche von der Aufsichtsbehörde berufen sind, führt ein Vertreter der letzteren den Vorsitz. Als Vertreter der Aufsichtsbehörde sind Leiter und Beamte von öffentlichen Versicherungsanstalten ausgeschlossen.

§ 66. Die Aufsicht hat sich auch auf die Liquidation eines Unternehmens und auf die Abwickelung der bestehenden Versicherungen im Falle einer Untersagung oder einer freiwilligen Einstellung des Geschäftsbetriebs sowie im Falle des Widerrufs der Zulassung eines Unternehmens zu erstrecken.

§ 67. Handelt eine Unternehmung fortgesetzt den ihr nach Maßgabe der Gesetze oder des genehmigten Geschäftsplans obliegenden Pflichten zuwider, oder ergeben sich bei Prüfung ihrer Geschäftsführung oder ihrer Vermögenslage so schwere Mißstände, daß bei Fortsetzung des Geschäftsbetriebs die Interessen der Versicherten gefährdet sind, oder befindet sich der Geschäftsbetrieb mit den guten Sitten in Widerspruch, so ist die Aufsichtsbehörde befugt, den Geschäftsbetrieb mit der Wirkung zu untersagen, daß neue Versicherungen nicht abgeschlossen, früher abgeschlossene nicht erhöht oder verlängert werden können.

Im Falle der Untersagung des Geschäftsbetriebs ist die Aufsichtsbehörde berechtigt, alle diejenigen Anordnungen zu treffen, welche zur einstweiligen Sicherstellung des Vermögens der Unternehmung im Interesse der Versicherten nöthig sind, insbesondere die Vermögensverwaltung geeigneten Personen zu übertragen. Die Vorschriften des § 64 Abs. 3 finden entsprechende Anwendung.

Bei Versicherungsvereinen auf Gegenseitigkeit hat die Untersagung des Geschäftsbetriebs die Wirkung eines Auflösungsbeschlusses. Die Eintragung der Untersagung in das Handelsregister erfolgt auf Anzeige der Aufsichtsbehörde.

§ 68. Das Konkursgericht hat, unbeschadet der Vorschrift im § 107 Abs. 1 der Konkursordnung, auf Antrag der Aufsichtsbehörde den Konkurs über das Vermögen einer Versicherungsgesellschaft auf Aktien oder eines Versicherungsvereins auf Gegenseitigkeit zu eröffnen. Der Antrag auf Eröffnung des Konkurses kann nur von der Aufsichtsbehörde gestellt werden. Eine Anfechtung des Eröffnungsbeschlusses findet nicht statt.

Sobald die Zahlungsunfähigkeit eintritt, hat der Vorstand der Aufsichtsbehörde Anzeige zu machen. Das Gleiche gilt, sobald sich bei der Aufstellung der Jahresbilanz oder einer Zwischenbilanz Ueberschuldung ergiebt. Diese Anzeigepflicht tritt an die Stelle der dem Vorstande durch andere gesetzliche Vorschriften auferlegten Pflicht, im Falle der Zahlungsunfähigkeit oder der Ueberschuldung die Eröffnung des Konkurses zu beantragen. Gehen bei Versicherungsvereinen auf Gegenseitigkeit mit Nachschuß- oder Umlagenpflicht ausgeschriebene Nachschüsse oder Umlagen innerhalb fünf Monaten nach der Fälligkeit nicht ein, so hat der Vorstand zu prüfen, ob sich, wenn die nicht baar eingegangenen Nachschuß- oder Umlagebeträge außer Berücksichtigung bleiben, Ueberschuldung ergiebt; liegt eine solche Ueberschuldung vor, so ist innerhalb eines Monats nach dem Ablaufe der bezeichneten Frist der Aufsichtsbehörde Anzeige zu machen. Die gleichen Pflichten liegen den Liquidatoren ob.

§ 69. Ergiebt sich bei der Prüfung der Geschäftsführung und der Vermögenslage eines Unternehmens, daß dieses zur Erfüllung seiner Verpflichtungen für die Dauer nicht mehr im Stande ist, die Vermeidung des Konkurses aber im Interesse der Versicherten geboten erscheint, so kann die Aufsichtsbehörde die zu diesem Zwecke erforderlichen Anordnungen treffen sowie auch die Vertreter des Unternehmens auffordern, binnen bestimmter Frist eine Aenderung der Geschäftsgrundlagen oder die sonstige Beseitigung der Mängel herbeizuführen. Bestimmte Arten von Zahlungen, insbesondere Gewinnvertheilungen, und bei Lebensversicherungen der Rückkauf oder die Beleihung des Versicherungsscheins sowie Vorauszahlungen darauf können zeitweilig verboten werden.

Unter der im Abs. 1 Satz 1 bezeichneten Voraussetzung ist die Aufsichtsbehörde berechtigt, nöthigenfalls die Verpflichtungen einer Lebensversicherungsunternehmung aus ihren laufenden Versicherungen, dem Stande ihres Vermögens entsprechend, jedoch um höchstens dreiunddreißigeindrittel Prozent, zu ermäßigen.

2. Verfassung und Verfahren der Aufsichtsbehörden.

§ 70. Als aufsichtführende Reichsbehörde wird ein Kaiserliches Aufsichtsamt für Privatversicherung mit dem Sitze in Berlin errichtet. Es besteht aus einem Vorsitzenden und der erforderlichen Zahl von ständigen und nichtständigen Mitgliedern.

Der Vorsitzende und die ständigen Mitglieder werden auf Vorschlag des Bundesraths vom Kaiser ernannt, die nichtständigen Mitglieder vom Bundesrathe gewählt. Die Ernennung der ständigen Mitglieder erfolgt, soweit nicht einzelne Mitglieder, die im Reichs- oder Staatsdienst ein anderes Amt bekleiden, für die Dauer dieses Amtes berufen werden, auf Lebenszeit.

Die übrigen Beamten werden vom Reichskanzler ernannt.

Die Mitglieder des Aufsichtsamts dürfen nicht gleichzeitig Leiter oder Beamte von öffentlichen Versicherungsanstalten sein.

§ 71. Zur Erleichterung des Geschäftsverkehrs des Aufsichtsamts für Privatversicherung mit den seiner Aufsicht unterstehenden Unternehmungen können nach Bedarf vom Reichskanzler im Einvernehmen mit der betheiligten Landesregierung aus der Mitte der Landesbeamten besondere Kommissare bestellt werden, welche im Auftrag und nach näherer Anordnung des Amtes bestimmten Unternehmungen gegenüber mit der Ausübung der unmittelbaren Aufsicht betraut werden.

Die Bestimmung des § 70 Abs. 4 findet entsprechende Anwendung.

§ 72. Zur Mitwirkung bei der Aufsicht wird bei dem Amte ein aus Sachverständigen des Versicherungswesens bestehender Beirath gebildet, dessen Mitglieder auf Vorschlag des Bundesraths vom Kaiser auf fünf Jahre ernannt werden.

Die Mitglieder des Versicherungsbeiraths sind berufen, das Amt auf Erfordern bei Vorbereitung wichtigerer Beschlüsse gutachtlich zu berathen und bei den in den §§ 73 bis 76 bezeichneten Entscheidungen mit Stimmrecht mitzuwirken.

Sie verwalten ihr Amt als unentgeltliches Ehrenamt; für ihre Theilnahme an Sitzungen erhalten sie Tagegelder und Vergütung der Reisekosten nach festen, von dem Reichskanzler bestimmten Sätzen. Die Vorschriften des § 16 des Gesetzes, betreffend die Rechtsverhältnisse der Reichsbeamten, vom 31. März 1873 (Reichs-Gesetzbl. S. 61) finden auf sie keine Anwendung.

Die Bestimmung des § 70 Abs. 4 findet auch hier entsprechende Anwendung.

§ 73. Das Aufsichtsamt für Privatversicherung entscheidet auf Grund mündlicher Berathung in der Besetzung von drei Mitgliedern einschließlich des Vorsitzenden unter Zuziehung von zwei Mitgliedern des Versicherungsbeiraths

1. über die Ertheilung der Erlaubniß zum Geschäftsbetriebe (§§ 4 bis 7),
2. über die Genehmigung einer Aenderung des Geschäftsplans (§ 13), sofern bei dem Aufsichtsamte Bedenken bestehen,
3. über die Genehmigung einer Bestandsveränderung (§ 14),
4. über die Genehmigung der Auflösung eines Versicherungsvereins auf Gegenseitigkeit (§ 43),
5. über die Anerkennung eines Vereins als eines kleineren (§ 53),
6. über den Erlaß einer Anordnung der im § 64 Abs. 2 bezeichneten Art, sofern damit eine Strafandrohung nach § 64 Abs. 3 verbunden werden soll,
7. über die Untersagung des Geschäftsbetriebs (§ 67),
8. über die Stellung des Antrags auf Eröffnung des Konkurses (§ 68),
9. über den Erlaß einer Anordnung der im § 69 Abs. 1 Satz 1, Abs. 2 bezeichneten Art.

Die Zuziehung der Mitglieder des Versicherungsbeiraths erfolgt in der Regel nach einer im voraus (§ 80) aufgestellten Reihenfolge. Weicht der Vorsitzende des Amtes aus besonderen Gründen von der Reihenfolge ab, so sind diese aktenkundig zu machen.

Die Bestimmungen der Civilprozeßordnung über Ausschließung und Ablehnung der Gerichtspersonen finden auf alle zur Mitwirkung bei der Entscheidung berufenen Personen entsprechende Anwendung.

Vor der Ertheilung einer ablehnenden Entscheidung in den Fällen der Nr. 1 bis 5 und vor der Ertheilung einer Entscheidung in den Fällen der Nr. 6 bis 9 sind Vertreter der betheiligten Unternehmungen zu hören und auf ihren Antrag zur mündlichen Verhandlung zu laden.

Die ablehnenden Entscheidungen in den Fällen der Nr. 1 bis 5 und die Entscheidungen in den Fällen der Nr. 6 bis 9 sind mit Gründen zu versehen.

In den Fällen der Nr. 1 bis 3 kann der Vorsitzende des Amtes einen ablehnenden Vorbescheid ergehen lassen; gegen diesen ist bis zum Ablaufe von zwei Wochen nach der Zustellung der Antrag auf eine gemäß Abs. 1 bis 5 zu ertheilende Entscheidung statthaft.

Sämmtliche Entscheidungen sind den Betheiligten zuzustellen. Die rechtskräftig erfolgte Ertheilung der Erlaubniß zum Geschäftsbetrieb und die Genehmigung einer Bestandsveränderung sowie die Untersagung des Geschäftsbetriebs ist vom Aufsichtsamt im Reichsanzeiger öffentlich bekannt zu machen.

§ 74. Gegen die gemäß §. 73 Abs. 1 ertheilten Entscheidungen steht den Betheiligten der Rekurs zu. Als Betheiligte gelten im Falle des § 73 Abs. 1 Nr. 4, wenn die Genehmigung des Auflösungsbeschlusses versagt ist, nur der Vereinsvorstand, wenn der Auflösungsbeschluß genehmigt ist, nur diejenigen Mitglieder des obersten Organs, welche gegen den Auflösungsbeschluß Widerspruch zum Protokoll erklärt haben. Im Falle des § 73 Abs. 1 Nr. 5 gilt als Betheiligter nur der Vereinsvorstand, gegen dessen Antrag die Anerkennung des Vereins als eines kleineren, versagt worden ist.

Ueber den Rekurs entscheidet das Aufsichtsamt für Privatversicherung in der Besetzung von drei Mitgliedern einschließlich des Vorsitzenden unter Zuziehung von zwei Mitgliedern des Versicherungsbeiraths sowie eines richterlichen Beamten und eines Mitglieds eines höchsten Verwaltungsgerichtshofs in einem deutschen Bundesstaate.

Die richterlichen Beamten sowie die Mitglieder höchster Verwaltungsgerichtshöfe werden für die Dauer ihres Hauptamts auf Vorschlag des Bundesraths vom Kaiser ernannt.

Bezüglich der Zuziehung der Mitglieder des Versicherungsbeiraths gilt die Vorschrift des § 73 Abs. 2, bezüglich der Ausschließung und Ablehnung der zur Mitwirkung bei der Entscheidung berufenen Personen die Vorschrift des § 73 Abs. 3.

§ 75. Der Rekurs ist innerhalb eines Monats nach der Zustellung der Entscheidung bei dem Aufsichtsamte für Privatversicherung schriftlich einzulegen und zu begründen. Der Rekurs gegen die nach § 67 Abs. 2 oder nach § 69 Abs. 1 Satz 2 von der Aufsichtsbehörde getroffenen Anordnungen sowie gegen die Entscheidung auf Stellung des Konkursantrags hat keine aufschiebende Wirkung. Von der Aufhebung der Entscheidung auf Stellung des Konkursantrags hat das Aufsichtsamt für Privatversicherung dem Konkursgerichte Mittheilung zu machen. Das Konkursgericht hat das Verfahren einzustellen.

An der Entscheidung über den Rekurs dürfen außer dem Vorsitzenden des Amtes Personen, die bei der angefochtenen Entscheidung mitgewirkt haben, nicht Theil nehmen.

Der Vorsitzende des Amtes ernennt einen ersten und einen zweiten Berichterstatter; ein Berichterstatter muß aus den richterlichen Beamten oder aus den Mitgliedern höchster Verwaltungsgerichtshöfe ernannt werden.

Die Entscheidung erfolgt nach Ladung der Betheiligten auf Grund mündlicher und öffentlicher Verhandlung. Die Oeffentlichkeit kann aus den Gründen des § 173 des Gerichtsverfassungsgesetzes ausgeschlossen werden.

§ 76. Gegen eine nach § 65 Abs. 2, § 67 Abs. 2 oder § 98 von dem Aufsichtsamte für Privatversicherung erlassene Strafandrohung steht den Betheiligten bis zum Ablaufe von zwei Wochen nach der Zustellung die Beschwerde zu; über die Beschwerde entscheidet das Amt in der im § 73 bestimmten Besetzung.

§ 77. Soweit in diesem Gesetz ein Rechtsmittel nicht ausdrücklich zugelassen ist, steht den Betheiligten ein solches gegen Verfügungen oder Entscheidungen des Aufsichtsamts für Privatversicherung nicht zu.

§ 78. Das Amt kann jeden ihm erforderlich erscheinenden Beweis erheben, insbesondere Zeugen und Sachverständige, auch eidlich, vernehmen oder vernehmen lassen.

§ 79. Die Gerichte und sonstigen öffentlichen Behörden sind verpflichtet, den im Vollzuge dieses Gesetzes an sie ergehenden Ersuchen des Amtes zu entsprechen. Die Ersuchen um eidliche Vernehmungen sind an die zur eidlichen Abhörung von Zeugen und Sachverständigen zuständigen Landesbehörden zu richten. Als Kosten der Rechtshülfe sind der ersuchten Behörde die im § 79 des Gerichtskostengesetzes bezeichneten baaren Auslagen zu erstatten.

§ 80. Die Zahl und die Zuziehung der nichtständigen Mitglieder, die Formen des Verfahrens und der Geschäftsgang des Amtes sowie die Zusammensetzung des Versicherungsbeiraths und die Zuziehung seiner Mitglieder werden, soweit dieses Gesetz keine Vorschriften darüber enthält, durch Kaiserliche Verordnung unter Zustimmung des Bundesraths geregelt. Die Verordnung ist dem Reichstage bei seinem nächsten Zusammentritte zur Kenntnißnahme vorzulegen.

§ 81. Die Kosten des Aufsichtsamts für Privatversicherung und des Verfahrens vor dem Amte trägt das Reich.

Als Gebühren für die Aufsichtsthätigkeit des Amtes werden von den seiner Aufsicht unterstellten Versicherungsunternehmungen Jahresbeträge erhoben, welche nach den einer jeden Unternehmung im letzten Geschäftsjahr aus den im Inland abgeschlossenen Versicherungen erwachsenen Bruttoprämien (Beiträgen, Vor- und Nachschüssen, Umlagen), jedoch abzüglich der zurückgewährten Ueberschüsse oder Gewinnantheile, mit der Maßgabe bemessen werden, daß Eins vom Tausend nicht überschritten werden darf. Nach Anhörung des Versicherungsbeiraths ist der Bundesrath befugt, einen anderweiten Vertheilungsmaßstab zu bestimmen.

Der Gesammtbetrag der Gebühren soll annähernd die Hälfte der im letzten Reichshaushalts-Etat für das Amt festgesetzten fortdauernden Ausgaben betragen. Die genaue Summe wird jährlich durch den Bundesrath bestimmt.

Die Vertheilung der Gebühren erfolgt durch das Amt, welches die Unternehmungen unter Beifügung eines Vertheilungsplans auffordert, die Gebühren an die Reichs-Hauptkasse innerhalb eines Monats einzuzahlen. Nach dem Ablaufe dieser Frist können die Gebühren nach den für die Betreibung öffentlicher Abgaben bestehenden Vorschriften eingezogen werden.

§ 82. Das Amt kann bei einem Beweisverfahren, das durch unbegründete Anträge oder Beschwerden veranlaßt worden ist, sowie bei erfolgloser Einlegung eines Rechtsmittels die dadurch verursachten baaren Auslagen ganz oder theilweise den Antragstellern auferlegen.

§ 83. Das Amt veröffentlicht jährlich Mittheilungen über den Stand der seiner Aufsicht unterliegenden Versicherungsunternehmungen sowie über seine Wahrnehmungen auf dem Gebiete des Versicherungswesens.

Desgleichen veröffentlicht das Amt fortlaufend die Rechts- und Verwaltungsgrundsätze aus dem Bereiche seiner Thätigkeit.

§ 84. Entscheidungen der aufsichtführenden Landesbehörden, bei denen es sich um Gegenstände der im § 73 Abs. 1 bezeichneten Art handelt, können innerhalb eines Monats nach der Zustellung im Wege des Verwaltungsstreitverfahrens oder, wo ein solches nicht besteht, im Wege des Rekurses nach den Vorschriften der §§ 20, 21 der Gewerbeordnung angefochten werden.

Im Uebrigen ist für das Verfahren der Landesbehörden bei Ausübung der Beaufsichtigung das Landesrecht maßgebend.

VI. Ausländische Versicherungsunternehmungen.

§ 85. Ausländische Versicherungsunternehmungen, die im Inlande durch Vertreter, Bevollmächtigte, Agenten oder sonstige Vermittler das Versicherungsgeschäft betreiben wollen, bedürfen hiezu der Erlaubniß.

Die Vorschriften dieses Gesetzes finden auf sie, soweit sich nicht aus den §§ 86 bis 91 ein Anderes ergiebt, entsprechende Anwendung.

§ 86. Zur Entscheidung über den Antrag auf Ertheilung der Erlaubniß ist ausschließlich der Reichskanzler zuständig.

Die Erlaubniß darf nur dann ertheilt werden, wenn

1. das Aufsichtsamt für Privatversicherung nach Anhörung des Versicherungsbeiraths sich gutachtlich dahin äußert, daß keiner der im § 7 bezeichneten Gründe zur Versagung der Erlaubniß vorliegt,
2. die Versicherungsunternehmung den Nachweis führt, daß sie am Sitze des Unternehmens unter ihrem Namen Rechte erwerben und Verbindlichkeiten eingehen, vor Gericht klagen und verklagt werden kann,
3. die Unternehmung sich verpflichtet, innerhalb des Reichsgebiets eine Niederlassung zu unterhalten und für das Inland einen Hauptbevollmächtigten zu bestellen, der innerhalb des Reichsgebiets seinen Wohnsitz hat. Der Hauptbevollmächtigte gilt als ermächtigt, die

Unternehmung zu vertreten, insbesondere die Versicherungsverträge mit Versicherungsnehmern im Inland und über inländische Grundstücke mit verbindlicher Kraft abzuschließen, auch alle Ladungen und Verfügungen für die Unternehmung in Empfang zu nehmen.

Im Uebrigen entscheidet der Reichskanzler nach freiem Ermessen.

§ 87. Zum Geschäftsbetrieb im Inlande zugelassene ausländische Versicherungsunternehmungen dürfen die Versicherungsverträge mit Versicherungsnehmern, die im Inland ihren gewöhnlichen Aufenthalt haben, sowie Versicherungsverträge über inländische Grundstücke nur durch Bevollmächtigte abschließen, die im Inland ihren Wohnsitz haben.

§ 88. Die den Inhabern oder Vertretern einer inländischen Unternehmung nach diesem Gesetz obliegenden Pflichten hat der für das Reichsgebiet bestellte Hauptbevollmächtigte einer ausländischen Unternehmung zu erfüllen.

§ 89. Für Klagen, die aus dem inländischen Versicherungsgeschäfte gegen die Unternehmung erhoben werden, ist das Gericht zuständig, wo die Niederlassung (§ 86 Abs. 2 Nr. 3) sich befindet. Dieser Gerichtsstand darf nicht vertragsmäßig ausgeschlossen werden.

§ 90. Die Vorschriften des § 56, des § 57 Abs. 1 Satz 1, Abs. 2, 3 und der §§ 58 bis 63 finden auf ausländische Unternehmungen nur hinsichtlich der im Inland abgeschlossenen Versicherungen Anwendung.

Der Prämienreservefonds für diese Versicherungen ist nach näherer Bestimmung des Aufsichtsamts für Privatversicherung in der Weise sicherzustellen, daß nur mit Genehmigung des letzteren darüber verfügt werden kann.

§ 91. Die Beaufsichtigung der zugelassenen ausländischen Versicherungsunternehmungen nach Maßgabe dieses Gesetzes wird durch das Aufsichtsamt für Privatversicherung ausgeübt.

Auf Antrag des Reichskanzlers kann auch der Bundesrath gegen zugelassene ausländische Unternehmungen die Untersagung des Geschäftsbetriebs nach freiem Ermessen beschließen. Die Ausführung eines solchen Beschlusses liegt dem Aufsichtsamte für Privatversicherung ob.

VII. Uebergangsvorschriften.

§ 92. Die beim Inkrafttreten dieses Gesetzes in einem oder in mehreren Bundesstaaten landesgesetzlich zum Geschäftsbetriebe befugten Versicherungsunternehmungen bedürfen zur Fortsetzung ihres Geschäftsbetriebs in den von ihnen bisher eingehaltenen oder, sofern ihre Befugniß zum Geschäftsbetrieb auf besonderer Zulassung beruht, in den bisher durch die Zulassung gestatteten Grenzen keiner Erlaubniß nach Maßgabe dieses Gesetzes.

§ 93. Diejenigen beim Inkrafttreten des Gesetzes zum Geschäftsbetriebe befugten deutschen Unternehmungen, deren Geschäftsbetrieb sich über das Gebiet eines Bundesstaats hinaus erstreckt oder welchen durch die Zulassung ein solcher Geschäftsbetrieb gestattet ist, unterstehen der

Aufsicht des Aufsichtsamts für Privatversicherung; die Beaufsichtigung der übrigen deutschen Unternehmungen wird durch Landesbehörden ausgeübt.

§ 94. Beim Ablauf einer landesgesetzlich auf eine bestimmte Zeit erfolgten Zulassung bedarf es der Ertheilung einer neuen Erlaubniß durch die Aufsichtsbehörde nach Maßgabe dieses Gesetzes.

Wenn der Zeitraum vom Inkrafttreten dieses Gesetzes bis zum Ablaufe der auf eine bestimmte Zeit erfolgten Zulassung nicht mehr als sechs Monate beträgt, so gilt die Dauer der Zulassung als um ein Jahr verlängert.

§ 95. Beruht die Zulassung einer Unternehmung auf einer widerruflichen Genehmigung, so unterliegt die Ausübung des Widerrufs solange dem freien Ermessen der Aufsichtsbehörde, als die Unternehmung nicht die Erlaubniß zum Geschäftsbetriebe nach Maßgabe dieses Gesetzes erlangt hat.

§ 96. Versicherungsunternehmungen, die zur Zeit des Inkrafttretens dieses Gesetzes in einem oder mehreren Bundesstaaten zum Geschäftsbetriebe befugt sind, können jederzeit die Zulassung nach Maßgabe dieses Gesetzes beantragen. Zur Ausdehnung ihres Geschäftsbetriebs auf einen anderen Bundesstaat ist die Erlaubniß des Aufsichtsamts für Privatversicherung erforderlich.

§ 97. Soweit ein Uebergang der Aufsicht von Landesbehörden auf das Aufsichtsamt für Privatversicherung stattfindet, gehen auf dieses kraft Gesetzes auch alle Rechte und Pflichten über, welche durch Kautionsbestellung, Hinterlegung, Eintragung von Schuldverschreibungen in ein Staatsschuldbuch oder in das Reichsschuldbuch oder durch sonstige Sicherungsmaßregeln für die Landesbehörden begründet sind.

In den vorstehend bezeichneten Fällen ist auf Ersuchen des Amts der Gewahrsam und die Verwaltung der vorhandenen Kautionen durch die Landesbehörden einstweilen, jedoch auf höchstens fünf Jahre, weiterzuführen.

§ 98. Die bereits zugelassenen Versicherungsunternehmungen haben der Aufsichtsbehörde auf Erfordern binnen einer von dieser zu bestimmenden Frist die zur Klarlegung ihres Geschäftsplans erforderlichen Angaben (§§ 4 bis 12) zu machen. Die Vorschriften des § 64 Abs. 3 finden entsprechende Anwendung.

§ 99. Bei bereits zugelassenen Unternehmungen finden die Vorschriften der §§ 56 bis 63 auf die Prämienreserve derjenigen Lebensversicherungen sowie derjenigen Kranken- oder Unfallversicherungen der im § 12 bezeichneten Art Anwendung, welche nach dem Inkrafttreten dieses Gesetzes abgeschlossen werden.

Die Prämienreserve für die früher abgeschlossenen Versicherungen ist, dem rechnungsmäßigen Soll entsprechend, binnen drei Jahren nach dem Inkrafttreten dieses Gesetzes aus dem übrigen Vermögen einer Unternehmung auszusondern, dem nach Abs. 1 gebildeten Prämienreservefonds zuzuführen und gemäß § 57, § 61 Abs. 1 aufzubewahren, zu buchen und zu verwalten. Ausnahmsweise kann für eine bestimmte Versicherungsunternehmung die bezeichnete Frist durch den Reichskanzler auf Antrag der Landesregierung desjenigen Bundesstaats, in dessen Gebiete die Unternehmung ihren Sitz hat, verlängert werden; eine solche Verlängerung der Frist ist durch den Reichskanzler im Reichsanzeiger bekannt zu machen.

Auf den gesammten Prämienreservefonds (Abs. 1, 2) finden die Vorschriften des § 61 Abs. 2, 3 und des § 62 mit dem Ablaufe von drei Jahren nach dem Inkrafttreten dieses Gesetzes oder mit dem Ablaufe der nach Abs. 2 Satz 2 durch den Reichskanzler verlängerten Frist Anwendung, sofern sie nicht auf Antrag einer Unternehmung durch die Aufsichtsbehörde schon zu einem früheren von dieser festzusetzenden und im Reichsanzeiger bekannt zu machenden Zeitpunkt in Wirksamkeit gesetzt werden.

Die Anlegung der Prämienreserve in der durch die §§ 59, 60 vorgeschriebenen Weise ist für die älteren Versicherungen binnen einer Frist von fünf Jahren zu bewirken. Hinsichtlich bestimmter Theile der Prämienreserve können Ausnahmen durch die Aufsichtsbehörde gestattet werden.

§ 100. Erachtet die Aufsichtsbehörde die Prämienreserve zur Sicherstellung einer dauernden Erfüllung der aus den Versicherungsverträgen sich ergebenden Verpflichtungen nicht für ausreichend, so kann sie, vorbehaltlich ihrer Befugniß zum Eingreifen nach den §§ 67 bis 69, zur Aenderung der Rechnungsgrundlagen oder sonstigen Beseitigung der Mängel eine angemessene Frist gewähren.

§ 101. Vereine, die zur Zeit des Inkrafttretens dieses Gesetzes die Versicherung ihrer Mitglieder nach dem Grundsatze der Gegenseitigkeit betreiben und die Rechtsfähigkeit besitzen, unterliegen auch den Vorschriften dieses Gesetzes über die Versicherungsvereine auf Gegenseitigkeit (Abschnitt III) mit Ausnahme der Vorschriften über die Bildung eines Gründungs- und eines Reservefonds.

Auf die Anmeldung und Eintragung dieser Vereine finden die §§ 30 bis 33 entsprechende Anwendung.

Die Aufsichtsbehörde hat nach dem Ablaufe der gemäß § 98 bestimmten Frist diejenigen Vereine, welche der Eintragungspflicht unterliegen, den für die Führung des Handelsregisters zuständigen Gerichten mitzutheilen.

§ 102. Den Vorschriften des Abschnitts III unterliegen nicht solche eingetragene Genossenschaften und solche nach dem sächsischen Gesetze vom 15. Juni 1868, betreffend die juristischen Personen, bestehende eingetragene Vereine, welche die Versicherung ihrer Mitglieder nach dem Grundsatze der Gegenseitigkeit betreiben.

Auf die im Abs. 1 bezeichneten Genossenschaften und Vereine finden die Vorschriften des § 68 Abs. 1, 2 Satz 1 bis 3, 5, auf die bezeichneten Vereine auch die Vorschriften des § 16 und des § 68 Abs. 2 Satz 4 entsprechende Anwendung.

§ 103. Auf Vereine, die, ohne die Rechtsfähigkeit zu besitzen, zur Zeit des Inkrafttretens dieses Gesetzes die Versicherung ihrer Mitglieder nach dem Grundsatze der Gegenseitigkeit betreiben, finden die Vorschriften des Abschnitts III keine Anwendung. Solche Vereine können von der Aufsichtsbehörde aufgefordert werden, binnen einer bestimmten Frist ihre Zulassung gemäß den Vorschriften dieses Gesetzes nachzusuchen; die Frist soll wenigstens sechs Monate betragen. Kommt ein Verein einer solchen Aufforderung nicht nach, so ist die Aufsichtsbehörde befugt, ihm den weiteren Geschäftsbetrieb zu untersagen; auf die Untersagung des Geschäftsbetriebs finden die Vorschriften des § 73 Abs. 1 bis 5, der §§ 74, 75 entsprechende Anwendung.

§ 104. Die Vorschriften dieses Gesetzes finden keine Anwendung auf Versicherungsunternehmungen, die sich bei seinem Inkrafttreten in Liquidation oder im Konkurse befinden.

VIII. Strafvorschriften.

§ 105. Wer der Aufsichtsbehörde gegenüber wissentlich falsche Angaben macht, um die Zulassung einer Versicherungsunternehmung zum Geschäftsbetriebe, die Verlängerung einer Zulassung oder die Genehmigung zu einer Aenderung der Geschäftsunterlagen oder des Versicherungsbestandes (§ 14) zu erlangen, wird mit Gefängniß und zugleich mit Geldstrafe bis zu zwanzigtausend Mark bestraft.

Auch kann auf Verlust der bürgerlichen Ehrenrechte erkannt werden.

Sind mildernde Umstände vorhanden, so kann ausschließlich auf die Geldstrafe erkannt werden.

§ 106. Mit Gefängniß bis zu sechs Monaten und zugleich mit Geldstrafe bis zu zweitausend Mark oder mit einer dieser Strafen werden die Mitglieder des Vorstandes, eines Aufsichtsraths oder ähnlichen Organs sowie die Liquidatoren einer Versicherungsgesellschaft auf Aktien oder eines Versicherungsvereins auf Gegenseitigkeit bestraft, wenn sie wissentlich

1. den Vorschriften des Gesetzes oder der Satzung über die Bildung von Reserven zuwider eine Gewinnvertheilung vorschlagen oder zulassen;
2. den gesetzlichen Vorschriften über die Berechnung und Buchung, Verwaltung und Aufbewahrung der Prämienreserve (§§ 56 bis 61, 63, 99) zuwiderhandeln;
3. den satzungsmäßigen Vorschriften über die Anlegung von Geldbeständen zuwiderhandeln.

§ 107. Sachverständige, welche die Berechnung der Prämienreserve bei Lebens-, Kranken- oder Unfallversicherungsunternehmungen zu prüfen haben, werden, wenn sie die nach § 56 Abs. 2 unter der Vermögensübersicht abzugebende Erklärung wissentlich falsch abgeben, mit Gefängniß und zugleich mit Geldstrafe bis zu zwanzigtausend Mark bestraft.

Auch kann auf Verlust der bürgerlichen Ehrenrechte erkannt werden.

Sind mildernde Umstände vorhanden, so kann ausschließlich auf die Geldstrafe erkannt werden.

§ 108. Wer im Inlande das Versicherungsgeschäft ohne die vorgeschriebene Erlaubniß betreibt, wird mit Geldstrafe bis zu eintausend Mark oder mit Haft oder mit Gefängniß bis zu drei Monaten bestraft.

Die gleiche Strafe trifft denjenigen, welcher im Inlande für eine daselbst zum Geschäftsbetriebe nicht befugte Unternehmung einen Versicherungsvertrag als Vertreter oder Bevollmächtigter abschließt oder den Abschluß von Versicherungsverträgen geschäftsmäßig vermittelt.

Die Vorschrift der Nr. 9 des § 360 des Strafgesetzbuchs ist, soweit sie sich auf Versicherungsunternehmungen im Sinne dieses Gesetzes bezieht, aufgehoben.

§ 109. Mit Gefängniß bis zu drei Monaten und zugleich mit Geldstrafe bis zu fünftausend Mark werden die Mitglieder des Vorstandes oder die Liquidatoren einer Versicherungsgesellschaft auf Aktien, eines Versicherungsvereins auf Gegenseitigkeit, einer eingetragenen Genossenschaft oder eines Vereins der im § 102 bezeichneten Art bestraft, wenn entgegen der Vorschrift des § 68 Abs. 2 der Aufsichtsbehörde eine der dort vorgeschriebenen Anzeigen nicht gemacht worden ist.

Sind mildernde Umstände vorhanden, so tritt ausschließlich die Geldstrafe ein.

Straflos bleibt derjenige, bezüglich dessen festgestellt wird, daß die Anzeige ohne sein Verschulden unterblieben ist.

§ 110. Die Mitglieder des Vorstandes, eines Aufsichtsraths oder eines ähnlichen Organs sowie die Liquidatoren eines Versicherungsvereins auf Gegenseitigkeit werden, wenn sie absichtlich zum Nachtheile des Vereins handeln, mit Gefängniß und zugleich mit Geldstrafe bis zu zwanzigtausend Mark bestraft.

Auch kann auf Verlust der bürgerlichen Ehrenrechte erkannt werden.

Sind mildernde Umstände vorhanden, so kann ausschließlich auf die Geldstrafe erkannt werden.

§ 111. Die Mitglieder des Vorstandes, eines Aufsichtsraths oder eines ähnlichen Organs sowie die Liquidatoren eines Versicherungsvereins auf Gegenseitigkeit werden mit Gefängniß bis zu einem Jahre und zugleich mit Geldstrafe bis zu zwanzigtausend Mark bestraft, wenn sie wissentlich in ihren Darstellungen, in ihren Uebersichten über den Vermögensstand des Vereins oder in ihren Vorträgen vor dem obersten Organe den Stand des Vereins unwahr darstellen oder verschleiern.

Zugleich kann auf Verlust der bürgerlichen Ehrenrechte erkannt werden.

Sind mildernde Umstände vorhanden, so kann ausschließlich auf die Geldstrafe erkannt werden.

§ 112. Die Vorschriften der §§ 239 bis 241 der Konkursordnung finden gegen die Mitglieder des Vorstandes und die Liquidatoren eines Versicherungsvereins auf Gegenseitigkeit, welcher seine Zahlungen eingestellt hat oder über dessen Vermögen das Konkursverfahren eröffnet worden ist, Anwendung, wenn sie in dieser Eigenschaft die mit Strafen bedrohten Handlungen begangen haben.

§ 113. Die Vorschriften der §§ 106, 109 bis 112 finden auch auf die Mitglieder des Vorstandes, eines Aufsichtsraths oder ähnlichen Organs sowie die Liquidatoren eines solchen Vereins Anwendung, der nach § 101 als Versicherungsverein auf Gegenseitigkeit im Sinne dieses Gesetzes gilt.

IX. Schlußvorschriften.

§ 114. Zur Ausführung dieses Gesetzes kann der Bundesrath nach Anhörung des Versicherungsbeiraths Vorschriften erlassen. Er kann insbesondere Art und Form der Rechnungslegung der Unternehmungen regeln und die näheren Voraussetzungen bestimmen, unter welchen ein Versicherungsverein auf Gegenseitigkeit als kleinerer Verein im Sinne des § 53 anzusehen ist.

§ 115. Der Vorstand einer Versicherungsunternehmung, deren Geschäftsbetrieb sich über das Gebiet eines Bundesstaats hinaus erstreckt, hat den Landes-Zentralbehörden derjenigen Bundesstaaten, in deren Gebieten sie Geschäfte betreiben will, bei der Eröffnung des Geschäftsbetriebs hiervon Anzeige zu erstatten.

Jedes Versicherungsunternehmen hat in demjenigen Bundesstaat, auf dessen Gebiet es seinen Betrieb erstreckt, ohne daß sein Sitz in diesem Gebiete gelegen ist, auf Verlangen der Zentralbehörde dieses Staates unter der Voraussetzung einen Hauptbevollmächtigten zu bestellen, daß der Geschäftsbetrieb in diesem Staate von einem solchen Umfang ist oder nach dem Geschäftsplane von einem solchen Umfange werden soll, daß darnach die Bestellung eines Hauptbevollmächtigten sich rechtfertigt. Bestreitet das Unternehmen das Vorhandensein dieser Voraussetzung, so entscheidet darüber der Bundesrath auf Grund der ihm vorzulegenden Nachweise. Das Verlangen kann von den Zentralbehörden mehrerer Bundesstaaten zusammen auf Bestellung eines gemeinschaftlichen Hauptbevollmächtigten gerichtet werden. Der Hauptbevollmächtigte muß seinen Wohnsitz innerhalb des betreffenden Bundesstaats beziehungsweise der zusammengehenden Bundesstaaten haben; er gilt als ermächtigt, die Unternehmung zu vertreten, insbesondere die Versicherungsverträge mit Versicherungsnehmern des Bundesstaats beziehungsweise der zusammengehenden Bundesstaaten und über daselbst belegene Grundstücke mit verbindlicher Kraft abzuschließen, auch alle Ladungen und Verfügungen für die Unternehmung in Empfang zu nehmen. Zum Abschlusse der Lebensversicherungsverträge ist jedoch die vorausgegangene Genehmigung der Zentralleitung der Unternehmung erforderlich, die in dem Vertrage zum Ausdrucke gebracht werden muß.

Für Klagen, die aus dem Versicherungsgeschäft innerhalb des Bundesstaats beziehungsweise der zusammengehenden Bundesstaaten gegen die Unternehmung erhoben werden, ist das Gericht zuständig, wo der Hauptbevollmächtigte seinen Wohnsitz hat. Dieser Gerichtsstand darf nicht vertragsmäßig ausgeschlossen werden.

§ 116. Unternehmungen, welche die Versicherung gegen Kursverluste oder die Transportversicherung oder ausschließlich die Rückversicherung zum Gegenstande haben, mit Ausnahme von Versicherungsvereinen auf Gegenseitigkeit, bedürfen keiner Zulassung. Sie unterliegen auch keiner behördlichen Beaufsichtigung ihres Geschäftsbetriebs; der Bundesrath kann jedoch anordnen, daß bestimmte Vorschriften dieses Gesetzes auch auf solche Unternehmungen Anwendung finden.

§ 117. Durch Beschluß des Bundesraths kann angeordnet werden:

1. daß die Vorschrift des § 6 Abs. 2 auch für andere als die dort bezeichneten Versicherungszweige gilt;
2. daß für Versicherungszweige, für welche die Vorschrift des § 6 Abs. 2 nicht gilt, die Vorschriften dieses Gesetzes ganz oder theilweise außer Anwendung bleiben.

§ 118. Alle der Beaufsichtigung nach Maßgabe dieses Gesetzes unterliegenden Unternehmungen sind verpflichtet, dem Aufsichtsamte für Privatversicherung die von diesem erforderten statistischen Nachweise über ihren Geschäftsbetrieb einzureichen. Ueber die hiernach zu erfordernden statistischen Nachweise ist der Versicherungsbeirath zu hören.

§ 119. Die auf Grund landesgesetzlicher Vorschriften errichteten öffentlichen Versicherungsanstalten unterliegen den Vorschriften dieses Gesetzes nicht, sind jedoch verpflichtet, nach näherer Anordnung des Bundesraths bestimmte statistische Nachweise über ihren Geschäftsbetrieb an das Aufsichtsamt für Privatversicherung einzureichen.

§ 120. Unberührt bleiben die landesgesetzlichen Vorschriften, nach denen der Betrieb bestimmter Versicherungsgeschäfte öffentlichen Anstalten vorbehalten ist.

§ 121. Unberührt bleiben die landesrechtlichen Vorschriften über die polizeiliche Ueberwachung der Feuerversicherungsverträge nach ihrem Abschluß und der Auszahlung von Brandentschädigungen; dagegen werden aufgehoben, die landesrechtlichen Vorschriften, welche den Abschluß von Feuerversicherungsgeschäften von einer vorgängigen polizeilichen Genehmigung abhängig machen, sowie die landesrechtlichen Vorschriften, durch welche der unmittelbare Abschluß von Feuerversicherungsverträgen mit solchen Vertretungen verboten wird, die sich nicht im Staatsgebiete befinden.

Unberührt bleiben ferner die landesrechtlichen Vorschriften und die mit Landesbehörden getroffenen Vereinbarungen über die Verpflichtungen der Feuerversicherungsunternehmungen in Bezug auf die Leistung von Abgaben für gemeinnützige Zwecke, insbesondere zur Förderung des Feuerlöschwesens oder zur Unterstützung von Mitgliedern von Feuerwehren und sonstigen bei Hülfeleistung in Brandfällen verunglückten Personen oder ihrer Hinterbliebenen.

Unberührt bleiben auch Verpflichtungen, welche nach dem Stande vom 1. Januar 1901 Feuerversicherungsunternehmungen in einem Bundesstaate nach Landesrecht oder auf Grund von Vereinbarungen mit Landesbehörden hinsichtlich der Uebernahme gewisser Versicherungen obliegen, wenn die Unternehmung ihren Geschäftsbetrieb in dem Bundesstaate fortsetzt oder die Zulassung nach Maßgabe dieses Gesetzes erlangt. Die Erfüllung dieser Verpflichtungen wird von der Aufsichtsbehörde nach Maßgabe dieses Gesetzes überwacht.

§ 122. Den Vorschriften dieses Gesetzes unterliegen nicht die auf Grund des Gesetzes über die eingeschriebenen Hülfskassen vom 7. April 1876 (Reichs-Gesetzbl. S. 125) in der Fassung des Gesetzes vom 1. Juni 1884 (Reichs-Gesetzbl. S. 54) errichteten Kassen, die im § 75 Abs. 4 des

Krankenversicherungsgesetzes bezeichneten, auf Grund landesrechtlicher Vorschriften errichteten Hülfskassen, die auf Grund der Gewerbeordnung von Innungen oder Innungsverbänden errichteten Unterstützungskassen sowie die auf Grund berggesetzlicher Vorschriften errichteten Knappschaftskassen.

§ 123. Die Vorschrift des § 39 Abs. 3 findet auf Versicherungsaktiengesellschaften entsprechende Anwendung.

§ 124. Die Aufsichtsbehörde kann für Vereine auf Gegenseitigkeit, die der Eintragungspflicht nicht unterliegen, hinsichtlich der Zulassung, der Geschäftsführung und der Rechnungslegung Abweichungen von den Vorschriften der §§ 11, 12, 55 bis 57 gestatten.

Soweit die Abweichungen sich auf die Geschäftsführung und die Rechnungslegung beziehen, können sie insbesondere davon abhängig gemacht werden, daß in mehrjährigen Zeiträumen auf Kosten des Vereins eine Prüfung des Geschäftsbetriebs und der Vermögenslage durch einen Sachverständigen vorgenommen und der Prüfungsbericht der Aufsichtsbehörde eingereicht wird.

§ 125. Die Vorschriften des § 70, des § 98 Satz 1 und des § 101 Abs. 3 treten mit dem 1. Juli 1901 in Kraft.

Bis zu dem gleichen Zeitpunkte werden die zur Beaufsichtigung von Versicherungsunternehmungen zuständigen Landesbehörden durch die Landesregierungen bestimmt.

Im Uebrigen wird der Zeitpunkt, mit welchem das Gesetz in Kraft tritt, mit Zustimmung des Bundesraths durch Kaiserliche Verordnung[1]) bestimmt.

Im Königreiche Bayern tritt das Gesetz, soweit es sich um das Immobiliar-Versicherungswesen handelt, nur mit Zustimmung der Königlich bayerischen Regierung in Kraft.

Urkundlich unter Unserer Höchsteigenhändigen Unterschrift und beigedrucktem Kaiserlichen Insiegel.

Gegeben Hohkönigsburg, den 12. Mai 1901.

Wilhelm.

Graf von Bülow.

---

[1]) Die Kaiserliche Verordnung vom 24. November 1901, betr. die Inkraftsetzung des Gesetzes über die privaten Versicherungsunternehmungen vom 12. Mai 1901 (R.G.Bl. S 489) bestimmt:

Das Gesetz über die privaten Versicherungsunternehmungen vom 12. Mai 1901 (Reichs-Gesetzbl. S. 139) tritt mit dem 1. Januar 1902 seinem vollen Umfange nach in Kraft.

10. Gesetz, betreffend die freiwillige Gerichtsbarkeit und andere Rechtsangelegenheiten in Heer und Marine. Vom 28. Mai 1901.

(R.G.Bl. S. 185—188.)

Wir **Wilhelm**, von Gottes Gnaden Deutscher Kaiser, König von Preußen ꝛc.

verordnen im Namen des Reichs, nach erfolgter Zustimmung des Bundesraths und des Reichstags, was folgt:

§ 1. Im Felde (Einführungsgesetz zur Militärstrafgerichtsordnung § 5) sind beim Heere hinsichtlich der im § 1 Nr. 1, 6, 7, 8 der Militärstrafgerichtsordnung vom 1. Dezember 1898 bezeichneten Personen auch die Kriegsgerichtsräthe und die Oberkriegsgerichtsräthe zuständig:

1. für die nach § 167 des Gesetzes über die Angelegenheiten der freiwilligen Gerichtsbarkeit vom 17. Mai 1898 den Amtsgerichten zustehenden Verrichtungen,
2. für die Entgegennahme von Versicherungen an Eidesstatt sowie für die Aufnahme von Urkunden über Thatsachen, auch soweit diese nicht unter die Nr. 1 fallen,
3. für die Erledigung von Ersuchen um Rechtshülfe, jedoch unbeschadet der Vorschriften des § 13 des Einführungsgesetzes zur Militärstrafgerichtsordnung.

§ 2. In den Fällen des § 1 Nr. 1 finden die Vorschriften der §§ 168 bis 183 des Gesetzes über die Angelegenheiten der freiwilligen Gerichtsbarkeit und, sofern ein Testament oder ein Erbvertrag den Gegenstand der Beurkundung bildet, die Vorschriften des Bürgerlichen Gesetzbuchs über die Errichtung von Testamenten und Erbverträgen Anwendung; die Geschäfte eines Gerichtsschreibers versieht der Militärgerichtsschreiber. Die Vorschriften des § 173 Nr. 1 des Gesetzes über die Angelegenheiten der freiwilligen Gerichtsbarkeit und des § 2237 Nr. 1 des Bürgerlichen Gesetzbuchs bleiben außer Anwendung bei Zeugen, die dem aktiven Heere angehören. Die Vorschriften des § 44 des Reichsmilitärgesetzes bleiben unberührt.

§ 3. In den Fällen des § 1 Nr. 2 finden folgende Vorschriften Anwendung:

1. Die Urkunde muß den Ort und den Tag der Verhandlung oder, falls sie nicht in der Form eines Protokolls aufgenommen wird, den Ort und den Tag der Ausstellung angeben und mit der Unterschrift des Kriegsgerichtsraths oder des Oberkriegsgerichtsraths versehen sein. Wird die Urkunde den Betheiligten in Urschrift ausgehändigt, so muß sie auch mit Siegel und Stempel versehen sein.

2. Die Beurkundung soll, sofern nicht ein Anderes bestimmt ist, in der Form eines Protokolls erfolgen. Außer dem Kriegsgerichtsrath oder dem Oberkriegsgerichtsrathe sollen auch die übrigen bei der Verhandlung mitwirkenden Personen das Protokoll unterzeichnen.

   Das Protokoll ist den Betheiligten behufs der Genehmigung vorzulesen oder ihnen zur Durchsicht vorzulegen und von ihnen zu unterschreiben. Kann ein Betheiligter das Protokoll nicht unterschreiben, so ist dies unter dem Protokoll anzugeben.

3. Bei Zustellungen, bei der Beglaubigung von Abschriften, bei der Sicherstellung der Zeit, zu welcher eine Privaturkunde ausgestellt ist, bei Lebensbescheinigungen und bei sonstigen einfachen Zeugnissen bedarf es nicht der Aufnahme eines Protokolls.

4. Die Beglaubigung einer Abschrift geschieht durch einen unter die Abschrift zu setzenden Vermerk, der die Uebereinstimmung mit der Hauptschrift bezeugt. In dem Vermerke soll ersichtlich gemacht werden, ob die Hauptschrift eine Urschrift, eine einfache oder beglaubigte Abschrift oder eine Ausfertigung ist; ist sie eine beglaubigte Abschrift oder eine Ausfertigung, so ist der Beglaubigungsvermerk oder der Ausfertigungsvermerk in die beglaubigte Abschrift mitaufzunehmen.

   Durchstreichungen, Aenderungen, Einschaltungen, Radirungen oder andere Mängel einer von den Betheiligten vorgelegten Schrift sollen in dem Vermerk angegeben werden.

   Soll ein Auszug aus einer Urkunde beglaubigt werden, so sind in den Auszug außer solchen Theilen der Urkunde, welche die Beobachtung der Förmlichkeiten nachweisen, diejenigen Theile aufzunehmen, welche den Gegenstand betreffen, auf den sich der Auszug beziehen soll. In dem Beglaubigungsvermerk ist der Gegenstand anzugeben und zu bezeugen, daß weitere den Gegenstand betreffende Bestimmungen in der Urkunde nicht enthalten sind.

5. Die Sicherstellung der Zeit, zu welcher eine Privaturkunde ausgestellt ist, geschieht durch einen unter die Urkunde zu setzenden Vermerk, in welchem der Kriegsgerichtsrath oder der Oberkriegsgerichtsrath bezeugt, wann ihm die Urkunde vorgelegt worden ist. Die Vorschriften der Nr. 4 Abs. 2 finden Anwendung.

§ 4. In den Fällen des § 1 werden Beschwerden im Aufsichtswege erledigt. Dies gilt auch bei Ersuchen um Rechtshülfe in Strafsachen (§ 13 des Einführungsgesetzes zur Militärstrafgerichtsordnung).

§ 5. In Ansehung solcher Personen, die zur Besatzung eines in Dienst gestellten Schiffes der Kaiserlichen Marine gehören oder die in anderer Eigenschaft an Bord eines solchen Schiffes sind, finden die Vorschriften des § 1 Nr. 2 und der §§ 3, 4 Anwendung, solange das Schiff sich außerhalb eines inländischen Hafens befindet. Den Schiffen stehen die sonstigen Fahrzeuge der Kaiserlichen Marine gleich.

§ 6. Im Felde liegt beim Heere nach dem Tode einer der im § 1 bezeichneten Personen die vorläufige Sicherung des Nachlasses dem zunächst vorgesetzten Offizier oder Beamten ob.

§ 7. Nach dem Tode eines Angehörigen des aktiven Heeres (Reichsmilitärgesetz vom 2. Mai 1874 § 38) hat, unbeschadet der Zuständigkeit des Nachlaßgerichts, die Militärbehörde, welcher der Verstorbene angehörte, für die Sicherung der amtlichen Akten oder der sonstigen Sachen, deren Herausgabe auf Grund des Dienstverhältnisses verlangt werden kann, zu sorgen, soweit hierfür ein Bedürfniß besteht.

Werden bei der Ausführung einer Maßregel, die das Gericht zur Sicherung des Nachlasses angeordnet hat, Sachen der im Abs. 1 bezeichneten Art vorgefunden, so hat das Gericht die Militärbehörde, welcher der Verstorbene angehörte, hiervon zu benachrichtigen und ihr zugleich von den Sicherungsmaßregeln, die in Ansehung dieser Sachen vorgenommen worden sind, Mittheilung zu machen. Der Militärbehörde liegt es ob, das Weitere zu veranlassen.

War der Verstorbene der einzige Beamte der Behörde, so tritt an die Stelle der Militärbehörde das am Standorte befindliche Garnisonskommando.

§ 8. Der § 39 Abs. 3 des Reichsmilitärgesetzes wird aufgehoben. Für Militärpersonen, deren Truppentheil sich im Ausland aufhält und im Inland einen Garnisonort weder hat noch gehabt hat, kann für Angelegenheiten der streitigen Gerichtsbarkeit ein im Inlande belegener Ort als Garnisonort durch Kaiserliche Verordnung bestimmt werden.

Urkundlich unter Unserer Höchsteigenhändigen Unterschrift und beigedrucktem Kaiserlichen Insiegel.

Gegeben Neues Palais, den 28. Mai 1901.

Wilhelm.

Graf von Bülow.

11. Gesetz zur Abänderung des Gesetzes, betreffend das Flaggenrecht der Kauffahrteischiffe, vom 29. Mai 1901.

(R.G.Bl. S. 184.)

Wir Wilhelm, von Gottes Gnaden Deutscher Kaiser, König von Preußen ꝛc.

verordnen im Namen des Reichs, nach erfolgter Zustimmung des Bundesraths und des Reichstags, was folgt:

An die Stelle des § 26 des Gesetzes, betreffend das Flaggenrecht der Kauffahrteischiffe, vom 22. Juni 1899 (Reichs-Gesetzbl. S. 319) treten die nachstehenden Vorschriften:

§ 26. Die Vorschriften dieses Gesetzes finden auch Anwendung auf seegehende Lustyachten, auf ausschließlich zur Ausbildung von Seeleuten bestimmte Seefahrzeuge (Schulschiffe) sowie auf solche Seefahrzeuge, welche für Rechnung von auswärtigen Staaten oder deren Angehörigen im Inland erbaut sind. Machen solche Fahrzeuge von dem Rechte zur Führung der Reichsflagge Gebrauch, so unterliegen sie den für Kauffahrteischiffe geltenden Vorschriften.

Durch Kaiserliche Verordnung mit Zustimmung des Bundesraths kann die Geltung der im Abs. 1 bezeichneten Vorschriften auch auf andere nicht zum Erwerbe durch die Seefahrt bestimmte Seefahrzeuge erstreckt werden.

§ 26a. Durch Kaiserliche Verordnung mit Zustimmung des Bundesraths kann bestimmt werden, daß die Vorschriften dieses Gesetzes auch auf Binnenschiffe, die ausschließlich auf ausländischen Gewässern verkehren, Anwendung finden. Die Schiffsregister für solche Schiffe werden bei den durch den Reichskanzler bestimmten deutschen Konsulaten geführt.

Urkundlich unter Unserer Höchsteigenhändigen Unterschrift und beigedrucktem Kaiserlichen Insiegel.

Gegeben Berlin im Schloß, den 29. Mai 1901.

Wilhelm.

Graf von Posadowsky.

---

12. Gesetz über das Verlagsrecht vom 19. Juni 1901.

(R.G.Bl. S. 217—226)

Wir Wilhelm, von Gottes Gnaden Deutscher Kaiser, König von Preußen 2c.

verordnen im Namen des Reichs, nach erfolgter Zustimmung des Bundesraths und des Reichstags, was folgt:

§ 1. Durch den Verlagsvertrag über ein Werk der Literatur oder der Tonkunst wird der Verfasser verpflichtet, dem Verleger das Werk zur Vervielfältigung und Verbreitung für eigene Rechnung zu überlassen. Der Verleger ist verpflichtet, das Werk zu vervielfältigen und zu verbreiten.

§ 2. Der Verfasser hat sich während der Dauer des Vertragsverhältnisses jeder Vervielfältigung und Verbreitung des Werkes zu enthalten, die einem Dritten während der Dauer des Urheberrechts untersagt ist.

Dem Verfasser verbleibt jedoch die Befugniß zur Vervielfältigung und Verbreitung:

1. für die Uebersetzung in eine andere Sprache oder in eine andere Mundart;
2. für die Wiedergabe einer Erzählung in dramatischer Form oder eines Bühnenwerkes in der Form einer Erzählung;
3. für die Bearbeitung eines Werkes der Tonkunst, soweit sie nicht blos ein Auszug oder eine Uebertragung in eine andere Tonart oder Stimmlage ist.

Auch ist der Verfasser zur Vervielfältigung und Verbreitung in einer Gesammtausgabe befugt, wenn seit dem Ablaufe des Kalenderjahrs, in welchem das Werk erschienen ist, zwanzig Jahre verstrichen sind.

§ 3. Beiträge zu einem Sammelwerke, für die dem Verfasser ein Anspruch auf Vergütung nicht zusteht, dürfen von ihm anderweit verwerthet werden, wenn seit dem Ablaufe des Kalenderjahrs, in welchem sie erschienen sind, ein Jahr verstrichen ist.

§ 4. Der Verleger ist nicht berechtigt, ein Einzelwerk für eine Gesammtausgabe oder ein Sammelwerk sowie Theile einer Gesammtausgabe oder eines Sammelwerkes für eine Sonderausgabe zu verwerthen. Soweit jedoch eine solche Verwerthung auch während der Dauer des Urheberrechts einem Jeden freisteht, bleibt sie dem Verleger gleichfalls gestattet.

§ 5. Der Verleger ist nur zu einer Auflage berechtigt. Ist ihm das Recht zur Veranstaltung mehrerer Auflagen eingeräumt, so gelten im Zweifel für jede neue Auflage die gleichen Abreden wie für die vorhergehende.

Ist die Zahl der Abzüge nicht bestimmt, so ist der Verleger berechtigt, tausend Abzüge herzustellen. Hat der Verleger durch eine vor dem Beginne der Vervielfältigung dem Verfasser gegenüber abgegebene Erklärung die

Zahl der Abzüge niedriger bestimmt, so ist er nur berechtigt die Auflage in der angegebenen Höhe herzustellen.

§ 6. Die üblichen Zuschußexemplare werden in die Zahl der zulässigen Abzüge nicht eingerechnet. Das Gleiche gilt von Freiexemplaren, soweit ihre Zahl den zwanzigsten Theil der zulässigen Abzüge nicht übersteigt.

Zuschußexemplare, die nicht zum Ersatz oder zur Ergänzung beschädigter Abzüge verwendet worden sind, dürfen von dem Verleger nicht verbreitet werden.

§ 7. Gehen Abzüge unter, die der Verleger auf Lager hat, so darf er sie durch andere ersetzen; er hat vorher dem Verfasser Anzeige zu machen.

§ 8. In dem Umfang, in welchem der Verfasser nach den §§ 2 bis 7 verpflichtet ist, sich der Vervielfältigung und Verbreitung zu enthalten und sie dem Verleger zu gestatten, hat er, soweit nicht aus dem Vertrage sich ein Anderes ergiebt, dem Verleger das ausschließliche Recht zur Vervielfältigung und Verbreitung (Verlagsrecht) zu verschaffen.

§ 9. Das Verlagsrecht entsteht mit der Ablieferung des Werkes an den Verleger und erlischt mit der Beendigung des Vertragsverhältnisses.

Soweit der Schutz des Verlagsrechts es erfordert, kann der Verleger gegen den Verfasser sowie gegen Dritte die Befugnisse ausüben, die zum Schutze des Urheberrechts durch das Gesetz vorgesehen sind.

§ 10. Der Verfasser ist verpflichtet, dem Verleger das Werk in einem für die Vervielfältigung geeigneten Zustand abzuliefern.

§ 11. Ist der Verlagsvertrag über ein bereits vollendetes Werk geschlossen, so ist das Werk sofort abzuliefern.

Soll das Werk erst nach dem Abschlusse des Verlagsvertrags hergestellt werden, so richtet sich die Frist der Ablieferung nach dem Zwecke, welchem das Werk dienen soll. Soweit sich hieraus nichts ergiebt, richtet sich die Frist nach dem Zeitraum, innerhalb dessen der Verfasser das Werk bei einer seinen Verhältnissen entsprechenden Arbeitsleistung herstellen kann; eine anderweitige Thätigkeit des Verfassers bleibt bei der Bemessung der Frist nur dann außer Betracht, wenn der Verleger die Thätigkeit bei dem Abschlusse des Vertrags weder kannte noch kennen mußte.

§ 12. Bis zur Beendigung der Vervielfältigung darf der Verfasser Aenderungen an dem Werke vornehmen. Vor der Veranstaltung einer neuen Auflage hat der Verleger dem Verfasser zur Vornahme von Aenderungen Gelegenheit zu geben. Aenderungen sind nur insoweit zulässig, als nicht durch sie ein berechtigtes Interesse des Verlegers verletzt wird.

Der Verfasser darf die Aenderungen durch einen Dritten vornehmen lassen.

Nimmt der Verfasser nach dem Beginne der Vervielfältigung Aenderungen vor, welche das übliche Maß übersteigen, so ist er verpflichtet, die hieraus entstehenden Kosten zu ersetzen; die Ersatzpflicht liegt ihm nicht ob, wenn Umstände, die inzwischen eingetreten sind, die Aenderung rechtfertigen.

§ 13. Der Verleger darf an dem Werke selbst, an dessen Titel und an der Bezeichnung des Urhebers Zusätze, Kürzungen oder sonstige Aenderungen nicht vornehmen.

Zulässig sind Aenderungen, für die der Verfasser seine Einwilligung nach Treu und Glauben nicht versagen kann.

§ 14. Der Verleger ist verpflichtet, das Werk in der zweckentsprechenden und üblichen Weise zu vervielfältigen und zu verbreiten. Die Form und Ausstattung der Abzüge wird unter Beobachtung der im Verlagshandel herrschenden Uebung sowie mit Rücksicht auf Zweck und Inhalt des Werkes von dem Verleger bestimmt.

§ 15. Der Verleger hat mit der Vervielfältigung zu beginnen, sobald ihm das vollständige Werk zugegangen ist. Erscheint das Werk in Abtheilungen, so ist mit der Vervielfältigung zu beginnen, sobald der Verfasser eine Abtheilung abgeliefert hat, die nach ordnungsmäßiger Folge zur Herausgabe bestimmt ist.

§ 16. Der Verleger ist verpflichtet, diejenige Zahl von Abzügen herzustellen, welche er nach dem Vertrag oder gemäß dem § 5 herzustellen berechtigt ist. Er hat rechtzeitig dafür zu sorgen, daß der Bestand nicht vergriffen wird.

§ 17. Ein Verleger, der das Recht hat, eine neue Auflage zu veranstalten, ist nicht verpflichtet, von diesem Rechte Gebrauch zu machen. Zur Ausübung des Rechtes kann ihm der Verfasser eine angemessene Frist bestimmen. Nach dem Ablaufe der Frist ist der Verfasser berechtigt, von dem Vertrage zurückzutreten, wenn nicht die Veranstaltung rechtzeitig erfolgt ist. Der Bestimmung einer Frist bedarf es nicht, wenn die Veranstaltung von dem Verleger verweigert wird.

§ 18. Fällt der Zweck, welchem das Werk dienen sollte, nach dem Abschlusse des Vertrags weg, so kann der Verleger das Vertragsverhältnis kündigen; der Anspruch des Verfassers auf die Vergütung bleibt unberührt.

Das Gleiche gilt, wenn Gegenstand des Verlagsvertrags ein Beitrag zu einem Sammelwerk ist und die Vervielfältigung des Sammelwerkes unterbleibt.

§ 19. Werden von einem Sammelwerke neue Abzüge hergestellt, so ist der Verleger im Einverständnisse mit dem Herausgeber berechtigt, einzelne Beiträge wegzulassen.

§ 20. Der Verleger hat für die Korrektur zu sorgen. Einen Abzug hat er rechtzeitig dem Verfasser zur Durchsicht vorzulegen.

Der Abzug gilt als genehmigt, wenn der Verfasser ihn nicht binnen einer angemessenen Frist dem Verleger gegenüber beanstandet.

§ 21. Die Bestimmung des Ladenpreises, zu welchem das Werk verbreitet wird, steht für jede Auflage dem Verleger zu. Er darf den Ladenpreis ermäßigen, soweit nicht berechtigte Interessen des Verfassers verletzt werden. Zur Erhöhung dieses Preises bedarf es stets der Zustimmung des Verfassers.

§ 22. Der Verleger ist verpflichtet, dem Verfasser die vereinbarte Vergütung zu zahlen. Eine Vergütung gilt als stillschweigend vereinbart, wenn die Ueberlassung des Werkes den Umständen nach nur gegen eine Vergütung zu erwarten ist.

Ist die Höhe der Vergütung nicht bestimmt, so ist eine angemessene Vergütung in Geld als vereinbart anzusehen.

§ 23. Die Vergütung ist bei der Ablieferung des Werkes zu entrichten. Ist die Höhe der Vergütung unbestimmt oder hängt sie von dem Umfange der Vervielfältigung, insbesondere von der Zahl der Druckbogen, ab, so wird die Vergütung fällig, sobald das Werk vervielfältigt ist.

§ 24. Bestimmt sich die Vergütung nach dem Absatze, so hat der Verleger jährlich dem Verfasser für das vorangegangene Geschäftsjahr Rechnung zu legen und ihm, soweit es für die Prüfung erforderlich ist, die Einsicht seiner Geschäftsbücher zu gestatten.

§ 25. Der Verleger eines Werkes der Literatur ist verpflichtet, dem Verfasser auf je hundert Abzüge ein Freiexemplar, jedoch im Ganzen nicht weniger als fünf und nicht mehr als fünfzehn zu liefern. Auch hat er dem Verfasser auf dessen Verlangen ein Exemplar in Aushängebogen zu überlassen.

Der Verleger eines Werkes der Tonkunst ist verpflichtet, dem Verfasser die übliche Zahl von Freiexemplaren zu liefern.

Von Beiträgen, die in Sammelwerken erscheinen, dürfen Sonderabzüge als Freiexemplare geliefert werden.

§ 26. Der Verleger hat die zu seiner Verfügung stehenden Abzüge des Werkes zu dem niedrigsten Preise, für welchen er das Werk im Betriebe seines Verlagsgeschäfts abgiebt, dem Verfasser, soweit dieser es verlangt, zu überlassen.

§ 27. Der Verleger ist verpflichtet, das Werk, nachdem es vervielfältigt worden ist, zurückzugeben, sofern der Verfasser sich vor dem Beginne der Vervielfältigung die Rückgabe vorbehalten hat.

§ 28. Die Rechte des Verlegers sind übertragbar, soweit nicht die Uebertragung durch Vereinbarung zwischen dem Verfasser und dem Verleger ausgeschlossen ist. Der Verleger kann jedoch durch einen Vertrag, der nur über einzelne Werke geschlossen wird, seine Rechte nicht ohne Zustimmung des Verfassers übertragen. Die Zustimmung kann nur verweigert werden, wenn ein wichtiger Grund vorliegt. Fordert der Verleger den Verfasser zur Erklärung über die Zustimmung auf, so gilt diese als ertheilt, wenn nicht die Verweigerung von dem Verfasser binnen zwei Monaten nach dem Empfange der Aufforderung dem Verleger gegenüber erklärt wird.

Die dem Verleger obliegende Vervielfältigung und Verbreitung kann auch durch den Rechtsnachfolger bewirkt werden. Uebernimmt der Rechtsnachfolger dem Verleger gegenüber die Verpflichtung, das Werk zu vervielfältigen und zu verbreiten, so haftet er dem Verfasser für die Erfüllung der aus dem Verlagsvertrage sich ergebenden Verbindlichkeiten neben dem

Verleger als Gesammtschuldner. Die Haftung erstreckt sich nicht auf eine bereits begründete Verpflichtung zum Schadensersatze.

§ 29. Ist der Verlagsvertrag auf eine bestimmte Zahl von Auflagen oder von Abzügen beschränkt, so endigt das Verlagsverhältniß, wenn die Auflagen oder Abzüge vergriffen sind.

Der Verleger ist verpflichtet, dem Verfasser auf Verlangen Auskunft darüber zu ertheilen, ob die einzelne Auflage oder die bestimmte Zahl von Abzügen vergriffen ist.

Wird der Verlagsvertrag für eine bestimmte Zeit geschlossen, so ist nach dem Ablaufe der Zeit der Verleger nicht mehr zur Verbreitung der noch vorhandenen Abzüge berechtigt.

§ 30. Wird das Werk ganz oder zum Theil nicht rechtzeitig abgeliefert, so kann der Verleger, statt den Anspruch auf Erfüllung geltend zu machen, dem Verfasser eine angemessene Frist zur Ablieferung mit der Erklärung bestimmen, daß er die Annahme der Leistung nach dem Ablaufe der Frist ablehne. Zeigt sich schon vor dem Zeitpunkt, in welchem das Werk nach dem Vertrag abzuliefern ist, daß das Werk nicht rechtzeitig abgeliefert werden wird, so kann der Verleger die Frist sofort bestimmen; die Frist muß so bemessen werden, daß sie nicht vor dem bezeichneten Zeitpunkt abläuft. Nach dem Ablaufe der Frist ist der Verleger berechtigt, von dem Vertrage zurückzutreten, wenn nicht das Werk rechtzeitig abgeliefert worden ist; der Anspruch auf Ablieferung des Werkes ist ausgeschlossen.

Der Bestimmung einer Frist bedarf es nicht, wenn die rechtzeitige Herstellung des Werkes unmöglich ist oder von dem Verfasser verweigert wird oder wenn der sofortige Rücktritt von dem Vertrage durch ein besonderes Interesse des Verlegers gerechtfertigt wird.

Der Rücktritt ist ausgeschlossen, wenn die nicht rechtzeitige Ablieferung des Werkes für den Verleger nur einen unerheblichen Nachtheil mit sich bringt.

Durch diese Vorschriften werden die im Falle des Verzugs des Verfassers dem Verleger zustehenden Rechte nicht berührt.

§ 31. Die Vorschriften des § 30 finden entsprechende Anwendung, wenn das Werk nicht von vertragsmäßiger Beschaffenheit ist.

Beruht der Mangel auf einem Umstande, den der Verfasser zu vertreten hat, so kann der Verleger statt des im § 30 vorgesehenen Rücktrittsrechts den Anspruch auf Schadensersatz wegen Nichterfüllung geltend machen.

§ 32. Wird das Werk nicht vertragsmäßig vervielfältigt oder verbreitet, so finden zu Gunsten des Verfassers die Vorschriften des § 30 entsprechende Anwendung.

§ 33. Geht das Werk nach der Ablieferung an den Verleger durch Zufall unter, so behält der Verfasser den Anspruch auf die Vergütung. Im Uebrigen werden beide Theile von der Verpflichtung zur Leistung frei.

Auf Verlangen des Verlegers hat jedoch der Verfasser gegen eine angemessene Vergütung ein anderes im Wesentlichen übereinstimmendes Werk zu liefern, sofern dies auf Grund vorhandener Vorarbeiten oder sonstiger Unterlagen mit geringer Mühe geschehen kann; erbietet sich der

Verfasser, ein solches Werk innerhalb einer angemessenen Frist kostenfrei zu liefern, so ist der Verleger verpflichtet, das Werk an Stelle des untergegangenen zu vervielfältigen und zu verbreiten. Jeder Theil kann diese Rechte auch geltend machen, wenn das Werk nach der Ablieferung in Folge eines Umstandes untergegangen ist, den der andere Theil zu vertreten hat.

Der Ablieferung steht es gleich, wenn der Verleger in Verzug der Annahme kommt.

§ 34. Stirbt der Verfasser vor der Vollendung des Werkes, so ist, wenn ein Theil des Werkes dem Verleger bereits abgeliefert worden war, der Verleger berechtigt, in Ansehung des gelieferten Theiles den Vertrag durch eine dem Erben des Verfassers gegenüber abzugebende Erklärung aufrechtzuerhalten.

Der Erbe kann dem Verleger zur Ausübung des im Abs. 1 bezeichneten Rechtes eine angemessene Frist bestimmen. Das Recht erlischt, wenn sich der Verleger nicht vor dem Ablaufe der Frist für die Aufrechterhaltung des Vertrags erklärt.

Diese Vorschriften finden entsprechende Anwendung, wenn die Vollendung des Werkes in Folge eines sonstigen nicht von dem Verfasser zu vertretenden Umstandes unmöglich wird.

§ 35. Bis zum Beginne der Vervielfältigung ist der Verfasser berechtigt, von dem Verlagsvertrage zurückzutreten, wenn sich Umstände ergeben, die bei dem Abschlusse des Vertrags nicht vorauszusehen waren und den Verfasser bei Kenntniß der Sachlage und verständiger Würdigung des Falles von der Herausgabe des Werkes zurückgehalten haben würden. Ist der Verleger befugt, eine neue Auflage zu veranstalten, so findet für die Auflage diese Vorschrift entsprechende Anwendung.

Erklärt der Verfasser auf Grund der Vorschrift des Abs. 1 den Rücktritt, so ist er dem Verleger zum Ersatze der von diesem gemachten Aufwendungen verpflichtet. Giebt er innerhalb eines Jahres seit dem Rücktritte das Werk anderweit heraus, so ist er zum Schadensersatze wegen Nichterfüllung verpflichtet; diese Ersatzpflicht tritt nicht ein, wenn der Verfasser dem Verleger den Antrag, den Vertrag nachträglich zur Ausführung zu bringen, gemacht und der Verleger den Antrag nicht angenommen hat.

§ 36. Wird über das Vermögen des Verlegers der Konkurs eröffnet, so finden die Vorschriften des § 17 der Konkursordnung auch dann Anwendung, wenn das Werk bereits vor der Eröffnung des Verfahrens abgeliefert worden war.

Besteht der Konkursverwalter auf der Erfüllung des Vertrags, so tritt, wenn er die Rechte des Verlegers auf einen Anderen überträgt, dieser an Stelle der Konkursmasse in die sich aus dem Vertragsverhältniß ergebenden Verpflichtungen ein. Die Konkursmasse haftet jedoch, wenn der Erwerber die Verpflichtungen nicht erfüllt, für den von dem Erwerber zu ersetzenden Schaden wie ein Bürge, der auf die Einrede der Vorausklage verzichtet hat. Wird das Konkursverfahren aufgehoben, so sind die aus dieser Haftung sich ergebenden Ansprüche des Verfassers gegen die Masse sicher zu stellen.

War zur Zeit der Eröffnung des Verfahrens mit der Vervielfältigung noch nicht begonnen, so kann der Verfasser von dem Vertrage zurücktreten.

§ 37. Auf das in den §§ 17, 30, 35, 36 bestimmte Rücktrittsrecht finden die für das vertragsmäßige Rücktrittsrecht geltenden Vorschriften der §§ 346 bis 356 des Bürgerlichen Gesetzbuchs entsprechende Anwendung. Erfolgt der Rücktritt wegen eines Umstandes, den der andere Theil nicht zu vertreten hat, so haftet dieser nur nach den Vorschriften über die Herausgabe einer ungerechtfertigten Bereicherung.

§ 38. Wird der Rücktritt von dem Verlagsvertrag erklärt, nachdem das Werk ganz oder zum Theil abgeliefert worden ist, so hängt es von den Umständen ab, ob der Vertrag theilweise aufrechterhalten bleibt. Es begründet keinen Unterschied, ob der Rücktritt auf Grund des Gesetzes oder eines Vorbehalts im Vertrag erfolgt.

Im Zweifel bleibt der Vertrag insoweit aufrechterhalten, als er sich auf die nicht mehr zur Verfügung des Verlegers stehenden Abzüge, auf frühere Abtheilungen des Werkes oder auf ältere Auflagen erstreckt.

Soweit der Vertrag aufrechterhalten bleibt, kann der Verfasser einen entsprechenden Theil der Vergütung verlangen.

Diese Vorschriften finden auch Anwendung, wenn der Vertrag in anderer Weise rückgängig wird.

§ 39. Soll Gegenstand des Vertrags ein Werk sein, an dem ein Urheberrecht nicht besteht, so ist der Verfasser zur Verschaffung des Verlagsrechts nicht verpflichtet.

Verschweigt der Verfasser arglistig, daß das Werk bereits anderweit in Verlag gegeben oder veröffentlicht worden ist, so finden die Vorschriften des bürgerlichen Rechtes, welche für die dem Verkäufer wegen eines Mangels im Rechte obliegende Gewährleistungspflicht gelten, entsprechende Anwendung.

Der Verfasser hat sich der Vervielfältigung und Verbreitung des Werkes gemäß den Vorschriften des § 2 in gleicher Weise zu enthalten, wie wenn an dem Werke ein Urheberrecht bestände. Diese Beschränkung fällt weg, wenn seit der Veröffentlichung des Werkes durch den Verleger sechs Monate abgelaufen sind.

§ 40. Im Falle des § 39 verbleibt dem Verleger die Befugniß, das von ihm veröffentlichte Werk gleich jedem Dritten von neuem unverändert oder mit Aenderungen zu vervielfältigen. Diese Vorschrift findet keine Anwendung, wenn nach dem Vertrage die Herstellung neuer Auflagen oder weiterer Abzüge von der Zahlung einer besonderen Vergütung abhängig ist.

§ 41. Werden für eine Zeitung, eine Zeitschrift oder ein sonstiges periodisches Sammelwerk Beiträge zur Veröffentlichung angenommen, so finden die Vorschriften dieses Gesetzes Anwendung, soweit sich nicht aus den §§ 42 bis 46 ein Anderes ergiebt.

§ 42. Sofern nicht aus den Umständen zu entnehmen ist, daß der Verleger das ausschließliche Recht zur Vervielfältigung und Verbreitung erhalten soll, verbleibt dem Verfasser die anderweitige Verfügung über den Beitrag.

Ueber einen Beitrag, für welchen der Verleger das ausschließliche Recht zur Vervielfältigung und Verbreitung erhalten hat, darf der Verfasser anderweit verfügen, wenn seit dem Ablaufe des Kalenderjahrs, in welchem der Beitrag erschienen ist, ein Jahr verstrichen ist. Ist der Beitrag für eine Zeitung geliefert, so steht diese Befugniß dem Verfasser alsbald nach dem Erscheinen zu.

§ 43. Der Verleger ist in der Zahl der von dem Sammelwerke herzustellenden Abzüge, die den Beitrag enthalten, nicht beschränkt. Die Vorschrift des § 20 Abs. 1 Satz 2 findet keine Anwendung.

§ 44. Soll der Beitrag ohne den Namen des Verfassers erscheinen, so ist der Verleger befugt, an der Fassung solche Aenderungen vorzunehmen, welche bei Sammelwerken derselben Art üblich sind.

§ 45. Wird der Beitrag nicht innerhalb eines Jahres nach der Ablieferung an den Verleger veröffentlicht, so kann der Verfasser das Vertragsverhältniß kündigen. Der Anspruch auf die Vergütung bleibt unberührt.

Ein Anspruch auf Vervielfältigung und Verbreitung des Beitrags oder auf Schadensersatz wegen Nichterfüllung steht dem Verfasser nur zu, wenn ihm der Zeitpunkt, in welchem der Beitrag erscheinen soll, von dem Verleger bezeichnet worden ist.

§ 46. Erscheint der Beitrag in einer Zeitung, so kann der Verfasser Freiexemplare nicht verlangen.

Der Verleger ist nicht verpflichtet, dem Verfasser Abzüge zum Buchhändlerpreise zu überlassen.

§ 47. Uebernimmt Jemand die Herstellung eines Werkes nach einem Plane, in welchem ihm der Besteller den Inhalt des Werkes sowie die Art und Weise der Behandlung genau vorschreibt, so ist der Besteller im Zweifel zur Vervielfältigung und Verbreitung nicht verpflichtet.

Das Gleiche gilt, wenn sich die Thätigkeit auf die Mitarbeit an encyklopädischen Unternehmungen oder auf Hülfs- oder Nebenarbeiten für das Werk eines Anderen oder für ein Sammelwerk beschränkt.

§ 48. Die Vorschriften dieses Gesetzes finden auch dann Anwendung, wenn derjenige, welcher mit dem Verleger den Vertrag abschließt, nicht der Verfasser ist.

§ 49. In bürgerlichen Rechtsstreitigkeiten, in welchen durch Klage oder Widerklage ein Anspruch auf Grund der Vorschriften dieses Gesetzes geltend gemacht ist, wird die Verhandlung und Entscheidung letzter Instanz im Sinne des § 8 des Einführungsgesetzes zum Gerichtsverfassungsgesetze dem Reichsgerichte zugewiesen.

§ 50. Dieses Gesetz tritt am 1. Januar 1902 in Kraft.

Urkundlich unter Unserer Höchsteigenhändigen Unterschrift und beigedrucktem Kaiserlichen Insiegel.

Gegeben an Bord M. Y. „Hohenzollern", Cuxhaven, den 19. Juni 1901.

Wilhelm.

Graf von Bülow.

13. Gesetz, betreffend das Urheberrecht an Werken der Literatur und der Tonkunst vom 19. Juni 1901.

(R.G.Bl. S. 227—239.)

Wir Wilhelm, von Gottes Gnaden Deutscher Kaiser, König von Preußen ꝛc.

verordnen im Namen des Reichs, nach erfolgter Zustimmung des Bundesraths und des Reichstags, was folgt:

Erster Abschnitt.

Voraussetzungen des Schutzes.

§ 1. Nach Maßgabe dieses Gesetzes werden geschützt:

1. die Urheber von Schriftwerken und solchen Vorträgen oder Reden, welche dem Zwecke der Erbauung, der Belehrung oder der Unterhaltung dienen;
2. die Urheber von Werken der Tonkunst;
3. die Urheber von solchen Abbildungen wissenschaftlicher oder technischer Art, welche nicht ihrem Hauptzwecke nach als Kunstwerke zu betrachten sind. Zu den Abbildungen gehören auch plastische Darstellungen.

§ 2. Urheber eines Werkes ist dessen Verfasser. Bei einer Uebersetzung gilt der Uebersetzer, bei einer sonstigen Bearbeitung der Bearbeiter als Urheber.

§ 3. Juristische Personen des öffentlichen Rechtes, die als Herausgeber ein Werk veröffentlichen, dessen Verfasser nicht auf dem Titelblatt, in der Zueignung, in der Vorrede oder am Schlusse genannt wird, werden, wenn nicht ein Anderes vereinbart ist, als Urheber des Werkes angesehen.

§ 4. Besteht ein Werk aus den getrennten Beiträgen Mehrerer (Sammelwerk), so wird für das Werk als Ganzes der Herausgeber als Urheber angesehen. Ist ein solcher nicht genannt, so gilt der Verleger als Herausgeber.

§ 5. Wird ein Schriftwerk mit einem Werke der Tonkunst oder mit Abbildungen verbunden, so gilt für jedes dieser Werke dessen Verfasser auch nach der Verbindung als Urheber.

§ 6. Haben Mehrere ein Werk gemeinsam in der Weise verfaßt, daß ihre Arbeiten sich nicht trennen lassen, so besteht unter ihnen als Urhebern eine Gemeinschaft nach Bruchtheilen im Sinne des Bürgerlichen Gesetzbuchs.

§ 7. Enthält ein erschienenes Werk auf dem Titelblatt, in der Zueignung, in der Vorrede oder am Schlusse den Namen eines Verfassers, so wird vermuthet, daß dieser der Urheber des Werkes sei. Ist das Werk durch Beiträge Mehrerer gebildet, so genügt es, wenn der Name an der Spitze oder am Schlusse des Beitrags angegeben ist.

Bei Werken, die unter einem anderen als dem wahren Namen des Verfassers oder ohne den Namen eines Verfassers erschienen sind, ist der Herausgeber, falls aber ein solcher nicht angegeben ist, der Verleger berechtigt, die Rechte des Urhebers wahrzunehmen.

Bei Werken, die vor oder nach dem Erscheinen öffentlich aufgeführt oder vorgetragen sind, wird vermuthet, daß derjenige der Urheber sei, welcher bei der Ankündigung der Aufführung oder des Vortrags als Verfasser bezeichnet worden ist.

§ 8. Das Recht des Urhebers geht auf die Erben über.

Ist der Fiskus oder eine andere juristische Person gesetzlicher Erbe, so erlischt das Recht, soweit es dem Erblasser zusteht, mit dessen Tode.

Das Recht kann beschränkt oder unbeschränkt auf Andere übertragen werden; die Uebertragung kann auch mit der Begrenzung auf ein bestimmtes Gebiet geschehen.

§ 9. Im Falle der Uebertragung des Urheberrechts hat der Erwerber, soweit nicht ein Anderes vereinbart ist, nicht das Recht, an dem Werke selbst, an dessen Titel und an der Bezeichnung des Urhebers Zusätze, Kürzungen oder sonstige Aenderungen vorzunehmen.

Zulässig sind Aenderungen, für die der Berechtigte seine Einwilligung nach Treu und Glauben nicht versagen kann.

§ 10. Die Zwangsvollstreckung in das Recht des Urhebers oder in sein Werk findet gegen den Urheber selbst ohne dessen Einwilligung nicht statt; die Einwilligung kann nicht durch den gesetzlichen Vertreter ertheilt werden. Gegen den Erben des Urhebers ist ohne seine Einwilligung die Zwangsvollstreckung nur zulässig, wenn das Werk erschienen ist.

Zweiter Abschnitt.

Befugnisse des Urhebers.

§ 11. Der Urheber hat die ausschließliche Befugniß, das Werk zu vervielfältigen und gewerbsmäßig zu verbreiten; die ausschließliche Befugniß erstreckt sich nicht auf das Verleihen. Der Urheber ist ferner, solange nicht der wesentliche Inhalt des Werkes öffentlich mitgetheilt ist, ausschließlich zu einer solchen Mittheilung befugt.

Das Urheberrecht an einem Bühnenwerk oder an einem Werke der Tonkunst enthält auch die ausschließliche Befugniß, das Werk öffentlich aufzuführen.

Der Urheber eines Schriftwerkes oder eines Vortrags hat, solange nicht das Werk erschienen ist, die ausschließliche Befugniß, das Werk öffentlich vorzutragen.

§ 12. Die ausschließlichen Befugnisse, die dem Urheber nach § 11 in Ansehung des Werkes selbst zustehen, erstrecken sich auch auf die Bearbeitungen des Werkes.

Die Befugnisse des Urhebers erstrecken sich insbesondere auf:

1. die Uebersetzung in eine andere Sprache oder in eine andere Mundart derselben Sprache, auch wenn die Uebersetzung in gebundener Form abgefaßt ist;
2. die Rückübersetzung in die Sprache des Originalwerkes;
3. die Wiedergabe einer Erzählung in dramatischer Form oder eines Bühnenwerkes in der Form einer Erzählung;
4. die Herstellung von Auszügen aus Werken der Tonkunst sowie von Einrichtungen solcher Werke für einzelne oder mehrere Instrumente oder Stimmen.

§ 13. Unbeschadet der ausschließlichen Befugnisse, die dem Urheber nach § 12 Abs. 2 zustehen, ist die freie Benutzung seines Werkes zulässig, wenn dadurch eine eigenthümliche Schöpfung hervorgebracht wird.

Bei einem Werke der Tonkunst ist jede Benutzung unzulässig, durch welche eine Melodie erkennbar dem Werke entnommen und einer neuen Arbeit zu Grunde gelegt wird.

§ 14. Im Falle der Uebertragung des Urheberrechts verbleiben, soweit nicht ein Anderes vereinbart ist, dem Urheber seine ausschließlichen Befugnisse:

1. für die Uebersetzung eines Werkes in eine andere Sprache oder in eine andere Mundart;
2. für die Wiedergabe einer Erzählung in dramatischer Form oder eines Bühnenwerkes in der Form einer Erzählung;
3. für die Bearbeitung eines Werkes der Tonkunst, soweit sie nicht blos ein Auszug oder eine Uebertragung in eine andere Tonart oder Stimmlage ist.

§ 15. Eine Vervielfältigung ohne Einwilligung des Berechtigten ist unzulässig, gleichviel durch welches Verfahren sie bewirkt wird; auch begründet es keinen Unterschied, ob das Werk in einem oder mehreren Exemplaren vervielfältigt wird.

Eine Vervielfältigung zum persönlichen Gebrauch ist zulässig, wenn sie nicht den Zweck hat, aus dem Werke eine Einnahme zu erzielen.

§ 16. Zulässig ist der Abdruck von Gesetzbüchern, Gesetzen, Verordnungen, amtlichen Erlassen und Entscheidungen sowie von anderen zum amtlichen Gebrauche hergestellten amtlichen Schriften.

§ 17. Zulässig ist:

1. die Wiedergabe eines Vortrags oder einer Rede in Zeitungen oder Zeitschriften, sofern der Vortrag oder die Rede Bestandtheil einer öffentlichen Verhandlung ist;
2. die Vervielfältigung von Vorträgen oder Reden, die bei den Verhandlungen der Gerichte, der politischen, kommunalen und kirchlichen Vertretungen gehalten werden.

Die Vervielfältigung ist jedoch unzulässig, wenn sie in einer Sammlung erfolgt, die der Hauptsache nach Reden desselben Verfassers enthält.

§ 18. Zulässig ist der Abdruck einzelner Artikel aus Zeitungen, soweit die Artikel nicht mit einem Vorbehalte der Rechte versehen sind; jedoch ist nur ein Abdruck gestattet, durch den der Sinn nicht entstellt wird. Bei dem Abdruck ist die Quelle deutlich anzugeben.

Der Abdruck von Ausarbeitungen wissenschaftlichen, technischen oder unterhaltenden Inhalts ist, auch wenn ein Vorbehalt der Rechte fehlt, unzulässig.

Vermischte Nachrichten thatsächlichen Inhalts und Tagesneuigkeiten dürfen aus Zeitungen oder Zeitschriften stets abgedruckt werden.

§ 19. Zulässig ist die Vervielfältigung:

1. wenn einzelne Stellen oder kleinere Theile eines Schriftwerkes, eines Vortrags oder einer Rede nach der Veröffentlichung in einer selbständigen literarischen Arbeit angeführt werden;
2. wenn einzelne Aufsätze von geringem Umfang oder einzelne Gedichte nach dem Erscheinen in eine selbständige wissenschaftliche Arbeit aufgenommen werden;
3. wenn einzelne Gedichte nach dem Erscheinen in eine Sammlung aufgenommen werden, die Werke einer größeren Zahl von Schriftstellern vereinigt und ihrer Beschaffenheit nach zur Benutzung bei Gesangsvorträgen bestimmt ist;
4. wenn einzelne Aufsätze von geringem Umfang, einzelne Gedichte oder kleinere Theile eines Schriftwerkes nach dem Erscheinen in eine Sammlung aufgenommen werden, die Werke einer größeren Zahl von Schriftstellern vereinigt und ihrer Beschaffenheit nach für den Kirchen-, Schul- oder Unterrichtsgebrauch oder zu einem eigenthümlichen literarischen Zwecke bestimmt ist. Bei einer Sammlung zu einem eigenthümlichen literarischen Zwecke bedarf es, solange der Urheber lebt, seiner persönlichen Einwilligung.

   Die Einwilligung gilt als ertheilt, wenn der Urheber nicht innerhalb eines Monats, nachdem ihm von der Absicht des Verfassers Mittheilung gemacht ist, Widerspruch erhebt.

§ 20. Zulässig ist die Vervielfältigung, wenn kleinere Theile einer Dichtung oder Gedichte von geringem Umfange nach ihrem Erscheinen als Text zu einem neuen Werke der Tonkunst in Verbindung mit diesem wiedergegeben werden. Für eine Aufführung des Werkes darf die Dichtung auch allein wiedergegeben werden, sofern der Abdruck ausschließlich zum Gebrauche der Hörer bestimmt ist.

Unzulässig ist die Vervielfältigung von Dichtungen, die ihrer Gattung nach zur Komposition bestimmt sind.

§ 21. Zulässig ist die Vervielfältigung:

1. wenn einzelne Stellen eines bereits erschienenen Werkes der Tonkunst in einer selbständigen literarischen Arbeit angeführt werden;

2. wenn kleinere Kompositionen nach dem Erscheinen in eine selbständige wissenschaftliche Arbeit aufgenommen werden;
3. wenn kleinere Kompositionen nach dem Erscheinen in eine Sammlung aufgenommen werden, die Werke einer größeren Zahl von Komponisten vereinigt und ihrer Beschaffenheit nach für den Unterricht in Schulen mit Ausschluß der Musikschulen bestimmt ist.

§ 22. Zulässig ist die Vervielfältigung, wenn ein erschienenes Werk der Tonkunst auf solche Scheiben, Platten, Walzen, Bänder und ähnliche Bestandtheile von Instrumenten übertragen wird, welche zur mechanischen Wiedergabe von Musikstücken dienen. Diese Vorschrift findet auch auf auswechselbare Bestandtheile Anwendung, sofern sie nicht für Instrumente verwendbar sind, durch die das Werk hinsichtlich der Stärke und Dauer des Tones und hinsichtlich des Zeitmaßes nach Art eines persönlichen Vortrags wiedergegeben werden kann.

§ 23. Zulässig ist die Vervielfältigung, wenn einem Schriftwerk ausschließlich zur Erläuterung des Inhalts einzelne Abbildungen aus einem erschienenen Werke beigefügt werden.

§ 24. Auf Grund der §§ 19 bis 23 ist die Vervielfältigung eines fremden Werkes nur zulässig, wenn an den wiedergegebenen Theilen keine Aenderung vorgenommen wird. Jedoch sind, soweit der Zweck der Wiedergabe es erfordert, Uebersetzungen eines Schriftwerkes und solche Bearbeitungen eines Werkes der Tonkunst gestattet, die nur Auszüge oder Uebertragungen in eine andere Tonart oder Stimmlage oder Einrichtungen für die im § 22 bezeichneten Instrumente darstellen. Werden einzelne Aufsätze, einzelne Gedichte oder kleinere Theile eines Schriftwerkes in eine Sammlung zum Schulgebrauch aufgenommen, so sind die für diesen Gebrauch erforderlichen Aenderungen gestattet, jedoch bedarf es, solange der Urheber lebt, seiner persönlichen Einwilligung. Die Einwilligung gilt als ertheilt, wenn der Urheber nicht innerhalb eines Monats, nachdem ihm von der beabsichtigten Aenderung Mittheilung gemacht ist, Widerspruch erhebt.

§ 25. Wer ein fremdes Werk nach Maßgabe der §§ 19 bis 23 benutzt, hat die Quelle deutlich anzugeben.

§ 26. Soweit ein Werk nach den §§ 16 bis 24 ohne Einwilligung des Berechtigten vervielfältigt werden darf, ist auch die Verbreitung, die öffentliche Aufführung sowie der öffentliche Vortrag zulässig.

§ 27. Für öffentliche Aufführungen eines erschienenen Werkes der Tonkunst bedarf es der Einwilligung des Berechtigten nicht, wenn sie keinem gewerblichen Zwecke dienen und die Hörer ohne Entgelt zugelassen werden. Im Uebrigen sind solche Aufführungen ohne Einwilligung des Berechtigten zulässig:

1. wenn sie bei Volksfesten, mit Ausnahme der Musikfeste, stattfinden;
2. wenn der Ertrag ausschließlich für wohlthätige Zwecke bestimmt ist und die Mitwirkenden keine Vergütung für ihre Thätigkeit erhalten;
3. wenn sie von Vereinen veranstaltet werden und nur die Mitglieder sowie die zu ihrem Hausstande gehörigen Personen als Hörer zugelassen werden.

Auf die bühnenmäßige Aufführung einer Oper oder eines sonstigen Werkes der Tonkunst, zu welchem ein Text gehört, finden diese Vorschriften keine Anwendung.

§ 28. Zur Veranstaltung einer öffentlichen Aufführung ist, wenn mehrere Berechtigte vorhanden sind, die Einwilligung eines jeden erforderlich.

Bei einer Oper oder einem sonstigen Werke der Tonkunst, zu welchem ein Text gehört, bedarf der Veranstalter der Aufführung nur der Einwilligung desjenigen, welchem das Urheberrecht an dem musikalischen Theile zusteht.

Dritter Abschnitt.

Dauer des Schutzes.

§ 29. Der Schutz des Urheberrechts endigt, wenn seit dem Tode des Urhebers dreißig Jahre und außerdem seit der ersten Veröffentlichung des Werkes zehn Jahre abgelaufen sind. Ist die Veröffentlichung bis zum Ablaufe von dreißig Jahren seit dem Tode des Urhebers nicht erfolgt, so wird vermuthet, daß das Urheberrecht dem Eigenthümer des Werkes zustehe.

§ 30. Steht das Urheberrecht an einem Werke Mehreren gemeinschaftlich zu, so bestimmt sich, soweit der Zeitpunkt des Todes für die Schutzfrist maßgebend ist, deren Ablauf nach dem Tode des Letztlebenden.

§ 31. Ist der wahre Name des Urhebers nicht bei der ersten Veröffentlichung gemäß § 7 Abs. 1, 3 angegeben worden, so endigt der Schutz mit dem Ablaufe von dreißig Jahren seit der Veröffentlichung.

Wird der wahre Name des Urhebers binnen der dreißigjährigen Frist gemäß § 7 Abs. 1, 3 angegeben oder von dem Berechtigten zur Eintragung in die Eintragsrolle (§ 56) angemeldet, so finden die Vorschriften des § 29 Anwendung. Das Gleiche gilt, wenn das Werk erst nach dem Tode des Urhebers veröffentlicht wird.

§ 32. Steht einer juristischen Person nach den §§ 3, 4 das Urheberrecht zu, so endigt der Schutz mit dem Ablaufe von dreißig Jahren seit der Veröffentlichung. Jedoch endigt der Schutz mit dem Ablaufe der im § 29 bestimmten Fristen, wenn das Werk erst nach dem Tode des Verfassers veröffentlicht wird.

§ 33. Bei Werken, die aus mehreren in Zwischenräumen veröffentlichten Bänden bestehen, sowie bei fortlaufenden Berichten oder Heften wird jeder Band, jeder Bericht oder jedes Heft für die Berechnung der Schutzfristen als ein besonderes Werk angesehen.

Bei den in Lieferungen veröffentlichten Werken wird die Schutzfrist erst von der Veröffentlichung der letzten Lieferung an berechnet.

§ 34. Die Schutzfristen beginnen mit dem Ablaufe des Kalenderjahrs, in welchem der Urheber gestorben oder das Werk veröffentlicht worden ist.

§ 35. Soweit der in diesem Gesetze gewährte Schutz davon abhängt, ob ein Werk erschienen oder anderweit veröffentlicht oder ob der wesentliche Inhalt eines Werkes öffentlich mitgetheilt worden ist, kommt nur eine Veröffentlichung oder Mittheilung in Betracht, die der Berechtigte bewirkt hat.

Vierter Abschnitt.

Rechtsverletzungen.

§ 36. Wer vorsätzlich oder fahrlässig unter Verletzung der ausschließlichen Befugniß des Urhebers ein Werk vervielfältigt, gewerbsmäßig verbreitet oder den wesentlichen Inhalt eines Werkes öffentlich mittheilt, ist dem Berechtigten zum Ersatze des daraus entstehenden Schadens verpflichtet.

§ 37. Wer vorsätzlich oder fahrlässig unter Verletzung der ausschließlichen Befugniß des Urhebers ein Werk öffentlich aufführt oder öffentlich vorträgt, ist dem Berechtigten zum Ersatze des daraus entstehenden Schadens verpflichtet. Die gleiche Verpflichtung trifft denjenigen, welcher vorsätzlich oder fahrlässig eine dramatische Bearbeitung, die nach § 12 unzulässig ist, öffentlich aufführt.

§ 38. Mit Geldstrafe bis zu dreitausend Mark wird bestraft:

1. wer in anderen als den gesetzlich zugelassenen Fällen vorsätzlich ohne Einwilligung des Berechtigten ein Werk vervielfältigt oder gewerbsmäßig verbreitet;
2. wer in anderen als den gesetzlich zugelassenen Fällen vorsätzlich ohne Einwilligung des Berechtigten ein Bühnenwerk, ein Werk der Tonkunst oder eine dramatische Bearbeitung, die nach § 12 unzulässig ist, öffentlich aufführt oder ein Werk, bevor es erschienen ist, öffentlich vorträgt.

Wär die Einwilligung des Berechtigten nur deshalb erforderlich, weil an dem Werke selbst, an dessen Titel oder an der Bezeichnung des Urhebers Aenderungen vorgekommen sind, so tritt Geldstrafe bis zu dreihundert Mark ein.

Soll eine nicht beizutreibende Geldstrafe in Gefängnißstrafe umgewandelt werden, so darf deren Dauer in den Fällen des Abs. 1 sechs Monate, in den Fällen des Abs. 2 einen Monat nicht übersteigen.

§ 39. Wer den wesentlichen Inhalt eines Werkes, bevor der Inhalt öffentlich mitgetheilt ist, vorsätzlich ohne Einwilligung des Berechtigten öffentlich mittheilt, wird mit Geldstrafe bis zu eintausendfünfhundert Mark bestraft. Soll eine nicht beizutreibende Geldstrafe in Gefängnißstrafe umgewandelt werden, so darf deren Dauer drei Monate nicht übersteigen.

§ 40. Auf Verlangen des Berechtigten kann neben der Strafe auf eine an ihn zu erlegende Buße bis zum Betrage von sechstausend Mark erkannt werden. Die zu dieser Buße Verurtheilten haften als Gesammtschuldner.

Eine erkannte Buße schließt die Geltendmachung eines weiteren Anspruchs auf Schadensersatz aus.

§ 41. Die in den §§ 36 bis 39 bezeichneten Handlungen sind auch dann rechtswidrig, wenn das Werk nur zu einem Theile vervielfältigt, verbreitet, öffentlich mitgetheilt, aufgeführt oder vorgetragen wird.

§ 42. Die widerrechtlich hergestellten oder verbreiteten Exemplare und die zur widerrechtlichen Vervielfältigung ausschließlich bestimmten Vorrichtungen, wie Formen, Platten, Steine, Stereotypen, unterliegen der Vernichtung. Ist nur ein Theil des Werkes widerrechtlich hergestellt oder verbreitet, so ist auf Vernichtung dieses Theiles und der entsprechenden Vorrichtungen zu erkennen.

Gegenstand der Vernichtung sind alle Exemplare und Vorrichtungen, welche sich im Eigenthume der an der Herstellung oder der Verbreitung Betheiligten sowie der Erben dieser Personen befinden.

Auf die Vernichtung ist auch dann zu erkennen, wenn die Herstellung oder die Verbreitung weder vorsätzlich noch fahrlässig erfolgt. Das Gleiche gilt, wenn die Herstellung noch nicht vollendet ist.

Die Vernichtung hat zu erfolgen, nachdem dem Eigenthümer gegenüber rechtskräftig darauf erkannt ist. Soweit die Exemplare oder die Vorrichtungen in anderer Weise als durch Vernichtung unschädlich gemacht werden können, hat dies zu geschehen, falls der Eigenthümer die Kosten übernimmt.

§ 43. Der Berechtigte kann statt der Vernichtung verlangen, daß ihm das Recht zuerkannt wird, die Exemplare und Vorrichtungen ganz oder theilweise gegen eine angemessene, höchstens dem Betrage der Herstellungskosten gleichkommende Vergütung zu übernehmen.

§ 44. Wer den Vorschriften des § 18 Abs. 1 oder des § 25 zuwider unterläßt, die benutzte Quelle anzugeben, wird mit Geldstrafe bis zu einhundertfünfzig Mark bestraft.

§ 45. Die Strafverfolgung in den Fällen der §§ 38, 39, 44 tritt nur auf Antrag ein. Die Zurücknahme des Antrags ist zulässig.

§ 46. Die Vernichtung der widerrechtlich hergestellten oder verbreiteten Exemplare und der zur widerrechtlichen Vervielfältigung ausschließlich bestimmten Vorrichtungen kann im Wege des bürgerlichen Rechtsstreits oder im Strafverfahren verfolgt werden.

§ 47. Auf die Vernichtung von Exemplaren oder Vorrichtungen kann auch im Strafverfahren nur auf besonderen Antrag des Berechtigten erkannt werden. Die Zurücknahme des Antrags ist bis zur erfolgten Vernichtung zulässig.

Der Berechtigte kann die Vernichtung von Exemplaren oder Vorrichtungen selbständig verfolgen. In diesem Falle finden die §§ 477 bis 479 der Strafprozeßordnung mit der Maßgabe Anwendung, daß der Berechtigte als Privatkläger auftreten kann.

§ 48. Die §§ 46, 47 finden auf die Verfolgung des im § 43 bezeichneten Rechtes entsprechende Anwendung.

§ 49. Für sämmtliche Bundesstaaten sollen Sachverständigen-Kammern bestehen, die verpflichtet sind, auf Erfordern der Gerichte und der Staatsanwaltschaften Gutachten über die an sie gerichteten Fragen abzugeben.

Die Sachverständigen-Kammern sind befugt, auf Anrufen der Betheiligten über Schadensersatzansprüche, über die Vernichtung von Exemplaren oder Vorrichtungen sowie über die Zuerkennung des im § 43 bezeichneten Rechtes als Schiedsrichter zu verhandeln und zu entscheiden.

Der Reichskanzler erläßt die Bestimmungen über die Zusammensetzung und den Geschäftsbetrieb der Sachverständigen-Kammern.

Die einzelnen Mitglieder der Sachverständigen-Kammern sollen nicht ohne ihre Zustimmung und nicht ohne Genehmigung des Vorsitzenden von den Gerichten als Sachverständige vernommen werden.

§ 50. Der Anspruch auf Schadensersatz und die Strafverfolgung wegen Nachdrucks verjähren in drei Jahren.

Die Verjährung beginnt mit dem Tage, an welchem die Verbreitung der Nachdruckexemplare zuerst stattgefunden hat.

§ 51. Der Anspruch auf Schadensersatz und die Strafverfolgung wegen widerrechtlicher Verbreitung oder Aufführung sowie wegen widerrechtlichen Vortrags verjähren in drei Jahren. Das Gleiche gilt in den Fällen der §§ 36, 39.

Die Verjährung beginnt mit dem Tage, an welchem die widerrechtliche Handlung zuletzt stattgefunden hat.

§ 52. Der Antrag auf Vernichtung der widerrechtlich hergestellten oder verbreiteten Exemplare sowie der zur widerrechtlichen Vervielfältigung ausschließlich bestimmten Vorrichtungen ist solange zulässig, als solche Exemplare oder Vorrichtungen vorhanden sind.

§ 53. Die Verjährung der nach dem § 44 strafbaren Handlung beginnt mit dem Tage, an welchem die erste Veröffentlichung stattgefunden hat.

Fünfter Abschnitt.

Schlußbestimmungen.

§ 54. Den Schutz genießen die Reichsangehörigen für alle ihre Werke, gleichviel ob diese erschienen sind oder nicht.

§ 55. Wer nicht Reichsangehöriger ist, genießt den Schutz für jedes seiner Werke, das im Inland erscheint, sofern er nicht das Werk selbst oder eine Uebersetzung an einem früheren Tage im Auslande hat erscheinen lassen.

Unter der gleichen Voraussetzung genießt er den Schutz für jedes seiner Werke, das er im Inland in einer Uebersetzung erscheinen läßt; die Uebersetzung gilt in diesem Falle als das Originalwerk.

§ 56. Die Rolle für die im § 31 Abs. 2 vorgesehenen Eintragungen wird bei dem Stadtrathe zu Leipzig geführt. Der Stadtrath bewirkt die Eintragungen, ohne die Berechtigung des Antragstellers oder die Richtigkeit der zur Eintragung angemeldeten Thatsachen zu prüfen.

Wird die Eintragung abgelehnt, so steht den Betheiligten die Beschwerde an den Reichskanzler zu.

§ 57. Der Reichskanzler erläßt die Bestimmungen über die Führung der Eintragsrolle. Die Einsicht der Eintragsrolle ist Jedem gestattet. Aus der Rolle können Auszüge gefordert werden; die Auszüge sind auf Verlangen zu beglaubigen.

Die Eintragungen werden im Börsenblatte für den deutschen Buchhandel und, falls das Blatt zu erscheinen aufhören sollte, in einer anderen vom Reichskanzler zu bestimmenden Zeitung öffentlich bekannt gemacht.

§ 58. Eingaben, Verhandlungen, Bescheinigungen und sonstige Schriftstücke, welche die Eintragung in die Eintragsrolle betreffen, sind stempelfrei.

Für jede Eintragung, für jeden Eintragsschein sowie für jeden sonstigen Auszug aus der Eintragsrolle wird eine Gebühr von 1,50 Mark erhoben; außerdem hat der Antragsteller die Kosten für die öffentliche Bekanntmachung der Eintragung zu entrichten.

§ 59. In bürgerlichen Rechtsstreitigkeiten, in welchen durch Klage oder Widerklage ein Anspruch auf Grund der Vorschriften dieses Gesetzes geltend gemacht ist, wird die Verhandlung und Entscheidung letzter Instanz im Sinne des § 8 des Einführungsgesetzes zum Gerichtsverfassungsgesetze dem Reichsgerichte zugewiesen.

§ 60. Einem nachgelassenen Werke, das bei dem Inkrafttreten dieses Gesetzes noch nicht veröffentlicht ist, wird die im § 29 vorgesehene Schutzfrist auch dann zu Theil, wenn die bisherige Schutzfrist bereits abgelaufen ist.

§ 61. Der durch dieses Gesetz gewährte Schutz gegen Aufführung kann nach dessen Inkrafttreten einem Werke der Tonkunst, für welches das Aufführungsrecht bis dahin nicht vorbehalten war, dadurch gesichert werden, daß das Werk nachträglich mit dem Vorbehalte versehen wird. Jedoch ist die Aufführung eines solchen Werkes auch ferner ohne Einwilligung des Urhebers zulässig, sofern nicht bei der Aufführung Noten benutzt werden, die mit dem Vorbehalte versehen sind.

Die ausschließliche Befugniß zur öffentlichen Aufführung eines nach diesen Vorschriften geschützten Werkes steht dem Urheber zu.

§ 62. Die ausschließlichen Befugnisse des Urhebers eines geschützten Werkes bestimmen sich nach den Vorschriften dieses Gesetzes, auch wenn das Werk vor dessen Inkrafttreten entstanden ist. War jedoch eine Uebersetzung oder sonstige Bearbeitung oder eine Sammlung, welche aus den Werken mehrerer Schriftsteller zum Schulgebrauche veranstaltet ist, vor dem Inkrafttreten dieses Gesetzes erlaubterweise ganz oder zum Theil erschienen, so bleibt die Befugniß des Bearbeiters zur Vervielfältigung, Verbreitung und öffentlichen Aufführung unberührt.

§ 63. Soweit eine Vervielfältigung, die nach dem Inkrafttreten dieses Gesetzes unzulässig ist, bisher erlaubt war, darf der bereits begonnene Druck von Exemplaren vollendet werden. Die vorhandenen Vorrichtungen, wie Formen, Platten, Steine, Stereotypen, dürfen noch bis zum Ablaufe von sechs Monaten benutzt werden. Die Verbreitung der gemäß dieser Vorschriften hergestellten sowie der bereits vor dem Inkrafttreten dieses Gesetzes vollendeten Exemplare ist zulässig.

§ 64. Dieses Gesetz tritt mit dem 1. Januar 1902 in Kraft. Die §§ 1 bis 56, 61, 62 des Gesetzes, betreffend das Urheberrecht an Schriftwerken u. s. w., vom 11. Juni 1870 (Bundes-Gesetzbl. S. 339) treten mit demselben Tage außer Kraft. Jedoch bleiben diese Vorschriften insoweit unberührt, als sie in den Reichsgesetzen über den Schutz von Werken der bildenden Künste, von Photographien sowie von Mustern und Modellen für anwendbar erklärt werden.

Urkundlich unter Unserer Höchsteigenhändigen Unterschrift und beigedrucktem Kaiserlichen Insiegel.

Gegeben an Bord M. Y. „Hohenzollern", Cuxhaven, den 19. Juni 1901.

Wilhelm.

Graf von Bülow.

14. Gewerbegerichtsgesetz

vom 29. Juli 1890 und vom 30. Juni 1901 in der seit dem 1. Januar 1902 geltenden Fassung (Bekanntmachung des Reichskanzlers vom 29. September 1901, R.G.Bl. S. 353—375).

Erster Abschnitt.

Errichtung und Zusammensetzung der Gewerbegerichte.

§ 1. Für die Entscheidung von gewerblichen Streitigkeiten zwischen Arbeitern einerseits und ihren Arbeitgebern andererseits sowie zwischen Arbeitern desselben Arbeitgebers können Gewerbegerichte errichtet werden.

Die Errichtung erfolgt für den Bezirk einer Gemeinde durch Ortsstatut nach Maßgabe des § 142 der Gewerbeordnung. Die Entscheidung der höheren Verwaltungsbehörde über die Genehmigung des Statuts ist binnen sechs Monaten zu ertheilen. Die Entscheidung, durch welche die Genehmigung versagt wird, muß mit Gründen versehen sein.

Mehrere Gemeinden können sich durch übereinstimmende Ortsstatuten zur Errichtung eines gemeinsamen Gewerbegerichts für ihre Bezirke vereinigen. Für die Genehmigung der übereinstimmenden Ortsstatute ist die höhere Verwaltungsbehörde zuständig, in deren Bezirke das Gewerbegericht seinen Sitz haben soll.

Imgleichen kann ein Gewerbegericht für den Bezirk eines weiteren Kommunalverbandes errichtet werden. Die Errichtung erfolgt in diesem Falle nach Maßgabe der Vorschriften, nach welchen Angelegenheiten des Verbandes statutarisch geregelt werden. Die Zuständigkeit eines solchen Gerichts ist ausgeschlossen, soweit die Zuständigkeit eines für eine oder mehrere Gemeinden des Bezirkes bestehenden oder später errichteten Gewerbegerichts begründet ist.

Die Errichtung kann auf Antrag betheiligter Arbeitgeber oder Arbeiter durch Anordnung der Landes-Zentralbehörde erfolgen, wenn ungeachtet einer von ihr an die betheiligten Gemeinden oder den weiteren Kommunalverband ergangenen Aufforderung innerhalb der gesetzten Frist die Errichtung auf dem im Abs. 2 bis 4 vorgesehenen Wege nicht erfolgt ist. Alle Bestimmungen, welche dieses Gesetz dem Statute vorbehält, erfolgen in diesem Falle durch die Anordnung der Landes-Zentralbehörde.

Vor der Errichtung sind sowohl Arbeitgeber als Arbeiter der hauptsächlichen Gewerbezweige und Fabrikbetriebe in entsprechender Anzahl zu hören.

§ 2. Für Gemeinden, welche nach der jeweilig letzten Volkszählung mehr als zwanzigtausend Einwohner haben, muß ein Gewerbegericht errichtet werden. Die Landes-Zentralbehörde hat erforderlichen Falles die Errichtung nach Maßgabe der Vorschriften des § 1 Abs. 5 anzuordnen, ohne daß es eines Antrags betheiligter Arbeitgeber oder Arbeiter bedarf.

§ 3. Als Arbeiter im Sinne dieses Gesetzes gelten diejenigen Gesellen, Gehülfen, Fabrikarbeiter und Lehrlinge, auf welche der siebente Titel der Gewerbeordnung Anwendung findet.

Imgleichen gelten als Arbeiter im Sinne dieses Gesetzes Betriebsbeamte, Werkmeister und mit höheren technischen Dienstleistungen betraute Angestellte, deren Jahresarbeitsverdienst an Lohn oder Gehalt zweitausend Mark nicht übersteigt.

§ 4. Die Gewerbegerichte sind ohne Rücksicht auf den Werth des Streitgegenstandes zuständig für Streitigkeiten:

1. über den Antritt, die Fortsetzung oder die Auflösung des Arbeitsverhältnisses sowie über die Aushändigung oder den Inhalt des Arbeitsbuchs, Zeugnisses, Lohnbuchs, Arbeitszettels oder Lohnzahlungsbuchs,
2. über die Leistungen aus dem Arbeitsverhältnisse,
3. über die Rückgabe von Zeugnissen, Büchern, Legitimationspapieren, Urkunden, Geräthschaften, Kleidungsstücken, Kautionen und dergleichen, welche aus Anlaß des Arbeitsverhältnisses übergeben worden sind,
4. über Ansprüche auf Schadensersatz oder auf Zahlung einer Vertragsstrafe wegen Nichterfüllung oder nicht gehöriger Erfüllung der Verpflichtungen, welche die unter Nr. 1 bis 3 bezeichneten Gegenstände betreffen, sowie wegen gesetzwidriger oder unrichtiger Eintragungen in Arbeitsbücher, Zeugnisse, Lohnbücher, Arbeitszettel, Lohnzahlungsbücher, Krankenkassenbücher oder Quittungskarten der Invalidenversicherung,
5. über die Berechnung und Anrechnung der von den Arbeitern zu leistenden Krankenversicherungsbeiträge und Eintrittsgelder (§§ 53a, 65, 72, 73 des Krankenversicherungsgesetzes),
6. über die Ansprüche, welche auf Grund der Uebernahme einer gemeinsamen Arbeit von Arbeitern desselben Arbeitgebers gegen einander erhoben werden.

Streitigkeiten über eine Konventionalstrafe, welche für den Fall bedungen ist, daß der Arbeiter nach Beendigung des Arbeitsverhältnisses ein solches bei anderen Arbeitgebern eingeht oder ein eigenes Geschäft errichtet, gehören nicht zur Zuständigkeit der Gewerbegerichte.

§ 5. Zur Zuständigkeit der Gewerbegerichte gehören ferner Streitigkeiten der im § 4 Abs. 1 Nr. 1 bis 5 bezeichneten Art zwischen Personen, welche für bestimmte Gewerbetreibende außerhalb der Arbeitsstätte der letzteren mit Anfertigung gewerblicher Erzeugnisse beschäftigt sind (Heimarbeiter, Hausgewerbetreibende), und ihren Arbeitgebern, sofern die Beschäftigung auf die Bearbeitung oder Verarbeitung der den ersteren von den Arbeitgebern gelieferten Rohstoffe oder Halbfabrikate beschränkt ist. Das Gleiche gilt von Streitigkeiten der im § 4 Abs. 1 Nr. 6 bezeichneten Art zwischen solchen Hausgewerbetreibenden unter einander.

Streitigkeiten derjenigen Hausgewerbetreibenden, welche die Rohstoffe oder Halbfabrikate selbst beschaffen, unterliegen der Zuständigkeit der Gewerbegerichte, soweit dies durch das Statut bestimmt ist.

§ 6. Durch die Zuständigkeit eines Gewerbegerichts wird die Zuständigkeit der ordentlichen Gerichte ausgeschlossen.

Schiedsverträge, durch welche die Zuständigkeit der Gewerbegerichte für künftige Streitigkeiten ausgeschlossen wird, sind nur dann rechtswirksam, wenn nach dem Schiedsvertrage bei der Entscheidung von Streitigkeiten Arbeitgeber und Arbeiter in gleicher Zahl unter einem Vorsitzenden mitzuwirken haben, welcher weder Arbeitgeber oder Angestellter eines betheiligten Arbeitgebers, noch Arbeiter ist.

§ 7. Die sachliche Zuständigkeit der Gewerbegerichte kann auf bestimmte Arten von Gewerbe- oder Fabrikbetrieben, die örtliche auf bestimmte Theile des Gemeindebezirkes beschränkt werden.

Die Landes-Zentralbehörde kann die örtliche Zuständigkeit eines von ihr errichteten Gewerbegerichts ausdehnen. Die betheiligten Ortsbehörden sind zuvor zu hören.

§ 8. Die Grenze der Zuständigkeit (§ 7) sowie die Zusammensetzung des Gerichts nach Maßgabe der Bestimmungen dieses Gesetzes ist durch das Statut zu regeln.

§ 9. Die Kosten der Einrichtung und der Unterhaltung des Gerichts sind, soweit sie in dessen Einnahmen ihre Deckung nicht finden, von der Gemeinde oder von dem weiteren Kommunalverbande zu tragen. Soll das Gericht nicht ausschließlich für eine Gemeinde oder einen weiteren Kommunalverband zuständig sein, so ist bei Festsetzung der Zuständigkeit zugleich zu bestimmen, zu welchen Antheilen die einzelnen Bezirke an der Deckung der Kosten theilnehmen.

Gebühren, Kosten und Strafen, welche in Gemäßheit dieses Gesetzes zur Hebung gelangen, bilden Einnahmen des Gerichts.

§ 10. Für jedes Gewerbegericht sind ein Vorsitzender und mindestens ein Stellvertreter desselben sowie die erforderliche Zahl von Beisitzern zu berufen; die Zahl der letzteren soll mindestens vier betragen.

Bei Gewerbegerichten, welche aus mehreren Abtheilungen (Kammern) bestehen, können mehrere Vorsitzende bestellt werden.

§ 11. Zum Mitglied eines Gewerbegerichts soll nur berufen werden, wer das dreißigste Lebensjahr vollendet und in dem der Wahl vorangegangenen Jahre für sich oder seine Familie Armenunterstützung aus öffentlichen Mitteln nicht empfangen oder die empfangene Armenunterstützung erstattet hat. Als Beisitzer soll nur berufen werden, wer in dem Bezirke des Gerichts seit mindestens zwei Jahren wohnt oder beschäftigt ist.

Personen, welche zum Amte eines Schöffen unfähig sind (Gerichtsverfassungsgesetz §§ 31, 32), können nicht berufen werden.

§ 12. Der Vorsitzende sowie dessen Stellvertreter dürfen weder Arbeitgeber noch Arbeiter sein.

Sie werden durch den Magistrat und, wo ein solcher nicht vorhanden ist oder das Statut dies bestimmt, durch die Gemeindevertretung, in weiteren Kommunalverbänden durch die Vertretung des Verbandes auf mindestens ein Jahr gewählt.

§ 13. Die Beisitzer müssen zur Hälfte aus den Arbeitgebern, zur Hälfte aus den Arbeitern entnommen werden.

Die ersteren werden mittelst Wahl der Arbeitgeber, die letzteren mittelst Wahl der Arbeiter bestellt. Die Wahl ist unmittelbar und geheim.

Die Wahl erfolgt auf mindestens ein Jahr und auf höchstens sechs Jahre. Eine Wiederwahl ist zulässig.

§ 14. Zur Theilnahme an den Wahlen (§ 13) ist nur berechtigt, wer das fünfundzwanzigste Lebensjahr vollendet und in dem Bezirke des Gewerbegerichts Wohnung oder Beschäftigung hat. Die im § 11 Abs. 2 bezeichneten Personen sind nicht wahlberechtigt.

Ist die Zuständigkeit des Gewerbegerichts auf bestimmte Arten von Gewerbe- oder Fabrikbetrieben beschränkt (§ 7 Abs. 1), so sind nur die Arbeitgeber und Arbeiter dieser Betriebe wählbar und wahlberechtigt.

Mitglieder einer Innung, für welche ein Schiedsgericht in Gemäßheit des § 81 b Nr. 4 und der §§ 91 bis 91 b der Gewerbeordnung errichtet ist, sowie deren Arbeiter sind weder wählbar noch wahlberechtigt.

§ 15. Die näheren Bestimmungen über die Wahl und das Verfahren bei derselben werden durch das Statut getroffen. Es kann insbesondere festgesetzt werden, daß bestimmte gewerbliche Gruppen je einen oder mehrere Beisitzer zu wählen haben. Auch ist eine Regelung nach den Grundsätzen der Verhältnißwahl zulässig; dabei kann die Stimmabgabe auf Vorschlagslisten beschränkt werden, die bis zu einem im Statute festgesetzten Zeitpunkte vor der Wahl einzureichen sind.

Ist in dem Statute bestimmt, daß die Gemeindebehörde Wahllisten aufzustellen hat, so sind die Polizeibehörden sowie Krankenkassen, welche im Bezirke des Gewerbegerichts bestehen oder eine örtliche Verwaltungsstelle haben, verpflichtet, der Gemeindebehörde auf Verlangen die für die Fertigung der Wählerliste für Arbeitgeber und Arbeitnehmer erforderlichen Auskünfte zu geben, insbesondere Einsicht der Mitgliederverzeichnisse beziehungsweise der Gewerbeanzeigen zu gewähren.

§ 16. Als Arbeitgeber im Sinne der §§ 12 bis 14 gelten diejenigen selbständigen Gewerbetreibenden, welche mindestens einen Arbeiter (§ 3) regelmäßig das Jahr hindurch oder zu gewissen Zeiten des Jahres beschäftigen. Den Arbeitgebern stehen im Sinne der bezeichneten Vorschriften die mit der Leitung eines Gewerbebetriebs oder eines bestimmten Zweiges desselben betrauten Stellvertreter der selbständigen Gewerbetreibenden gleich, sofern sie nicht nach § 3 Abs. 2 als Arbeiter gelten.

Inwieweit die nach § 5 der Zuständigkeit der Gewerbegerichte unterstellten Hausgewerbetreibenden als Arbeitgeber oder als Arbeiter wahlberechtigt und wählbar sind, wird durch das Statut bestimmt.

§ 17. Beschwerden gegen die Rechtsgültigkeit der Wahlen sind nur binnen eines Monats nach der Wahl zulässig. Sie werden durch die höhere Verwaltungsbehörde entschieden. Dieselbe hat auf erhobene Beschwerde Wahlen, welche gegen das Gesetz oder die auf Grund des Gesetzes erlassenen Wahlvorschriften verstoßen, für ungültig zu erklären.

Die Wahl der Vorsitzenden und der Stellvertreter bedarf der Bestätigung der höheren Verwaltungsbehörde, in deren Bezirke das Gewerbegericht seinen Sitz hat. Diese Bestimmung findet auf Staats- oder

Gemeindebeamte, welche ihr Amt kraft staatlicher Ernennung oder Bestätigung verwalten, keine Anwendung, solange sie dieses Amt bekleiden.

§ 18. Sind Wahlen nicht zu Stande gekommen oder wiederholt für ungültig erklärt, so ist die höhere Verwaltungsbehörde befugt,

a) die Wahlen, soweit sie durch Arbeitgeber oder Arbeiter vorzunehmen waren, durch den Magistrat und, wo ein solcher nicht vorhanden ist oder wo das Statut dies bestimmt, durch die Gemeindevertretung, in weiteren Kommunalverbänden durch die Vertretung des Verbandes vornehmen zu lassen;

b) soweit die Wahlen vom Magistrat oder der Gemeindevertretung oder der Vertretung eines weiteren Kommunalverbandes vorzunehmen waren, die Mitglieder selbst zu ernennen.

§ 19. Namen und Wohnort der Mitglieder des Gewerbegerichts werden nach näherer Bestimmung des Statuts öffentlich bekannt gemacht.

§ 20. Das Amt der Beisitzer ist ein Ehrenamt. Die Uebernahme kann nur aus den Gründen verweigert werden, welche zur Ablehnung eines unbesoldeten Gemeindeamts berechtigen. Wo landesgesetzliche Bestimmungen über die zur Ablehnung von Gemeindeämtern berechtigenden Gründe nicht bestehen, darf die Uebernahme nur aus denselben Gründen verweigert werden, aus welchen das Amt eines Vormundes abgelehnt werden kann. Wer das Amt eines Beisitzers sechs Jahre versehen hat, kann während der nächsten sechs Jahre die Uebernahme des Amtes ablehnen. Ablehnungsgründe gewählter Beisitzer sind nur zu berücksichtigen, wenn dieselben, nachdem der betheiligte Beisitzer von seiner Wahl in Kenntniß gesetzt ist, schriftlich geltend gemacht werden. Ueber den Ablehnungsantrag entscheidet die im § 12 Abs. 2 bezeichnete Stelle.

Die Beisitzer erhalten für jede Sitzung, der sie beigewohnt haben, Vergütung etwaiger Reisekosten und eine Entschädigung für Zeitversäumniß. Die Höhe der letzteren ist durch das Statut festzusetzen; eine Zurückweisung derselben ist unstatthaft.

§ 21. Ein Mitglied des Gewerbegerichts, hinsichtlich dessen Umstände eintreten oder bekannt werden, welche die Wählbarkeit zu dem von ihm bekleideten Amte nach Maßgabe dieses Gesetzes ausschließen, ist des Amtes zu entheben. Die Enthebung erfolgt durch die höhere Verwaltungsbehörde nach Anhörung des Betheiligten.

Aus den Arbeitgebern entnommene Beisitzer, die erst nach ihrer Wahl Mitglied einer im § 14 Abs. 3 bezeichneten Innung werden, sowie aus den Arbeitern entnommene Beisitzer, die erst nach ihrer Wahl bei einem Mitglied einer solchen Innung in Arbeit treten, bleiben bis zur nächsten Wahl im Amte.

Ein Mitglied des Gewerbegerichts, welches sich einer groben Verletzung seiner Amtspflicht schuldig macht, kann seines Amtes entsetzt werden. Die Entsetzung erfolgt durch das Landgericht, in dessen Bezirke das Gewerbegericht seinen Sitz hat. Hinsichtlich des Verfahrens und der Rechtsmittel finden die Vorschriften entsprechende Anwendung, welche für die zur Zuständigkeit der Landgerichte gehörigen Strafsachen gelten. Die

Klage wird von der Staatsanwaltschaft auf Antrag der höheren Verwaltungsbehörde erhoben.

§ 22. Der Vorsitzende des Gewerbegerichts und dessen Stellvertreter sind vor ihrem Amtsantritte durch den von der höheren Verwaltungsbehörde beauftragten Beamten, die Beisitzer vor der ersten Dienstleistung durch den Vorsitzenden auf die Erfüllung der Obliegenheiten des ihnen übertragenen Amtes eidlich zu verpflichten.

§ 23. Beisitzer, welche ohne genügende Entschuldigung zu den Sitzungen nicht rechtzeitig sich einfinden oder ihren Obliegenheiten in anderer Weise sich entziehen, sind zu einer Ordnungsstrafe bis zu dreihundert Mark sowie in die verursachten Kosten zu verurtheilen. Die Verurtheilung wird durch den Vorsitzenden ausgesprochen. Erfolgt nachträglich genügende Entschuldigung, so kann die Verurtheilung ganz oder theilweise zurückgenommen werden.

Gegen die Entscheidungen findet Beschwerde an das Landgericht statt, in dessen Bezirke das Gewerbegericht seinen Sitz hat. Das Verfahren richtet sich nach den Vorschriften der Strafprozeßordnung.

§ 24. Das Gewerbegericht verhandelt und entscheidet, soweit nicht in diesem Gesetz ein Anderes bestimmt ist, in der Besetzung von drei Mitgliedern mit Einschluß des Vorsitzenden.

Durch das Ortsstatut kann bestimmt werden, daß allgemein oder für gewisse Streitigkeiten eine größere Zahl von Beisitzern zuzuziehen ist.

In gleicher Weise ist zu bestimmen, nach welchen Grundsätzen der Vorsitzende die einzelnen Beisitzer zuzuziehen hat.

Arbeitgeber und Arbeiter müssen stets in gleicher Zahl zugezogen werden.

§ 25. Bei jedem Gewerbegerichte wird eine Gerichtsschreiberei eingerichtet.

Für die Bewirkung der Zustellungen in dem Verfahren vor den Gewerbegerichten können an Stelle der Gerichtsvollzieher Gemeindebeamte verwendet werden.

Zweiter Abschnitt.

Verfahren.

§ 26. Auf das Verfahren vor den Gewerbegerichten finden, soweit im Nachstehenden nicht besondere Bestimmungen getroffen sind, die für das amtsgerichtliche Verfahren geltenden Vorschriften der Civilprozeßordnung entsprechende Anwendung.

§ 27. Zuständig ist dasjenige Gewerbegericht, in dessen Bezirke die streitige Verpflichtung zu erfüllen ist oder sich die gewerbliche Niederlassung des Arbeitgebers befindet oder beide Parteien ihren Wohnsitz haben.

Unter mehreren zuständigen Gewerbegerichten hat der Kläger die Wahl.

§ 28. Die Vorschrift im § 11 der Civilprozeßordnung über die bindende Wirkung der rechtskräftigen Entscheidung, durch welche ein Gericht sich für sachlich unzuständig erklärt hat, findet in dem Verhältnisse der Gewerbegerichte und der ordentlichen Gerichte Anwendung. Eine solche Entscheidung des ordentlichen Gerichts ist auch insoweit, als sie auf der Annahme der örtlichen Zuständigkeit eines bestimmten Gewerbegerichts beruht, für das letztere bindend.

§ 29. Ueber Gesuche wegen Ablehnung von Gerichtspersonen entscheidet das Gewerbegericht.

§ 30. Nichtprozeßfähigen Parteien, welche ohne gesetzlichen Vertreter sind, kann auf Antrag bis zum Eintritte des gesetzlichen Vertreters von dem Vorsitzenden ein besonderer Vertreter bestellt werden.

Das Gleiche gilt im Falle erheblicher Entfernung des Aufenthaltsorts des gesetzlichen Vertreters.

Die nichtprozeßfähige Partei ist auf ihr Verlangen selbst zu hören.

§ 31. Rechtsanwälte und Personen, welche das Verhandeln vor Gericht geschäftsmäßig betreiben, werden als Prozeßbevollmächtigte oder Beistände vor dem Gewerbegerichte nicht zugelassen.

§ 32. Die Zustellungen in dem Verfahren vor den Gewerbegerichten erfolgen von Amtswegen.

Urtheile und Beschlüsse, gegen welche ein Rechtsmittel stattfindet, sind den Parteien zuzustellen, soweit diese nicht auf die Zustellung verzichten. Sonstige Urtheile und Beschlüsse sind einer Partei nur zuzustellen, wenn sie nicht in Anwesenheit derselben verkündet sind. Auf Verlangen einer Partei ist derselben auch Ausfertigung eines in ihrer Anwesenheit verkündeten Urtheils oder Beschlusses zu ertheilen.

Anträge und Erklärungen einer Partei, welche zugestellt werden sollen, sind bei dem Gericht einzureichen oder mündlich zum Protokolle des Gerichtsschreibers anzubringen.

Sofern durch die Zustellung eine Frist gewahrt oder die Verjährung unterbrochen werden soll, tritt diese Wirkung, wenn die Zustellung demnächst erfolgt, bereits mit der Einreichung oder Anbringung des Antrags oder der Erklärung ein.

§ 33. Der Gerichtsschreiber hat für die Bewirkung der Zustellung Sorge zu tragen und die bei derselben zu übergebenden Abschriften zu beglaubigen.

Er hat das zu übergebende Schriftstück in einem verschlossenen, mit der Adresse der Person, an welche zugestellt werden soll, sowie mit einer Geschäftsnummer versehenen Briefumschlage dem Zustellungsbeamten und im Falle der Zustellung durch die Post dieser zur Zustellung zu übergeben. Auf den Briefumschlag ist der Vermerk zu setzen: Vereinfachte Zustellung.

Die auf dem Briefumschlag angegebene Geschäftsnummer ist in den Akten zu vermerken.

§ 34. Die von dem Zustellungsbeamten oder dem Postboten aufzunehmende Zustellungsurkunde muß die Art und Weise, in welcher der seiner Adresse und seiner Geschäftsnummer nach bezeichnete Briefumschlag übergeben ist, insbesondere den Ort und die Zeit der Uebergabe sowie die Person, welcher zugestellt ist, bezeichnen und, wenn die Zustellung nicht an den Adressaten persönlich erfolgt ist, den Grund hiervon angeben. Die Urkunde ist von dem die Zustellung vollziehenden Beamten zu unterschreiben.

Bei der Zustellung wird eine Abschrift der Zustellungsurkunde nicht übergeben. Der Tag der Zustellung ist von dem zustellenden Beamten auf dem Briefumschlage zu vermerken.

§ 35. Die zur Erledigung des Rechtsstreits erforderlichen Verhandlungstermine werden von dem Vorsitzenden von Amtswegen angesetzt. Nach Ansetzung des Termins ist die Ladung der Parteien durch den Gerichtsschreiber zu veranlassen. Ladungen durch die Parteien finden nicht statt.

Die Zustellung der Ladung muß spätestens am Tage vor dem Termin erfolgen.

Die Zustellung der Ladung an eine Partei ist nicht erforderlich, wenn der Termin in Anwesenheit derselben verkündet oder ihr bei Einreichung oder Anbringung der Klage oder des Antrags, auf Grund dessen die Terminsbestimmung stattfindet, mitgetheilt worden ist. Die erfolgte Mittheilung ist zu den Akten zu vermerken.

§ 36. Nachdem die Klage eingereicht oder zum Protokolle des Gerichtsschreibers angebracht ist, hat der Vorsitzende einen möglichst nahen Termin zur Verhandlung anzusetzen.

Die Klage gilt, unbeschadet der Bestimmung im § 32 Abs. 4, erst mit der Zustellung an den Beklagten als erhoben.

§ 37. An ordentlichen Gerichtstagen können die Parteien zur Verhandlung des Rechtsstreits ohne Terminsbestimmung und Ladung vor dem Gericht erscheinen.

Die Erhebung der Klage erfolgt in diesem Falle durch den mündlichen Vortrag derselben. Die Klage ist zu Protokoll zu nehmen, falls die Sache streitig bleibt.

§ 38. Die Verhandlung vor dem erkennenden Gericht einschließlich der Verkündung der Urtheile und Beschlüsse desselben erfolgt öffentlich.

Durch das Gericht kann die Oeffentlichkeit für die Verhandlung oder für einen Theil derselben nach Maßgabe der Vorschriften in den §§ 173 bis 175 des Gerichtsverfassungsgesetzes ausgeschlossen werden.

Die Vorschriften der §§ 176 bis 193 des Gerichtsverfassungsgesetzes über die Aufrechterhaltung der Ordnung in den Sitzungen und über die Gerichtssprache finden Anwendung.

§ 39. Erscheint der Kläger im Verhandlungstermine nicht, so ist auf Antrag des Beklagten das Versäumnißurtheil dahin zu erlassen, daß der Kläger mit der Klage abzuweisen sei.

Erscheint der Beklagte nicht und beantragt der Kläger das Versäumnißurtheil, so werden die in der Klage behaupteten Thatsachen als zugestanden angenommen. Soweit dieselben den Klageantrag rechtfertigen, ist nach dem Antrage zu erkennen; soweit dies nicht der Fall, ist die Klage abzuweisen.

Bleiben beide Parteien aus, so ruht das Verfahren, bis die Ansetzung eines neuen Verhandlungstermins beantragt wird.

§ 40. Die Partei, gegen welche ein Versäumnißurtheil erlassen ist, kann binnen der Nothfrist von drei Tagen seit der an sie bewirkten Zustellung des Urtheils die Erklärung abgeben, daß sie Einspruch einlege. Die Einlegung gilt mit der Einreichung der Erklärung oder mit der Abgabe derselben zum Protokolle des Gerichtsschreibers als bewirkt.

In dem Versäumnißurtheil ist der Partei zu eröffnen, in welcher Form und Frist ihr der Einspruch zusteht.

Nach Einlegung des Einspruchs hat der Vorsitzende einen neuen Verhandlungstermin anzusetzen.

Erscheint die Partei, welche den Einspruch eingelegt hat, auch in dem neuen Termine nicht, so gilt der Einspruch als zurückgenommen. Anderenfalls wird, sofern der Einspruch zulässig ist, der Prozeß in die Lage zurückversetzt, in welcher er sich vor Eintritt der Versäumniß befand.

§ 41. Erscheinen die Parteien in dem Termine, so hat das Gewerbegericht thunlichst auf eine gütliche Erledigung des Rechtsstreits hinzuwirken. Es kann den Sühneversuch in jeder Lage des Verfahrens erneuern und hat denselben bei Anwesenheit der Parteien am Schlusse der Verhandlung zu wiederholen.

Der Inhalt eines vor dem Gericht abgeschlossenen Vergleichs ist durch Aufnahme in das Protokoll festzustellen. Die Feststellung ist den Parteien vorzulesen. In dem Protokoll ist zu bemerken, daß die Vorlesung stattgefunden hat und daß die Genehmigung erfolgt ist, oder welche Einwendungen erhoben sind.

§ 42. Kommt ein Vergleich nicht zu Stande, so ist über den Rechtsstreit zu verhandeln. Die Leitung der Verhandlung liegt dem Vorsitzenden ob. Derselbe hat dahin zu wirken, daß die Parteien über alle erheblichen Thatsachen sich vollständig erklären, die Beweismittel für ihre Behauptungen bezeichnen und die sachdienlichen Anträge stellen. Derselbe kann jederzeit das persönliche Erscheinen der Parteien anordnen und für den Fall des Nichterscheinens eine Geldstrafe bis zu einhundert Mark androhen. Gegen die Festsetzung der Strafe findet Beschwerde nach den Bestimmungen der Civilprozeßordnung statt.

Wird die Fortsetzung der Verhandlung in einem weiteren Termine nothwendig, insbesondere weil eine erforderliche Beweisaufnahme nicht sofort bewirkt werden kann, so ist der weitere Termin alsbald zu verkünden. Der zur Beweisaufnahme vor dem Gericht anberaumte Termin ist zugleich zur Fortsetzung der Verhandlung bestimmt.

Erscheinen in dem zur Fortsetzung der Verhandlung bestimmten Termine die Parteien oder eine derselben nicht, so finden die Vorschriften der §§ 39, 40 Anwendung, auch wenn eine Beweisaufnahme vorausgegangen war.

§ 43. Die Beweisaufnahme erfolgt in der Regel vor dem Gewerbegerichte. Sie kann nur in den Fällen der §§ 372, 375, 382, 434, 479 der Civilprozeßordnung dem Vorsitzenden des Gerichts oder mittelst Ersuchens einem Amtsgericht übertragen werden.

Die Beweisaufnahme ist auch dann zu bewirken, wenn die Parteien oder eine derselben in dem für die Beweisaufnahme bestimmten Termine nicht erscheinen.

§ 44. Beschließt das Gericht die Vernehmung von Zeugen oder Sachverständigen, so sind dieselben, falls sie nicht von den Parteien zur Stelle gebracht sind, zu laden. Von der Ladung der Sachverständigen kann abgesehen werden, wenn schriftliche Begutachtung angeordnet wird.

Die Beeidigung der Zeugen und Sachverständigen erfolgt nur, wenn das Gericht die Beeidigung zur Herbeiführung einer wahrheitsgemäßen Aussage für nothwendig erachtet oder wenn eine Partei dieselbe beantragt. Die Bestimmungen, nach welchen die Beeidigung in gewissen Fällen unzulässig ist (Civilprozeßordnung § 393), bleiben unberührt.

§ 45. Ob die Leistung eines zugeschobenen oder zurückgeschobenen Eides durch bedingtes Urtheil oder durch Beweisbeschluß anzuordnen sei, bestimmt das Gericht nach freiem Ermessen.

§ 46. Erscheint der Schwurpflichtige in dem zur Leistung eines Eides bestimmten Termine nicht, so ist der Eid ohne Weiteres als verweigert anzusehen. Dem Verfahren ist Fortgang zu geben.

Der Schwurpflichtige kann binnen einer Nothfrist von drei Tagen nach dem Termine sich zur nachträglichen Leistung des Eides erbieten. Auf ein inzwischen ergangenes Urtheil finden die Bestimmungen des § 707 der Civilprozeßordnung entsprechende Anwendung. Ein solches Urtheil ist, wenn der Eid nachträglich geleistet wird, insoweit aufzuheben, als es auf der Annahme der Eidesverweigerung beruht.

Erscheint der Schwurpflichtige auch in dem zur nachträglichen Eidesleistung bestimmten Termine nicht, so findet ein nochmaliges Erbieten zur Eidesleistung nicht statt.

§ 47. Ueber die Verhandlung vor dem Gewerbegericht ist ein Protokoll aufzunehmen. Dasselbe ist von dem Vorsitzenden und dem Gerichtsschreiber zu unterzeichnen.

§ 48. Das Urtheil ist in dem Termin, in welchem die Verhandlung geschlossen wird, zu verkünden. Ist dies nicht ausführbar, so erfolgt die Verkündung in einem sofort anzuberaumenden Termine, welcher nicht über drei Tage hinaus anberaumt werden soll.

Die Wirksamkeit der Verkündung des Urtheils ist von der Anwesenheit der Parteien und der Beisitzer nicht abhängig.

§ 49. Aus dem Urtheile müssen ersichtlich sein:

1. die Mitglieder des Gerichts, welche bei der Entscheidung mitgewirkt haben,
2. die Parteien,
3. das Sach- und Streitverhältniß in gedrängter Darstellung nebst den wesentlichen Entscheidungsgründen,
4. der Spruch des Gerichts in der Hauptsache und in Betreff der Kosten. Der Betrag der letzteren mit Einschluß einer der obsiegenden Partei etwa zu gewährenden Entschädigung für Zeitversäumniß soll, soweit sie sofort zu ermitteln sind, im Urtheile festgestellt werden.

Das Urtheil ist von dem Vorsitzenden zu unterzeichnen.

§ 50. Ein über den Grund des Anspruchs vorab entscheidendes Zwischenurtheil ist in Betreff der Rechtsmittel nicht als Endurtheil anzusehen.

§ 51. Erfolgt die Verurtheilung auf Vornahme einer Handlung, so ist der Beklagte zugleich auf Antrag des Klägers für den Fall, daß die Handlung nicht binnen einer zu bestimmenden Frist vorgenommen ist, zur Zahlung einer nach dem Ermessen des Gerichts festzusetzenden Entschädigung zu verurtheilen.

In diesem Falle ist die Zwangsvollstreckung in Gemäßheit der §§ 887, 888 der Civilprozeßordnung ausgeschlossen.

§ 52. Die Verpflichtung der unterliegenden Partei, die Kosten des Rechtsstreits zu tragen, erstreckt sich auf die Erstattung der dem Gegner durch die Zuziehung eines Prozeßbevollmächtigten oder Beistandes entstandenen Auslagen nur unter der Voraussetzung, daß die Zuziehung durch besondere Umstände gerechtfertigt war, und nur in Ansehung des Betrags, welchen das Gericht für angemessen erachtet.

§ 53. Die nicht auf Grund einer mündlichen Verhandlung ergehenden Beschlüsse und Verfügungen werden, soweit nicht ein Anderes bestimmt ist, von dem Vorsitzenden allein erlassen.

Im Uebrigen sind für die Befugnisse des Vorsitzenden und der Beisitzer die Vorschriften über das landgerichtliche Verfahren maßgebend.

In Bezug auf die Berathung und Abstimmung finden die Vorschriften der §§ 194 bis 200 des Gerichtsverfassungsgesetzes entsprechende Anwendung.

§ 54. In dem ersten auf die Klage angesetzten Termine kann die Zuziehung der Beisitzer unterbleiben.

Erscheint in dem Termine nur eine der Parteien, so erläßt auf Antrag derselben der Vorsitzende das Versäumnißurtheil.

Erscheinen beide Parteien, so hat der Vorsitzende einen Sühneversuch vorzunehmen. Kommt ein Vergleich zu Stande, so ist derselbe in Gemäßheit des § 41 Abs. 2 im Protokolle festzustellen. Das Gleiche gilt, wenn die Klage zurückgenommen oder wenn auf den Klageanspruch verzichtet oder wenn derselbe anerkannt wird; in diesen Fällen hat, sofern beantragt wird, die Rechtsfolgen durch Urtheil auszusprechen, der Vorsitzende das Urtheil zu erlassen.

Bleibt die Sache in dem Termine streitig, so hat der Vorsitzende die Entscheidung zu erlassen, wenn dieselbe sofort erfolgen kann und beide Parteien sie beantragen. Anderenfalls ist ein neuer Verhandlungstermin, zu welchem die Beisitzer zuzuziehen sind, anzusetzen und sofort zu verkünden. Zeugen und Sachverständige, deren Vernehmung der Vorsitzende für erforderlich erachtet, sind zu diesem Termine zu laden.

§ 55. In den vor die Gewerbegerichte gehörigen Rechtsstreitigkeiten finden die Rechtsmittel statt, welche in den zur Zuständigkeit der Amtsgerichte gehörigen bürgerlichen Rechtsstreitigkeiten zulässig sind. Die

Berufung ist jedoch nur zulässig, wenn der Werth des Streitgegenstandes den Betrag von einhundert Mark übersteigt. Entscheidungen über die Festsetzung der Kosten einschließlich der gemäß § 52 ergangenen sind nicht anfechtbar.

Als Berufungs- und Beschwerdegericht ist das Landgericht, in dessen Bezirke das Gewerbegericht seinen Sitz hat, zuständig.

Ist für das Rechtsmittel gegen eine Entscheidung des Gewerbegerichts eine Nothfrist bestimmt, so beginnt diese für jede Partei mit der an sie bewirkten Zustellung und, sofern auf die Zustellung verzichtet war (§ 32 Abs. 2), mit der Verkündung der Entscheidung. Im Uebrigen richtet sich die Einlegung des Rechtsmittels und das Verfahren in der Rechtsmittelinstanz nach den Vorschriften der Civilprozeßordnung. Die Bestimmung im § 569 Abs. 2 der Civilprozeßordnung über die Einlegung der Beschwerde in den bei einem Amtsgericht anhängigen oder anhängig gewesenen Sachen findet entsprechende Anwendung.

§ 56. Die Anfechtung einer Entscheidung des Gewerbegerichts kann auf Mängel des Verfahrens bei der Wahl der Beisitzer oder auf Umstände, welche die Wählbarkeit eines Beisitzers zu dem von ihm bekleideten Amte nach Maßgabe dieses Gesetzes ausschließen, nicht gestützt werden. Diese Vorschrift findet keine Anwendung, wenn die Anfechtung darauf gestützt wird, daß ein Beisitzer zu den im § 11 Abs. 2 bezeichneten Personen gehöre.

§ 57. Aus den Endurtheilen der Gewerbegerichte, welche rechtskräftig oder für vorläufig vollstreckbar erklärt sind, sowie aus den Vergleichen, welche nach Erhebung der Klage vor dem Gewerbegerichte geschlossen sind, findet die Zwangsvollstreckung statt.

Die der Berufung oder dem Einspruch unterliegenden Urtheile sind von Amtswegen für vorläufig vollstreckbar zu erklären, wenn sie die in Nr. 1 des § 4 bezeichneten Streitigkeiten betreffen oder der Gegenstand der Verurtheilung an Geld oder Geldeswerth die Summe von dreihundert Mark nicht übersteigt.

Die vorläufige Vollstreckbarkeit ist nicht auszusprechen, wenn glaubhaft gemacht wird, daß die Vollstreckung dem Schuldner einen nicht zu ersetzenden Nachtheil bringen würde; auch kann sie von einer vorgängigen Sicherheitsleistung abhängig gemacht werden.

Im Uebrigen finden auf die Zwangsvollstreckung sowie auf den Arrest und die einstweiligen Verfügungen die Vorschriften im achten Buche der Civilprozeßordnung Anwendung. Die für den Beginn der Zwangsvollstreckung erforderlichen Zustellungen (§§ 750, 751, 798 der Civilprozeßordnung) sind, soweit sie nicht bereits vorher erfolgt sind, auf Antrag des Gläubigers durch das Gewerbegericht zu bewirken.

§ 58. Für die Verhandlung des Rechtsstreits vor den Gewerbegerichten wird eine einmalige Gebühr nach dem Werthe des Streitgegenstandes erhoben.

Dieselbe beträgt bei einem Gegenstand im Werthe

bis 20 Mark einschließlich 1 Mark,

von mehr als 20 Mark bis 50 Mark einschließlich 1 Mark 50 Pfennig,

von mehr als 50 Mark bis 100 Mark einschließlich 3 Mark.

Die ferneren Werthsklassen steigen um je einhundert Mark, die Gebühren um je drei Mark. Die höchste Gebühr beträgt dreißig Mark.

Wird der Rechtsstreit durch Versäumnißurtheil oder durch eine auf Grund eines Anerkenntnisses oder einer Zurücknahme der Klage erlassene Entscheidung erledigt, ohne daß eine kontradiktorische Verhandlung vorhergegangen war, so wird eine Gebühr in Höhe der Hälfte der oben bezeichneten Sätze erhoben.

Wird ein zur Beilegung des Rechtsstreits abgeschlossener Vergleich aufgenommen, so wird eine Gebühr nicht erhoben, auch wenn eine kontradiktorische Verhandlung vorausgegangen war.

Schreibgebühren kommen nicht in Ansatz. Für Zustellungen werden baare Auslagen nicht erhoben. Im Uebrigen findet die Erhebung der Auslagen nach Maßgabe des § 79 des Gerichtskostengesetzes statt. Der § 2 desselben findet Anwendung.

Durch das Statut (§ 1 Abs. 2 bis 4) kann vorgeschrieben werden, daß Gebühren und Auslagen in geringerem Betrag oder gar nicht erhoben werden.

§ 59. Schuldner der entstandenen Gebühren und Auslagen ist derjenige, welchem durch die gerichtliche Entscheidung die Kosten auferlegt sind, oder welcher dieselben durch eine vor dem Gewerbegericht abgegebene oder diesem mitgetheilte Erklärung übernommen hat, und in Ermangelung einer solchen Entscheidung oder Uebernahme derjenige, welcher das Verfahren beantragt hat.

Die Einziehung der Gerichtskosten erfolgt nach den für die Einziehung der Gemeindeabgaben geltenden Vorschriften.

§ 60. Die Kosten der Rechtsmittel und der Zwangsvollstreckung bestimmen sich nach den für die ordentlichen Gerichte maßgebenden Vorschriften. Das Gesuch um Festsetzung der Kosten zweiter Instanz ist bei dem Landgericht anzubringen.

Die Gebührenordnung für Zeugen und Sachverständige findet in dem Verfahren vor den Gewerbegerichten Anwendung.

§ 61. Die ordentlichen Gerichte haben den Gewerbegerichten nach Maßgabe der Bestimmungen des Gerichtsverfassungsgesetzes Rechtshülfe zu leisten.

Dritter Abschnitt.

Thätigkeit des Gewerbegerichts als Einigungsamt.

§ 62. Das Gewerbegericht kann bei Streitigkeiten zwischen Arbeitgebern und Arbeitern über die Bedingungen der Fortsetzung oder Wiederaufnahme des Arbeitsverhältnisses als Einigungsamt angerufen werden.

§ 63. Der Anrufung ist Folge zu geben, wenn sie von beiden Theilen erfolgt und die betheiligten Arbeiter und Arbeitgeber — letztere sofern ihre Zahl mehr als drei beträgt — Vertreter bestellen, welche mit der Verhandlung vor dem Einigungsamte beauftragt werden.

Als Vertreter können nur Betheiligte bestellt werden, welche das fünfundzwanzigste Lebensjahr vollendet haben, sich im Besitze der bürgerlichen Ehrenrechte befinden und nicht durch gerichtliche Anordnung in der Verfügung über ihr Vermögen beschränkt sind.

Soweit Arbeiter in diesem Alter nicht, oder nicht in genügender Anzahl vorhanden sind, können jüngere Vertreter zugelassen werden.

Die Zahl der Vertreter jedes Theiles soll in der Regel nicht mehr als drei betragen. Das Einigungsamt kann eine größere Zahl von Vertretern zulassen.

Ob die Vertreter für genügend legitimirt zu erachten sind, entscheidet das Einigungsamt nach freiem Ermessen.

§ 64. Erfolgt die Anrufung nur von einer Seite, so soll der Vorsitzende dem anderen Theile oder dessen Stellvertretern oder Beauftragten Kenntniß geben und zugleich nach Möglichkeit dahin wirken, daß auch dieser Theil sich zur Anrufung des Einigungsamts bereit findet.

§ 65. Auch in anderen Fällen soll der Vorsitzende bei Streitigkeiten der im § 62 bezeichneten Art auf die Anrufung des Einigungsamts hinzuwirken suchen und dieselbe den Betheiligten bei geeigneter Veranlassung nahe legen.

§ 66. Der Vorsitzende ist befugt, zur Einleitung der Verhandlung und in deren Verlauf an den Streitigkeiten betheiligte Personen vorzuladen und zu vernehmen. Er kann hierbei, wenn das Einigungsamt gemäß § 63 oder § 64 angerufen worden ist, für den Fall des Nichterscheinens eine Geldstrafe bis zu einhundert Mark androhen. Gegen die Festsetzung der Strafe findet Beschwerde nach den Bestimmungen der Civilprozeßordnung statt.

Eine Vertretung betheiligter Personen durch deren allgemeine Stellvertreter (§ 45 der Gewerbeordnung), Prokuristen oder Betriebsleiter ist zulässig.

§ 67. Das Gewerbegericht, welches als Einigungsamt thätig wird, besteht neben dem Vorsitzenden aus Vertrauensmännern der Arbeitgeber und der Arbeiter in gleicher Zahl.

Die Vertrauensmänner sind von den Betheiligten zu bezeichnen. Erfolgt die Bezeichnung nicht, so werden die Vertrauensmänner durch den Vorsitzenden ernannt.

Einigen sich die Betheiligten über die Zahl der zuzuziehenden Vertrauensmänner nicht, so ist die Zahl derselben von dem Vorsitzenden auf mindestens zwei für jeden Theil zu bestimmen.

Die Vertrauensmänner dürfen nicht zu den Betheiligten gehören.

Der Vorsitzende ist befugt, eine oder zwei unbetheiligte Personen als Beisitzer mit berathender Stimme zuzuziehen; vor der Zuziehung sind die beiden Theile zu hören.

§ 68. Das Einigungsamt hat durch Vernehmung der Vertreter beider Theile die Streitpunkte und die für die Beurtheilung derselben in Betracht kommenden Verhältnisse festzustellen.

Das Einigungsamt oder, im Falle des § 64, der Vorsitzende des Gewerbegerichts ist befugt, zur Aufklärung der in Betracht kommenden Verhältnisse Auskunftspersonen vorzuladen und zu vernehmen.

Jedem Beisitzer und Vertrauensmanne steht das Recht zu, durch den Vorsitzenden Fragen an die Vertreter und Auskunftspersonen zu richten.

§ 69. Nach erfolgter Klarstellung der Verhältnisse ist in gemeinsamer Verhandlung jedem Theile Gelegenheit zu geben, sich über das Vorbringen des anderen Theiles sowie über die vorliegenden Aussagen der Auskunftspersonen zu äußern. Demnächst findet ein Einigungsversuch zwischen den streitenden Theilen statt.

§ 70. Kommt eine Vereinbarung zu Stande, so ist der Inhalt derselben durch eine von sämmtlichen Mitgliedern des Einigungsamts und von den Vertretern beider Theile zu unterzeichnende Bekanntmachung zu veröffentlichen.

§ 71. Kommt eine Vereinbarung nicht zu Stande, so hat das Einigungsamt einen Schiedsspruch abzugeben, welcher sich auf alle zwischen den Parteien streitigen Fragen zu erstrecken hat.

Die Beschlußfassung über den Schiedsspruch erfolgt mit einfacher Stimmenmehrheit. Stehen bei der Beschlußfassung über den Schiedsspruch die Stimmen sämmtlicher für die Arbeitgeber zugezogenen Vertrauensmänner denjenigen sämmtlicher für die Arbeiter zugezogenen gegenüber, so kann der Vorsitzende sich seiner Stimme enthalten und feststellen, daß ein Schiedsspruch nicht zu Stande gekommen ist.

§ 72. Ist ein Schiedsspruch zu Stande gekommen, so ist derselbe den Vertretern beider Theile mit der Aufforderung zu eröffnen, sich binnen einer zu bestimmenden Frist darüber zu erklären, ob sie sich dem Schiedsspruch unterwerfen. Die Nichtabgabe der Erklärung binnen der bestimmten Frist gilt als Ablehnung der Unterwerfung.

Nach Ablauf der Frist hat das Einigungsamt eine von sämmtlichen Mitgliedern desselben unterzeichnete öffentliche Bekanntmachung zu erlassen, welche den abgegebenen Schiedsspruch und die darauf abgegebenen Erklärungen der Parteien enthält.

§ 73. Ist weder eine Vereinbarung (§ 70) noch ein Schiedsspruch zu Stande gekommen, so ist dies von dem Vorsitzenden des Einigungsamts öffentlich bekannt zu machen.

§ 74. Das Gewerbegericht als Einigungsamt ist nicht zuständig, wenn bei der Streitigkeit ausschließlich Innungsmitglieder und deren Arbeiter betheiligt sind, und für die Innung zur Erfüllung der im § 81 a Nr. 2 der Gewerbeordnung bezeichneten Aufgabe ein besonderes Einigungsamt besteht, dessen Zusammensetzung und Thätigkeit durch das Statut entsprechend den Bestimmungen der §§ 63 bis 73 dieses Gesetzes geregelt sind. Rufen beide Theile das Gewerbegericht als Einigungsamt an, so ist dieses auch bei solchen Streitigkeiten zuständig.

Vierter Abschnitt.

Gutachten und Anträge der Gewerbegerichte.

§ 75. Das Gewerbegericht ist verpflichtet, auf Ansuchen von Staatsbehörden oder des Vorstandes des Kommunalverbandes, für welchen es errichtet ist, Gutachten über gewerbliche Fragen abzugeben.

Das Gewerbegericht ist berechtigt, in gewerblichen Fragen Anträge an Behörden, an Vertretungen von Kommunalverbänden und an die gesetzgebenden Körperschaften der Bundesstaaten oder des Reichs zu richten.

Zur Vorbereitung oder Abgabe von Gutachten sowie zur Vorbereitung von Anträgen können Ausschüsse aus der Mitte des Gewerbegerichts gebildet werden.

Diese Ausschüsse müssen, sofern es sich um Fragen handelt, welche die Interessen beider Theile berühren, zu gleichen Theilen aus Arbeitgebern und Arbeitern zusammengesetzt sein.

Das Nähere bestimmt das Statut.

Fünfter Abschnitt.

Verfahren vor dem Gemeindevorsteher.

§ 76. Ist ein zuständiges Gewerbegericht nicht vorhanden, so kann bei Streitigkeiten der im § 4 Abs. 1 Nr. 1 und 5 bezeichneten Art jede Partei die vorläufige Entscheidung durch den Vorsteher der Gemeinde (Bürgermeister, Schultheiß, Ortsvorsteher u. s. w.) nachsuchen. Zuständig ist der Vorsteher der Gemeinde, in deren Bezirke die streitige Verpflichtung aus dem Arbeitsverhältnisse zu erfüllen ist oder sich die gewerbliche Niederlassung des Arbeitgebers befindet oder beide Parteien ihren Wohnsitz haben.

Den Parteien ist Gelegenheit zu geben, ihre Ausführungen und Beweismittel in einem Termine vorzubringen. Eine Beweisaufnahme durch Ersuchen anderer Behörden findet nicht statt; Vereidigungen sind nicht zulässig.

Kommt ein Vergleich zu Stande, so ist ein Protokoll darüber aufzunehmen und von den Parteien und dem Gemeindevorsteher zu unterschreiben.

§ 77. Die Entscheidung des Gemeindevorstehers ist schriftlich abzufassen; sie geht in Rechtskraft über, wenn nicht binnen einer Nothfrist von zehn Tagen von einer der Parteien Klage bei dem ordentlichen Gericht erhoben wird. Die Frist beginnt mit der Verkündung, gegen eine bei der Verkündung nicht anwesende Partei mit der Behändigung der Entscheidung.

Die Entscheidungen des Gemeindevorstehers sind von Amtswegen für vorläufig vollstreckbar zu erklären.

Die vorläufige Vollstreckbarkeit ist nicht auszusprechen, wenn glaubhaft gemacht wird, daß die Vollstreckung dem Schuldner einen nicht zu ersetzenden Nachtheil bringen würde; auch kann sie von einer vorgängigen Sicherheitsleistung abhängig gemacht werden.

Ist rechtzeitig Klage erhoben, so findet der § 707 der Civilprozeßordnung entsprechende Anwendung.

§ 78. Die vor dem Gemeindevorsteher geschlossenen Vergleiche sowie die rechtskräftigen oder vollstreckbaren Entscheidungen desselben sind, sofern die Partei es beantragt, auf Ersuchen des Gemeindevorstehers durch die Ortspolizeibehörde nach den Vorschriften über das Verwaltungszwangsverfahren zu vollstrecken. Ein unmittelbarer Zwang zur Vornahme einer Handlung ist nur im Falle des § 127d der Gewerbeordnung zulässig; die Leistung von Diensten aus einem Dienstvertrage kann durch Geldstrafen nicht erzwungen werden. Wo ein Verwaltungszwangsverfahren nicht besteht, finden die Bestimmungen über die Zwangsvollstreckung in bürgerlichen Rechtsstreitigkeiten Anwendung.

§ 79. Der Gemeindevorsteher kann die Wahrnehmung der ihm nach den §§ 76 bis 78 obliegenden Geschäfte mit Genehmigung der höheren Verwaltungsbehörde einem Stellvertreter übertragen. Derselbe muß aus der Mitte der Gemeindeverwaltung oder Gemeindevertretung auf mindestens ein Jahr berufen werden. Die Berufung ist öffentlich bekannt zu machen.

§ 80. Durch Anordnung der Landes-Zentralbehörde kann an Stelle des Gemeindevorstehers ein zur Vornahme von Sühneverhandlungen über streitige Rechtsangelegenheiten staatlich bestelltes Organ mit Wahrnehmung der in den §§ 76 bis 78 aufgeführten Geschäfte beauftragt werden. Die Anordnung ist öffentlich bekannt zu machen.

Sechster Abschnitt.

Schlußbestimmungen.

§ 81. Die Bestimmungen dieses Gesetzes finden keine Anwendung auf Gehülfen und Lehrlinge in Apotheken und Handelsgeschäften sowie auf Arbeiter, welche in den unter der Militär- oder Marineverwaltung stehenden Betriebsanlagen beschäftigt sind.

§ 82. Auf Streitigkeiten der in Bergwerken, Salinen, Aufbereitungsanstalten und unterirdisch betriebenen Brüchen und Gruben beschäftigten Arbeiter mit ihren Arbeitgebern finden die Bestimmungen dieses Gesetzes mit der Maßgabe Anwendung, daß die Errichtung von Gewerbegerichten, deren Zuständigkeit auf die vorbezeichneten Betriebe beschränkt wird, unabhängig von den Voraussetzungen des § 1 Abs. 5 durch Anordnung der Landes-Zentralbehörde erfolgen kann.

Für die auf Grund der letzteren Bestimmung errichteten Gewerbegerichte gelten nachstehende besondere Vorschriften:

1. Die Bestimmung des letzten Satzes im Abs. 2 des § 7 findet keine Anwendung.
2. Durch die Zuständigkeit eines solchen Gerichts wird die Zuständigkeit anderer innerhalb seines Bezirkes bestehender oder später errichteter Gewerbegerichte ausgeschlossen.

3. Die Kosten der Gewerbegerichte werden, soweit sie in deren Einnahmen nicht Deckung finden, vom Staate getragen.
4. Der Vorsitzende und dessen Stellvertreter werden von der Landes-Zentralbehörde ernannt. Zur Bewirkung der Zustellungen können an Stelle der Gerichtsvollzieher oder Gemeindebeamten (§ 25 Abs. 2) andere Beamte verwendet werden.
5. Inwieweit den Arbeitgebern im Sinne der §§ 12 bis 14 die mit der Leitung eines Betriebs oder eines bestimmten Zweiges desselben betrauten Stellvertreter der selbständigen Gewerbetreibenden gleichstehen, wird durch Anordnung der Landes-Zentralbehörde bestimmt.
6. Die Bestimmung des § 67 Abs. 4 findet, soweit sie sich auf Beisitzer bezieht, keine Anwendung.

§ 83. Soweit nach den Vorschriften des Krankenversicherungsgesetzes die Entscheidung von Streitigkeiten über die Berechnung und Anrechnung von Versicherungsbeiträgen und Eintrittsgeldern in Gemäßheit dieses Gesetzes zu erfolgen hat, finden die Vorschriften der §§ 76 bis 80 auch dann Anwendung, wenn es sich um Versicherungsbeiträge anderer als der im § 3 bezeichneten Arbeiter handelt. Die Zuständigkeit des Gemeindevorstehers wird in diesem Falle nicht dadurch ausgeschlossen, daß ein Gewerbegericht für die Gemeinde errichtet ist.

§ 84. Die Zuständigkeit der Innungen zur Entscheidung von Streitigkeiten zwischen Arbeitgebern und ihren Lehrlingen (Gewerbeordnung § 81a Nr. 4, § 81b Nr. 4) sowie die Zuständigkeit der Innungsschiedsgerichte (Gewerbeordnung §§ 91 bis 91b) erleiden durch dieses Gesetz keine Einschränkung.

Durch die Zuständigkeit einer Innung oder eines Innungsschiedsgerichts wird die Zuständigkeit eines für den Bezirk der Innung bestehenden oder später errichteten Gewerbegerichts ausgeschlossen.

§ 85. Die nach § 14 Nr. 4 des Gerichtsverfassungsgesetzes zugelassenen, auf Grund der Landesgesetze zur Entscheidung gewerblicher Streitigkeiten berufenen Gewerbegerichte werden mit dem 1. April 1892 aufgehoben, sofern nicht bis zu diesem Zeitpunkt ihre Zusammensetzung den Bestimmungen des § 13 Abs. 1 und 2 entspricht. Auf die Vertretung der Parteien vor den bezeichneten Gerichten finden die Bestimmungen des § 31 Anwendung.

Sofern diese Gerichte den vorbezeichneten Erfordernissen entsprechen, erleidet ihre Zuständigkeit durch dieses Gesetz keine Einschränkung.

§ 86. In dem Verhältnisse der Innungen, der Innungsschiedsgerichte und der im § 85 bezeichneten Gewerbegerichte zu den ordentlichen Gerichten und zu den gemäß § 1 errichteten Gewerbegerichten finden die Vorschriften des § 28 entsprechende Anwendung.

§ 87. Streitigkeiten, welche, bevor ein für dieselben zuständiges Gewerbegericht bestand, anhängig geworden sind, werden von den bis dahin zuständig gewesenen Behörden erledigt.

§ 88. Die Zentralbehörden der Bundesstaaten bestimmen, welche Verbände als weitere Kommunalverbände im Sinne dieses Gesetzes anzusehen, von welchen Organen der Gemeinden und weiteren Kommunalverbände die Statuten über Errichtung von Gewerbegerichten zu beschließen und von welchen Staats- oder Gemeindeorganen die übrigen in diesem Gesetze den Staats- oder Gemeindebehörden sowie den Vertretungen der Gemeinden und weiteren Kommunalverbände zugewiesenen Verrichtungen wahrzunehmen sind.

Mit den von der höheren Verwaltungsbehörde wahrzunehmenden Geschäften können jedoch nur diejenigen höheren Verwaltungsbehörden betraut werden, welche nach Landesrecht die Aufsicht oder Oberaufsicht in Gemeindeangelegenheiten wahrzunehmen haben; auf die in Gemäßheit des § 82 errichteten Gewerbegerichte findet diese Bestimmung keine Anwendung.[1])

---

[1]) Für **Bayern** hat die Kgl. Vollzugsverordnung vom 16. August 1890 (G.V.Bl. S. 571) als Landeszentralbehörde das Staatsministerium des Innern, als höhere Verwaltungsbehörden die Regierungen, Kammern des Innern, (Ausnahme ist für den Bereich der nach § 82 des Gesetzes errichteten Gewerbegerichte zugelassen), als weitere Kommunalverbände die Distriktsgemeinden, vertreten durch den Distriktsrath, bezeichnet und bestimmt, daß die Befugnisse der Gemeindevertretungen und Ortsbehörden in Gemeinden mit städtischer Verfassung von den Magistraten, in Gemeinden mit Landgemeindeverfassung von den Gemeindeausschüssen, in der Pfalz von den Gemeinderäthen wahrgenommen werden (vorbehaltlich der Zustimmung der Gemeindebevollmächtigten bezw. der Gemeindeversammlung in gewissen Fällen).

15. Strandungsordnung vom 17. Mai 1874.

in der Fassung der Novelle v. 30. Dez. 1901.

(R.G.Bl. 1874 S. 73—83. 1902 S. 1 u. 2.)

I. Abschnitt.

Von den Strandbehörden.

§ 1. Die Verwaltung der Strandungsangelegenheiten wird durch Strandämter geführt.

Den Strandämtern werden Strandvögte untergeordnet. Letztere haben insbesondere diejenigen Maßregeln zu leiten, welche zum Zwecke der Bergung oder Hülfsleistung zu ergreifen sind.

§ 2. Die Organisation der Strandämter, die Abgrenzung ihrer Bezirke, die Anstellung der Strandbeamten, die Regelung des Verhältnisses der Strandvögte zu den Strandämtern, und die Bestimmung der Behörden, welche die Aufsicht über diese Aemter und Beamten zu führen haben, sowie die Feststellung der Dienstbezüge der Strandbeamten steht den Landesregierungen nach Maßgabe der Landesgesetze zu.

Der Vorsteher eines Strandamts kann für den ihm überwiesenen Bezirk oder einen Theil desselben zugleich zum Strandvogt bestellt werden.

§ 3. Die Oberaufsicht über die Verwaltung der Strandungsangelegenheiten steht dem Reiche zu.

II. Abschnitt.

Von dem Verfahren bei Bergung und Hülfsleistung in Seenoth.

§ 4. Wer ein auf den Strand gerathenes oder sonst unweit desselben in Seenoth befindliches Schiff wahrnimmt, hat hiervon sofort dem zuständigen Strandvogt oder der nächsten Gemeindebehörde Anzeige zu machen. Der Ueberbringer der ersten Anzeige hat Anspruch auf eine angemessene Vergütung.

§ 5. Die Gemeindebehörde hat unverzüglich für die Mittheilung der Nachricht an den Strandvogt zu sorgen. Die Gemeinden sind verpflichtet, hierzu gegen eine den ortsüblichen Sätzen entsprechende Vergütung einen Boten und die nöthigen Beförderungsmittel (Pferd, Gespann, Boot) zu stellen.

§ 6. Der Strandvogt hat unverzüglich nach Empfang der Nachricht (§ 5) sich an Ort und Stelle zu begeben und daselbst die zur Aufrechterhaltung der Ordnung sowie zur Bergung oder Hülfsleistung erforderlichen Anordnungen zu treffen. Auch hat er für schleunigste Benachrichtigung des Strandamts sowie des nächsten Zollbeamten Sorge zu tragen, bis zur Ankunft des letzteren aber das Zollinteresse selbst wahrzunehmen.

Bis zum Erscheinen des Strandvogts sind die Strand-Unterbeamten und in deren Ermangelung die nächste Gemeindebehörde zu den erforderlichen Anordnungen berufen.

§ 7. Wider den Willen des Schiffers dürfen Maßregeln zum Zweck der Bergung oder Hülfsleistung nicht ergriffen werden. Insbesondere darf wider den Willen des Schiffers weder an das Schiff angelegt, noch dasselbe betreten werden. Ist das Schiff von der Schiffsbesatzung verlassen, so bedarf es zum Anlegen an dasselbe oder zum Betreten desselben, sofern nicht dringende Gefahr im Verzuge liegt, der Erlaubniß des Strandvogts.

Auf die Thätigkeit der Vereine zur Rettung Schiffbrüchiger finden diese Bestimmungen keine Anwendung.

§ 8. Der Schiffer ist befugt, dem Strandvogt die Leitung des Verfahrens jederzeit wieder abzunehmen, sobald er für die etwa bereits entstandenen Bergungs- und Hülfskosten, einschließlich des Berge- und Hülfslohnes (Art. 753 des Allgemeinen Deutschen Handelsgesetzbuchs)[1]), die von dem Vorsteher des Strandamtes oder dem Strandvogt erforderlich befundene Sicherheit bestellt hat.

§ 9. Die Verpflichtung, den polizeilichen Aufforderungen zur Hülfe Folge zu leisten, bestimmt sich nach § 360 Nr. 10 des Strafgesetzbuchs mit der Maßgabe, daß als „Polizeibehörde" im Sinne dieser Vorschrift auch der Strandvogt gilt.

Während der Seenoth ist der Strandvogt befugt, zur Rettung von Menschenleben die erforderlichen Fahrzeuge und Geräthschaften, sowie jeden außerhalb der öffentlichen Wege zum Strande führenden Zugang auch ohne Einwilligung der Verfügungsberechtigten in Anspruch zu nehmen. Der hieraus entstehende wirkliche Schaden ist zu vergüten. Wer der Anordnung des Strandvogts nicht Folge leistet, wird mit der im § 360 Nr. 10 a. a. O. angedrohten Strafe belegt.

Die Fahrzeuge und Geräthschaften der Vereine zur Rettung Schiffbrüchiger dürfen nur, insoweit die Vereinsmannschaft nicht selbst einschreitet, zur Rettung von Menschenleben in Anspruch genommen werden.

§ 10. Die in den §§ 4, 5 und 9 bezeichneten Vergütungen gehören zu den im Art. 745 Abs. 2 des Allgemeinen Deutschen Handelsgesetzbuchs[2]) bestimmten Bergungs- und Hülfskosten. Dieselben werden nach Maßgabe der Bestimmungen des fünften Abschnitts festgesetzt und sind, wenn anderweit die Befriedigung nicht zu erreichen ist, aus Staatsmitteln zu leisten. Auf Verlangen sind sie aus diesen vorschußweise zu zahlen.

§ 11. Der Strandvogt hat vor Allem für die Rettung der Personen zu sorgen. Im Falle der Bergung hat er zunächst die Schiffs-

[1]) Jetzt § 751 H.G.B.
[2]) Jetzt § 743 Abs. 2 H.G.B.

und Ladungspapiere, insbesondere das Schiffsjournal an sich zu nehmen, das letztere sobald als möglich mit dem Datum und seiner Unterschrift abzuschließen und demnächst sämmtliche Papiere dem Schiffer zurückzugeben.

§ 12. Ohne Genehmigung des Schiffers darf nichts aus dem Schiffe fortgeschafft werden. Auch hat zunächst der Schiffer darüber Bestimmung zu treffen, wohin die fortgeschafften Gegenstände sowie das Schiff selbst zu bringen sind. Sowohl jene Genehmigung als auch diese Bestimmung steht dem Strandvogt zu, wenn derselbe die Leitung des Verfahrens übernommen hatte. In Ermangelung einer Bestimmung des Schiffers oder des Strandvogts muß das Geborgene, sofern keine Hindernisse entgegenstehen, bei Verlust des Anspruchs auf Berge- oder Hülfslohn nach dem zunächst erreichbaren deutschen Hafen oder Landungsplatze gebracht und sofort der nächsten Polizeibehörde oder dem Strandvogt angezeigt werden.

Die aus dem Schiffe fortgeschafften Gegenstände sind, sobald dies thunlich, zu verzeichnen.

§ 13. Werden einzelne Stücke der Ladung oder des Schiffs oder sonstige Gegenstände, welche auf dem Schiffe sich befunden, oder zu demselben gehört haben, an das Land getrieben, so hat derjenige, welcher dieselben birgt, dies sofort einem der mitwirkenden Beamten anzuzeigen und auf Erfordern die Sachen abzuliefern.

§ 14. Der Strandvogt hat dem nächsten Steuerbeamten von der Bergung sofort Nachricht zu geben und bis zur Ankunft desselben das steuerfiskalische Interesse wahrzunehmen.

Die geborgenen Gegenstände werden von dem Strandamt und dem Zollbeamten gemeinschaftlich in Gewahrsam genommen.

§ 15. Das Strandamt hat mit Zuziehung des Schiffers und des Zollbeamten ein Inventarium der geborgenen Gegenstände unter Angabe der etwa vorhandenen Marken und Nummern und mit Benutzung der vorläufigen Verzeichnisse (§ 12) aufzunehmen, dabei auch überall den Werth und die Menge zu vermerken, soweit dieselben sich aus vorhandenen Schriftstücken ergeben oder anderweit ohne Verletzung der Verpackung festzustellen sind. Das Inventarium ist von dem Zollbeamten und dem Schiffer zu unterschreiben, die Einsicht desselben oder die Fertigung einer Abschrift ist auch anderen Betheiligten zu gestatten.

§ 16. Die geborgenen Gegenstände sind dem Schiffer, in Ermangelung desselben demjenigen, welcher sonst seine Empfangsberechtigung nachweist, auszuliefern. Die Auslieferung darf jedoch, mit Ausnahme der für das augenblickliche Bedürfniß der Mannschaft und Passagiere erforderlichen Gegenstände, erst nach Bezahlung oder Sicherstellung der Bergungskosten einschließlich des Bergelohns (Art. 753 des Allgemeinen Deutschen Handelsgesetzbuchs)[1]) und nach erfolgter zollamtlicher Abfertigung geschehen.

---

[1]) Jetzt § 751 H.G.B.

§ 17. Behufs Uebernahme der Vertretung der Betheiligten in Bergungs- und Hülfsleistungsfällen können von den Landesregierungen an geeigneten Orten einfür allemal Sachverständige bestellt werden. Dieselben sind in den einzelnen Fällen den Betheiligten von dem Strandamt namhaft zu machen. Die Wahl anderer Vertreter ist hierdurch nicht ausgeschlossen.

§ 18. Leicht verderbliche und solche Gegenstände, deren Aufbewahrung mit Gefahr oder unverhältnißmäßigen Kosten verbunden sein würde, können von dem Strandamt öffentlich verkauft werden, jedoch bei Anwesenheit des Empfangsberechtigten nur mit Zustimmung desselben oder nach fruchtlos an ihn ergangener Aufforderung, die Gegenstände gemäß § 16 in Empfang zu nehmen.

§ 19. Entstehen Zweifel oder Streitigkeiten über die Empfangsberechtigung, oder sind die Empfangsberechtigten nicht alsbald zu ermitteln, so hat das Strandamt die betreffenden Gegenstände oder deren Erlös (§ 18) in Verwahrung zu nehmen, und demnächst nach den Bestimmungen des IV. Abschnitts zu verfahren.

III. Abschnitt.

Von Seeauswurf und strandtriftigen Gegenständen, sowie von versunkenen und seetriftigen Gegenständen.

§ 20. Wenn außer dem Falle der Seenoth eines Schiffes besitzlos gewordene Gegenstände von der See auf den Strand geworfen oder gegen denselben getrieben, und vom Strande aus geborgen werden, so haben auch in diesen Fällen die Berger Anspruch auf Bergelohn nach den Vorschriften des Allgemeinen Deutschen Handelsgesetzbuchs, Buch V. Titel 9.[1]) Sie sind verpflichtet, bei Verlust des Anspruchs auf Bergelohn von den geborgenen Gegenständen der nächsten Polizeibehörde oder dem Strandvogt sofort Anzeige zu machen, und dieselben zur Verfügung zu stellen.

§ 21. Denselben Anspruch und dieselbe Verpflichtung haben die Berger, wenn versunkene Schiffstrümmer oder sonstige Gegenstände vom Meeresgrunde heraufgebracht, oder wenn ein verlassenes Schiff oder sonstige besitzlos gewordene Gegenstände, in offener See treibend, von einem Fahrzeuge geborgen werden.

Die Verpflichtung tritt in diesem Falle ein, sobald das bergende Fahrzeug nach der Bergung an der deutschen Küste anlegt oder vor Anker geht, fällt aber fort, wenn das Fahrzeug inzwischen an einer fremden Küste angelegt hat, oder vor Anker gegangen ist, und die Berger dort die geborgenen Gegenstände dem Eigenthümer oder einer Behörde zur Verfügung gestellt haben.

§ 22. Welche Gewässer bei Anwendung der §§ 20 und 21 der See gleichzustellen sind, bestimmen die Landesregierungen.

---

[1]) Jetzt Buch IV. Achter Abschnitt H.G.B.

§ 23. Das Strandamt hat den Berger über die Zeit, den Ort und die Umstände der Bergung sowie über den beanspruchten Lohn zu hören und für die angemessene Aufbewahrung der Gegenstände zu sorgen, auch dem nächsten Zollbeamten Nachricht zu geben. Die Bestimmungen der §§ 14, 15 und 18 finden auch hier Anwendung.

Kann der Empfangsberechtigte alsbald ermittelt werden, so ist nach der Vorschrift des § 16, andernfalls nach den Vorschriften des IV. Abschnitts, zu verfahren.

§ 24. Die Landesregierungen sind ermächtigt, Anmeldestellen einzurichten, welchen die Strandämter jede Bergung in den Fällen der §§ 20 und 21 mitzutheilen haben. Auf diesen Anmeldestellen ist ein Fundverzeichniß über die geborgenen Gegenstände und den Ort ihrer Aufbewahrung zu führen und zur Einsicht für jedermann auszulegen. Ein Auszug aus dem Verzeichniß wird in angemessenen Fristen bekannt gemacht.

Die Bestimmungen des § 23 finden auch da Anwendung, wo Anmeldestellen bestehen.

§ 25.[1]) Wird die Schiffahrt dadurch beeinträchtigt, daß in einem Fahrwasser, auf einer Rhede oder in einem Hafen ein Schiff oder Wrack hülflos treibt, oder gestrandet oder gesunken ist, oder Anker oder sonstige Gegenstände auf den Grund gerathen, so ist die Behörde befugt, die Beseitigung des Hindernisses zu veranlassen.

Sobald die Behörde eingeschritten und dies öffentlich erkennbar oder den Betheiligten bekannt gemacht ist, darf ohne Genehmigung der Behörde das Hinderniß nicht mehr beseitigt und von dem Schiffe oder Wracke nichts mehr fortgeschafft werden.

Zur Deckung der Kosten der Beseitigung kann die Behörde die beseitigten Gegenstände öffentlich verkaufen, soweit nicht Sicherheit gestellt wird. Dieses Recht erstreckt sich im Falle der Beseitigung eines Schiffes oder Wrackes auch auf alle Gegenstände, welche zur Zeit des Einschreitens der Behörde auf dem Schiffe oder Wracke vorhanden waren, mit Ausnahme der Habe der Schiffsbesatzung, des Reiseguts der Reisenden und der Post. Gegenstände, welche dem Reiche oder einem Bundesstaate gehören, sind zunächst der zuständigen Verwaltung gegen Erstattung des Werthes zur Verfügung zu stellen. Mit dem nach Abzug der Beseitigungskosten etwa verbleibenden Ueberschusse des Erlöses ist nach den §§ 16, 19 zu verfahren. Nach fruchtlosem Aufgebotsverfahren (§ 26) fällt der Ueberschuß der Seemannskasse oder in Ermangelung einer solchen der Armenkasse am Sitze der Behörde zu.

Wird durch einen der im Abs. 1 bezeichneten Vorgänge die Gefahr einer Beeinträchtigung der Schiffahrt herbeigeführt, so ist der Schiffer, in dessen Ermangelung oder Verhinderung sein Stellvertreter, verpflichtet, dem nächsten Strandamt unverzüglich Anzeige zu erstatten.

---

[1]) Fassung nach Art. 1 des Gesetzes vom 30. Dezember 1901 (R.G.Bl. 1902 S. 1 u. 2).

IV. Abschnitt.

Von dem Aufgebotsverfahren in Bergungssachen und dem Rechte auf herrenlose geborgene Gegenstände.

§ 26. Behufs der Ermittelung des Empfangsberechtigten hat das Strandamt, sofern sich genügender Anlaß dazu bietet, geeignete Vorverhandlungen einzuleiten. Dem dadurch ermittelten Berechtigten sind die geborgenen Gegenstände nach Maßgabe des § 16 auszuliefern.

Wenn sich kein Anlaß zu Vorverhandlungen bietet, oder durch dieselben der Empfangsberechtigte nicht ermittelt wird, so tritt das Aufgebotsverfahren (§ 27 ff.) ein.

§ 27. Im Aufgebotsverfahren werden alle unbekannten Berechtigten aufgefordert, bis zu einem bestimmten Termine bei dem Strandamte ihre Ansprüche anzuzeigen, widrigenfalls dieselben bei der Verfügung über die geborgenen Gegenstände unberücksichtigt bleiben würden.

Der Termin ist auf vier Wochen bis neun Monate zu bestimmen. Das Aufgebot wird durch Aushang (Anschlag) an der Amtsstelle sowie nach dem Ermessen des Strandamtes durch eine oder mehrere Anzeigen in öffentlichen Blättern und Anschlag an Börsen und anderen geeigneten Orten bekannt gemacht. Zur Ersparung von Kosten kann das Aufgebot so lange ausgesetzt werden, bis eine angemessene Zahl von Gegenständen angesammelt ist.

Ein Ausschlußbescheid wird nicht erlassen.

§ 28. Diejenigen Gegenstände, auf welche ein Anspruch nicht angezeigt ist, werden nach Ablauf des Termins den nach § 35 Berechtigten gegen Erlegung der Bergungskosten, zu welchen in den Fällen des ersten Absatzes des § 35 auch der Bergelohn gehört, nach erfolgter zollamtlicher Abfertigung ausgeliefert.

Der Empfänger ist, wenn versäumte Ansprüche später geltend gemacht werden, nur insoweit, als er sich dann im Besitze der Sache noch befindet oder durch den aus derselben gelösten Werth noch bereichert ist, dem Berechtigten zur Entschädigung verpflichtet. In den Fällen des zweiten Absatzes des § 35 behält der Berger auch den noch in seinem Besitze befindlichen Vortheil, insoweit dieser den Bergelohn nicht übersteigt.

§ 29. Sind dagegen Ansprüche angezeigt, so fordert das Strandamt die nach § 35 Berechtigten auf, sich binnen einer bestimmten Frist zu erklären, ob sie diese Ansprüche anerkennen wollen oder nicht, widrigenfalls dieselben für anerkannt erachtet werden würden.

Wenn innerhalb dieser Frist ein Widerspruch seitens der Aufgeforderten nicht erfolgt, so ist die Auslieferung der Gegenstände an denjenigen, welcher den Anspruch angezeigt hat, gemäß § 16 zu bewirken und zwar, falls das Strandamt den Anspruch für nachgewiesen erachtet, sofort, anderenfalls erst nach Ablauf des Aufgebotstermins, sofern auch bis dahin weitere Ansprüche nicht angemeldet werden.

Wenn dagegen ein Widerspruch von einem der Aufgeforderten innerhalb der Erklärungsfrist erfolgt, so sind die angezeigten Ansprüche gegen denselben im Wege der Klage auszuführen.

§ 30. Wenn die Berechtigung zum Empfang streitig, und von keinem der nach § 35 Berechtigten ein Widerspruch erhoben ist, so bestimmt das Strandamt denjenigen, gegen welchen die sonst angezeigten Ansprüche im Wege der Klage auszuführen sind.

Diesem steht auch die Befugniß zu, gegen Leistung der vom Strandamte zu bestimmenden Sicherheit die Auslieferung der geborgenen Gegenstände zu verlangen.

§ 31. Zur Anstellung der Klage (§§ 29 Abs. 3 und 30), welche bei dem für den Ort des Strandamts zuständigen Gerichte zu erheben ist, bestimmt das Strandamt eine angemessene Ausschlußfrist.

§ 32. Im Falle des § 30 hat das Strandamt auf Antrag dafür zu sorgen, daß die nach Abschnitt V. dieses Gesetzes festgestellten Ansprüche aus der bestellten Sicherheit oder durch den Verkauf der geborgenen Gegenstände befriedigt werden.

§ 33. Streitigkeiten über die Empfangsberechtigung werden im Prozeßwege erledigt.

§ 34. Die Kosten der Vorverhandlungen und des Aufgebotsverfahrens gehören zu den im Artikel 745 Absatz 2 des Allgemeinen Deutschen Handelsgesetzbuchs[1]) bestimmten Bergungskosten.

§ 35. Wenn der Empfangsberechtigte auch durch das Aufgebotsverfahren nicht ermittelt wird, so werden Gegenstände, welche in Seenoth vom Strande aus geborgen sind (§§ 4—19), desgleichen Seeauswurf und strandtriftige Güter (§ 20), dem Landesfiskus überwiesen.

Unter gleicher Voraussetzung werden versunkene und seetriftige Gegenstände (§ 21) dem Berger überwiesen.

Die Antheile mehrerer Mitberechtigter im Falle des Artikels 751 des Allgemeinen Deutschen Handelsgesetzbuchs[2]) bestimmen sich auch in Beziehung auf diesen Anspruch nach den dort vorgeschriebenen Grundsätzen. Wer die ihm nach dem § 21 obliegende Anzeige unterläßt, geht dieses Anspruchs zu Gunsten der Seemannskasse des Orts, wo das Strandamt seinen Sitz hat, und in Ermangelung einer solchen, zu Gunsten der Ortsarmenkasse verlustig.

Ob und in welcher Weise diejenigen zu entschädigen sind, welchen nach den bisherigen Bestimmungen die in den vorstehenden Absätzen der Staatskasse und dem Berger überwiesenen Ansprüche zugestanden haben, bestimmen die Landesgesetze.

---

[1]) Jetzt § 743 Abs. 2 H.G.B.
[2]) Jetzt § 749 H.G.B.

V. Abschnitt.

Von der Festsetzung der Bergungs- und Hülfskosten.

§ 36. Wer Berge- oder Hülfslohn oder die Erstattung sonstiger Bergungs- oder Hülfskosten verlangt, hat in Ermangelung einer gütlichen Einigung seine Ansprüche bei dem Strandamt anzumelden.

§ 37. Das Strandamt hat nach Anhörung der Betheiligten, soweit dieselben anwesend sind, eine Berechnung der aufgestellten Forderungen zu entwerfen und mit seinen gutachtlichen Bemerkungen der Aufsichtsbehörde einzureichen.

§ 38. Die Aufsichtsbehörde hat die angemeldeten Ansprüche nach den Bestimmungen des Allgemeinen Deutschen Handelsgesetzbuchs, Buch V. Titel 9,[1]) zu prüfen und durch Bescheid festzusetzen. Jedem Betheiligten ist der Bescheid zu Protokoll bekannt zu machen, oder eine Ausfertigung desselben zuzustellen.

Die Zustellung ist gültig, wenn sie unter Beobachtung der für Zustellungen in bürgerlichen Rechtsstreitigkeiten vorgeschriebenen Formen erfolgt. Die vereideten Verwaltungsbeamten haben dabei die Glaubwürdigkeit der Gerichtsbeamten.

§ 39. Gegen den Bescheid der Aufsichtsbehörde findet nur der Rechtsweg statt.

Die Partei, welche sich durch den Bescheid beschwert fühlt, hat binnen einer Ausschlußfrist von 14 Tagen — vom Tage nach der Bekanntmachung oder Behändigung des Bescheides (§ 38) an gerechnet — die Klage bei dem für den Ort des Strandamts zuständigen Gerichte anzubringen. Das Gericht kann aus Gründen, die in der Sache selbst liegen, diese Frist angemessen verlängern.

Durch rechtzeitige Erhebung der Klage verliert der Bescheid zwischen den Prozeßparteien seine Kraft.

§ 40. Den Landesregierungen steht es zu, die in § 38 der Aufsichtsbehörde zugewiesenen Obliegenheiten dem Strandamt zu übertragen.

§ 41. Die Erhebung der festgesetzten Beträge und die Vertheilung derselben unter die Berechtigten erfolgt in der Regel durch das Strandamt.

Der Vorsteher des Strandamts hat auch in dem Falle keinen Anspruch auf Berge- oder Hülfslohn, wenn er zugleich zum Strandvogt bestellt ist.

VI. Abschnitt.

Allgemeine Bestimmungen.

§ 42. Schiffer im Sinne dieses Gesetzes ist der Führer des Schiffs (Schiffskapitän), in Ermangelung oder Verhinderung desselben dessen Stellvertreter.

---

[1]) Jetzt Buch IV. Achter Abschnitt H.G.B.

§ 43. Wer den Vorschriften der §§ 4, 7 Abs. 1, 12 Abs. 1, 13, 20, 21, 25 Abs. 2, 4[1]) zuwiderhandelt, wird, sofern nicht nach allgemeinen Strafgesetzen eine höhere Strafe verwirkt ist, mit Geldstrafe bis zu einhundertfünfzig Mark oder mit Haft bestraft.

§ 44. Die Bestimmungen des Gesetzes, betreffend die Errichtung eines obersten Gerichtshofes für Handelssachen, vom 12. Juni 1869, sowie die Ergänzungen desselben werden auf diejenigen bürgerlichen Rechtsstreitigkeiten ausgedehnt, in welchen durch Klage oder Widerklage ein Anspruch aus Rechtsverhältnissen geltend gemacht wird, welche auf die Bergung außer dem Falle der Seenoth sich beziehen.

§ 45. Ob und inwieweit im Falle der Bergung des von den Landesregierungen zur Betonnung verwendeten Materials an Tonnen, Ketten und sonstigem Zubehör bestimmte Lohnsätze an Stelle des Bergelohns treten, bestimmt sich, wenn die Bergung im eigenen Gebiete erfolgt, nach dem bezüglichen Landesrecht, anderenfalls nach den etwa abgeschlossenen Staatsverträgen.

§ 46. Die in diesem Gesetz vorgeschriebene Mitwirkung der Zollbehörde findet in den Zollausschlüssen nicht statt.

§ 47. Die Bestimmungen der Staatsverträge über die den Konsuln fremder Staaten in Bergungsfällen zustehenden Rechte werden durch dieses Gesetz nicht berührt.

§ 48. Dieses Gesetz tritt am 1. Januar 1875 in Kraft.

---

[1]) Das Citat „25 Abs. 2, 4" ist beigefügt durch Art. 2 des Gesetzes v. 30. Dezember 1901 (R.G.Bl. 1902 S. 1 u. 2).

16. Seemannsordnung, vom 2. Juni 1902.

(Reichsgesetzblatt 1902 S. 175—211.)

Wir **Wilhelm**, von Gottes Gnaden Deutscher Kaiser, König von Preußen ꝛc.

verordnen im Namen des Reichs, nach erfolgter Zustimmung des Bundesraths und des Reichstags, was folgt:

Erster Abschnitt.

Einleitende Vorschriften.

§ 1. Die Vorschriften dieses Gesetzes finden auf alle Kauffahrteischiffe (Gesetz vom 22. Juni 1899 § 1, Reichs-Gesetzbl. 1899 S. 319, Reichs-Gesetzbl. 1901 S. 184) Anwendung, welche das Recht, die Reichsflagge zu führen, ausüben dürfen.

Sie sind der Abänderung durch Vertrag entzogen, soweit nicht eine anderweitige Vereinbarung ausdrücklich zugelassen ist.

Durch Kaiserliche Verordnung mit Zustimmung des Bundesraths kann bestimmt werden, inwieweit die Vorschriften dieses Gesetzes auf Binnenschiffe Anwendung finden, welche das Recht, die Reichsflagge zu führen, ausüben dürfen (Gesetz vom 22. Juni 1899 § 26a).

§ 2. Kapitän im Sinne dieses Gesetzes ist der Führer des Schiffes (Schiffer), in dessen Ermangelung oder Verhinderung sein Stellvertreter.

Schiffsoffiziere im Sinne dieses Gesetzes sind diejenigen zur Unterstützung des Kapitäns in der Führung des Schiffes bestimmten Angestellten, welche zur Ausübung ihres Dienstes eines staatlichen Befähigungsnachweises bedürfen. Außerdem gelten als Schiffsoffiziere die Aerzte, Proviant- und Zahlmeister.

Schiffsmann im Sinne dieses Gesetzes ist jede sonstige zum Dienste auf dem Schiffe während der Fahrt für Rechnung des Rheders angestellte Person, ohne Unterschied, ob die Anmusterung (§ 13) erfolgt ist, oder nicht. Auch die weibliche Angestellte hat die Rechte und Pflichten des Schiffsmanns. Der Lootse gilt nicht als Schiffsmann. Die Gesammtheit der Schiffsleute bildet die Schiffsmannschaft.

§ 3. Der Kapitän ist der Dienstvorgesetzte der Schiffsoffiziere und Schiffsleute. Seine Stellvertretung liegt, soweit nicht vom Rheder oder vom Kapitän hinsichtlich der Vertretung in einzelnen Dienstzweigen anderweitige Anordnung getroffen ist, dem Steuermann, in Ermangelung eines solchen dem Bestmann ob.

Die Schiffsoffiziere sind Vorgesetzte sämmtlicher Schiffsleute. Auf die Schiffsoffiziere finden die für die Schiffsmannschaft oder den Schiffsmann geltenden Vorschriften, soweit nicht ausdrücklich ein Anderes festgesetzt ist, Anwendung.

Das dienstliche Verhältniß der Schiffsoffiziere unter einander, insbesondere das Verhältniß zwischen Offizieren verschiedener Dienstzweige, bestimmt sich nach den vom Rheder oder vom Kapitän getroffenen besonderen Festsetzungen. Auf Dampfschiffen ist jedoch während der Ausübung des Wachtdienstes der wachthabende Maschinist dem wachthabenden Steuermann insofern untergeordnet, als er die von diesem nach der Maschine gegebenen Befehle auszuführen hat.

Die außer den Schiffsoffizieren in den einzelnen Dienstzweigen als Vorgesetzte geltenden Schiffsleute werden vom Kapitän bestimmt und sind der Schiffsmannschaft durch Aushang bekannt zu geben.

§ 4. Der Bundesrath erläßt Bestimmungen über Zahl und Art der Schiffsoffiziere, mit welchen die Schiffe zu besetzen sind, sowie über den Grad des Befähigungszeugnisses, das der Kapitän und die Schiffsoffiziere besitzen müssen. Die Bestimmungen sind dem Reichstage bei seinem nächsten Zusammentritte zur Kenntnißnahme vorzulegen.

§ 5. Seemannsämter mit den durch dieses Gesetz ihnen zugewiesenen Befugnissen und Obliegenheiten sind im Reichsgebiete die landesrechtlich, in den Schutzgebieten die vom Reichskanzler bestellten Behörden, im Auslande die Konsulate des Reichs für Hafenplätze.

Die Einrichtung der Seemannsämter im Reichsgebiete steht den Landesregierungen nach Maßgabe der Landesgesetze zu. Ihre Geschäftsführung unterliegt der Oberaufsicht des Reichs. Bei der Entscheidung in den im § 122 bezeichneten Fällen müssen die Seemannsämter innerhalb des Reichsgebiets mit einem Vorsitzenden und zwei schiffahrtskundigen Beisitzern besetzt sein.

Ist ein Konsul Mitinhaber oder Agent der Rhederei des Schiffes, so ist er von der Wahrnehmung der im § 58 bezeichneten Geschäfte eines Seemannsamts in Bezug auf dieses Schiff ausgeschlossen, wenn von dem beschwerdeführenden Schiffsoffizier oder der Mehrzahl der beschwerdeführenden Schiffsleute gegen seine Mitwirkung Widerspruch erhoben wird.

§ 6. Die Schutzgebiete gelten im Sinne dieses Gesetzes als Inland.

Deutsche Häfen im Sinne dieses Gesetzes sind nur die Häfen des Reichsgebiets.

Zweiter Abschnitt.

Seefahrtsbücher und Musterung.

§ 7. Niemand darf im Reichsgebiet als Schiffsmann in Dienst treten, bevor er sich über Namen, Geburtsort und Alter vor einem Seemannsamt ausgewiesen und von demselben ein Seefahrtsbuch ausgefertigt erhalten hat.

Ist der Schiffsmann ein Deutscher, so darf er vor vollendetem vierzehnten Lebensjahre zur Uebernahme von Schiffsdiensten nicht zugelassen werden; auch hat er sich über seine Militärverhältnisse sowie, wenn er noch minderjährig ist, darüber auszuweisen, daß er von seinem gesetzlichen Vertreter zur Uebernahme von Schiffsdiensten ermächtigt worden ist. Der Genehmigung des Vormundschaftsgerichts bedarf es nicht.

Mit dem Seefahrtsbuch ist dem Schiffsmanne zugleich ein Abdruck der Seemannsordnung, des Gesetzes, betreffend die Verpflichtung der Kauffahrteischiffe zur Mitnahme heimzuschaffender Seeleute, des Gesetzes, betreffend die Stellenvermittelung für Schiffsleute, und einer amtlichen Zusammenstellung der Bestimmungen über die Militärverhältnisse der seemännischen und halbseemännischen Bevölkerung auszuhändigen.

Der Bundesrath bestimmt, inwieweit als Schiffsleute nur solche Personen angemustert werden dürfen, welche nach Untersuchung ihres körperlichen Zustandes für den zu übernehmenden Dienst geeignet sind.

§ 8. Die für einen einzelnen Fall ertheilte Ermächtigung des gesetzlichen Vertreters (§ 7) gilt im Zweifel als ein für allemal ertheilt.

Kraft derselben ist der Minderjährige für solche Rechtsgeschäfte unbeschränkt geschäftsfähig, welche die Eingehung oder Aufhebung von Heuerverträgen oder die Erfüllung der sich aus einem solchen Vertrag ergebenden Verpflichtungen betreffen.

§ 9. Wer bereits ein Seefahrtsbuch ausgefertigt erhalten hat, muß behufs Erlangung eines neuen Seefahrtsbuchs das ältere vorlegen oder dessen Verlust glaubhaft machen. Daß dies geschehen, wird von dem Seemannsamt in dem neuen Seefahrtsbuche vermerkt.

Wird der Verlust glaubhaft gemacht, so ist diesem Vermerke zugleich eine Bescheinigung des Seemannsamts über die früheren Rang- und Dienstverhältnisse sowie über die Dauer der Dienstzeit und über die dem Schiffsmann anzurechnenden Beitragswochen für die Invalidenversicherung, soweit derselbe sich hierüber genügend ausweist, beizufügen.

§ 10. Wer nach Inhalt seines Seefahrtsbuchs angemustert ist, darf nicht von neuem angemustert werden, bevor er sich über die Beendigung des früheren Dienstverhältnisses durch den in das Seefahrtsbuch einzutragenden Vermerk (§§ 22, 25) ausgewiesen hat. Kann nach dem Ermessen des Seemannsamts ein solcher Vermerk nicht beigebracht werden, so dient statt desselben, sobald die Beendigung des Dienstverhältnisses auf andere Art glaubhaft gemacht ist, ein vom Seemannsamte hierüber einzutragender Vermerk im Seefahrtsbuche.

§ 11. Einrichtung und Preis des Seefahrtsbuchs bestimmt der Bundesrath. Die Ausfertigung erfolgt kosten- und stempelfrei.

Das Seefahrtsbuch muß über die Militärverhältnisse und die Invalidenversicherung des Inhabers Auskunft geben.

§ 12. Der Kapitän hat die Musterung (Anmusterung, Abmusterung) der Schiffsmannschaft nach Maßgabe der folgenden Bestimmungen (§§ 13 bis 26) zu veranlassen.

Der Kapitän oder ein zum Abschlusse von Heuerverträgen bevollmächtigter Vertreter der Rhederei und der Schiffsmann müssen bei der Musterung zugegen sein; gewerbsmäßige Stellenvermittler für Schiffsleute dürfen als Vertreter nicht bestellt werden.

§ 13. Die Anmusterung besteht in der Verlautbarung des mit dem Schiffsmanne geschlossenen Heuervertrags vor einem Seemannsamte. Sie muß vor Antritt oder Fortsetzung der Reise, wenn dies aber ohne Verzögerung der Reise unausführbar ist, sobald ein Seemannsamt angegangen werden kann, erfolgen; die Gründe für die Verzögerung oder Unterlassung der Anmusterung sind in das Schiffstagebuch einzutragen. Geschieht die Anmusterung innerhalb des Reichsgebiets, so ist dabei das Seefahrtsbuch vorzulegen.

§ 14. Die Anmusterungsverhandlung wird vom Seemannsamt als Musterrolle ausgefertigt. Wenn die gesammte Schiffsmannschaft nicht gleichzeitig mittelst Einer Verhandlung angemustert wird, so erfolgt die Ausfertigung auf Grund der ersten Verhandlung.

Die Musterrolle muß enthalten: Namen und Nationalität des Schiffes, Namen und Wohnort des Kapitäns, Namen, Wohnort und dienstliche Stellung jedes Schiffsmanns, den Hafen der Ausreise, die Bestimmungen des Heuervertrags, namentlich auch den Ueberstundenlohnsatz (§ 35 Abs. 3, § 37 Abs. 3) und etwaige besondere Verabredungen. Insbesondere muß aus der Musterrolle erhellen, was dem Schiffsmanne für den Tag an Speise und Trank gebührt. Bei besonderen Verabredungen mit Schiffsoffizieren kann die Eintragung auf die Wiedergabe des wesentlichen Inhalts beschränkt werden. Abreden, welche nach § 1 Abs. 2 unzulässig sind, dürfen nicht aufgenommen werden.

Im Uebrigen wird die Einrichtung der Musterrolle vom Bundesrathe bestimmt.

Die Musterrolle muß sich während der Reise an Bord befinden; auf Erfordern ist sie dem Seemannsamte vorzulegen.

§ 15. Wird ein Schiffsmann erst nach Ausfertigung der Musterrolle angemustert, so hat das Seemannsamt eine solche Musterung in die Musterrolle einzutragen.

§ 16. Bei jeder innerhalb des Reichsgebiets erfolgenden Anmusterung wird vom Seemannsamte hierüber und über die Zeit des Dienstantritts in das Seefahrtsbuch jedes Schiffsmanns ein Vermerk eingetragen, welcher zugleich als Ausgangs- oder Seepaß dient. Außerhalb des Reichsgebiets erfolgt eine solche Eintragung nur, wenn das Seefahrtsbuch zu diesem Zwecke vorgelegt wird.

Das Seefahrtsbuch ist demnächst vom Kapitän für die Dauer des Dienstverhältnisses in Verwahrung zu nehmen.

§ 17. Wird ein angemusterter Schiffsmann durch ein unabwendbares Hinderniß außer Stande gesetzt, den Dienst anzutreten, so hat er sich hierüber sobald wie möglich gegen den Kapitän und das Seemannsamt, vor welchem die Anmusterung erfolgt ist, auszuweisen. Der Kapitän hat das Seefahrtsbuch dem Schiffsmann oder dem Seemannsamte, vor welchem die Anmusterung erfolgt ist, sobald als thunlich zu übersenden.

§ 18. Die Abmusterung besteht in der Verlautbarung der Beendigung des Dienstverhältnisses seitens des Kapitäns und der aus diesem Verhältniß ausscheidenden Mannschaft vor einem Seemannsamte. Sie muß, sobald das Dienstverhältniß beendigt ist, erfolgen, und zwar, wenn nicht ein Anderes vereinbart wird, vor dem Seemannsamte desjenigen Hafens, wo das Schiff liegt, und nach Verlust des Schiffes vor demjenigen Seemannsamte, welches zuerst angegangen werden kann.

§ 19. Vor der Abmusterung hat der Kapitän dem abzumusternden Schiffsmann im Seefahrtsbuche die bisherigen Rang- und Dienstverhältnisse und die Dauer der Dienstzeit zu bescheinigen, auf Verlangen auch ein Führungszeugniß zu ertheilen. Das Zeugniß darf in das Seefahrtsbuch nicht eingetragen werden. Dasselbe ist kosten- und stempelfrei.

§ 20. Die Unterschriften des Kapitäns unter der Bescheinigung und dem Zeugnisse (§ 19) werden von dem Seemannsamte, vor welchem die Abmusterung stattfindet, kosten- und stempelfrei beglaubigt.

§ 21. Verweigert der Kapitän die Ausstellung des Zeugnisses (§ 19), oder enthält dieses oder die Bescheinigung im Seefahrtsbuche (§ 19) Angaben, deren Richtigkeit der Schiffsmann bestreitet, so hat auf dessen Antrag das Seemannsamt den Sachverhalt zu untersuchen und das Ergebniß der Untersuchung dem Schiffsmanne zu bescheinigen.

§ 22. Die erfolgte Abmusterung wird vom Seemannsamt in dem Seefahrtsbuche des abgemusterten Schiffsmanns und in der Musterrolle vermerkt.

§ 23. Sind seit der Ausfertigung der Musterrolle mindestens zwei Jahre verflossen, so ist auf Antrag des Kapitäns diesem vom Seemannsamt ein dem gegenwärtigen Bestande der Schiffsmannschaft entsprechender beglaubigter Auszug aus der Musterrolle zu ertheilen, welcher fernerhin als Musterrolle zu benutzen ist.

§ 24. Die Musterrolle sowie der etwa nach § 23 ertheilte Auszug sind nach Beendigung derjenigen Reise oder derjenigen Zeit, auf welche die als Musterrolle ausgefertigte Anmusterungsverhandlung (§ 14) sich bezieht, dem Seemannsamte, vor welchem abgemustert wird, zu überliefern.

Letzteres übersendet die Schriftstücke dem Seemannsamte des Heimathshafens und in Ermangelung eines solchen dem Seemannsamte des Registerhafens.

§ 25. Erfährt der Bestand der Mannschaft Aenderungen, bei welchen eine Musterung (§ 12) nach Maßgabe vorstehender Bestimmungen ohne Verzögerung der Reise unausführbar ist, so hat der Kapitän, sobald ein Seemannsamt angegangen werden kann, bei demselben unter Darlegung der Hinderungsgründe die Musterung nachzuholen, oder, sofern auch diese nachträgliche Musterung nicht mehr möglich ist, den Sachverhalt anzuzeigen. Ein Vermerk über die Anzeige ist vom Seemannsamt in die Musterrolle und in die Seefahrtsbücher der betheiligten Schiffsleute einzutragen.

§ 26. Die Kosten der Musterungsverhandlungen, einschließlich der Ausfertigung der Musterrolle, fallen dem Rheder zur Last.

Die Bestimmungen über die in gleicher Höhe für alle Seemannsämter innerhalb des Reichsgebiets festzustellenden Kosten erfolgen durch den Bundesrath.

Dritter Abschnitt.

Vertragsverhältniß.

§ 27. Die Gültigkeit des Heuervertrags ist durch schriftliche Abfassung und durch den nachfolgenden Vollzug der Anmusterung nicht bedingt. Jedoch ist dem Schiffsmanne bei der Anheuerung ein von dem Kapitän oder dem Vertreter der Rhederei (§ 12 Abs. 2) unterschriebener Ausweis (Heuerschein) zu geben, welcher enthält:

Namen des Schiffes,
Angabe der Dienststellung,
Angabe der Reise oder Dauer des Vertrags,
Höhe der Heuer,
Zeit und Ort der Anmusterung.

Aufkündigungsfristen und sonstige die Lösung des Heuervertrags betreffende Zeitbestimmungen sollen für beide vertragschließende Theile gleich sein. Bei entgegenstehender Vereinbarung kann der Schiffsmann die dem anderen Theile zugestandene Frist oder Zeitbestimmung für sich in Anspruch nehmen.

§ 28. Der Heuervertrag kann für eine Reise oder auf Zeit abgeschlossen werden.

Ist bei der Anheuerung für eine Reise deren Endziel nicht angegeben, so läuft in Ermangelung anderweitiger Vereinbarung, unbeschadet der Vorschrift des § 69, der Heuervertrag bis zur Rückkehr in den Hafen der Ausreise (§ 14).

Bei Anheuerung auf unbestimmte Zeit soll im Heuervertrag eine Kündigungsfrist angegeben oder in anderer Weise über die Beendigung des Dienstverhältnisses Bestimmung getroffen werden. Ist dies nicht geschehen, so kann jeder Theil in jedem Hafen, welchen das Schiff zum Löschen oder Laden anläuft, vom Vertrag unter Einhaltung einer Kündigungsfrist von vierundzwanzig Stunden zurücktreten.

§ 29. Ist bei dem Abschlusse des Heuervertrags die Vereinbarung über den Betrag der Heuer nicht durch ausdrückliche Erklärung getroffen worden, so wird im Zweifel die Heuer als vereinbart angesehen, die das Seemannsamt des Hafens, in welchem der Schiffsmann angemustert wird, für die daselbst zur Zeit der Anmusterung übliche erklärt.

§ 30. Hat ein Schiffsmann sich durch mehrere Verträge für ein und dieselbe Zeit verheuert, so geht, falls auf Grund eines der Verträge eine Anmusterung stattgefunden hat, dieser, sonst der zuerst abgeschlossene Vertrag vor.

§ 31. Wird ein Schiffsmann erst nach Anfertigung der Musterrolle geheuert, so gelten für ihn in Ermangelung anderer Vertragsbestimmungen die nach Inhalt der Musterrolle mit der übrigen Schiffsmannschaft getroffenen Abreden.

§ 32. Die Verpflichtung des Schiffsmanns, sich mit seinen Sachen an Bord einzufinden und Schiffsdienste zu leisten, beginnt, wenn nicht ein Anderes bedungen ist, mit der Anmusterung. Der Zeitpunkt, zu welchem der Dienstantritt erfolgen soll, ist dem Schiffsmanne bei der Anheuerung, der Liegeplatz oder ein Meldeort ist ihm bei der Anmusterung anzugeben.

Wenn der Schiffsmann den Dienstantritt länger als vierundzwanzig Stunden verzögert, ist der Kapitän oder der Rheder zum Rücktritte von dem Heuervertrage befugt. Die Ansprüche wegen etwaiger Mehrausgaben für einen Ersatzmann und wegen sonstiger aus der Verzögerung erwachsener Schäden werden hierdurch nicht berührt.

§ 33. Der Schiffsmann, welcher nach der Anmusterung ohne einen genügenden Entschuldigungsgrund dem Antritt oder der Fortsetzung des Dienstes sich entzieht, kann auf Antrag des Kapitäns vom Seemannsamte, wo aber ein solches nicht vorhanden ist, von der Ortspolizeibehörde zwangsweise zur Erfüllung seiner Pflicht angehalten werden.

Die daraus erwachsenden Kosten hat der Schiffsmann zu ersetzen.

§ 34. Der Schiffsmann ist verpflichtet, in Ansehung des Schiffsdienstes den Anordnungen des Kapitäns, der Schiffsoffiziere und seiner sonstigen Dienstvorgesetzten unweigerlich Gehorsam zu leisten und zu jeder Zeit alle für Schiff und Ladung ihm übertragene Arbeiten zu verrichten.

Er hat diese Verpflichtung zu erfüllen, sowohl an Bord des Schiffes und in dessen Booten, als auch in den Leichterfahrzeugen und auf dem Lande, sowohl unter gewöhnlichen Umständen, als auch unter Havarie.

Ohne Erlaubniß des Kapitäns oder eines Schiffsoffiziers darf er das Schiff bis zur Abmusterung nicht verlassen, doch darf ihm in einem Hafen des Reichsgebiets in seiner dienstfreien Zeit, wenn nicht triftige Gründe vorliegen, die Erlaubniß nicht verweigert werden. Ist ihm eine solche Erlaubniß erteilt, so muß er zur festgesetzten Zeit zurückkehren.

§ 35. Liegt das Schiff im Hafen oder auf der Rhede, so ist der Schiffsmann nur in dringenden Fällen schuldig, länger als zehn Stunden täglich zu arbeiten. In den Tropen wird diese Zeit, soweit es sich nicht ausschließlich um Aufsichtsdienst oder Arbeiten zur Verpflegung und Bedienung der an Bord befindlichen Personen handelt, auf acht Stunden beschränkt. Bei Berechnung dieser Arbeitsdauer ist der Wachtdienst in Rechnung zu bringen.

Die Vorschriften des Abs. 1 finden auf Schiffsoffiziere keine Anwendung. Den Schiffsoffizieren ist im Hafen oder auf der Rhede eine Ruhezeit von mindestens acht Stunden innerhalb jeder vierundzwanzig Stunden zu gewähren.

Arbeit, welche über die im Abs. 1 bestimmte Dauer von zehn oder acht Stunden geleistet wird, ist als Ueberstundenarbeit zu vergüten, soweit sie nicht zur Verpflegung und Bedienung der an Bord befindlichen Personen oder zur Sicherung des Schiffes in dringender Gefahr erforderlich ist.

§ 36. Auf See geht die Mannschaft des Decks- und Maschinendienstes Wache um Wache. Die abgelöste Wache darf nur in dringenden Fällen zu Schiffsdiensten verwendet werden. Auf Dampfschiffen ist die ablösende Maschinenwache verpflichtet, das vor der Ablösung erforderliche Aschehieven zu besorgen. Diese Vorschriften gelten nicht für Fahrten von nicht mehr als zehnstündiger Dauer.

Auf Dampfschiffen in transatlantischer Fahrt wird für das Maschinenpersonal der Dienst in drei Wachen eingetheilt.

Unter welchen Umständen im Uebrigen eine Mannschaft in mehr als zwei Wachen zu gehen hat, bestimmt der Bundesrath.

§ 37. An Sonn- und Festtagen dürfen, solange das Schiff im Hafen oder auf der Rhede liegt, Arbeiten, einschließlich des Wachtdienstes, nur gefordert werden, soweit sie unumgänglich oder unaufschieblich oder durch den Personenverkehr bedingt sind.

Mit Löschen und Laden dürfen, solange das Schiff innerhalb des Reichsgebiets im Hafen oder auf der Rhede liegt, die zur Schiffsmannschaft gehörigen Personen an Sonn- und Festtagen nicht beschäftigt werden. Diese Vorschrift gilt nicht für die Ladung derjenigen Dampfschiffe, welche in regelmäßigem Fahrplane die Kaiserlich deutsche Post befördern, und für die zum Löschen und Laden dieser Dampfschiffe dienenden Fahrzeuge sowie für das Gepäck der Reisenden und für leicht verderbende Güter. Außerdem können von einer durch die Zentralbehörde des Bundesstaats zu bestimmenden Behörde in Nothfällen Ausnahmen von dieser Vorschrift auf jedesmaligen Antrag gestattet werden.

Sonn- und Festtagsarbeit (Abs. 1, 2) ist als Ueberstundenarbeit zu vergüten, soweit sie nicht zur Verpflegung und Bedienung der an Bord befindlichen Personen oder zur Sicherung des Schiffes in dringender Gefahr erforderlich ist.

Soweit nicht dringende Gründe entgegenstehen, ist an Sonn- und Festtagen im Hafen und auf der Rhede der Schiffsmannschaft Gelegenheit zur Theilnahme am Gottesdienst ihrer Konfession zu geben und der hierzu erforderliche Urlaub zu ertheilen.

§ 38. Auf See darf an Sonn- und Festtagen über das hinaus, was zur Sicherheit und zur Fahrt des Schiffes, zur Bedienung der Maschine, zum Segeltrocknen, Bootsdienst und zur Verpflegung und Bedienung der an Bord befindlichen Personen unbedingt erforderlich ist, der Schiffsmannschaft Arbeit nur in dringenden Fällen auferlegt werden.

Die Vorschrift des § 37 Abs. 4 findet auf See entsprechende Anwendung. Auch ist dem Schiffsmanne, der es verlangt, die Theilnahme an gemeinschaftlichen Andachten seiner Konfession zu gestatten.

§ 39. Als Festtage im Sinne der §§ 37, 38 gelten im Inlande die von der Landesregierung des Liegeorts bestimmten Tage, im Ausland und auf See die Festtage des inländischen Heimathshafens; in Ermangelung eines solchen werden die Festtage durch Anordnung des Reichskanzlers bestimmt. Im Sinne des § 37 Abs. 4 gelten als Festtage im Ausland auch die kirchlich gebotenen Festtage des Liegeorts.

§ 40. Die Vorschriften des § 35 Abs. 3 und des § 37 Abs. 3 finden auf Schiffsoffiziere keine Anwendung, sofern nicht ein anderes vereinbart ist.

§ 41. Bei Seegefahr, besonders bei drohendem Schiffbruche, sowie bei Gewalt und Angriff gegen Schiff oder Ladung hat der Schiffsmann alle befohlene Hülfe zur Erhaltung von Schiff und Ladung unweigerlich zu leisten und darf ohne Einwilligung des Kapitäns, solange dieser selbst an Bord bleibt, das Schiff nicht verlassen.

Er bleibt verbunden, bei Schiffbruch für Rettung der Personen und ihrer Sachen sowie für Sicherstellung der Schiffstheile, der Geräthschaften und der Ladung, den Anordnungen des Kapitäns gemäß, nach besten Kräften zu sorgen und bei der Bergung gegen Fortbezug der Heuer und der Verpflegung Hülfe zu leisten.

§ 42. Der Schiffsmann ist, auch wenn der Heuervertrag in Folge eines Verlustes des Schiffes beendigt ist (§ 69), verpflichtet, auf Verlangen bei der Verklarung mitzuwirken und seine Aussage eidlich zu bestärken.

Dieser Verpflichtung hat er gegen Zahlung der etwa erwachsenden Versäumniß-, Reise- und Verpflegungskosten, deren Höhe im Streitfalle die Verklarungsbehörde, im Auslande der Konsul, festzusetzen hat, nachzukommen. Auf Verlangen des Schiffsmanns ist ihm für die Versäumniß-, Reise- und Verpflegungskosten ein angemessener Vorschuß zu zahlen.

§ 43. Stellt sich nach Antritt der Reise heraus, daß der Schiffsmann zu dem Dienste, zu welchem er sich verheuert hat, untauglich ist, so ist der Kapitän befugt, ihn im Range herabzusetzen und seine Heuer verhältnißmäßig zu verringern. Diese Befugniß besteht nicht gegenüber Schiffsoffizieren.

Wird von dieser Befugniß Gebrauch gemacht, so hat der Kapitän die getroffene Anordnung und die die Anordnung begründenden Thatsachen, sobald thunlich, in das Schiffstagebuch einzutragen, die Eintragung dem Schiffsmanne vorzulesen und in dem Tagebuche zu vermerken, daß und wann dies geschehen ist. Vor der Eröffnung und Eintragung tritt die Verringerung der Heuer nicht in Wirksamkeit.

Dem Schiffsmann ist auf Verlangen eine vom Kapitän unterzeichnete Abschrift der Eintragung auszuhändigen.

Gegen die getroffene Anordnung kann der Schiffsmann die Entscheidung des Seemannsamts anrufen, welches zuerst angegangen werden kann. Erst nach Entscheidung des Seemannsamts, falls aber ein solches nicht angerufen ist, bei der Abmusterung, dürfen Eintragungen über den Sachverhalt in das Seefahrtsbuch, und zwar nur durch das Seemannsamt, vorgenommen werden.

§ 44. Die Heuer ist vom Tage der Anmusterung, falls diese dem Dienstantritte vorangeht, sonst vom Tage des Dienstantritts an zu zahlen.

Als Dienstzeit gilt auch die zur Erreichung des Meldeorts (§ 32) erforderliche Reisezeit.

§ 45. Die Heuer hat der Schiffsmann, sofern keine andere Vereinbarung getroffen ist, erst nach Beendigung der Reise oder des Dienstverhältnisses zu beanspruchen.

Der Schiffsmann kann jedoch in einem Hafen, in welchem das Schiff ganz oder zum größeren Theil entlöscht wird, die Auszahlung der Hälfte der bis dahin verdienten Heuer (§ 80) verlangen, sofern bereits drei Monate seit der Anmusterung verflossen sind. In gleicher Weise ist der Schiffsmann bei Ablauf je weiterer drei Monate nach der früheren Auszahlung wiederum die Auszahlung der Hälfte der seit der letzten Auszahlung verdienten Heuer zu fordern berechtigt.

Ist die Anheuerung auf Zeit erfolgt (§ 28), so kann der Schiffsmann bei Rückkehr in den Hafen der Ausreise die bis dahin verdiente Heuer beanspruchen.

§ 46. Die Auszahlung des dem Schiffsmanne bei der Beendigung des Dienstverhältnisses zustehenden Heuerguthabens muß an ihn persönlich und, soweit nicht im Auslande die dortigen Gesetze eine andere Behörde bestimmen, vor dem abmusternden Seemannsamt oder durch dessen Vermittelung geschehen und von diesem in der Abmusterungsverhandlung bescheinigt werden. Bei Verhinderung des Schiffsmanns ist mit dessen Zustimmung die Auszahlung an ein Familienmitglied zulässig. In einer Gast- oder Schankwirthschaft darf die Auszahlung nicht vorgenommen werden.

Von der Mitwirkung des Seemannsamts darf abgesehen werden, wenn sie ohne Verzögerung der Reise nicht herbeigeführt werden kann.

Das Seemannsamt ist verpflichtet, bei der Abmusterung die dem Schiffsmann auszuzahlende Heuer auf dessen Antrag ganz oder theilweise in Empfang zu nehmen und nach Angabe des Schiffsmanns an auswärts wohnende Angehörige desselben oder an Sparkassen oder sonstige Verwahrungsstellen gebührenfrei zu übermitteln. Die durch die Uebermittelung entstehenden baaren Auslagen werden, sofern der Schiffsmann ein Deutscher ist, von dem Rheder getragen.

§ 47. Inwieweit vor dem Antritte der Reise Vorschußzahlungen auf die Heuer zu leisten oder Handgelder zu zahlen sind, bestimmt in Ermangelung einer Vereinbarung der Ortsgebrauch des Hafens, in welchem der Schiffsmann angemustert wird.

§ 48. Alle Zahlungen an Schiffsleute müssen nach Wahl derselben, Vorschußzahlungen jedoch nach Wahl des Kapitäns, entweder in baar oder mittelst einer auf den Rheder ausgestellten Anweisung geleistet werden. Die Zahlbarkeit der Anweisungen darf bei Vorschußzahlungen an die Bedingung geknüpft werden, daß der Schiffsmann sich bei der Abfahrt des Schiffes an Bord befindet. Im Uebrigen muß die Anweisung unbedingt und auf Sicht gestellt sein.

§ 49. Vor Antritt der Reise ist ein Abrechnungsbuch anzulegen, in welchem die verdiente Heuer und der verdiente Ueberstundenlohn in regelmäßigen Zeitabschnitten zu berechnen sowie alle auf die Heuer geleisteten Vorschuß- und Abschlagszahlungen und die etwa gegebenen Handgelder, bei Zahlung in fremder Währung auch der zu Grunde gelegte Kurs, einzutragen sind. In dem Abrechnungsbuch ist von dem Schiffsmann über den Empfang jeder Zahlung zu quittiren. Die Zahl der geleisteten Ueberstunden sowie der danach verdiente Ueberstundenlohn ist wöchentlich und spätestens am Tage nach dem jedesmaligen Verlassen eines Hafens in dem Abrechnungsbuche zu vermerken; sodann ist dieser Vermerk dem Schiffsmanne zur unterschriftlichen Anerkennung vorzulegen. Verweigert er die Anerkennung, so ist auch dies und der hierfür angegebene Grund im Abrechnungsbuche zu vermerken.

Ferner ist jedem Schiffsmanne, der es verlangt, noch ein besonderes Heuerbuch zu übergeben und darin ebenfalls die verdiente Heuer, der verdiente Ueberstundenlohn sowie jede auf die Heuer des Inhabers geleistete Zahlung, bei Zahlung in fremder Währung auch der zu Grunde gelegte Kurs, einzutragen. Vor der Abmusterung ist dem Schiffsmann in diesem Heuerbuche sein Gesammtguthaben zu berechnen.

§ 50. Wenn die Zahl der Mannschaft des Decks- oder Maschinendienstes sich während der Reise vermindert und der weitere Verlauf der Reise eine Verminderung der Arbeitsanforderungen nicht in Aussicht stellt, so muß der Kapitän die Mannschaft ergänzen, soweit die Umstände es gestatten. Solange eine Ergänzung nicht erfolgt, sind die während der Fahrt ersparten Heuergelder unter diejenigen Schiffsleute desselben Dienstzweigs, welchen dadurch eine Mehrarbeit erwachsen ist, nach Verhältniß dieser und der Heuer zu vertheilen. Ein Anspruch auf die Vertheilung findet jedoch nicht statt, wenn die Verminderung der Mannschaft durch Entweichung herbeigeführt ist und die Sachen des entwichenen Schiffsmanns nicht an Bord zurückgeblieben sind.

§ 51. Wird ein Schiffsmann bei Abfahrt des Schiffes vermißt, so hat der Kapitän demjenigen Seemannsamt, in dessen Bezirke zuerst diese Wahrnehmung gemacht wird, behufs Ermittelung sobald als thunlichst Anzeige zu erstatten und das Seefahrtsbuch des Vermißten zu übermitteln.

§ 52. In allen Fällen, in welchen ein Schiff mehr als zwei Jahre auswärts verweilt, tritt für den seit zwei Jahren im Dienste befindlichen Schiffsmann eine Erhöhung der Heuer ein, wenn diese nach Zeit bedungen ist.

Diese Erhöhung wird, wie folgt, bestimmt:

1. der Schiffsjunge tritt mit Beginn des dritten Jahres in die in der Musterrolle bestimmte oder aus derselben als Durchschnittsbetrag sich ergebende Heuer der Leichtmatrosen und mit Beginn des vierten Jahres in die in der Musterrolle bestimmte Heuer der Vollmatrosen ein;
2. der Leichtmatrose erhält mit Beginn des zweiten Jahres die in der Musterrolle bestimmte Heuer der Vollmatrosen und mit Beginn des vierten Jahres ein Fünftel derselben mehr an Heuer;
3. für die übrige Schiffsmannschaft steigt die in der Musterrolle angegebene Heuer mit Beginn des dritten Jahres um ein Fünftel und mit Beginn des vierten Jahres um ein ferneres Fünftel ihres ursprünglichen Betrags.

In den Fällen des Abs. 2 Nr. 1, 2 tritt der Schiffsmann mit der Erhöhung der Heuer zugleich in die entsprechende Rangklasse ein.

§ 53. Die aus den Dienst- und Heuerverträgen herrührenden Forderungen des Kapitäns und der zur Schiffsmannschaft gehörigen Personen, welche auf einem nach den §§ 862, 863 des Handelsgesetzbuchs als verschollen anzusehenden Schiffe sich befunden haben, werden fällig mit Ablauf der Verschollenheitsfrist. Das Dienstverhältniß gilt sodann einen halben Monat nach dem Tage für beendet, bis zu welchem die letzte Nachricht über das Schiff reicht.

Der Betrag der Forderungen ist dem Seemannsamte des Heimathshafens und in Ermangelung eines solchen dem Seemannsamte des Registerhafens zu übergeben. Das Seemannsamt hat die Aushändigung an die Empfangsberechtigten zu vermitteln.

§ 54. Dem Schiffsmanne gebührt Beköstigung für Rechnung des Schiffes von dem Zeitpunkte des Dienstantritts an bis zur Abmusterung, jedoch wenn diese ohne Verzögerung der Reise unausführbar ist, bis zur Beendigung des Dienstverhältnisses. Er darf die verabreichten Speisen und Getränke nur zu seinem eigenen Bedarfe verwenden und nichts davon veräußern, vergeuden oder sonst bei Seite bringen. Anstatt der Beköstigung kann auf Grund besonderer Abrede eine entsprechende Geldentschädigung gewährt werden.

§ 55. Die Schiffsmannschaft hat an Bord des Schiffes vom Zeitpunkte des Dienstantritts an bis zur Abmusterung, jedoch wenn diese ohne Verzögerung der Reise unausführbar ist, bis zur Beendigung des Dienstverhältnisses Anspruch auf einen, ihrer Zahl und der Größe des Schiffes entsprechenden, nur für sie und ihre Sachen bestimmten wohlverwahrten und genügend zu lüftenden Logisraum.

Kann dem Schiffsmann in Folge eines Unfalls oder aus anderen Gründen zeitweilig ein Unterkommen auf dem Schiffe nicht gewährt werden, so ist ihm ein anderweitiges angemessenes Unterkommen zu verschaffen.

§ 56. Die dem Schiffsmanne für den Tag mindestens zu verabreichenden Speisen und Getränke (§ 54) bestimmen sich, soweit nicht ein Anderes vereinbart ist, nach dem örtlichen Rechte des Heimathshafens und in Ermangelung eines solchen nach dem örtlichen Rechte des Registerhafens. Der Erlaß näherer Bestimmungen steht den Landesregierungen im Verordnungswege und, sofern es an einem inländischen Heimathshafen oder Registerhafen fehlt, dem Reichskanzler zu.

Ueber Größe und Einrichtung des Logisraums (§ 55), über die Einrichtung von Wasch- und Baderäumen und Aborten an Bord der Schiffe und die mindestens mitzunehmenden Heilmittel beschließt der Bundesrath. Die Beschlüsse des Bundesraths sind dem Reichstage bei seinem nächsten Zusammentritte zur Kenntnißnahme vorzulegen.

§ 57. Der Kapitän ist berechtigt, bei ungewöhnlich langer Dauer der Reise oder wegen eingetretener Unfälle, eine Kürzung der Rationen oder eine Aenderung hinsichtlich der Wahl der Speisen und Getränke eintreten zu lassen.

Er hat im Schiffstagebuche zu vermerken, wann, aus welchem Grunde und in welcher Weise eine Kürzung oder Aenderung eingetreten ist.

Dem Schiffsmanne gebührt eine den erlittenen Entbehrungen entsprechende Vergütung. Ueber diesen Anspruch entscheidet unter Vorbehalt des Rechtswegs das Seemannsamt, vor welchem abgemustert wird.

§ 58. Wenn ein Schiffsoffizier oder nicht weniger als drei Schiffsleute bei einem Seemannsamte Beschwerde darüber erheben, daß das Schiff, für welches sie angemustert sind, nicht seetüchtig ist, oder daß die Vorräthe, welche das Schiff für den Bedarf der Mannschaft an Speisen und Getränken mit sich führt, ungenügend oder verdorben sind, so hat das Seemannsamt mit möglichster Beschleunigung unter Hinzuziehung von erreichbaren Sachverständigen und der ortsanwesenden Beschwerdeführer eine Untersuchung des Schiffes oder der Vorräthe zu veranlassen und das Ergebniß in das Schiffstagebuch einzutragen. Auch hat das Seemannsamt, falls die Beschwerde sich als begründet erweist, für die geeignete Abhülfe Sorge zu tragen.

Kommt der Kapitän den zu diesem Behufe getroffenen Anordnungen nicht nach, so kann jeder Schiffsoffizier und jeder Schiffsmann seine Entlassung mit der für den Fall des § 74 Nr. 1 vorgesehenen Wirkung (§ 76) fordern.

§ 59. Falls der Schiffsmann nach Antritt des Dienstes oder nach der Anmusterung erkrankt oder eine Verletzung erleidet, so trägt der Rheder die Kosten der Verpflegung und Heilbehandlung. Diese Verpflichtung erstreckt sich:

1. wenn der Schiffsmann wegen der Krankheit oder Verletzung die Reise nicht antritt, bis zum Ablaufe von drei Monaten seit der Erkrankung oder Verletzung;
2. wenn er die Reise angetreten hat, bis zum Ablaufe von drei Monaten nach dem Verlassen des Schiffes in einem deutschen Hafen und bis zum Ablaufe von sechs Monaten nach dem Verlassen des Schiffes in einem anderen Hafen.

Im Falle einer Verletzung hört die Verpflichtung des Rheders dem Verletzten gegenüber auf, sobald und soweit die Berufsgenossenschaft die Fürsorge übernimmt.

Der Rheder ist berechtigt, die Verpflegung und Heilbehandlung dem Schiffsmann in einer Krankenanstalt zu gewähren.

Ein Schiffsmann, der wegen Krankheit oder Verletzung außerhalb des Reichsgebiets zurückgeblieben ist, kann mit seiner Einwilligung und der des behandelnden Arztes oder des Seemannsamts nach einem deutschen Hafen in eine Krankenanstalt überführt werden. Ist der Schiffsmann außer Stande, die Zustimmung zu ertheilen, oder verweigert er sie ohne berechtigten Grund, so kann sie nach Anhörung eines Arztes durch dasjenige Seemannsamt ersetzt werden, in dessen Bezirke der Schiffsmann sich zur Zeit befindet. Findet die Ueberführung statt, so erstreckt sich die Verpflichtung des Rheders stets nur bis zum Ablaufe von drei Monaten seit der Aufnahme in die Krankenanstalt des deutschen Hafens.

Der Schiffsmann, welcher sich der Heilbehandlung ohne berechtigten Grund entzieht und hierdurch nach ärztlichem Gutachten die Heilung vereitelt oder wesentlich erschwert hat, verliert den Anspruch auf kostenfreie

Verpflegung und Heilbehandlung. Ueber die Berechtigung des Grundes sowie über Beginn und Dauer des Verlustes entscheidet vorläufig das Seemannsamt.

Dem Schiffsmanne gebührt, falls er nicht mit dem Schiffe nach dem Hafen der Ausreise (§ 14) zurückkehrt, freie Zurückbeförderung (§§ 78, 79) nach diesem Hafen oder nach Wahl des Kapitäns eine entsprechende, im Streitfalle vom Seemannsamte vorläufig festzusetzende Vergütung.

§ 60. Liegt der Hafen der Ausreise außerhalb des Reichsgebiets, so kann der in einem deutschen Hafen geheuerte Schiffsmann in den Fällen des § 59 Abs. 6, des § 66 Abs. 3 und der §§ 69, 71, 72, 79 die Rückbeförderung auch nach dem Hafen, an welchem er geheuert ist, verlangen. Im Uebrigen kann vereinbart werden, daß für die dem Schiffsmann in den vorbezeichneten Fällen zustehenden Rückbeförderungsansprüche an Stelle des Hafens der Ausreise ein anderer Hafen, insbesondere derjenige, an welchem die Heuerung oder die Anmusterung stattgefunden hat, treten soll.

Unterläßt es der Rheder oder sein Vertreter, dem Anspruche des Schiffsmanns auf freie Zurückbeförderung innerhalb einer vom Seemannsamte gestellten Frist zu genügen, oder befindet sich der Rheder oder sein Vertreter wegen Abwesenheit nicht in der Lage, entsprechende Vorkehrungen zu treffen, so kann das Seemannsamt, sofern dadurch dem Rheder keine höheren Kosten erwachsen, auf Antrag des Schiffmanns anordnen, daß an die Stelle des gesetzlich oder vertragsmäßig bestimmten Rückbeförderungshafens ein anderer, vom Seemannsamte zu bezeichnender Hafen tritt.

§ 61. Die Heuer bezieht der erkrankte oder verletzte Schiffsmann:
1. wenn er die Reise nicht antritt, bis zur Einstellung des Dienstes;
2. wenn er die Reise angetreten hat, bis zu dem Tage, an welchem er das Schiff verläßt.

Für die Dauer des Aufenthalts in einer Krankenanstalt gebührt dem Schiffsmanne keine Heuer. Hat er aber Angehörige, deren Unterhalt er bisher ganz oder überwiegend aus seinem Heuerverdienste bestritten hat, so ist ein Viertel der Heuer zu zahlen. Die Zahlung kann unmittelbar an die Angehörigen erfolgen.

Ist der Schiffsmann bei der Vertheidigung des Schiffes zu Schaden gekommen, so hat er auf eine angemessene, im Streitfalle vom Seemannsamte vorläufig festzusetzende Belohnung Anspruch.

§ 62. Auf den Schiffsmann, welcher die Krankheit oder Verletzung durch eine strafbare Handlung sich zugezogen oder den Dienst ohne einen ihn nach § 74 dazu berechtigenden Grund verlassen hat, finden die §§ 59 bis 61 keine Anwendung.

Ob die Voraussetzungen des Abs. 1 vorliegen, entscheidet vorläufig das Seemannsamt.

§ 63. Muß der Schiffsmann wegen Erkrankung oder Verletzung am Lande zurückgelassen werden, so hat, soweit der Schiffsmann nicht ein Anderes bestimmt, der Kapitän die Sachen und das Heuerguthaben des Schiffsmanns behufs Fürsorge für deren Aufbewahrung dem am Orte der Zurücklassung befindlichen Seemannsamte zu überliefern. Mit Genehmigung dieses Seemannsamts kann die Ueberlieferung an eine andere geeignete Stelle, insbesondere an die Verwaltung der Krankenanstalt, in welche der Schiffsmann aufgenommen ist, erfolgen. Das Gleiche gilt, wenn sich am Orte der Zurücklassung kein Seemannsamt befindet. In diesem Falle hat der Kapitän dem Seemannsamt, in dessen Bezirke die Zurücklassung erfolgt, von dem Sachverhalt Anzeige zu machen.

Der Kapitän hat bei Ueberlieferung der Sachen eine von ihm und einem Schiffsoffizier, in Ermangelung eines solchen von einem Schiffsmanne, zu unterschreibende Aufzeichnung der Sachen und des Betrags des Heuerguthabens beizufügen und ein zweites Exemplar der Aufzeichnung unter Vermerk der Aufbewahrungsstelle dem Schiffsmanne zu übergeben.

Bei Erkrankung oder Verletzung des Kapitäns hat der Stellvertreter mit den Sachen des Kapitäns nach den Vorschriften der Abs. 1, 2 zu verfahren.

§ 64. Stirbt der Schiffsmann nach Antritt des Dienstes, so hat der Rheder die bis zum Todestage verdiente Heuer (§ 80) zu zahlen und, sofern der Tod innerhalb der Zeit der Fürsorgepflicht des Rheders (§ 59) erfolgt, die Bestattungskosten zu tragen.

Ist anzunehmen, daß das Schiff innerhalb vierundzwanzig Stunden einen Hafen erreicht, so ist, falls nicht gesundheitliche Bedenken entgegenstehen, die Leiche mitzunehmen und für deren Bestattung am Lande Sorge zu tragen.

Die Art der Bestattung auf See muß den Seegebräuchen entsprechen.

Wird der Schiffsmann bei Vertheidigung des Schiffes getödtet, so hat der Rheder eine angemessene, erforderlichen Falles von dem Richter zu bestimmende Belohnung zu entrichten.

§ 65. Der auf dem Schiffe während der Reise eintretende Tod des Kapitäns oder eines Schiffsmanns ist gemäß §§ 61 bis 64 des Gesetzes über die Beurkundung des Personenstandes und die Eheschließung vom 6. Februar 1875 (Reichs-Gesetzbl. S. 23) bei Vermeidung der im § 68 daselbst angedrohten Strafe zu beurkunden.

Soweit der Nachlaß eines verstorbenen Schiffsmanns sich an Bord befindet, hat der Kapitän für die Aufzeichnung und sorgfältige Aufbewahrung sowie erforderlichen Falles für den Verkauf des Nachlasses im Wege der Versteigerung Sorge zu tragen. Die Aufzeichnung ist unter Zuziehung von zwei Schiffsoffizieren oder anderen glaubhaften Personen vorzunehmen.

Die Nachlaßgegenstände selbst, der etwaige Erlös aus denselben sowie das etwaige Heuerguthaben sind nebst der erwähnten Aufzeichnung und dem Nachweis über den Todesfall demjenigen Seemannsamte, bei dem es zuerst geschehen kann, oder mit dessen Genehmigung dem Seemannsamte des Ausreise- oder des Heimathshafens zu übergeben.

Für den Nachlaß des während der Reise verstorbenen Kapitäns hat der Stellvertreter nach Maßgabe der Vorschriften der Abs. 2, 3 Sorge zu tragen.

§ 66. Der für eine Reise geheuerte Schiffsmann ist verpflichtet, während der ganzen Reise, einschließlich etwaiger Zwischenreisen, bis zur Beendigung der Rückreise im Dienste zu verbleiben, wenn in dem Heuervertrage nicht ein Anderes bestimmt ist.

Unter Rückreise im Sinne des Abs. 1 ist die Reise nach dem Hafen zu verstehen, von welchem das Schiff seine Ausreise angetreten hat. Wenn jedoch das Schiff von einem nicht europäischen Hafen (§ 82) kommt und seine Ausreise von einem deutschen Hafen angetreten hat, so gilt auch jede Reise nach einem Hafen Großbritanniens, des Kanals, der Nordsee, des Kattegats, des Sundes oder der Ostsee als Rückreise, falls die Reise thatsächlich in dem betreffenden Hafen endet, und dies der Schiffsmannschaft spätestens alsbald nach der Ankunft vom Kapitän erklärt wird.

Endet die Rückreise nicht in dem Hafen der Ausreise, so hat der Schiffsmann Anspruch auf freie Zurückbeförderung (§§ 78, 79) nach diesem Hafen oder nach Wahl des Kapitäns auf eine entsprechende, im Streitfalle vom Seemannsamte vorläufig festzusetzende Vergütung; außerdem gebührt ihm neben der verdienten Heuer die Heuer für die Dauer der Zurückbeförderung (§ 73).

§ 67. Der für eine bestimmte Zeit geheuerte Schiffsmann ist, sofern keine andere Vereinbarung getroffen ist, verpflichtet, bis zum Ablaufe dieser Zeit im Dienste zu verbleiben.

Läuft die Dienstzeit während einer Reise ab, so kann in Ermangelung einer anderen Vereinbarung der Schiffsmann seine Entlassung erst im nächsten Hafen, welchen das Schiff zum Löschen oder Laden anläuft, verlangen. Ist es nach Bescheinigung des Seemannsamts oder in Ermangelung eines solchen der örtlichen Behörde dem Kapitän nicht möglich, in dem Hafen einen Ersatzmann anzuheuern, so ist der Schiffsmann verpflichtet, gegen eine Erhöhung der Heuer um ein Viertel, den Dienst bis zu einem Hafen, in welchem der Ersatz möglich ist, längstens aber noch drei Monate hindurch fortzusetzen. Ist der Schiffsmann in einem deutschen Hafen geheuert, so muß auf sein Verlangen das Dienstverhältniß unter den bisherigen Bedingungen bis zur Rückkehr nach einem deutschen Hafen, längstens aber noch drei Monate hindurch fortgesetzt werden.

§ 68. Nach beendigter Reise kann der Schiffsmann seine Entlassung nicht früher verlangen, als bis die Ladung gelöscht, das Schiff gereinigt und im Hafen oder an einem anderen Orte festgemacht, auch die etwa erforderliche Verklarung abgelegt ist.

§ 69. Der Heuervertrag endet, wenn das Schiff durch einen Zufall dem Rheder verloren geht, insbesondere

1. wenn es verunglückt;
2. wenn es als reparaturunfähig oder reparaturunwürdig kondemnirt (§ 479 des Handelsgesetzbuchs) und in dem letzteren Falle ohne Verzug öffentlich verkauft wird;
3. wenn es geraubt wird;
4. wenn es aufgebracht oder angehalten und für gute Prise erklärt wird.

Der Schiffsmann hat alsdann Anspruch auf freie Zurückbeförderung (§§ 78, 79) nach dem Hafen der Ausreise oder nach Wahl des Kapitäns auf eine entsprechende, im Streitfalle vom Seemannsamte vorläufig festzusetzende Vergütung; außerdem ist ihm neben der verdienten Heuer noch der Betrag der halben Heuer für die Dauer der Zurückbeförderung (§ 73) zu gewähren.

§ 70. Der Kapitän kann den Schiffsmann vor Ablauf der Dienstzeit entlassen:

1. solange die Reise noch nicht angetreten ist, wenn der Schiffsmann zu dem Dienste, zu welchem er sich verheuert hat, untauglich ist;
2. wenn der Schiffsmann eines groben Dienstvergehens, insbesondere wiederholten Ungehorsams, fortgesetzter Widerspenstigkeit, wiederholter Trunkenheit im Dienste oder der Schmuggelei sich schuldig macht;
3. wenn der Schiffsmann des Vergehens des Diebstahls, Betrugs, der Untreue, Unterschlagung, Hehlerei oder Urkundenfälschung oder einer mit Todesstrafe oder mit Zuchthaus bedrohten Handlung sich schuldig macht;
4. wenn der Schiffsmann durch eine strafbare Handlung eine Krankheit oder Verletzung sich zuzieht, welche ihn arbeitsunfähig macht;
5. wenn der Schiffsmann mit einer geschlechtlichen Krankheit behaftet ist, die den übrigen an Bord befindlichen Personen Gefahr bringen kann. Ob dies der Fall ist, bestimmt sich, sofern ein Arzt zu erlangen ist, nach dessen Gutachten;
6. wenn die Reise, für welche der Schiffsmann geheuert war, wegen Krieg, Embargo oder Blokade, wegen eines Ausfuhr- oder Einfuhrverbots oder wegen eines anderen, Schiff oder Ladung betreffenden Zufalls nicht angetreten oder fortgesetzt werden kann.

Der Kapitän muß die Entlassung sowie deren Grund, sobald es geschehen kann, dem Schiffsmanne mittheilen und in den Fällen des Abs. 1 Nr. 2 bis 5 spätestens, bevor dieser das Schiff verläßt, in das Schiffstagebuch eintragen. Dem Schiffsmann ist auf Verlangen eine vom Kapitän unterzeichnete Abschrift der Eintragung auszuhändigen.

§ 71. Dem Schiffsmanne gebührt in den Fällen des § 70 Nr. 1 bis 4 nicht mehr als die verdiente Heuer (§ 80).

Im Falle der Nr. 5 bestimmen sich die Ansprüche des Schiffsmanns nach den Vorschriften der §§ 59 bis 61. Dies gilt für Angehörige eines auswärtigen Staates nur insoweit, als nach einer im Reichs-Gesetzblatt enthaltenen Bekanntmachung Deutschen, die zum Dienste auf einem Schiffe dieses Staates angestellt sind, durch die dortige Gesetzgebung oder durch Staatsvertrag eine entsprechende Fürsorge gewährleistet ist.

In den Fällen der Nr. 6 stehen dem Schiffsmanne, wenn die Entlassung nach Antritt der Reise erfolgt, die im § 69 Abs. 2 bezeichneten Ansprüche zu.

§ 72. Der für eine Reise geheuerte Schiffsmann, welcher aus anderen als aus den im § 70 erwähnten Gründen vor Ablauf des Heuervertrags entlassen wird, erhält als Entschädigung die Heuer für einen Monat unter Anrechnung der etwa empfangenen Hand- und Vorschußgelder.

Ist die Entlassung erst nach Antritt der Reise erfolgt, so hat er außerdem Anspruch auf freie Zurückbeförderung (§§ 78, 79) nach dem

Hafen der Ausreise oder nach Wahl des Kapitäns auf eine entsprechende, im Streitfalle von dem Seemannsamte vorläufig festzusetzende Vergütung. Auch erhält er außer der im Abs. 1 vorgesehenen und der verdienten Heuer (§ 80) die Heuer für die nach § 73 zu berechnende voraussichtliche Dauer seiner Reise nach dem Rückbeförderungshafen.

§ 73. Ist der Rückbeförderungshafen ein deutscher, so wird in Fällen vorzeitiger Entlassung nach Antritt der Reise (§ 72 Abs. 2) behufs Ermittelung der dem Schiffsmanne für die Rückreise gebührenden Heuer die Dauer der Reise unter Zugrundelegung von Dampfschiffsbeförderung, wie folgt, gerechnet:

bei Entlassung:	zu:
a) in einem Hafen der Nordsee oder des Englischen Kanals, der Ostsee oder der an diese angrenzenden Gewässer .	½ Monat,
b) in einem sonstigen europäischen Hafen (§ 82) . . .	1 "
c) in einem außereuropäischen Hafen, mit Ausnahme der unter d genannten	1½ "
d) in einem Hafen des Großen Ozeans oder Australiens	2 "

Muß die Rückbeförderung ganz oder theilweise mittelst Segelschiffs stattfinden, so ist für die mittelst Segelschiffs zurückzulegende Strecke das Doppelte der Dauer der Dampfschiffsbeförderung zu rechnen.

Erfolgt in den Fällen a und b des Abs. 1 die Rückbeförderung unter ausschließlicher Benutzung der Eisenbahn, so wird die Dauer der Reise nicht in Ansatz gebracht.

Die Dauer der Rückreise wird nach Maßgabe des Vorstehenden, bei Rückbeförderung nach einem außerdeutschen Hafen unter angemessener Berücksichtigung der Sätze a bis d, im Streitfalle vom Seemannsamte vorläufig festgesetzt.

§ 74. Der Schiffsmann kann seine Entlassung fordern:

1. wenn sich der Kapitän einer schweren Verletzung seiner Pflichten gegen den Schiffsmann, insbesondere durch Mißhandlung oder durch Duldung solcher seitens anderer Personen der Schiffsbesatzung, durch grundlose Vorenthaltung von Speise und Trank oder durch Verabreichung verdorbenen Proviants schuldig macht;
2. wenn das Schiff die Flagge wechselt;
3. wenn nach Beendigung der Ausreise eine Zwischenreise beschlossen, oder wenn eine Zwischenreise beendigt ist, sofern seit dem Dienstantritt ein oder ein und ein halbes Jahr, je nachdem das Schiff in einem europäischen (§ 82) oder in einem nicht europäischen Hafen sich befindet, verflossen ist;
4. wenn das Schiff nach einem Hafen bestimmt ist, oder einen Hafen anlaufen soll, der schon zur Zeit der Anmusterung durch Pest, Cholera oder Gelbfieber verseucht war, sofern nicht dem Schiffsmanne bei der Anmusterung dieser Hafen und die Verseuchung mitgetheilt worden ist. Als verseucht im Sinne dieser Vorschrift gilt ein Hafen, in dem ein Pest-, Cholera- oder Gelbfieberherd vorhanden ist. Der Anspruch auf Entlassung fällt fort, sobald die Verseuchung aufgehört hat;

5. wenn der Schiffsmann beabsichtigt, sich für die Maschinisten-, Steuermanns- oder Schifferprüfung vorzubereiten oder eine ihm nachweislich angebotene Stellung als Kapitän anzunehmen, sofern er einen geeigneten Ersatzmann stellt und durch den Wechsel dem Schiffe kein Aufenthalt entsteht. Ob der vorgeschlagene Ersatzmann geeignet ist, entscheidet im Streitfalle das nächste Seemannsamt.

Der Wechsel des Rheders oder Kapitäns giebt dem Schiffsmanne kein Recht, die Entlassung zu fordern.

§ 75. Im Falle des § 74 Nr. 3 kann die Entlassung nicht gefordert werden:

1. wenn der Schiffsmann für eine längere als die daselbst angegebene Zeit sich verheuert hat. Die Verheuerung auf unbestimmte Zeit oder mit der allgemeinen Bestimmung, daß nach Beendigung der Ausreise der Dienst für alle Reisen, welche noch beschlossen werden möchten, fortzusetzen sei, wird als Verheuerung auf solche Zeit nicht angesehen;
2. sobald die Rückreise angeordnet ist.

§ 76. Der Schiffsmann hat in den Fällen des § 74 Nr. 1, 2 dieselben Ansprüche, welche für den Fall des § 72 bestimmt sind.

In den Fällen des § 74 Nr. 3 bis 5 gebührt ihm nicht mehr als die verdiente Heuer. Jedoch hat er im Falle der Nr. 4 die im § 72 bestimmten Ansprüche, sofern bei der Anmusterung im Heimathshafen der Rheder, sein Vertreter (§ 12 Abs. 2) oder der Kapitän, bei der Anmusterung in einem anderen Hafen der Kapitän von der Verseuchung Kenntniß hatte.

§ 77. Im Auslande darf der Schiffsmann, welcher seine Entlassung fordert, außer in dem Falle eines Flaggenwechsels gegen den Willen des Kapitäns erst auf Grund einer vorläufigen Entscheidung des Seemannsamts (§ 129) den Dienst verlassen.

§ 78. Ist nach den Bestimmungen dieses Gesetzes ein Anspruch auf freie Zurückbeförderung begründet, so umfaßt er auch den Unterhalt während der Reise sowie die Beförderung der Sachen des Schiffsmanns. Den Schiffsoffizieren ist die Zurückbeförderung und der Unterhalt in der Kajüte zu gewähren.

Im Streitfall entscheidet über die Art der Zurückbeförderung vorläufig das abmusternde Seemannsamt.

§ 79. Dem Anspruch auf freie Zurückbeförderung und auf Fortbezug von Heuer für die Dauer der Zurückbeförderung wird genügt, wenn dem Schiffsmanne, welcher arbeitsfähig ist, mit Genehmigung des Seemannsamts ein seiner früheren Stellung entsprechender und durch angemessene Heuer zu vergütender Dienst auf einem deutschen Kauffahrteischiffe nachgewiesen wird, welches nach dem Rückbeförderungshafen oder einem demselben nahe belegenen Hafen geht; im letzteren Falle gebührt dem Schiffsmann eine entsprechende Vergütung für die weitere freie Zurückbeförderung (§ 78) bis zu dem zuerst bezeichneten Hafen.

Ist der Schiffsmann kein Deutscher, so wird ein Schiff seiner Nationalität einem deutschen Schiffe gleichgeachtet.

§ 80. In den Fällen der §§ 45, 53, 61, 64, 69, 71, 72, 76 wird die verdiente Heuer, sofern die Heuer nicht zeitweise, sondern in Bausch und Bogen für die ganze Reise bedungen ist, mit Rücksicht auf den vollen Heuerbetrag nach Verhältniß der geleisteten Dienste sowie des etwa zurückgelegten Theiles der Reise bestimmt. Zur Ermittelung der in den §§ 72, 73 erwähnten Heuer für einzelne Monate wird die durchschnittliche Dauer der Reise, einschließlich der Ladungs- und Löschungszeit, unter Berücksichtigung der Beschaffenheit des Schiffes in Ansatz gebracht und danach die Heuer für die einzelnen Monate berechnet. Bei Berechnung der Heuer für einzelne Tage wird der Monat zu dreißig Tagen gerechnet.

§ 81. Der dem Schiffsmann als Lohn zugestandene Antheil an der Fracht oder am Gewinne wird als Heuer im Sinne dieses Gesetzes nicht angesehen.

§ 82. In den Fällen der §§ 66, 73, 74 sind die nicht europäischen Häfen des Mittelländischen und des Schwarzen Meeres den europäischen Häfen gleichzustellen.

§ 83. Der Kapitän darf einen Schiffsmann außerhalb des Reichsgebiets nicht ohne Genehmigung des Seemannsamts zurücklassen. Wenn für den Fall der Zurücklassung eine Hülfsbedürftigkeit des Schiffsmanns zu besorgen ist, so kann die Ertheilung der Genehmigung davon abhängig gemacht werden, daß der Kapitän gegen den Eintritt der Hülfsbedürftigkeit für einen Zeitraum bis zu drei Monaten Sicherstellung leistet.

Ist der Schiffsmann mit der Zurücklassung einverstanden und befindet sich kein Seemannsamt am Platze und läßt sich auch die Genehmigung eines anderen Seemannsamts ohne Verzögerung der Reise nicht einholen, so ist der Kapitän befugt, den Schiffsmann ohne Genehmigung zurückzulassen. Der Rheder bleibt in diesem Falle für die aus einer etwaigen Hülfsbedürftigkeit des Schiffsmanns während der nächsten drei Monate erwachsenden Kosten haftbar.

Die Bestimmungen des § 127 werden hierdurch nicht berührt.

Vierter Abschnitt.

Disziplinarvorschriften.

§ 84. Der Schiffsmann ist der Disziplinargewalt des Kapitäns unterworfen. Die Ausübung der Disziplinargewalt des Kapitäns kann nur auf den ersten Offizier des Decksdienstes und den ersten Offizier des Maschinendienstes innerhalb ihres Dienstbereichs übertragen werden. Dieselben haben jeden Fall der Ausübung der Disziplinargewalt binnen vierundzwanzig Stunden dem Kapitän anzuzeigen.

§ 85. Der Schiffsmann ist verpflichtet, sich stets nüchtern zu halten und gegen Jedermann ein angemessenes und friedfertiges Betragen zu beobachten.

Dem Kapitän, den Schiffsoffizieren und seinen sonstigen Vorgesetzten hat er mit Achtung zu begegnen und ihren dienstlichen Befehlen unweigerlich Folge zu leisten.

§ 86. Der Schiffsmann hat dem Kapitän auf Verlangen wahrheitsgemäß und vollständig mitzutheilen, was ihm über die den Schiffsdienst betreffenden Angelegenheiten bekannt ist.

§ 87. Der Schiffsmann darf ohne Erlaubniß des Kapitäns keine Güter an Bord bringen oder bringen lassen. Für die gegen dieses Verbot beförderten eigenen oder fremden Güter muß er die höchste am Abladungsorte zur Abladungszeit für solche Reisen und Güter bedungene Fracht erstatten, unbeschadet der Verpflichtung zum Ersatz eines erweislich höheren Schadens.

Der Kapitän ist auch befugt, solche Güter über Bord zu werfen, wenn ihr Verbleib an Bord Schiff oder Ladung oder die Gesundheit der an Bord befindlichen Personen gefährden oder das Einschreiten einer Behörde zur Folge haben kann.

§ 88. Die Vorschriften des § 87 finden auch Anwendung, wenn der Schiffsmann ohne Erlaubniß des Kapitäns Waffen oder Munition, Branntwein oder andere geistige Getränke oder mehr an Taback und Tabackswaaren, als er zu seinem Gebrauch auf der beabsichtigten Reise bedarf, an Bord bringt oder bringen läßt.

Die gegen dieses Verbot mitgenommenen Gegenstände verfallen dem Schiffe.

§ 89. Der Kapitän hat die auf Grund der Vorschriften der §§ 87, 88 getroffenen Anordnungen, sobald es geschehen kann, in das Schiffstagebuch einzutragen.

§ 90. Liegt das Schiff im Hafen oder auf der Rhede, so ist der Kapitän befugt, wenn nach den Umständen eine Entweichung zu befürchten ist, die Sachen der Schiffsleute bis zur Abreise des Schiffes in Verwahrung zu nehmen.

§ 91. Zur Aufrechterhaltung der Ordnung und zur Sicherung der Regelmäßigkeit des Dienstes ist der Kapitän befugt, die geeigneten Maßregeln zu ergreifen. Geldbußen, Kostschmälerung von mehr als dreitägiger Dauer, Einsperrung und körperliche Züchtigung darf er jedoch zu diesem Zwecke weder als Strafe verhängen, noch als Zwangsmittel anwenden.

Bei einer Widersetzlichkeit oder bei beharrlichem Ungehorsam ist der Kapitän zur Anwendung aller Mittel befugt, welche erforderlich sind, um seinen Befehlen Gehorsam zu verschaffen. Zu diesem Zwecke ist ihm auch die Anwendung von körperlicher Gewalt in dem durch die Umstände gebotenen Maße gestattet. Er darf ferner gegen die Betheiligten die geeigneten Sicherungsmaßregeln ergreifen und sie nöthigenfalls während der Reise fesseln.

Jeder Schiffsmann muß dem Kapitän auf Erfordern Beistand zur Aufrechterhaltung der Ordnung sowie zur Abwendung oder Unterdrückung einer Widersetzlichkeit leisten.

Im Auslande kann der Kapitän in dringenden Fällen die Kommandanten der ihm zugänglichen Schiffe der Kriegsmarine des Reichs um Beistand zur Aufrechterhaltung der Disziplin angehen.

§ 92. Der Kapitän hat jede in Gemäßheit der Vorschriften des § 91 getroffene Maßregel mit Angabe der Veranlassung, sobald es geschehen kann, in das Schiffstagebuch einzutragen.

Fünfter Abschnitt.

Strafvorschriften.

§ 93. Ein Schiffsmann, welcher nach Abschluß des Heuervertrags sich verborgen hält, um sich dem Antritte des Dienstes zu entziehen, wird mit Geldstrafe bis zu sechzig Mark bestraft.

Wenn ein Schiffsmann, um sich der Fortsetzung des Dienstes zu entziehen, entweicht oder sich verborgen hält, so tritt Geldstrafe bis zu dreihundert Mark oder Gefängnißstrafe bis zu drei Monaten ein.

Ein Schiffsmann, welcher mit der Heuer entweicht oder sich verborgen hält, um sich dem übernommenen Dienste zu entziehen, wird mit der im § 298 des Strafgesetzbuchs angedrohten Gefängnißstrafe bis zu einem Jahre belegt. Sind mildernde Umstände vorhanden, so kann auf Geldstrafe bis zu dreihundert Mark erkannt werden.

In den Fällen der Abs. 1, 2 tritt die Verfolgung nur auf Antrag des Kapitäns ein. Die Zurücknahme des Antrags ist zulässig.

§ 94. In den Fällen des § 93 Abs. 2, 3 verliert der Schiffsmann, wenn er vor Abgang des Schiffes weder zur Fortsetzung des Dienstes freiwillig zurückkehrt, noch zwangsweise zurückgebracht wird, den Anspruch auf die bis dahin verdiente Heuer. Die Heuer und, sofern diese nicht ausreicht, auch die an Bord zurückgelassenen Sachen des Schiffsmanns können von dem Rheder zur Deckung seiner Schadensansprüche aus dem Heuer- oder Dienstvertrag in Anspruch genommen werden; soweit die Heuer hierzu nicht erforderlich ist, wird mit ihr nach Maßgabe des § 132 verfahren. Dem Seemannsamte, bei welchem die Meldung von der Entweichung erfolgt (§ 25) ist, sobald es geschehen kann, eine Aufstellung über den Betrag der Schadensansprüche und des Heuerguthabens einzureichen, widrigenfalls die vorgedachte Befugniß erlischt.

§ 95. Hat der Schiffsmann sich im Auslande dem Dienste in einem der Fälle des § 74 Nr. 1, 3, 4, 5 der Vorschrift des § 77 entgegen entzogen, so tritt Geldstrafe bis zum Betrag einer Monatsheuer ein.

§ 96. Mit Geldstrafe bis zum Betrag einer Monatsheuer wird ein Schiffsmann bestraft, welcher sich einer gröblichen Verletzung seiner Dienstpflichten schuldig macht.

Als Verletzung der Dienstpflicht, die, wenn sie in gröblicher Weise erfolgt, nach Abs. 1 strafbar ist, wird insbesondere angesehen:

1. Nachlässigkeit im Wachtdienste;
2. Ungehorsam gegen den Dienstbefehl eines Vorgesetzten;

3. Ungebührliches Betragen gegen Vorgesetzte, gegen andere Mitglieder der Schiffsmannschaft oder gegen Reisende;
4. Verlassen des Schiffes ohne Erlaubniß oder Ausbleiben über die festgesetzte Zeit;
5. Wegbringen eigener oder fremder Sachen von Bord des Schiffes und an Bord bringen oder an Bord bringen lassen von Gütern oder sonstigen Gegenständen ohne Erlaubniß;
6. Eigenmächtige Zulassung fremder Personen an Bord und Gestattung des Anlegens von Fahrzeugen an das Schiff;
7. Trunkenheit im Schiffsdienste;
8. Vergeudung, unbefugte Veräußerung oder bei Seite bringen von Proviant.

Gegen Schiffsoffiziere kann die Strafe bis auf den Betrag einer zweimonatlichen Heuer erhöht werden.

Die Verfolgung tritt nur auf Antrag des Kapitäns oder eines verletzten Schiffsmanns ein. Der Antrag kann bis zur Abmusterung gestellt werden. Die Zurücknahme ist bis zur rechtskräftigen Entscheidung zulässig.

§ 97. In den Fällen der §§ 95, 96 wird, wenn die Heuer nicht monatsweise bedungen ist, bei der Festsetzung der Geldstrafe der einer Monatsheuer entsprechende Geldbetrag nach dem Ermessen des Seemannsamts berechnet.

§ 98. Der Kapitän hat, sobald es geschehen kann, jede gröbliche Verletzung der Dienstpflicht (§ 96) mit genauer Angabe des Sachverhalts in das Schiffstagebuch einzutragen und dem Schiffsmanne von dem Inhalte der Eintragung unter ausdrücklicher Hinweisung auf die Strafandrohung des § 96 Mittheilung zu machen, auch demselben auf Verlangen eine Abschrift der Eintragung auszuhändigen.

Unterbleibt die Mittheilung, so sind die Gründe der Unterlassung im Tagebuch anzugeben. Ist die Eintragung versäumt, so tritt keine Verfolgung ein, soweit nicht im Falle des § 96 Abs. 2 Nr. 3 der verletzte Schiffsmann darauf anträgt.

§ 99. Beschwert sich ein Schiffsmann über ungebührliches Betragen der Vorgesetzten oder anderer Mitglieder der Schiffsmannschaft oder darüber, daß das Schiff, für welches er angemustert ist, nicht seetüchtig ist, oder daß die Vorräthe, welche das Schiff für den Bedarf der Mannschaft an Speisen und Getränken mit sich führt, ungenügend oder verdorben sind, so hat der Kapitän die Beschwerde mit genauer Angabe des Sachverhalts in das Schiffstagebuch einzutragen und dem Beschwerdeführer auf Verlangen eine Abschrift der Eintragung auszuhändigen.

§ 100. Ein Schiffsmann, welcher den wiederholten Befehlen des Kapitäns, eines Schiffsoffiziers oder eines anderen Vorgesetzten den schuldigen Gehorsam verweigert, wird mit Gefängniß bis zu drei Monaten oder mit Geldstrafe bis zu dreihundert Mark bestraft.

§ 101. Wenn zwei oder mehrere zur Schiffsmannschaft gehörige Personen dem Kapitän, einem Schiffsoffizier oder einem anderen Vorgesetzten den schuldigen Gehorsam auf Verabredung gemeinschaftlich verweigern, so tritt gegen jeden Betheiligten Gefängnißstrafe bis zu einem Jahre ein. Der Rädelsführer wird mit Gefängniß bis zu drei Jahren bestraft.

Sind mildernde Umstände vorhanden, so kann auf Geldstrafe bis zu sechshundert Mark erkannt werden. Der Rädelsführer wird in diesem Falle mit Gefängniß bis zu einem Jahre bestraft.

§ 102. Ein Schiffsmann, welcher zwei oder mehrere zur Schiffsmannschaft gehörige Personen zur Begehung einer nach den §§ 101, 105 strafbaren Handlung auffordert, ist gleich dem Anstifter zu bestrafen, wenn die Aufforderung die strafbare Handlung oder einen strafbaren Versuch derselben zur Folge gehabt hat.

Ist die Aufforderung ohne Erfolg geblieben, so tritt im Falle des § 101 Geldstrafe bis zu dreihundert Mark, im Falle des § 105 Geldstrafe bis zu sechshundert Mark oder Gefängnißstrafe bis zu einem Jahre ein.

§ 103. Ein Schiffsmann, welcher den Kapitän, einen Schiffsoffizier oder einen anderen Vorgesetzten durch Gewalt oder durch Bedrohung mit Gewalt oder durch Verweigerung der Dienste zur Vornahme oder zur Unterlassung einer dienstlichen Verrichtung nöthigt, wird mit Gefängniß bis zu zwei Jahren bestraft. Sind mildernde Umstände vorhanden, so kann auf Geldstrafe bis zu sechshundert Mark erkannt werden. Der Versuch ist strafbar.

§ 104. Dieselben Strafvorschriften (§ 103) finden auf den Schiffsmann Anwendung, welcher dem Kapitän, einem Schiffsoffizier oder einem anderen Vorgesetzten in Ausübung seiner Dienstbefugnisse durch Gewalt oder durch Bedrohung mit Gewalt Widerstand leistet, oder den Kapitän, einen Schiffsoffizier oder einen anderen Vorgesetzten thätlich angreift.

§ 105. Wird eine der in den §§ 103, 104 bezeichneten Handlungen von mehreren Schiffsleuten auf Verabredung gemeinschaftlich begangen, so kann die Strafe bis auf das Doppelte des angedrohten Höchstbetrags erhöht werden.

Der Rädelsführer sowie diejenigen, welche gegen den Kapitän, einen Schiffsoffizier oder einen anderen Vorgesetzten Gewaltthätigkeiten verüben, werden mit Zuchthaus bis zu fünf Jahren oder mit Gefängniß von gleicher Dauer bestraft; auch kann neben der Zuchthausstrafe auf Zulässigkeit von Polizeiaufsicht erkannt werden. Sind mildernde Umstände vorhanden, so tritt Gefängnißstrafe nicht unter drei Monaten ein.

§ 106. Ein Schiffsmann, welcher solchen Befehlen des Kapitäns, eines Schiffsoffiziers oder eines anderen Vorgesetzten den Gehorsam verweigert, welche sich auf die Abwehr oder auf die Unterdrückung der in den §§ 103, 104 bezeichneten Handlungen beziehen, wird mit Gefängniß bis zu sechs Monaten oder mit Geldstrafe bis zu dreihundert Mark bestraft.

§ 107. Mit Geldstrafe bis zu sechzig Mark oder mit Haft bis zu vierzehn Tagen wird bestraft ein Schiffsmann, welcher

1. bei Verhandlungen, die sich auf die Ertheilung eines Seefahrtsbuchs, auf eine Eintragung in dasselbe oder auf eine Musterung beziehen,

wahre Thatsachen entstellt oder unterdrückt oder falsche vorspiegelt, um ein Seemannsamt zu täuschen;
2. es unterläßt, sich gemäß § 12 zur Musterung zu stellen;
3. im Falle eines dem Dienstantritt entgegenstehenden Hindernisses es unterläßt, sich hierüber gemäß § 17 gegen das Seemannsamt auszuweisen;
4. wider besseres Wissen eine auf unwahre Behauptungen gestützte Beschwerde gemäß § 99 bei dem Kapitän vorbringt;
5. der vorläufigen Entscheidung des Seemannsamts (§ 129 Abs. 3) zuwiderhandelt.

Durch die Bestimmung des Abs. 1 Nr. 1 wird die Vorschrift des § 271 des Strafgesetzbuchs nicht berührt.

§ 108. Wer wider besseres Wissen eine auf unwahre Behauptungen gestützte Beschwerde über Seeuntüchtigkeit des Schiffes oder Mangelhaftigkeit des Proviants bei einem Seemannsamte vorbringt (§ 58) und hierdurch eine Untersuchung veranlaßt, wird mit Gefängniß bis zu drei Monaten oder mit Geldstrafe bis zu dreihundert Mark bestraft.

Wer leichtfertig eine auf unwahre Behauptungen gestützte Beschwerde über Seeuntüchtigkeit des Schiffes oder Mangelhaftigkeit des Proviants bei einem Seemannsamte vorbringt und hierdurch eine Untersuchung veranlaßt, wird mit Geldstrafe bis zu einhundert Mark bestraft.

§ 109. Ein Schiffsmann, welcher vorsätzlich und rechtswidrig Theile des Schiffskörpers, der Maschine, der Takelung oder Ausrüstungsgegenstände oder Vorrichtungen, welche zur Rettung von Menschenleben dienen, zerstört oder beschädigt, wird mit Geldstrafe bis zu eintausend Mark oder Gefängniß bis zu zwei Jahren bestraft.

Der Versuch ist strafbar.

Die Verfolgung tritt nur auf Antrag ein.

§ 110. Die Verhängung einer in diesem Abschnitt oder durch sonstige strafgesetzliche Vorschriften angedrohten Strafe wird dadurch nicht ausgeschlossen, daß der Schuldige aus Anlaß der ihm zur Last gelegten That bereits disziplinarisch bestraft worden ist. Jedoch muß eine Disziplinarstrafe, sowohl in dem Strafbescheide des Seemannsamts (§ 123), wie in dem gerichtlichen Strafurtheile bei Abmessung der Strafe berücksichtigt werden.

§ 111. Der Kapitän, Schiffsoffizier oder sonstige Vorgesetzte, welcher einem Schiffsmanne gegenüber seine Disziplinargewalt mißbraucht, wird mit Geldstrafe bis zu eintausend Mark oder mit Gefängniß bis zu einem Jahre bestraft.

§ 112. Der Kapitän, welcher die gehörige Verproviantirung des Schiffes vor Antritt oder während der Reise vorsätzlich unterläßt, wird mit Gefängniß bestraft, neben welchem auf Geldstrafe bis zu eintausendfünfhundert Mark sowie auf Verlust der bürgerlichen Ehrenrechte erkannt werden kann.

Ist die Unterlassung aus Fahrlässigkeit geschehen, so tritt, wenn in Folge dessen der Schiffsmannschaft die gebührende Kost nicht gewährt werden kann, Geldstrafe bis zu fünfhundert Mark oder Gefängniß bis zu einem Jahre ein.

§ 113. Mit Geldstrafe bis zu dreihundert Mark, mit Haft oder mit Gefängniß bis zu drei Monaten wird bestraft ein Kapitän, welcher

1. den Verpflichtungen zuwiderhandelt, welche ihm durch die gemäß § 56 Abs. 2 vom Bundesrath erlassenen Vorschriften auferlegt werden;
2. den Verpflichtungen zuwiderhandelt, welche ihm durch die gemäß § 4 vom Bundesrath erlassenen Vorschriften über die Besetzung der Schiffe mit Schiffsoffizieren auferlegt werden;
3. einem Schiffsmanne grundlos Speise und Trank vorenthält oder ohne Noth verdorbenen Proviant verabreicht;
4. einem Schiffsmann, abgesehen von dem Falle des § 83 Abs. 2, im Ausland ohne Genehmigung des Seemannsamts zurückläßt.

§ 114. Mit Geldstrafe bis zu einhundertundfünfzig Mark oder mit Haft wird bestraft ein Kapitän, welcher

1. es unterläßt, für die Bekanntgabe der Vorgesetzten durch Aushang (§ 3 Abs. 4) Sorge zu tragen;
2. es unterläßt, bei der Anheuerung dem Schiffsmanne den vorgeschriebenen Heuerschein (§ 27) einzuhändigen;
3. den ihm in Ansehung der Musterung obliegenden Verpflichtungen nicht genügt, oder unterläßt, dafür zu sorgen, daß die Musterrolle sich während der Reise an Bord befindet;
4. bei Verhandlungen, welche sich auf eine Musterung oder eine Eintragung in ein Seefahrtsbuch beziehen, wahre Thatsachen entstellt oder unterdrückt oder falsche vorspiegelt, um ein Seemannsamt zu täuschen;
5. der Vorschrift des § 34 Abs. 3 zuwider dem Schiffsmann ohne triftigen Grund die Erlaubniß zum Verlassen des Schiffes verweigert; die Bestrafung tritt nur ein, wenn der Schiffsmann sie binnen drei Tagen nach der Verweigerung des Urlaubs beim Seemannsamte beantragt;
6. den Vorschriften des § 37 Abs. 2, 4 und des § 38 zuwiderhandelt;
7. den Vorschriften der §§ 46, 48, betreffend die Auszahlung der Heuer und der Vorschüsse, zuwiderhandelt;
8. es unterläßt, für die Erfüllung der im § 49 vorgesehenen Obliegenheiten Sorge zu tragen;
9. den Vorschriften des § 50 zuwider die Mannschaft nicht ergänzt;
10. die ihm obliegende Fürsorge für das Seefahrtsbuch (§ 17), für die Sachen und für das Heuerguthaben des erkrankten oder für den Nachlaß des verstorbenen Schiffsmanns verabsäumt (§§ 63, 65);
11. den Vorschriften des § 64 Abs. 2, 3 zuwiderhandelt;
12. eine der in den §§ 70, 89, 92, 99 vorgeschriebenen Eintragungen in das Schiffstagebuch unterläßt;
13. den ihm bei Vergehen und Verbrechen nach den §§ 126, 127 obliegenden Verpflichtungen nicht genügt;
14. dem Schiffsmann ohne dringenden Grund die Gelegenheit versagt, die Entscheidung des Seemannsamts nachzusuchen (§§ 129, 130);

15. der Anordnung eines Seemannsamts wegen Vollstreckung eines Strafbescheids (§ 125 Abs. 2) nicht Folge leistet oder der vorläufigen Entscheidung eines Seemannsamts (§ 129 Abs. 3) zuwiderhandelt;
16. es unterläßt, dafür Sorge zu tragen, daß die im § 133 vorgeschriebenen Abdrücke und Schriftstücke im Volkslogis zugänglich sind.

Durch die Vorschrift des Abs. 1 Nr. 4 wird die Vorschrift des § 271 des Strafgesetzbuchs nicht berührt.

§ 115. Mit Geldstrafe bis zu zehn Mark oder mit einem Tage Haft wird bestraft ein Kapitän oder ein Schiffsmann, der sich vor dem Seemannsamt ungebührlich benimmt.

§ 116. Ein Schiffsoffizier, welcher es unterläßt, gemäß § 84 von der Ausübung der Disziplinargewalt binnen vierundzwanzig Stunden dem Kapitän Mittheilung zu machen, wird mit Geldstrafe bis zu einhundertundfünfzig Mark oder mit Haft bestraft.

§ 117. Wer als Rheder oder als Vertreter eines Rheders vorsätzlich den gemäß § 56 Abs. 2 vom Bundesrath erlassenen Vorschriften zuwiderhandelt oder den Kapitän außer Stand setzt, für die genügende Verproviantirung des Schiffes oder die Mitnahme der vorschriftsmäßigen Heilmittel zu sorgen, wird, sofern nicht in den letzteren Fällen nach anderen Vorschriften eine schwerere Strafe verwirkt ist, mit Geldstrafe bis zu eintausend Mark oder mit Gefängniß bis zu einem Jahre bestraft.

Gleiche Strafe verwirkt, wer in der im Abs. 1 bezeichneten Eigenschaft vorsätzlich den gemäß § 4 vom Bundesrath erlassenen Vorschriften über die Besetzung der Schiffe mit Kapitänen und Schiffsoffizieren zuwiderhandelt.

§ 118. Wer als Rheder oder als Vertreter eines Rheders durch seine Anordnung den Vorschriften des § 37 Abs. 2, 4 und des § 38 über die Sonntagsruhe zuwiderhandelt, wird mit Geldstrafe bis zu dreihundert Mark oder mit Haft bestraft.

§ 119. Wer als Rheder oder als Vertreter eines Rheders es unterläßt, bei der Anheuerung dem Schiffsmanne den vorgeschriebenen Heuerschein (§ 27) einzuhändigen, wird mit Geldstrafe bis zu einhundertundfünfzig Mark oder mit Haft bestraft.

§ 120. Als Rheder im Sinne der §§ 117 bis 119 gelten auch die Vorstandsmitglieder von Aktiengesellschaften oder sonstigen durch einen Vorstand vertretenen Handelsgesellschaften, eingetragenen Genossenschaften und juristischen Personen, welche Rhederei betreiben.

§ 121. Die Verfolgung wegen der in den §§ 93 bis 119 bezeichneten strafbaren Handlungen findet auch dann statt, wenn die strafbaren Handlungen außerhalb des Reichsgebiets begangen sind.

Die Verjährung der Strafverfolgung beginnt in diesem Falle erst mit dem Tage, an welchem das Schiff, dem der Thäter zur Zeit der Begehung angehörte, zuerst ein Seemannsamt erreicht.

Die Verfolgung wird nicht dadurch ausgeschlossen, daß der Thäter ein Ausländer ist.

§ 122. In den Fällen des § 93 Abs. 1, 2 und der §§ 95, 96, 107, 114 bis 116, 118, 119 erfolgt die Untersuchung und Entscheidung durch das Seemannsamt, im Falle des § 93 Abs. 2 jedoch nur, wenn dieses seinen Sitz außerhalb des Reichsgebiets hat, und in den Fällen der §§ 118, 119 nur, wenn es seinen Sitz im Inlande hat.

§ 123. Das Seemannsamt hat den Angeschuldigten verantwortlich zu vernehmen und den Thatbestand mit möglichster Beschleunigung festzustellen. Eine Vereidigung von Zeugen findet nicht statt. Nach Abschluß der Untersuchung ist ein mit Gründen versehener Bescheid zu ertheilen, welcher zu verkünden und dem Angeschuldigten im Falle seiner Abwesenheit in Ausfertigung zuzustellen ist. Wird eine Strafe festgesetzt, so ist die Dauer der für den Fall des Unvermögens an Stelle der Geldstrafe tretenden Freiheitsstrafe zu bestimmen. Der Bescheid wirkt in Betreff der Unterbrechung der Verjährung wie eine richterliche Handlung.

Das Verfahren vor dem Seemannsamt ist gebührenfrei.

Im Inlande finden auf dasselbe die Vorschriften der §§ 170, 173 bis 176 des Gerichtsverfassungsgesetzes über die Oeffentlichkeit entsprechende Anwendung.

Im Uebrigen wird das Verfahren vor dem Seemannsamte durch Verordnung des Bundesraths geregelt. Die Verordnung ist dem Reichstage bei seinem nächsten Zusammentritte zur Kenntnißnahme vorzulegen.

§ 124. Gegen den Bescheid des Seemannsamts kann der Beschuldigte innerhalb einer zehntägigen Frist von der Verkündigung oder der Zustellung ab auf gerichtliche Entscheidung antragen. Der Antrag ist bei dem Seemannsamte zu Protokoll oder schriftlich anzubringen. Dasselbe hat dem Antragsteller auf Verlangen eine Bescheinigung über den Antrag zu ertheilen.

Verläßt das Schiff vor Ablauf der Frist den Hafen, so kann der Schiffsmann auch bei dem Kapitän zu Protokoll oder schriftlich innerhalb der Frist Einspruch einlegen. Dem Schiffsmann ist auf Verlangen eine Bescheinigung über den erhobenen Einspruch einzuhändigen. Der Kapitän hat, sobald es geschehen kann, den Einspruch in das Schiffstagebuch einzutragen und den Antrag dem Seemannsamte zu übersenden. Die Verjährung ruht von der Einlegung des Einspruchs bis zum Eingange des Antrags beim Seemannsamte.

Hat das Seemannsamt seinen Sitz im Inlande, so ist für das weitere Verfahren dasjenige Gericht örtlich zuständig, in dessen Bezirke dieser Sitz belegen ist. Hat es seinen Sitz im Auslande, so ist dasjenige Gericht örtlich zuständig, in dessen Bezirke sich der inländische Heimathshafen oder in Ermangelung eines solchen der Registerhafen des Schiffes befindet; fehlt es an einem hiernach zuständigen deutschen Gerichte, so wird das Gericht von dem Reichsgerichte bestimmt.

§ 125. Der Bescheid des Seemannsamts ist in Betreff der Beitreibung der Geldstrafe vorläufig vollstreckbar.

Die Vollstreckung der Strafbescheide der inländischen Seemannsämter erfolgt durch die landesgesetzlich hierzu bestimmten Behörden. Die Vollstreckung der von einem Seemannsamt im Ausland erlassenen Strafbescheide erfolgt gebührenfrei durch dieses selbst, wobei der Kapitän den auf Beitreibung der Geldstrafe gerichteten Anordnungen des Seemannsamts Folge zu leisten hat; die Vorschriften der §§ 811, 850 der Civilprozeßordnung über die Unpfändbarkeit von Sachen und Ansprüchen finden entsprechende Anwendung.

Die im Abs. 2 bezeichneten inländischen Vollstreckungsbehörden haben auf Ersuchen auch die von einem Seemannsamt außerhalb ihres Amtsbereichs erlassenen Strafbescheide gegen die innerhalb ihres Amtsbereichs befindlichen Personen zu vollstrecken. Auf die Erledigung des Ersuchens finden die Vorschriften des Gesetzes über den Beistand bei Einziehung von Abgaben und Vollstreckung von Vermögensstrafen vom 9. Juni 1895 (Reichs-Gesetzbl. S. 256) entsprechende Anwendung.

§ 126. Begeht ein Schiffsmann, während das Schiff sich auf der See oder im Auslande befindet, ein Vergehen oder Verbrechen, so hat der Kapitän unter Zuziehung von Schiffsoffizieren und anderen glaubhaften Personen alles dasjenige genau aufzuzeichnen, was auf den Beweis der That und auf deren Bestrafung Einfluß haben kann. Insbesondere ist in den Fällen der Tödtung oder schweren Körperverletzung die Beschaffenheit der Wunden genau zu beschreiben, auch zu vermerken, wie lange der Verletzte etwa noch gelebt hat, ob und welche Heilmittel angewendet sind und welche Nahrung der Verletzte zu sich genommen hat.

§ 127. Der Kapitän ist ermächtigt, jederzeit die Sachen der Schiffsleute, welche der Betheiligung an einer strafbaren Handlung verdächtig sind, zu durchsuchen.

Der Kapitän ist ferner ermächtigt, denjenigen Schiffsmann, der sich einer der im § 70 Nr. 3 und im § 93 Abs. 2, 3 bezeichneten strafbaren Handlungen schuldig macht, festzunehmen. In den Fällen des § 70 Nr. 3 ist er hierzu verpflichtet, wenn das Entweichen des Thäters zu besorgen steht. In den Fällen des § 93 Abs. 2, 3 ist von einer Einsperrung abzusehen, sofern sich das Schiff auf hoher See befindet.

Der Thäter ist unter Mittheilung der aufgenommenen Verhandlungen an dasjenige Seemannsamt, bei welchem es zuerst geschehen kann, abzuliefern. Wenn im Auslande das Seemannsamt aus besonderen Gründen die Uebernahme ablehnt, so hat der Kapitän die Ablieferung bei demjenigen Seemannsamte zu bewirken, bei welchem es anderweit zuerst geschehen kann.

In dringenden Fällen ist der Kapitän, wenn im Ausland ein Seemannsamt nicht rechtzeitig angegangen werden kann, ermächtigt, den Thäter der fremden Behörde behufs dessen Uebermittelung an eine zuständige deutsche Behörde zu übergeben. Hiervon hat er bei demjenigen Seemannsamte, bei welchem es zuerst geschehen kann, Anzeige zu machen.

Sechster Abschnitt.

Allgemeine Vorschriften.

§ 128. Jedes Seemannsamt ist verpflichtet, die gütliche Ausgleichung der zu seiner Kenntniß gebrachten, zwischen dem Kapitän und dem Schiffsmanne bestehenden Streitigkeiten zu versuchen. Insbesondere hat das Seemannsamt, vor welchem die Abmusterung des Schiffsmanns erfolgt, hinsichtlich solcher Streitigkeiten einen Güteversuch zu veranstalten.

§ 129. Der Schiffsmann darf den Kapitän vor einem ausländischen Gerichte weder strafrechtlich noch civilrechtlich belangen, sofern gegen ihn ein Gerichtsstand im Inlande begründet ist. Handelt er dieser Bestimmung zuwider, so ist er nicht allein für den daraus entstehenden Schaden verantwortlich, sondern er wird außerdem der bis dahin verdienten Heuer verlustig.

Er kann in den Fällen, die keinen Aufschub leiden, die vorläufige Entscheidung des Seemannsamts nachsuchen. Die Gelegenheit hierzu darf der Kapitän ohne dringenden Grund nicht versagen. Auch dem Kapitän steht unter denselben Voraussetzungen, wie dem Schiffsmanne, die Befugniß zu, die Entscheidung des Seemannsamts nachzusuchen.

Jeder Theil hat die Entscheidung des Seemannsamts einstweilen zu befolgen, vorbehaltlich der Befugniß, seine Rechte vor der zuständigen Behörde geltend zu machen.

Im Falle eines Zwangsverkaufs des Schiffes finden die Vorschriften des Abs. 1 auf die Geltendmachung der Forderungen des Schiffsmanns aus dem Heuervertrage keine Anwendung.

§ 130. Im Inlande wird der Streit zwischen dem Kapitän und dem Schiffsmanne, welcher nach der Anmusterung über den Antritt oder die Fortsetzung des Dienstes entsteht, von dem Seemannsamt, in dessen Bezirke das Schiff liegt, unter Vorbehalt des Rechtswegs entschieden.

§ 131. Die nach den §§ 129, 130 getroffene Entscheidung des Seemannsamts steht einem für vorläufig vollstreckbar erklärten Urtheile gleich. Der Ertheilung der Vollstreckungsklausel bedarf es nicht. Ist die zuständige Behörde angerufen oder der Rechtsweg beschritten, so findet § 707 der Civilprozeßordnung entsprechende Anwendung.

§ 132. Die nach den Vorschriften des fünften Abschnitts festgesetzten oder erkannten Geldstrafen fließen der Seemannskasse und in Ermangelung einer solchen der Ortsarmenkasse des inländischen Heimathshafens des Schiffes, welchem der Thäter zur Zeit der Begehung der strafbaren Handlung angehörte, zu, insofern sie nicht im Wege der Landesgesetzgebung zu anderen ähnlichen Zwecken bestimmt werden. In Ermangelung eines inländischen Heimathshafens tritt an dessen Stelle der inländische Registerhafen; fehlt es auch hieran, so erfolgt die Bestimmung durch den Reichskanzler.

§ 133. Ein Abdruck dieses Gesetzes, der für das Schiff über Kost und Logis geltenden Vorschriften (§ 56) und einer amtlichen Zusammenstellung der Bestimmungen über die Militärverhältnisse der seemännischen und halbseemännischen Bevölkerung (§ 7) sowie eine Abschrift der in der Musterrolle enthaltenen Bestimmungen des Heuervertrags einschließlich aller Nebenbestimmungen müssen im Volkslogis zur jederzeitigen Einsicht der Schiffsleute vorhanden sein.

§ 134. Die Anwendung des § 1 Abs. 2, des zweiten Abschnitts, der §§ 36, 43, 44, des § 49, der §§ 59 bis 64, des § 65 Abs. 2, 3 und des § 133 auf kleinere Fahrzeuge (Küstenfahrer u. s. w.) kann durch Verordnung des Bundesraths ganz oder theilweise ausgeschlossen werden. Die Verordnung ist dem Reichstage bei seinem nächsten Zusammentritte zur Kenntnißnahme vorzulegen.

§ 135. Keine Anwendung finden:

1. auf Seeschlepper der § 1 Abs. 2 und die §§ 35 bis 38;
2. auf Bergungsfahrzeuge der § 1 Abs. 2 und, soweit diese Fahrzeuge in Thätigkeit sind, die §§ 35 bis 38;
3. auf Hochseefischereifahrzeuge der § 36, der § 37 Abs. 2 und der § 38 Abs. 1 und, soweit die Mannschaft vertragsmäßig am Gewinne betheiligt ist, der § 1 Abs. 2.

§ 136. Soweit im Auslande nach den dortigen Gesetzen eine Verlautbarung des Dienstvertrags oder der Beendigung des Dienstverhältnisses für die Mannschaft deutscher Schiffe vor der ausländischen Behörde erfolgen muß, kann der Reichskanzler bestimmen, daß die An- und Abmusterung vor dem Seemannsamte (§§ 13, 18) durch einen von diesem in die Musterrolle einzutragenden Hinweis auf die Verlautbarung vor der ausländischen Behörde ersetzt werden darf.

§ 137. Dieses Gesetz tritt am 1. April 1903 in Kraft. Die Seemannsordnung vom 27. Dezember 1872 tritt mit demselben Tage außer Kraft.

§ 138. Wenn in anderen Gesetzen auf Vorschriften verwiesen wird, welche durch dieses Gesetz außer Kraft gesetzt sind, so treten die entsprechenden Vorschriften dieses Gesetzes an deren Stelle.

Urkundlich unter Unserer Höchsteigenhändigen Unterschrift und beigedrucktem Kaiserlichen Insiegel.

Gegeben Neues Palais, den 2. Juni 1902.

Wilhelm.

Graf von Posadowsky.

17. Gesetz, betreffend Abänderung seerechtlicher Vorschriften des Handelsgesetzbuchs vom 2. Juni 1902.

(Reichsgesetzblatt S. 218—221.)

Wir Wilhelm, von Gottes Gnaden Deutscher Kaiser, König von Preußen ꝛc.

verordnen im Namen des Reichs, nach erfolgter Zustimmung des Bundesraths und des Reichstags, was folgt:

Art. 1. Die §§ 481, 547 bis 549, 553, 749 des Handelsgesetzbuchs werden durch die nachfolgend unter denselben Ziffern angeführten Vorschriften ersetzt. Hinter § 553 werden die nachfolgend als §§ 553a, 553b bezeichneten Vorschriften eingeschaltet.

§ 481. Zur Schiffsbesatzung werden gerechnet der Schiffer, die Schiffsoffiziere, die Schiffsmannschaft sowie alle übrigen auf dem Schiffe angestellten Personen.

§ 547. Wird ein Schiffer, der für eine bestimmte Reise angestellt ist, entlassen, weil die Reise wegen Krieg, Embargo oder Blokade, wegen eines Einfuhr- oder Ausfuhrverbots oder wegen eines anderen Schiff oder Ladung betreffenden Zufalls nicht angetreten oder fortgesetzt werden kann, so erhält er gleichfalls nur dasjenige, was er von der Heuer, einschließlich aller sonst bedungenen Vortheile, bis dahin verdient hat. Dasselbe gilt, wenn ein auf unbestimmte Zeit angestellter Schiffer aus einem der angeführten Gründe entlassen wird, nachdem er die Ausführung einer bestimmten Reise übernommen hat.

Erfolgt in diesen Fällen die Entlassung während der Reise, so kann der Schiffer außerdem nach seiner Wahl entweder freie Rückbeförderung nach dem Hafen, wo er geheuert worden ist, oder eine entsprechende Vergütung beanspruchen.

Ein nach den Vorschriften dieses Gesetzbuchs begründeter Anspruch auf freie Rückbeförderung umfaßt auch den Unterhalt während der Reise sowie die Beförderung der Sachen des Schiffers.

§ 548. Wird ein Schiffer, der auf unbestimmte Zeit angestellt ist, aus anderen als den in den §§ 546, 547 angeführten Gründen entlassen, nachdem er die Ausführung einer bestimmten Reise übernommen hat, so erhält er außer demjenigen, was ihm nach den Vorschriften des § 547 gebührt, als Entschädigung noch die Heuer für einen Monat und für die nach § 73 der Seemannsordnung zu berechnende voraussichtliche Dauer seiner Reise nach dem Rückbeförderungshafen.

§ 549. War die Heuer nicht zeitweise, sondern in Bausch und Bogen für die ganze Reise bedungen, so wird in den Fällen der §§ 546 bis 548 die verdiente Heuer mit Rücksicht auf den vollen Heuerbetrag nach dem Verhältnisse der geleisteten Dienste sowie des etwa zurückgelegten Theiles der Reise bestimmt. Zur Ermittelung der Heuer für einzelne Monate wird die durchschnittliche Dauer der Reise, einschließlich der Ladungs- und Löschungszeit, unter Berücksichtigung der Beschaffenheit des Schiffes in Ansatz gebracht und danach die Heuer für die einzelnen Monate berechnet. Bei Berechnung der Heuer für einzelne Tage wird der Monat zu dreißig Tagen gerechnet.

§ 553. Falls der Schiffer nach Antritt des Dienstes erkrankt oder eine Verletzung erleidet, so trägt der Rheder die Kosten der Verpflegung und Heilbehandlung. Diese Verpflichtung erstreckt sich:

1. wenn der Schiffer wegen der Krankheit oder Verletzung die Reise nicht antritt, bis zum Ablaufe von drei Monaten seit der Erkrankung oder Verletzung;
2. wenn er die Reise angetreten hat, bis zum Ablaufe von drei Monaten nach dem Verlassen des Schiffes in einem deutschen Hafen und bis zum Ablaufe von sechs Monaten nach dem Verlassen des Schiffes in einem anderen Hafen.

Im Falle einer Verletzung hört die Verpflichtung des Rheders dem Verletzten gegenüber auf, sobald und soweit die Berufsgenossenschaft die Fürsorge übernimmt.

Der Rheder ist berechtigt, die Verpflegung und Heilbehandlung dem Schiffer in einer Krankenanstalt zu gewähren. Hat der Schiffer seinen Wohnsitz an dem Orte, wo er das Schiff verläßt, oder an dem Orte der Krankenanstalt, in welche er aufgenommen werden soll, so kann die Aufnahme nur erfolgen:

1. für den Schiffer, welcher verheirathet ist oder eine eigene Haushaltung hat oder Mitglied der Haushaltung seiner Familie ist, mit seiner Zustimmung, oder unabhängig von derselben, wenn die Art der Krankheit Anforderungen an die Behandlung oder Verpflegung stellt, welchen in der Familie des Erkrankten oder Verletzten nicht genügt werden kann, oder wenn die Krankheit eine ansteckende ist, oder wenn der Zustand oder das Verhalten des Schiffers eine fortgesetzte Beobachtung erfordert;
2. in sonstigen Fällen unbedingt.

Ein Schiffer, der wegen Krankheit oder Verletzung außerhalb des Reichsgebiets zurückgeblieben ist, kann mit seiner Einwilligung und der des behandelnden Arztes oder des Seemannsamts nach einem deutschen Hafen in eine Krankenanstalt überführt werden. Ist der Schiffer außer Stande, die Zustimmung zu ertheilen, oder verweigert er sie ohne berechtigten Grund, so kann sie nach Anhörung eines Arztes durch dasjenige Seemannsamt ersetzt werden, in dessen Bezirke der Schiffer sich zur Zeit befindet. Findet die Ueberführung statt, so erstreckt sich die Verpflichtung des Rheders stets nur bis zum Ablaufe von drei Monaten seit der Aufnahme in die Krankenanstalt des deutschen Hafens.

Der Schiffer, welcher sich der Heilbehandlung ohne berechtigten Grund entzieht und hierdurch nach ärztlichem Gutachten die Heilung vereitelt oder wesentlich erschwert hat, verliert den Anspruch auf kostenfreie Verpflegung und Heilbehandlung. Ueber die Berechtigung des Grundes sowie über Beginn und Dauer des Verlustes entscheidet vorläufig das Seemannsamt.

Falls der Schiffer nicht mit dem Schiffe nach dem Heimathshafen, oder dem Hafen, wo er geheuert worden ist, zurückkehrt, gebührt ihm ferner freie Zurückbeförderung (§ 547) oder nach seiner Wahl eine entsprechende Vergütung.

§ 553a. Die Heuer, einschließlich aller sonst bedungenen Vortheile, bezieht der erkrankte oder verletzte Schiffer:

wenn er die Reise nicht antritt, bis zur Einstellung des Dienstes;

wenn er die Reise angetreten hat, bis zu dem Tage, an welchem er das Schiff verläßt.

Der Bezug der Heuer wird während des Aufenthalts in einer Krankenanstalt nicht gekürzt.

Ist der Schiffer bei Vertheidigung des Schiffes zu Schaden gekommen, so hat er überdies auf eine angemessene, erforderlichen Falles von dem Richter zu bestimmende Belohnung Anspruch.

§ 553b. Auf den Schiffer, welcher die Krankheit oder Verletzung durch eine strafbare Handlung sich zugezogen oder den Dienst widerrechtlich verlassen hat, finden die §§ 553, 553a keine Anwendung.

§ 749. Wird ein Schiff oder dessen Ladung ganz oder theilweise von einem anderen Schiffe geborgen oder gerettet, so wird der Berge- oder Hülfslohn zwischen dem Rheder, dem Schiffer und der übrigen Besatzung des anderen Schiffes in der Weise vertheilt, daß zunächst dem Rheder die Schäden am Schiffe und Betriebsmehrkosten ersetzt werden, welche durch die Bergung oder Rettung entstanden sind, und daß von dem Reste der Rheder eines Dampfschiffs zwei Drittel, eines Segelschiffs die Hälfte, der Schiffer und die übrige Besatzung eines Dampfschiffs je ein Sechstel, eines Segelschiffs je ein Viertel erhält.

Der auf die Schiffsbesatzung mit Ausnahme des Schiffers entfallende Betrag wird unter alle Mitglieder derselben mit besonderer Berücksichtigung der sachlichen und persönlichen Leistungen eines Jeden vertheilt. Die Vertheilung erfolgt durch den Schiffer mittelst eines vor Beendigung der Reise der Besatzung bekannt zu gebenden Vertheilungsplans, der den jedem Betheiligten zukommenden Bruchtheil festsetzt.

Gegen den Vertheilungsplan ist Einspruch bei demjenigen Seemannsamte zulässig, welches nach Bekanntgabe des Planes zuerst angegangen werden kann. Das Seemannsamt entscheidet nach Anhörung der Betheiligten entgültig, unter Ausschluß des Rechtswegs, über den Einspruch und eine etwaige andere Vertheilung. Beglaubigte Abschrift der Entscheidung ist dem Rheder vom Seemannsamte mit thunlichster Beschleunigung mitzutheilen.

Vereinbarungen, welche den Vorschriften der Abs. 1, 2 zuwiderlaufen, sind nichtig.

Diese Vorschriften finden für den Fall der Bergung oder Rettung durch Bergungs- oder Schleppdampfer keine Anwendung.

Art. 2. Dieses Gesetz tritt am 1. April 1903 in Kraft.

Urkundlich unter Unserer Höchsteigenhändigen Unterschrift und beigedrucktem Kaiserlichen Insiegel.

Gegeben Neues Palais, den 2. Juni 1902.

Wilhelm.

Graf von Posadowsky.

Nachtrag

zum Bayerischen Landesrecht.

18. Königlich Allerhöchste Verordnung, die Formel für Entscheidungen der zur Ausübung der Gerichtsbarkeit berufenen Behörden betr., vom 24. Juli 1879.

(G.V.Bl. 1879 S. 707.)

Ludwig II. von Gottes Gnaden König von Bayern, Pfalzgraf bei Rhein, Herzog von Bayern, Franken und in Schwaben ꝛc. ꝛc.

Wir finden Uns bewogen, auf Grund des Titel VIII § 1 der Verfassungsurkunde zu verordnen, was folgt:

§ 1. Die Urtheile der nach Maßgabe des Reichs-Gerichtsverfassungsgesetzes, des Einführungsgesetzes und des Ausführungsgesetzes zu demselben errichteten Gerichte werden unter der Formel:

„**Im Namen Seiner Majestät des Königs von Bayern**"

erlassen.

Das Gleiche gilt für die Vollstreckungsbefehle, für die Haftbefehle des Richters, des Gerichtes und der Staatsanwaltschaft, die richterlichen und gerichtlichen Beschlüsse auf Verurtheilung von Zeugen und Sachverständigen und auf Anordnung der Zwangshaft, die Beschlüsse auf Anordnung der Haft gegen den Gemeinschuldner, die Beschlüsse auf Eröffnung des Hauptverfahrens und des Konkursverfahrens, die Urkunden über Bestätigung von Familienfideikommissen, die Entscheidungen über Beschwerden in Sachen der nichtstreitigen Rechtspflege und die Erkenntnisse in Disziplinarstrafsachen der Notare.

§ 2. Unter der nämlichen Formel erlassen die Ehrengerichte der Anwaltskammern die Beschlüsse auf Eröffnung des Hauptverfahrens und die Urtheile.

§ 3. Gegenwärtige Verordnung tritt gleichzeitig mit dem Reichs-Gerichtsverfassungsgesetze im ganzen Umfange des Königreichs in Kraft.

Gegeben zu Hohenschwangau, den 24. Juli 1879.

Ludwig.

Dr. v. Fäustle.

Auf Königlich Allerhöchsten Befehl: Der Generalsekretär.
Statt dessen: Ministerialrath v. Loé.

---

19. Gesetz, die Abmarkung der Grundstücke betr., vom 30. Juni 1900.

(G.V.Bl. 1900 S. 553—562.)

Im Namen Seiner Majestät des Königs. **Luitpold,** von Gottes Gnaden Königlicher Prinz von Bayern, **Regent.**

Wir haben nach Vernehmung des Staatsrathes mit Beirath und Zustimmung der Kammer der Reichsräthe und der Kammer der Abgeordneten beschlossen und verordnen, was folgt:

Abmarkungspflicht.

Art. 1. Die Eigenthümer von Grundstücken, deren Grenzen unbestritten feststehen, aber nicht durch Grenzzeichen gesichert sind, haben die Pflicht, die Abmarkung dieser Grenzen oder die Ergänzung dieser Abmarkung vornehmen zu lassen:

1. bei den von der zuständigen Behörde angeordneten Neumessungen,
2. bei allen Grenzermittlungsmessungen der k. Messungsbehörden, welche mit Zustimmung der betheiligten Grundeigenthümer zum Abschlusse gebracht werden,
3. wenn von einem Grundstücke ein Theil abgetrennt wird,
4. wenn eine bestrittene Grenzlinie durch eine gerichtliche Entscheidung festgestellt wird, und
5. wenn in einer Gemeinde- oder Ortsflur oder in einer in sich abgeschlossenen Feldlage (Gewanne) die Mehrzahl der betheiligten Grundeigenthümer die Abmarkung will. Sind weniger als zwanzig Grundeigenthümer betheiligt, so müssen mindestens drei Fünftel sich für die Abmarkung erklären. In beiden Fällen muß die Mehrzahl sich zugleich im Besitze von mehr als der Hälfte der abzumarkenden Grundfläche befinden.

Bei Berechnung der Mehrzahl werden die Miteigenthümer eines und desselben Grundstückes für eine einzige Person gezählt. Besteht bei den Miteigenthümern Meinungsverschiedenheit, so ist Zustimmung anzunehmen, wenn wenigstens die Hälfte der Miteigenthümer, nach dem Theilnahmsverhältnisse berechnet, sich für die Abmarkung ausspricht. Besteht über das Eigenthum eines Grundstückes ein Rechtsstreit, und können sich die Betheiligten über die Abgabe der Stimmen nicht einigen, so gilt zunächst der Besitzer als stimmberechtigt; ist auch der Besitz streitig, so ist die Zustimmung für gegeben zu erachten, wenn nur einer der streitenden Theile sich für die Abmarkung ausspricht.

Bei der Abmarkung von Gemeinde- oder Ortsfluren oder abgeschlossenen Feldlagen haben die Eigenthümer der Grundstücke, soweit sie an die Abmarkungsfläche mit nicht oder nicht richtig abgemarkten Grenzlinien anstoßen, an der Abmarkung dieser sich zu betheiligen.

Art der Abmarkung.

Art. 2. Zur Abmarkung sind in der Regel dauerhafte Steine von entsprechender Größe und Form zu verwenden.

Die Steine müssen soweit zugerichtet sein, daß ihre Bedeutung als Grenzzeichen zweifellos erkennbar ist.

Ausnahmsweise sind auch andere Grenzzeichen, insbesondere solche von dauerhaftem Holze zulässig, wenn die Beschaffenheit des Bodens das Setzen von Steinen nicht angezeigt erscheinen läßt, oder wenn die Beschaffung der Steine mit unverhältnißmäßigen Kosten verbunden wäre.

Pflicht zur Erhaltung der Grenzzeichen.

Art. 3. Die von den zuständigen Behörden und Personen gesetzten Grenzzeichen müssen von den betheiligten Grundeigenthümern stets in Stand erhalten werden. Die Grundeigenthümer sind verpflichtet, den Abgang oder die Beschädigung von Grenzzeichen binnen 8 Tagen nach erlangter Kenntniß der Gemeindebehörde anzuzeigen.

Bei der Bearbeitung der Grundstücke sind die Grenzzeichen sorgfältig zu schonen. Wer Arbeiten beabsichtigt, die den festen Stand eines Grenzzeichens gefährden, hat seine Absicht rechtzeitig der Gemeindebehörde anzuzeigen. Diese hat auf seine Kosten die Verlegung des Grenzzeichens zu veranlassen.

Entbehrlich gewordene Grenzzeichen können auf Antrag der betheiligten Grundeigenthümer beseitigt werden.

Zuständigkeit zur Abmarkung.

Art. 4. Zur Vornahme der Abmarkung bei den von der zuständigen Behörde angeordneten Neumessungen (Art. 1 Abs. 1 Ziff. 1) sind die hiezu bestimmten Geometer, zur Vornahme der Abmarkung einer Gemeinde- oder Ortsflur oder einer Feldlage (Art. 1 Abs. 1 Ziff. 5) und der Abmarkungen, die im Anschlusse an Vermessungen zu erfolgen haben, sind die Messungsbehörden ausschließlich zuständig.

Sonstige Abmarkungsgeschäfte können von den Grundeigenthümern gleichfalls der Messungsbehörde übertragen werden.

Ist das k. Eisenbahnärar betheiligt, so kann das Abmarkungsgeschäft durch einen Geometer der Staatseisenbahnen erfolgen. Sind noch andere Grundeigenthümer betheiligt, so ist deren Zustimmung erforderlich.

Im Uebrigen sind zur Vornahme der Abmarkungsgeschäfte die Feldgeschworenen berufen.

Durch Beschluß der Gemeindeverwaltung, in den Landestheilen rechts des Rheins unter Zustimmung der Gemeindeversammlung oder in Gemeinden mit städtischer Verfassung unter Zustimmung der Gemeindebevollmächtigten, kann festgestellt werden, daß in den Fällen, in welchen die Abmarkungen nach Abs. 1, 2, 3 durch die Messungsbehörden oder die hiezu bestimmten Geometer vollzogen werden, das Setzen, Heben, Aufrichten und Entfernen der Grenzzeichen durch die Feldgeschworenen vorzunehmen ist. Liegt ein solcher Gemeindebeschluß nicht vor, so ist jeder der betheiligten Grundeigenthümer berechtigt, bei der die Abmarkung vornehmenden Behörde oder Person den Antrag zu stellen, das Setzen, Heben, Aufrichten und Entfernen der Grenzzeichen durch Feldgeschworene vornehmen zu lassen, und ist diesem Antrage zu entsprechen. Findet bei dem Abmarkungsgeschäfte eine Mitwirkung der Feldgeschworenen nicht statt, so haben die Messungsbehörden und die mit Abmarkungen betrauten Geometer zu dem Abmarkungsgeschäfte den Obmann der Feldgeschworenen oder dessen Stellvertreter beizuziehen.

Feldgeschworene.

Art. 5. In jeder Gemeinde sind vier bis sieben Feldgeschworene aufzustellen.

Die Feldgeschworenen wählen aus ihrer Mitte einen Obmann und einen Stellvertreter desselben.

Besteht eine Gemeinde aus mehreren getrennten Ortschaften, so kann jede Ortschaft besondere Feldgeschworene für ihre Flurmarkung aufstellen.

Art. 6. Die Feldgeschworenen werden da, wo eine erstmalige Wahl nothwendig wird, von der Gemeindeverwaltung oder dem Gemeinderathe aus der Zahl der Gemeindebürger auf Lebensdauer gewählt.

Fällt durch Ableben, Rücktritt oder Enthebung ein Feldgeschworener weg, so ist die festgesetzte Zahl von Feldgeschworenen durch Wahl Seitens der noch vorhandenen Feldgeschworenen zu ergänzen. Sind nur noch zwei Feldgeschworene vorhanden, so ist die Wahl nach Maßgabe des Abs. 1 vorzunehmen.

Art. 7. In Ansehung der Wählbarkeit, der Ablehnung der Wahl und des Austritts oder der Enthebung der Feldgeschworenen finden die jeweiligen gesetzlichen Bestimmungen Anwendung, die für die Mitglieder des Gemeindeausschusses in Landgemeinden oder des Gemeinderathes gelten.

Art. 8. Für jeden ausmärkischen Bezirk werden vier bis sieben Feldgeschworene von dem Distriktsausschusse aus Personen, welche in den benachbarten Gemeinden ihren Wohnsitz haben, auf Lebensdauer aufgestellt.

Die Bestimmungen der Art. 5 Abs. 2, Art. 6 Abs. 2 und Art. 7 finden entsprechende Anwendung.

Die bezüglich der gemeindlichen Feldgeschworenen der Gemeindebehörde zugewiesenen Zuständigkeiten kommen dem Distriktsausschusse zu.

Art. 9. Die Feldgeschworenen sind neben den gemäß Art. 4 berufenen Personen im Umfange ihres Bezirkes ausschließlich befugt, Abmarkungsgeschäfte vorzunehmen, d. i. Grenzzeichen zu setzen, sie zum Zwecke der Untersuchung zu heben, sie wieder in die richtige Lage zu bringen und im Falle der Entbehrlichkeit herauszunehmen.

Zur giltigen Vornahme eines Abmarkungsgeschäftes ist die Anwesenheit von zwei Feldgeschworenen nöthig. Handelt es sich um die Abmarkung einer Flurgrenze zwischen zwei Gemeinden oder zwischen einer Gemeinde und einem ausmärkischen Bezirke, so ist die Mitwirkung je eines Feldgeschworenen der betheiligten Gemeinden und des betheiligten Bezirkes erforderlich.

Art. 10. Die Feldgeschworenen können sich zum Zwecke der Kontrole der Echtheit und Unverrücktheit der Grenzzeichen bei dem Setzen derselben bestimmter geheimer Zeichen, sogenannter Unterlagen, bedienen (Siebenergeheimniß). Sie sind verbunden, das Siebenergeheimniß lebenslänglich zu bewahren.

Art. 11. Die gemeindlichen Feldgeschworenen sind Hilfsorgane der Gemeindebehörde für Herstellung und Unterhaltung der Flur- und Markungsgrenzen.

Art. 12. Die gemeindlichen Feldgeschworenen sind verpflichtet, die Grenzzeichen der gesammten Gemeindeflur und der etwa besonders abgemarkten Abtheilungen derselben (Gewannen), sowie die Grenzzeichen der einzelnen Grundstücke zu beaufsichtigen. Sie haben zu diesem Zwecke auf Anordnung des Vorstandes der Gemeindebehörde die Grenzen mindestens alle drei Jahre zu begehen und zu besichtigen, sowie die hiebei wahrgenommenen Mängel binnen acht Tagen dem Vorstande der Gemeindebehörde und den etwa betheiligten Grundeigenthümern behufs sofortiger Abhilfe anzuzeigen.

In der gleichen Weise haben die gemeindlichen Feldgeschworenen zu verfahren, wenn sie bei sonstiger Gelegenheit Mängel der Abmarkung wahrnehmen.

Art. 13. Die Dienstleistung der gemeindlichen Feldgeschworenen wird durch den Vorstand der Gemeindebehörde und die der Feldgeschworenen für ausmärkische Bezirke durch ihren Obmann vermittelt.

Art. 14. Die Aufsicht über die Feldgeschworenen steht zunächst ihrem Obmann zu.

Die Oberaufsicht über die Feldgeschworenen führt die Distriktsverwaltungsbehörde. Diese entscheidet entgiltig über die Beschwerden gegen die Verfügungen des Obmannes.

Art. 15. Die Geschäftsführung der Feldgeschworenen wird durch eine vom k. Staatsministerium des Innern im Benehmen mit den k. Staatsministerien der Justiz und der Finanzen zu erlassende Dienstanweisung geregelt.

Art. 16. Die Feldgeschworenen werden durch die Distriktsverwaltungsbehörde auf die Dienstanweisung (Art. 15) und auf die lebenslängliche Bewahrung des Siebenergeheimnisses (Art. 10), wo es besteht oder eingeführt wird, mittels Eides verpflichtet.

Vornahme der Abmarkung.

Art. 17. Zur Vornahme der Abmarkungsgeschäfte sind die betheiligten Grundeigenthümer oder deren Vertreter gegen Nachweis zu laden. Die Ladung hat bei Abmarkungsgeschäften der gemeindlichen Feldgeschworenen durch den Vorstand der Gemeindebehörde, bei Abmarkungsgeschäften der Feldgeschworenen für ausmärkische Bezirke durch ihren Obmann und sonst durch die Messungsbehörde oder den beauftragten Geometer zu erfolgen, die sich der Vermittlung der Gemeindebehörde bedienen können.

Erscheinen die Betheiligten nicht, so kann das Abmarkungsgeschäft gleichwohl giltig vorgenommen werden.

Die Kosten eines durch unentschuldigtes Ausbleiben eines Betheiligten vereitelten Termines hat der Nichterschienene zu tragen.

Auf die Folgen des Nichterscheinens ist in der Ladung aufmerksam zu machen.

Beim Legen oder Untersuchen der geheimen Zeichen haben sich die betheiligten Grundeigenthümer und ihre Vertreter zu entfernen.

Art. 18. Ueber die Vornahme der Abmarkungsgeschäfte sind Protokolle zu führen. In denselben ist die Zeit, der Name und die Eigenschaft der Anwesenden anzugeben und die stattgehabte Handlung genau zu beschreiben. Das Protokoll ist von den betheiligten Grundeigenthümern oder deren Vertretern, Geometern und Feldgeschworenen zu unterzeichnen.

Ueber die von den Messungsbehörden und beauftragten Geometern vorgenommenen Abmarkungen sind Handrisse zu fertigen, in welchen der Verlauf der abgemarkten Grenze durch Maßzahlen festzulegen ist.

Die Protokolle und Handrisse der Geometer sind von den Messungsbehörden, die Protokolle der gemeindlichen Feldgeschworenen von der Gemeindebehörde und die Protokolle der Feldgeschworenen für ausmärkische Bezirke von ihrem Obmanne sorgfältig aufzubewahren.

Nach Schluß jeden Jahres haben die Gemeindebehörde und der Obmann der Feldgeschworenen für ausmärkische Bezirke das Buch mit den Protokollen der Feldgeschworenen über die vorgenommenen Abmarkungen der Messungsbehörde zu übersenden. Diese hat auf Grund der Protokolle Vormerkung von den vorgenommenen Abmarkungen behufs Einmessung der Grenzzeichen zu machen, in das Buch der gemeindlichen Feldgeschworenen beglaubigte Auszüge über die von ihr und den Geometern (Art. 4 Abs. 1, 2, 3, Art. 18 Abs. 3 und Art. 30 Abs. 2) während des abgelaufenen Jahres vollzogenen Abmarkungen zu übertragen und sodann die Bücher wieder zurückzusenden.

Zuständigkeit und Verfahren bei Streitigkeiten.

Art. 19. Streitigkeiten über die Abmarkungspflicht und die Art der Abmarkung, über die Giltigkeit einer solchen und über die Erhaltung von Grenzzeichen entscheidet die Distriktsverwaltungsbehörde in erster und der Verwaltungsgerichtshof in zweiter und letzter Instanz.

Bezüglich der Beschwerdefrist und des Verfahrens finden, soweit in diesem Gesetze nichts besonderes bestimmt ist, die Bestimmungen des Abschnittes II des Gesetzes vom 8. August 1878, betreffend die Errichtung eines Verwaltungsgerichtshofes und das Verfahren in Verwaltungsrechtssachen, entsprechende Anwendung.

Streitigkeiten über Feststellung der Grenze bleiben der Entscheidung der Gerichte vorbehalten.

Art. 20. Wird die Entscheidung der Distriktsverwaltungsbehörde nach Art. 19 bezüglich einer neu vorzunehmenden oder zu erneuernden Abmarkung angerufen, so haben die Antragsteller die Plannummern der Grundstücke, um deren Abmarkung es sich handelt, die Namen der Grundeigenthümer, welche der Abmarkung widersprechen oder eine Erklärung noch nicht abgegeben haben, die Gründe, auf welche der Antrag gestützt wird, sowie die gewünschte Art der Abmarkung anzugeben und erforderlichen Falles den Katasterplan, auf welchem die zu setzenden Grenzzeichen eingetragen sein müssen, vorzulegen.

Art. 21. Die Distriktsverwaltungsbehörde vernimmt zunächst die widersprechenden und noch nicht gehörten Grundeigenthümer mit ihren Erinnerungen, erholt die erforderlichen Gutachten Sachverständiger und entscheidet hienach über den gestellten Antrag.

Findet für die Einvernahme der Betheiligten eine besondere Verhandlungstagfahrt statt, so sind sie hiezu gegen Nachweis mit dem Beifügen zu laden, daß diejenigen Grundeigenthümer, welche ohne Entschuldigung weder in Person erscheinen, noch durch einen Bevollmächtigten sich vertreten lassen, als der Abmarkung zustimmend gelten.

Art. 22. Kommen Grundeigenthümer der ihnen obliegenden Verpflichtung zur Errichtung oder Wiederherstellung von Grenzzeichen binnen der ihnen vorgesetzten angemessenen Frist nicht nach, so ist die Gemeindebehörde, bei ausmärkischen Bezirken die Distriktsverwaltungsbehörde, befugt, dieses auf Kosten der Pflichtigen durch die zur Abmarkung zuständige Behörde oder Person bewirken zu lassen.

Gebühren und Kosten.

Art. 23. Das Verfahren bei den Gemeindebehörden und in der ersten Instanz ist gebührenfrei.

Art. 24. Die Feldgeschworenen beziehen für ihre Dienstesverrichtungen Gebühren nach Maßgabe einer Gebührenordnung, welche durch die Distriktsverwaltungsbehörde nach Einvernahme des Distriktsrathes festzusetzen ist.

Art. 25. Die Kosten für die Betheiligung der staatlichen Geometer an dem Abmarkungsgeschäfte werden auf die Staatskasse übernommen.

Die sonstigen Kosten der Abmarkung und Abmarkungsergänzung sind, insoweit die Betheiligten nichts Anderes vereinbaren, zu gleichen Theilen von den Grundeigenthümern zu tragen, die an der Feststellung des oder der Grenzzeichen ein Interesse haben.

Die Kosten der Abmarkung und Abmarkungsergänzung bei Eisenbahnen fallen dem Unternehmer, bei Staatsstraßen und öffentlichen Kanälen dem Staate, bei Distriktsstraßen dem Distrikte und bei Gemeindeverbindungswegen der Gemeinde zur Last.

Die Kosten der Abmarkung und Abmarkungsergänzung sind eine öffentliche Last der betheiligten Grundstücke.

Die Kosten, welche durch einen abgewiesenen Antrag auf Abmarkung oder durch unbegründete Einwendungen veranlaßt worden sind, können den mit dem Antrage oder der Einwendung Abgewiesenen überbürdet werden.

Die Einziehung der Kosten erfolgt durch die Gemeindebehörde nach den Bestimmungen über die Erhebung und zwangsweise Beitreibung der Gemeindeumlagen.

Art. 26. Aus Staatszuschüssen, deren Höhe jeweils das Budget bestimmt, wird ein Fond — Abmarkungsfond gebildet, aus welchem vorschußweise die den Betheiligten zur Last fallenden Kosten für die Grenzsteine bei Abmarkungen nach Art. 1 Abs. 1 Ziff. 1, 5 bestritten werden.

Die Rückzahlung dieser Vorschüsse kann unter Berücksichtigung der wirthschaftlichen Lage der betheiligten Grundeigenthümer und des Umfanges der Abmarkung theilweise, höchstens bis zur Hälfte des Gesammtbetrages, nachgelassen werden.

Die zurückzuzahlenden Vorschüsse sind in der Regel in drei gleichen Jahresraten zu erstatten.

Art. 27. Die Gemeinden sind verpflichtet, für die Abmarkungen, welche innerhalb ihrer Bezirke vorzunehmen sind, auf Verlangen der zur Abmarkung zuständigen Behörde oder Person eine angemessene Anzahl von Grenzsteinen und -Pflöcken bereit zu stellen und entweder unentgeltlich oder zum Selbstkostenpreise an die betheiligten Grundeigenthümer abzugeben.

Strafbestimmungen.

Art. 28. Mit Geld bis zu 150 ℳ oder mit Haft wird, soferne nicht nach den bestehenden gesetzlichen Bestimmungen eine höhere Strafe verwirkt ist, bestraft:

1. wer unbefugt ein Abmarkungsgeschäft (Art. 9) vornimmt,
2. wer unbefugt Grenzzeichen, Aussteckungspfähle und andere Merkmale, welche zum Zwecke der Abmarkung von den zuständigen Behörden oder Personen angebracht worden sind, wegnimmt, vernichtet, unkenntlich macht, beschädigt oder verrückt.

Art. 29. Mit Geld bis zu 30 ℳ wird bestraft, wer eine der im Art. 3 vorgeschriebenen Anzeigen unterläßt.

Schlußbestimmungen

Art. 30. Soweit der Eigenthümer eines Grundstückes nach § 919 des Bürgerlichen Gesetzbuches von dem Eigenthümer eines Nachbargrundstückes die Abmarkung verlangen kann, finden bezüglich der Art der Abmarkung und des Verfahrens die Bestimmungen der Art. 2, 4 bis 10, 13, 15 bis 24, Art. 25 Abs. 1, 4, 6 und Art. 27 dieses Gesetzes Anwendung.

Die in Art. 42 Abs. 2 des Gesetzes, die Flurbereinigung betreffend, in der Fassung der Bekanntmachung vom 30. Juli 1899 vorgeschriebene Abmarkung der neuen Grenzen hat durch den von der Flurbereinigungskommission hiezu bestimmten Geometer zu erfolgen. Die Bestimmungen der Art. 2, 4 Abs. 5, Art. 17 bis 27 dieses Gesetzes finden auf diese Abmarkungen Anwendung.

Art. 31. Die zum Vollzuge dieses Gesetzes erforderlichen Vorschriften werden von den k. Staatsministerien des Innern, der Justiz und der Finanzen erlassen.

Art. 32. Gegenwärtiges Gesetz tritt mit dem 1. Januar 1901 in Kraft.

Von demselben Tage an treten außer Wirksamkeit:

1. das Gesetz, die Vermarkung der Grundstücke betreffend, vom 16. Mai 1868 mit Art. 156 des Ausführungsgesetzes zum Bürgerlichen Gesetzbuche,

2. der Art. 92 Abs. 3 und der Art. 138 Abs. 6 des Gesetzes vom 29. April 1869, die Gemeindeordnung für die Landestheile diesseits des Rheins betreffend, sowie der Art. 71, Abs. 6 des Gesetzes vom 29. April 1869, die Gemeindeordnung für die Pfalz betreffend, und
3. der Art. 8 Ziff. 16 des Gesetzes vom 8. August 1878, die Errichtung eines Verwaltungsgerichtshofes und das Verfahren in Verwaltungsrechtssachen betreffend.

Gegeben zu München, den 30. Juni 1900.

Luitpold, Prinz von Bayern, des Königreichs Bayern Verweser.

Dr. **Frhr. v. Crailsheim.** Dr. **Frhr. v. Riedel.** Dr. **Frhr. v. Feilitzsch.**
Dr. **Frhr. v. Leonrod. Frhr. v. Asch.** Dr. **v. Landmann.**

Auf Allerhöchsten Befehl: Der Oberregierungsrath im k. Staatsministerium des Innern:
Dr. Proebst.

20. Berggesetz.[1]

Berggesetz für das Königreich Bayern vom 20. März 1869 in der Fassung vom 20. Juli 1900.

(G.V.Bl 1900 S. 775—838.)

Erster Titel.

Allgemeine Bestimmungen.

Art. 1. (1.)[2]) Das Eigenthumsrecht an Grund und Boden erstreckt sich nicht auf die nachbezeichneten Mineralien; deren Aufsuchung und Gewinnung ist, soweit nicht für einzelne derselben abweichende Bestimmungen getroffen sind, unter Einhaltung der Vorschriften des gegenwärtigen Gesetzes einem Jeden gestattet.

Diese Mineralien sind:

Gold, mit Ausnahme des Waschgoldes, Silber, Quecksilber, Eisen, Blei, Kupfer, Zinn, Zink, Kobalt, Nickel, Arsenik, Mangan, Antimon und Schwefel, gediegen und als Erze; Alaun- und Vitriolerze; Stein- und Braunkohle; Steinsalz nebst den mit demselben auf der nämlichen Lagerstätte vorkommenden Salzen, namentlich Kali, Magnesia- und Borsalzen, sowie die Soolquellen.

Art. 2. (neu.) Die Aufsuchung und Gewinnung von Steinsalz nebst den mit demselben auf der nämlichen Lagerstätte vorkommenden Salzen, namentlich Kali-, Magnesia- und Borsalzen sowie der Soolquellen bleibt dem Staate vorbehalten.

Das Staatsministerium der Finanzen ist jedoch befugt, die Erlaubniß hiezu Einzelnen oder Gemeinschaften zu ertheilen.

Art. 3. (2.) Bei der vom Staate oder auf Grund einer vom Staatsministerium der Finanzen ertheilten Erlaubniß von sonstigen Unternehmern bethätigten Aufsuchung und Gewinnung von Salzen und Soolquellen finden sowohl hinsichtlich der für den Betrieb maßgebenden Beschränkungen und Verpflichtungen, als auch hinsichtlich des Verhältnisses des Unternehmers zu anderen Bergwerksbesitzern und zu den Muthern, zu den Grundbesitzern und zu den bei dem Betriebe beschäftigten

---

[1]) S. hiezu K Allerh. Verordn., „Die Organisation u. Wirkungskreis der Bergbehörden" betr, vom 30. Juli 1900 (G.V.Bl. 1900 S 839) und „Oberbergpolizeiliche Vorschriften" des St.M. d. J. vom 30. Juli 1900 (G.V.Bl. 1900 S. 843).

[2]) Soweit die einzelnen Artikel jenen des bisherigen Gesetzes entsprechen, sind die Nummern der letzteren in Klammern beigefügt.

Personen die Vorschriften dieses Gesetzes, soweit sie nach der Natur der Sache zutreffen, entsprechende Anwendung. Im Uebrigen findet dieses Gesetz auf den Erwerb und Betrieb von Bergwerken für Rechnung des Staates in vollem Umfange Anwendung.

Zweiter Titel.

Von der Erwerbung des Bergwerks-Eigenthums.

Erster Abschnitt.

Vom Schürfen.

Art. 4. (3.) Die Aufsuchung der im Art. 1 bezeichneten Mineralien auf ihren natürlichen Ablagerungen — das Schürfen — unterliegt den nachstehenden Vorschriften (Art. 5 bis 12).

Art. 5. (4.) Auf öffentlichen Plätzen, Straßen und Eisenbahnen, sowie auf Friedhöfen ist das Schürfen unbedingt untersagt.

Auf anderen Grundstücken ist das Schürfen unstatthaft, wenn nach der Entscheidung des Oberbergamts überwiegende Gründe des öffentlichen Interesses entgegenstehen.

Unter Gebäuden und in einem Umkreise um dieselben bis zu sechzig Metern, in Gärten und in eingefriedeten Hofräumen darf nicht geschürft werden, es sei denn, daß der Grundbesitzer seine ausdrückliche Einwilligung hiezu ertheilt hat.

Art. 6. (5.) Wer zur Ausführung von Schürfarbeiten fremden Grund und Boden benützen will, hat hiezu die Erlaubniß des Grundbesitzers nachzusuchen.

Mit Ausnahme der im Art. 5 bezeichneten Fälle muß der Grundbesitzer, er sei Eigenthümer oder Nutzungsberechtigter, das Schürfen auf seinem Grund und Boden gestatten.

Art. 7. (6.) Der Schürfer ist verpflichtet, dem Grundbesitzer für die entzogene Nutzung jährlich im Voraus vollständige Entschädigung zu leisten und das Grundstück nach beendigter Benützung wieder zur freien Verfügung des Grundbesitzers zu stellen, auch für den Fall, daß durch die Schürfarbeiten eine Werthsverminderung des Grundstückes eintritt, bei Beendigung der Benützung den Minderwerth zu ersetzen.

Für die Erfüllung dieser letzteren Verpflichtung kann der Grundbesitzer schon vor dem Beginne der Schürfarbeiten die Bestellung angemessener Sicherheit von dem Schürfer verlangen.

Auf die jährlich zu leistende Entschädigung finden die Vorschriften des Art. 162, auf den Ersatz des Minderwerths finden die Vorschriften des Art. 167 entsprechende Anwendung.

Art. 8. (7.) Die dem Grundeigenthümer in Art. 159 Abs. 3, Art. 160 und Art. 161 eingeräumten Rechte stehen demselben auch gegen den Schürfer zu.

In diesen Fällen sind für den Antrag des Grundeigenthümers die Bestimmungen des Art. 169 und folgende maßgebend.

Art. 9. (8.) Kann der Schürfer sich mit dem Grundbesitzer über die Gestattung der Schürfarbeiten nicht gütlich einigen, so entscheidet das Oberbergamt darüber, ob und unter welchen Bedingungen die Schürfarbeiten unternommen werden dürfen.

Das Oberbergamt kann die Ermächtigung zum Schürfen nur in den Fällen des Art. 5 versagen.

Das Oberbergamt setzt beim Mangel einer Einigung unter den Betheiligten die Entschädigung und Sicherheitsleistung in Geld (Art. 7) vorbehaltlich der Betretung des Rechtsweges fest. Wird der Rechtsweg betreten, so ist für die Klage das Gericht ausschließlich zuständig, in dessen Bezirk das Grundstück liegt.

Die Kosten des Verfahrens vor dem Oberbergamte fallen dem Schürfer zur Last.

Art. 10. (9.) Durch Beschreitung des Rechtsweges wegen der Festsetzung der Entschädigung oder der Sicherheitsleistung wird der Beginn der Schürfarbeiten nicht aufgehalten, vorausgesetzt, daß die von dem Oberbergamte festgesetzte Entschädigung an den Berechtigten bezahlt oder bei verweigerter Annahme hinterlegt, desgleichen die Hinterlegung der Sicherheitsleistung in dem von dem Oberbergamte festgestellten Betrage geschehen ist.

Art. 11. (10.) In den Feldern fremder Bergwerke darf nach denjenigen Mineralien geschürft werden, auf welche der Bergwerkseigenthümer Rechte noch nicht erworben hat.

Bedrohen jedoch solche Schürfarbeiten die Sicherheit der Baue oder den ungestörten Betrieb des Bergwerkes, so hat die Berginspektion dieselben zu untersagen.

Der Bergwerksbesitzer kann verlangen, daß der Schürfer ihm vor Beginn der Schürfarbeiten angemessene Sicherheit für die etwa zu leistende Entschädigung bestellt.

Auf diese Sicherheitsleistung finden der Art. 9 mit Ausnahme der Bestimmung des Abs. 3 Satz 2 und der Art. 10 Anwendung.

Art. 12. (11.) Der Schürfer ist befugt, über die bei seinen Schürfarbeiten geförderten Mineralien (Art. 1) zu verfügen, insoferne nicht bereits Dritte Rechte auf dieselben erworben haben.

Zweiter Abschnitt.

Vom Muthen.

Art. 13. (12.) Das Gesuch um Verleihung des Bergwerkseigenthums in einem gewissen Felde — die Muthung — muß bei dem Oberbergamt angebracht werden.

Art. 14. (13.) Die Muthung ist schriftlich in zwei gleichlautenden Exemplaren einzulegen.

Jedes Exemplar wird mit Tag und Stunde des Einlaufes versehen und sodann ein Exemplar dem Muther zurückgegeben.

Es ist statthaft, die Muthung bei dem Oberbergamte zu Protokoll zu erklären.

Art. 15. (14.) Jede Muthung muß enthalten:

1. den Namen und Wohnort des Muthers,
2. die Bezeichnung des Minerals, auf welches die Verleihung des Bergwerkseigenthums verlangt wird,
3. die Bezeichnung des Fundpunktes,
4. den dem Bergwerke beizulegenden Namen.

Wird eine Muthung auf das Mineralvorkommen eines verlassenen Bergwerkes eingelegt, so muß dieselbe statt des Erfordernisses unter 3 eine Angabe über die Lage dieses Bergwerkes enthalten.

Fehlt der Muthung eine der Angaben Ziffer 1, 2 und 3 gänzlich, so ist die Muthung ungiltig.

Fehlt die Angabe Ziffer 4 oder sind die Angaben Ziffer 1, 2, 3 und 4 ungenau und wird dem Mangel auf die Aufforderung des Oberbergamts innerhalb einer Woche nicht abgeholfen, so ist die Muthung von Anfang an ungiltig.

Art. 16. (15.) Die Giltigkeit einer Muthung ist dadurch bedingt, daß das in derselben bezeichnete Mineral an dem angegebenen Fundpunkt (Art. 15) auf seiner natürlichen Ablagerung vor Einlegung der Muthung entdeckt worden ist und bei der amtlichen Untersuchung nachgewiesen wird, und daß außerdem nicht bessere Rechte Dritter auf den Fund entgegenstehen.

Art. 17. (16.) Wird eine Muthung auf das Mineralvorkommen eines verlassenen Bergwerkes eingelegt (Art. 15), so bedarf es zur Giltigkeit derselben keiner vorherigen neuen Aufschlüsse.

War jedoch das Mineral erwiesenermaßen bereits bei dem Verlassen des Bergwerkes gänzlich abgebaut, so ist eine solche Muthung von Anfang an ungiltig.

Art. 18. (17.) Der Muther hat die Lage und Größe des begehrten Feldes (Art. 28), letztere nach Quadratmetern anzugeben und die einschlägigen Steuerkatasterpläne in zwei Exemplaren einzureichen, auf welchen der Fundpunkt und die Feldesgrenzen durch einen amtlich bestellten Markscheider oder die Messungsbehörde eingezeichnet sein müssen.

Art. 19. (18). Die Angabe der Lage und Größe des Feldes, sowie die Einreichung der Steuerkatasterpläne (Art. 18) müssen binnen einem Monat nach Einlauf der Muthung bei dem Oberbergamt erfolgen.

Geschieht dies nicht, so ist die Muthung von Anfang an ungiltig.

Unterläßt der Muther die Einreichung eines zweiten Exemplars der Steuerkatasterpläne, so kann das Oberbergamt auf Kosten des Muthers solche ankaufen und in dieselben den Situationsriß einzeichnen lassen.

Art. 20. (19.) Die Lage und Größe des begehrten Feldes können nur innerhalb der auf den Steuerkatasterplänen (Art. 18) angegebenen Grenzen abgeändert werden.

Gegen Muthungen Dritter ist das gesetzlich begehrte, auf den Steuerkatasterplänen angegebene Feld einer Muthung für die Dauer ihrer Giltigkeit geschlossen.

Diese Wirkung tritt mit dem Zeitpunkte der Präsentation der Muthung ein und wird auf diesen Zeitpunkt auch dann zurückbezogen, wenn die Steuerkatasterpläne mit Einzeichnung erst später innerhalb der im Art. 19 vorgeschriebenen Frist eingereicht worden sind.

Art. 21. (20.) Das Feld einer Muthung wird sogleich nach Einreichung der Steuerkatasterpläne (Art. 18) von dem Oberbergamt auf die Muthungsübersichtskarte aufgetragen.

Die Einsicht dieser Karte ist einem Jeden gestattet.

Art. 22. (21.) Versuchsarbeiten, welche der Muther etwa noch vor der Verleihung ausführt, unterliegen denselben Vorschriften, wie die Arbeiten des Schürfers (Art. 4 bis 12).

Dritter Abschnitt.

Vom Verleihen.

Art. 23. (22.) Die den gesetzlichen Erfordernissen entsprechende Muthung begründet einen Anspruch auf Verleihung des Bergwerkseigenthums in dem im Art. 28 bestimmten Felde.

Art. 24. (23.) Dieser Anspruch kann jedoch auf dem Rechtswege nicht gegen das zur Ertheilung der Verleihung berufene Oberbergamt, sondern nur gegen diejenigen Personen verfolgt werden, welche dem Muther die Behauptung eines besseren Rechtes entgegensetzen.

Art. 25. (24.) Wer auf eigenem Grund und Boden oder in seinem eigenen Grubengebäude oder durch Schürfarbeiten, welche nach Vorschrift der Art. 4 bis 12 unternommen worden sind, ein Mineral (Art. 1) auf seiner natürlichen Ablagerung entdeckt, hat als Finder das Vorrecht vor anderen nach dem Zeitpunkte seines Fundes eingelegten Muthungen.

Der Finder muß jedoch innerhalb zwei Wochen nach Ablauf des Tages der Entdeckung Muthung einlegen, widrigenfalls sein Vorrecht erlischt.

Art. 26. (25.) In allen übrigen Fällen geht die ältere Muthung der jüngeren vor. Das Alter wird durch das Präsentatum bei dem Oberbergamte, beziehungsweise durch das Datum der Protokollarerklärung (Art. 14) bestimmt.

Art. 27. (26.) Das Bergwerkseigentum wird für Felder verliehen, welche, soweit die Oertlichkeit es gestattet, von geraden Linien an der Oberfläche und von senkrechten Ebenen in die ewige Teufe begrenzt werden. Der Flächeninhalt der Felder ist nach der horizontalen Projektion in Quadratmetern festzustellen.

Art. 28. (27.) Der Muther hat das Recht,

1. für Stein- und Braunkohlen ein Feld bis zu 8 000 000 Quadratmetern (800 Hektaren),

2. für die übrigen Mineralien ein solches bis zu 2000000 Quadratmetern (200 Hektaren)

zu verlangen.

In dieser Ausdehnung kann dem Felde jede beliebige, den Bedingungen des Art. 27 entsprechende Form gegeben werden. Jedoch muß der Fundpunkt (Art. 16) beziehungsweise der frühere Aufschluß des Mineralvorkommens eines verlassenen Bergwerkes (Art. 17) stets in dieses Feld eingeschlossen werden.

Auch darf das Grubenfeld nirgends eine geringere Breite als den 32. Theil der Länge haben.

Art. 29. (28.) Ehe die Verleihung des Bergwerkseigenthums erfolgt, hat der Muther in einem von der Berginspektion anzusetzenden, ihm mindestens zwei Wochen vorher bekannt zu machenden Termin seine Schlußerklärung über die Größe und Begrenzung des Feldes, sowie über etwaige Einsprüche und kollidirende Ansprüche Dritter abzugeben.

Auf Antrag des Muthers kann der Termin verlegt, auch kann zur Fortsetzung des Verfahrens ein fernerer Termin angesetzt werden.

Erscheint der Muther in dem Termin nicht, so wird angenommen, derselbe beharre bei seinem Anspruche auf Verleihung des Bergwerkseigenthums in dem auf dem Steuerkatasterplan (Art. 18) eingezeichneten Felde und erwarte die Entscheidung des Oberbergamts über seinen Anspruch, sowie über die etwaigen Einsprüche und Ansprüche Dritter.

Art. 30. (29.) Zu dem Termin (Art. 29) werden

1) diejenigen Muther, deren Rechte vermöge der Lage ihrer Fundpunkte oder Felder mit dem begehrten Felde bereits kollidiren oder doch in Kollision gerathen können,
2) die Vertreter der durch das begehrte Feld ganz oder theilweise überdeckten und der benachbarten Bergwerke zur Wahrnehmung ihrer Rechte mit dem Eröffnen vorgeladen, daß im Falle ihres Ausbleibens das Oberbergamt lediglich nach Lage der Verhandlungen entscheiden werde.

Art. 31. (30.) Liegen Einsprüche und Kollisionen mit den Rechten Dritter nicht vor und findet sich auch sonst gegen die Anträge des Muthers gesetzlich nichts zu erinnern, so fertigt das Oberbergamt ohne Weiteres die Verleihungsurkunde aus.

Art. 32. (31.) Liegen Einsprüche und Kollisionen mit den Rechten Dritter vor oder kann aus anderen gesetzlichen Gründen den Anträgen des Muthers gar nicht oder nicht in ihrem ganzen Umfange entsprochen werden, so entscheidet das Oberbergamt über die Ertheilung oder Versagung der Verleihung durch einen Beschluß, welcher dem Muther und den betheiligten Dritten in Ausfertigung zugestellt wird.

Einsprüche, welche in diesem Verfahren abgewiesen, ingleichen Ansprüche, welche, ohne angemeldet worden zu sein, hiebei nicht anerkannt wurden, müssen, insoferne sie auf Privatrechtsverhältnissen beruhen, binnen drei Monaten vom Tage der Zustellung der rechtskräftigen Entscheidung an bei Vermeidung des Ausschlusses durch gerichtliche Klage verfolgt werden.

Die in dem Verleihungsverfahren durch unbegründete Einsprüche entstehenden Kosten hat der Widersprechende zu tragen.

Art. 33. (32.) Sind die der Verleihung entgegenstehenden Hindernisse durch rechtskräftige Entscheidung nach Art. 32 oder durch Richterspruch beseitigt, so fertigt das Oberbergamt die Verleihungsurkunde aus.

Art. 34. (33.) Bei Ausfertigung der Verleihungsurkunde werden die beiden Exemplare des mit der Einzeichnung des Situationsrisses versehenen Steuerkatasterplanes von dem Oberbergamte beglaubigt, erforderlichen Falles aber vorher berichtigt und vervollständigt.

Das eine Exemplar hievon erhält der Bergwerkseigenthümer, das andere wird bei dem Oberbergamte aufbewahrt, welches das verliehene Feld in die Muthungsübersichtskarte einzutragen hat.

Art. 35. (34.) Die Verleihungsurkunde muß enthalten:

1. den Namen, Stand und Wohnort des Berechtigten,
2. den Namen des Bergwerkes,
3. den Flächeninhalt und die Begrenzung des Feldes unter Verweisung auf den Steuerkatasterplan (Art. 34),
4. den Namen der Gemeinde, des Polizei- und Regierungsbezirkes, in welchem das verliehene Feld liegt,
5. die Benennung des Minerals oder der Mineralien, auf welche das Bergwerkseigenthum verliehen wird,
6. Datum der Urkunde,
7. Siegel und Unterschrift des Oberbergamtes.

Art. 36. (35.) Die Verleihungsurkunde ist binnen einem Monat nach der Ausfertigung durch das Amtsblatt der Kreisregierung, in deren Bezirk das Bergwerk liegt, unter Verweisung auf die Vorschriften dieses und des folgenden Artikels zur öffentlichen Kenntniß zu bringen.

Muther, welche auf das in der Bekanntmachung bezeichnete Feld oder auf Theile desselben ein Vorzugsrecht geltend machen wollen, haben dieses Recht, insofern über dasselbe nicht bereits in dem Verleihungsverfahren verhandelt und rechtskräftig (Art. 32) entschieden worden ist, bei Vermeidung des Ausschlusses binnen drei Monaten vom Ablaufe des Tages, an welchem das die Bekanntmachung enthaltende Amtsblatt ausgegeben worden ist, durch gerichtliche Klage gegen den Bergwerkseigenthümer zu verfolgen.

Wird das Vorzugsrecht des Widersprechenden durch Richterspruch anerkannt, so hat das Oberbergamt die Verleihungsurkunde je nach Lage des Falles gänzlich aufzuheben oder abzuändern.

Art. 37. (36.) Während der dreimonatigen Frist des Art. 36 ist die Einsicht des eingezeichneten Steuerkatasterplanes (Art. 34) bei der Bergbehörde einem Jeden gestattet.

Art. 38. (36a.) Das Oberbergamt hat dem Grundbuchamt eine beglaubigte Abschrift der Verleihungsurkunde und eine beglaubigte Zeichnung des Planes (Art. 34) zur Eintragung des verliehenen Bergwerkseigenthums in das Grundbuch mitzutheilen.

In den Fällen des Art. 36 Abs. 3 hat das Oberbergamt das Grundbuchamt um die erforderlichen Eintragungen zu ersuchen. Soweit Hypotheken, Grundschulden oder Rentenschulden von der Aenderung oder Aufhebung der Verleihung betroffen werden, finden auf die Eintragung die Vorschriften der §§ 42 bis 44 der Grundbuchordnung keine Anwendung. Das Grundbuchamt hat den Besitzer des Hypotheken-, Grundschuld- oder Rentenschuldbriefs zur Vorlegung anzuhalten, um nach den Vorschriften des § 62 Abs. 1, des § 69 und des § 70 Abs. 1 der Grundbuchordnung zu verfahren.

Art. 39. (37.) Die Kosten des Verleihungsverfahrens hat mit Ausschluß der durch unbegründete Einsprüche entstandenen (Art. 32) der Muther zu tragen.

Vierter Abschnitt.

Vom Vermessen.

Art. 40. (38.) Der Bergwerkseigenthümer ist befugt, die amtliche Vermessung und Verlochsteinung des durch die Verleihungsurkunde bestimmten Feldes zu verlangen.

Dieselbe Befugniß steht den Eigenthümern angrenzender Bergwerke zu.

Das Geschäft wird unter der Leitung der Berginspektion durch den amtlich bestellten Markscheider oder die Messungsbehörde ausgeführt.

Die Kosten hat der Antragsteller zu tragen.

Art. 41. (39.) Zu der Vermessung und Verlochsteinung werden außer dem Bergwerkseigenthümer die Vertreter der angrenzenden Bergwerke und die Besitzer derjenigen Grundstücke, auf welchen Lochsteine zu setzen sind, zugezogen.

Die Grundbesitzer sind verpflichtet, das Betreten ihrer Grundstücke und das Setzen der Lochsteine gegen vollständigen Ersatz des Schadens zu gestatten.

Dritter Titel.

Von dem Bergwerkseigenthume.

Erster Abschnitt.

Von dem Bergwerkseigenthum im Allgemeinen.

Art. 42. (40.) Auf das Bergwerkseigenthum finden die sich auf Grundstücke beziehenden Vorschriften entsprechende Anwendung.

Art. 43. (41.) Für den Erwerb eines bestehenden Bergwerkseigenthums gelten dieselben Vorschriften wie für den Erwerb des Eigenthums an einem Grundstücke.

Auf die Ansprüche aus dem Bergwerkseigenthume finden die für die Ansprüche aus dem Eigenthume geltenden Vorschriften entsprechende Anwendung.

Art. 44. (42.) Der Bergwerkseigenthümer hat die ausschließliche Befugniß, nach den Bestimmungen des gegenwärtigen Gesetzes das in der Verleihungsurkunde benannte Mineral in seinem Felde aufzusuchen und zu gewinnen, sowie alle hiezu erforderlichen Vorrichtungen unter und über Tag zu treffen.

Diese Befugniß erstreckt sich auch auf die innerhalb des Feldes befindlichen Halden eines früheren Bergbaues.

Art. 45. (43.) Auf Mineralien, welche mit dem in der Verleihungsurkunde benannten Mineral innerhalb der Grenzen des Feldes in einem solchen Zusammenhange vorkommen, daß dieselben nach der Entscheidung des Oberbergamts aus bergtechnischen oder bergpolizeilichen Gründen gemeinschaftlich gewonnen werden müssen, hat der Bergwerkseigenthümer in seinem Felde vor jedem Dritten ein Vorrecht zum Muthen.

Legt ein Dritter auf solche Mineralien Muthung ein, so wird dieselbe dem Bergwerkseigenthümer mitgetheilt. Letzterer muß alsdann binnen einem Monat nach Ablauf des Tages dieser Mittheilung Muthung einlegen, widrigenfalls sein Vorrecht erlischt.

Auf andere Mineralien, welche nicht in dem vorbezeichneten Zusammenhange vorkommen, hat der Bergwerkseigenthümer kein Vorrecht.

Art. 46. (44.) Steht das Recht zur Gewinnung verschiedener Mineralien innerhalb derselben Feldesgrenze verschiedenen Bergwerkseigenthümern zu, so hat jeder Theil das Recht, bei einer planmäßigen Gewinnung seines Minerals auch dasjenige des anderen Theiles insoweit mitzugewinnen, als diese Mineralien nach der Entscheidung des Oberbergamts aus den im Art. 45 angegebenen Gründen nicht getrennt gewonnen werden können.

Die mitgewonnenen, dem anderen Theile zustehenden Mineralien müssen jedoch dem letzteren auf sein Verlangen gegen Erstattung der Gewinnungs- und Förderungskosten herausgegeben werden.

Art. 47. (45.) Der Bergwerkseigenthümer ist befugt, die durch den Betrieb des Bergwerkes gewonnenen, nicht unter den Art. 1 gehörigen Mineralien zum Zwecke seines Betriebs ohne Entschädigung des Grundeigenthümers zu verwenden. Soweit diese Verwendung nicht erfolgt, ist der Bergwerkseigenthümer verpflichtet, die bezeichneten Mineralien dem Grundeigenthümer auf sein Verlangen gegen Erstattung der Gewinnungs- und Förderungskosten herauszugeben.

Will der Grundeigenthümer auf einem bereits verliehenen Felde nicht unter Art. 1 gehörige Mineralien gewinnen, so finden die Bestimmungen des Art. 46 entsprechende Anwendung.

Art. 48. (46.) Dem Bergwerkseigenthümer steht die Befugniß zu, die zur Aufbereitung seiner Bergwerkserzeugnisse erforderlichen Anstalten zu errichten und zu betreiben.

Art. 49. (47.) In der Anlage und Einrichtung der zur Aufsuchung, Gewinnung und Aufbereitung erforderlichen Anstalten bleibt der Bergwerkseigenthümer allen in der Landesgesetzgebung begründeten Beschränkungen und Vorschriften unterworfen.

Der Berginspektion sind die desfallsigen Verhandlungen der Distriktspolizeibehörde zum Gutachten und zur Antragstellung mitzutheilen, ohne Unterschied, ob es sich um Staats- oder Privatbergwerke handelt.

Lauten die polizeilichen Beschlüsse, welche der Berginspektion zuzufertigen sind, dem Antrage oder Gutachten derselben zuwider, so kann diese innerhalb zwei Wochen die Beschwerde an die k. Kreisregierung, Kammer des Innern, ergreifen, welche hierüber vor der Entscheidung das Gutachten des Oberbergamtes zu erholen hat.

Diese Beschwerde ist binnen drei Tagen bei der Distriktspolizeibehörde anzumelden und es wird hiedurch der Vollzug des Beschlusses gehemmt.

Art. 50. (48.) Der Bergwerkseigenthümer ist befugt, im freien Felde Hilfsbaue anzulegen.

Dieselbe Befugniß steht ihm im Felde anderer Bergwerkseigenthümer zu, soferne die Hilfsbaue die Wasser- und Wetterlösung oder den vortheilhafteren Betrieb des Bergwerkes, für welches die Anlage gemacht werden soll, bezwecken und der eigene Bergbau des Anderen dadurch weder gestört, noch gefährdet wird.

Art. 51. (49.) Bestreitet der Bergwerkseigenthümer, in dessen Felde ein Hilfsbau angelegt werden soll, seine Verpflichtung zur Gestattung desselben, so entscheidet hierüber das Oberbergamt mit Ausschluß des Rechtsweges.

Art. 52. (50.) Wird ein Hilfsbau in dem Felde eines anderen Bergwerkseigenthümers angelegt, so muß der Hilfsbauberechtigte für allen Schaden, welcher dem belasteten Bergwerke durch seine Anlagen zugefügt wird, vollständige Entschädigung leisten.

Auf die Entschädigungsforderung finden die Vorschriften des Art. 167 Abs. 1 entsprechende Anwendung.

Art. 53. (51.) Die bei Ausführung eines Hilfsbaues im freien Felde gewonnenen Mineralien (Art. 1) werden als Theil der Förderung des durch den Hilfsbau zu lösenden Bergwerkes behandelt.

Werden bei Ausführung eines Hilfsbaues im Felde eines anderen Bergwerkseigenthümers Mineralien gewonnen, auf welche der letztere berechtigt ist, so müssen diese Mineralien demselben auf sein Verlangen unentgeltlich herausgegeben werden.

Art. 54. (52.) Der Bergwerkseigenthümer hat die Befugniß, die Abtretung des zu seinen bergbaulichen Zwecken (Art. 44 bis 50) erforderlichen Grundes und Bodens, sowie die Benützung des Wassers nach näherer Vorschrift des fünften Titels zu verlangen.

Zweiter Abschnitt.

Von der Vereinigung, der Theilung und dem Austausche.

Art. 55. (53.) Die Vereinigung zweier oder mehrerer Bergwerke zu einem einheitlichen Ganzen unterliegt der Bestätigung des Oberbergamtes.

Art. 56. (54.) Zur Vereinigung von Bergwerken ist erforderlich:

1. eine über den Vereinigungsakt errichtete notarielle Urkunde, je nach Beschaffenheit des Falles ein Vertrag oder ein Beschluß der Mitbetheiligten oder eine Erklärung des Alleineigenthümers;
2. ein in die treffenden Steuerkatasterblätter von einem amtlich bestellten Markscheider oder der Messungsbehörde eingezeichneter Situationsplan des ganzen Feldes in zwei Exemplaren;
3. die Angabe des dem zu vereinigenden Bergwerke beizulegenden Namens.

Art. 57. (55.) Kann das durch die Vereinigung entstehende Werk nur als Ganzes mit Hypotheken und dinglichen Lasten beschwert werden (Art. 120), so muß für den Fall, daß auf den einzelnen Bergwerken Hypotheken, Grundschulden, Rentenschulden oder andere Realrechte haften, außer der über den Vereinigungsakt errichteten Urkunde eine mit den Berechtigten vereinbarte Bestimmung darüber beigebracht werden, daß und in welcher Rangordnung die Rechte derselben auf das vereinigte Werk als Ganzes übergehen sollen.

Die Vereinbarung muß öffentlich beurkundet oder öffentlich beglaubigt sein.

Art. 58. (56.) In allen übrigen Fällen muß in der Notariatsurkunde eine Bestimmung des Antheilverhältnisses, nach welchem jedes einzelne Werk in das vereinigte Werk eintreten soll, enthalten sein. Auf diese Fälle finden alsdann die besonderen Vorschriften des Art. 59 bis 62 Anwendung.

Art. 59. (57.) Der wesentliche Inhalt des Vereinigungsakts, insbesondere die Bestimmung des Antheilverhältnisses (Art. 58), wird durch das Oberbergamt den aus dem Grundbuch ersichtlichen Hypotheken-, Grundschuld- und Rentenschuldgläubigern und anderen Realberechtigten, insoferne deren ausdrückliches Einverständniß mit dem Antheilverhältnisse nicht beigebracht ist, unter Verweisung auf diesen und die beiden folgenden Artikel bekannt gemacht.

Außerdem erfolgt diese Bekanntmachung durch das Amtsblatt der Kreisregierung, in deren Bezirke die zu vereinigenden Bergwerke liegen.

Art. 60. (58.) Hypotheken-, Grundschuld- und Rentenschuldgläubiger und andere Realberechtigte, welche durch die Bestimmung des Antheilverhältnisses (Art. 58) an ihren Rechten verkürzt zu sein glauben, sind befugt, gegen diese Bestimmung der Vereinigung Einspruch zu erheben.

Dieses Einspruchsrecht muß bei Vermeidung des Ausschlusses binnen drei Monaten nach Ablauf des Tages, an welchem die Bekanntmachung zugestellt, beziehungsweise das die Bekanntmachung enthaltende Amtsblatt ausgegeben worden ist (Art. 59), durch gerichtliche Klage geltend gemacht werden.

Art. 61. (59.) Statt diese Klage zu erheben, können die vorbezeichneten Gläubiger und anderen Realberechtigten ihre Befriedigung vor der Verfallzeit verlangen, soweit dies die Natur des versicherten Anspruches gestattet.

Dieses Recht muß jedoch ebenfalls bei Vermeidung des Verlustes desselben innerhalb der im Art. 60 bestimmten Frist geltend gemacht werden.

Art 62. (60.) Mit der Bestätigung der Vereinigung (Art. 63) geht das Realrecht ohne Weiteres auf den entsprechenden, nach Maßgabe der vorstehenden Bestimmungen (Art. 58 bis 60) festgestellten Antheil an dem vereinigten Werke über.

Art. 63. (61.) Sind Hypotheken=, Grundschuld= und Rentenschuldgläubiger und andere Realberechtigte nicht vorhanden oder ist in den Fällen des Art. 57 die dort bezeichnete Vereinbarung beigebracht oder sind in den Fällen des Art. 58 Einsprüche nicht erhoben oder die erhobenen Einsprüche (Art. 60, 61) erledigt, so entscheidet das Oberbergamt, ob die Vereinigung zu bestätigen sei.

Die Bestätigung darf nur versagt werden, wenn die Felder der einzelnen Bergwerke nicht aneinander grenzen oder wenn Gründe des öffentlichen Interesses entgegen stehen.

Der Bestätigungsurkunde werden die Verleihungsurkunden der einzelnen Bergwerke beigefügt.

Hinsichtlich der Beglaubigung, Aushändigung und Aufbewahrung der Risse finden die Bestimmungen des Art. 34 Anwendung.

Art. 64. (62.) Die reale Theilung des Feldes eines Bergwerkes in selbstständige Felder, sowie der Austausch von Feldestheilen zwischen angrenzenden Bergwerken unterliegt der Bestätigung des Oberbergamtes.

Dieselbe darf nur versagt werden, wenn überwiegende Gründe des öffentlichen Interesses entgegenstehen.

Hypotheken=, Grundschuld= und Rentenschuldgläubiger und andere Realberechtigte, welche durch die Feldestheilung oder durch den Feldesaustausch an ihren Rechten verkürzt zu sein glauben, können ihre Befriedigung vor der Verfallzeit verlangen, soweit dies die Natur des versicherten Anspruches gestattet. Dieses Recht muß bei Vermeidung des Verlustes desselben innerhalb der im Art. 60 bestimmten Frist geltend gemacht werden. Die Bestätigung wird unter Beobachtung des Verfahrens ertheilt, welches sich aus der Anwendung der Art. 56, 59 und 63 auf die vorstehenden Fälle ergibt.

Bei dem Austausche von Feldestheilen geht das Recht der erwähnten Gläubiger und anderen Realberechtigten mit der Bestätigung des Oberbergamts auf den zu dem belasteten Bergwerke hinzutretenden Feldestheil über, wogegen der abgetretene Feldestheil von der dinglichen Belastung befreit wird.

Art. 65. (62 a.) Ist die Bestätigung der Vereinigung mehrerer Bergwerke, der Theilung des Feldes eines Bergwerkes in selbständige Felder oder des Austausches von Feldestheilen erfolgt, so hat das Oberbergamt das Grundbuchamt unter Mittheilung einer beglaubigten Abschrift der Bestätigungsurkunde und beglaubigter Planzeichnungen um die Eintragungen zu ersuchen, welche durch die eingetretenen Rechtsänderungen veranlaßt werden.

Soweit Hypotheken, Grundschulden oder Rentenschulden von der Rechtsänderung betroffen werden, finden die Vorschriften des Art. 38 Abs. 2 Satz 2, 3 entsprechende Anwendung.

Dritter Abschnitt.

Von dem Betriebe und der Verwaltung.

Art. 66. (63.) Der Bergwerksbesitzer ist verpflichtet, das Bergwerk zu betreiben, wenn der Unterlassung oder Einstellung des Betriebes nach der Entscheidung des Oberbergamts überwiegende Gründe des öffentlichen Interesses entgegenstehen.

Das Oberbergamt hat in diesem Falle die Befugniß, den Eigenthümer nach Vernehmung desselben zur Inbetriebsetzung des Bergwerkes oder zur Fortsetzung des unterbrochenen Betriebes binnen einer Frist von sechs Monaten aufzufordern und für den Fall der Nichtbefolgung dieser Aufforderung die Entziehung des Bergwerkseigenthums nach Maßgabe des sechsten Titels anzudrohen.

Art. 67. (64.) Der Bergwerksbesitzer ist verpflichtet, der Berginspektion von der beabsichtigten Inbetriebsetzung des Bergwerkes mindestens einen Monat vorher Anzeige zu machen.

Art. 68. (65.) Der Betrieb darf nur auf Grund eines Betriebsplanes geführt werden.

Derselbe unterliegt der Prüfung durch die Berginspektion und muß der letzteren zu diesem Zwecke vor der Ausführung vorgelegt werden.

Die Prüfung hat sich auf die im Art. 230 festgestellten polizeilichen Gesichtspunkte zu beschränken.

Art. 69. (66.) Erhebt die Berginspektion nicht binnen zwei Wochen nach Vorlegung des Betriebsplanes Einsprache gegen denselben, so ist der Bergwerksbesitzer zur Ausführung befugt.

Wird dagegen innerhalb dieser Frist Einspruch von der Berginspektion erhoben, so ist der Bergwerksbesitzer gleichzeitig zur Erörterung der beanstandeten Betriebsbestimmungen zu einem Termine vorzuladen.

Insoweit auf diesem Wege keine Verständigung erzielt wird, hat die Berginspektion diejenigen Abänderungen des Betriebsplans, ohne welche derselbe nicht zur Ausführung gebracht werden darf, festzusetzen.

Art. 70. (67.) Die Art. 68 und 69 finden auch auf die späteren Abänderungen der Betriebspläne Anwendung.

Werden jedoch in Folge unvorhergesehener Ereignisse sofortige Abänderungen eines Betriebsplans erforderlich, so genügt es, wenn dieselben binnen der nächsten zwei Wochen der Berginspektion durch den Betriebsführer angezeigt werden.

Art. 71. (68.) Wird ein Betrieb den Vorschriften der Art. 68 bis 70 zuwider geführt, so ist die Berginspektion befugt, nöthigen Falles einen solchen Betrieb einzustellen.

Art. 72. (69.) Will der Bergwerksbesitzer den Betrieb des Bergwerkes einstellen, so hat derselbe der Berginspektion hievon mindestens einen Monat vorher Anzeige zu machen.

Muß der Betrieb in Folge unvorhergesehener Ereignisse schon in kürzerer Frist oder sofort eingestellt werden, so ist die Anzeige binnen längstens zwei Wochen nach erfolgter Betriebseinstellung nachzuholen.

Art. 73. (70.) Der Bergwerksbesitzer hat auf seine Kosten ein Grubenbild in zwei Exemplaren durch einen amtlich bestellten Markscheider anfertigen und regelmäßig nachtragen zu lassen.

In welchen Zeitabschnitten die Nachtragung stattfinden muß, wird durch die Berginspektion vorgeschrieben.

Das eine Exemplar des Grubenbildes ist an die Berginspektion zum Gebrauche derselben abzuliefern, das andere auf dem Bergwerke oder, falls es daselbst an einem geeigneten Orte fehlt, bei dem Betriebsführer aufzubewahren.

Art. 74. (71.) Der Betrieb darf nur unter Leitung, Aufsicht und Verantwortlichkeit von Personen geführt werden, deren Befähigung hiezu anerkannt ist.

Art. 75. (72.) Der Bergwerksbesitzer hat die zur Leitung und Beaufsichtigung des Betriebes angenommenen Personen, wie Betriebsführer, Steiger, technische Aufseher ꝛc. der Berginspektion namhaft zu machen.

Diese Personen sind verpflichtet, ihre Befähigung zu den ihnen zu übertragenden Geschäften nachzuweisen und sich zu diesem Zwecke auf Erfordern einer Prüfung durch die Berginspektion zu unterwerfen.

Erst nachdem letztere die Befähigung anerkannt hat, dürfen die genannten Personen die ihnen übertragenen Geschäfte übernehmen.

Art. 76. (73.) Wird der Betrieb von einer Person geleitet oder beaufsichtigt, welche das erforderliche Anerkenntniß ihrer Befähigung (Art. 75) nicht besitzt, oder welche diese Befähigung wieder verloren hat, so ist die Berginspektion befugt, die sofortige Entfernung derselben zu verlangen und nöthigenfalls den in Betracht kommenden Betrieb so lange einzustellen, bis eine als befähigt anerkannte Person angenommen ist.

Art. 77. (74.) Die Personen, welche die Leitung und Beaufsichtigung des Betriebes übernommen haben, sind für die Einhaltung der Betriebspläne, sowie für die Befolgung aller im Gesetze enthaltenen oder auf Grund desselben ergangenen Vorschriften und Anordnungen verantwortlich.

Art. 78. (75.) Dieselben sind verpflichtet, die Bergbeamten, welche im Dienste das Bergwerk befahren, zu begleiten und denselben auf Erfordern Auskunft über den Betrieb, über die Ausführung der Arbeitsordnung und über alle sonstigen, der Aufsicht der Berginspektion unterliegenden Gegenstände zu ertheilen.

Art. 79. (76.) Der Bergwerksbesitzer muß den mit Fahrscheinen der einschlägigen Berginspektion versehenen Personen, welche sich dem Bergfache gewidmet haben, zum Zwecke ihrer Ausbildung die Befahrung und Besichtigung des Werkes gestatten.

Art. 80. (77.) Der Bergwerksbesitzer ist verpflichtet, in den dafür festgesetzten Zeiträumen und Formen die vom zuständigen k. Staatsministerium vorgeschriebenen statistischen Nachrichten einzureichen.

Art. 81. (neu.) Den Vorschriften der Art. 67 bis 80 unterliegen auch die unterirdischen Baue auf andere als die im Art. 1 bezeichneten Mineralien einschließlich der unterirdischen Steinbrüche und Gräbereien.

Vierter Abschnitt.

Von den Bergleuten und den Betriebsbeamten.

Art. 82. (78.) Das Vertragsverhältniß zwischen den Bergwerksbesitzern und den Bergleuten wird nach den allgemeinen gesetzlichen Bestimmungen beurtheilt, soweit nicht nachstehend etwas Anderes bestimmt ist.

Art. 83. (neu.) Die Berechnung und Auszahlung des Lohnes muß mindestens alle Monate an den zu Anfang des Jahres im Voraus bestimmten Tagen erfolgen. Ungefähr in der Mitte zwischen diesen Zahltagen hat eine Abschlagszahlung zu erfolgen.

Art. 84. (neu.) Soferne der Lohn nach Gedinge sich bemessen soll, muß die Vereinbarung desselben binnen zehn Tagen nach Belegung eines Ortes (Uebernahme der Arbeit) erfolgen. Ist dies nicht der Fall, so hat der Arbeiter Anspruch auf den durchschnittlichen Tagesverdienst gleichwerthiger Arbeiter.

Ist im Falle der Fortsetzung der Arbeit vor demselben Ort das Gedinge nicht bis zu dem bestimmten Zeitpunkt abgeschlossen, so ist der Arbeiter berechtigt, die Feststellung seines Lohnes nach Maßgabe des in der vorausgegangenen Lohnperiode für dieselbe Arbeitsstelle giltig gewesenen Gedinges zu verlangen.

Das Gedinge ist in dem Gedingebuch zu beurkunden und, wenn es länger als vierzehn Tage dauert, den Arbeitern entweder durch einen Gedingzettel für die Kameradschaft oder durch öffentlichen Anschlag bekannt zu machen.

Art. 85. (neu.) Den Bergwerksbesitzern ist untersagt, für den Fall der rechtswidrigen Auflösung des Arbeitsverhältnisses durch den Bergmann die Verwirkung des rückständigen Lohnes über den Wochenbetrag des für den Betriebssitz des Bergwerks geltenden ortsüblichen Taglohnes auszubedingen.

Art. 86. (neu.) Für jedes Bergwerk und die mit demselben verbundenen, unter der Aufsicht der Bergbehörden stehenden Anlagen, in welchen in der Regel mindestens 10 Arbeiter beschäftigt werden, ist innerhalb vier Wochen nach Inkrafttreten dieses Gesetzes oder nach Eröffnung des Betriebs eine Arbeitsordnung von dem Bergwerksbesitzer oder dessen Stellvertreter zu erlassen. Für die einzelnen Abtheilungen des Betriebs, für einzelne der bezeichneten Anlagen oder für die einzelnen Gruppen der Arbeiter können besondere Arbeitsordnungen erlassen werden.

Der Erlaß erfolgt durch Aushang.

Die Arbeitsordnung muß den Namen des Bergwerkes oder die Bezeichnung der besonderen Betriebsanlage sowie den Zeitpunkt, mit welchem sie in Wirksamkeit treten soll, angeben und von dem Bergwerksbesitzer oder dessen Stellvertreter unter Angabe des Datums unterzeichnet sein.

Abänderungen ihres Inhalts können nur durch den Erlaß von Nachträgen oder in der Weise erfolgen, daß an Stelle der bestehenden eine neue Arbeitsordnung erlassen wird.

Die Arbeitsordnungen und Nachträge zu denselben treten frühestens zwei Wochen nach ihrem Erlaß in Geltung.

Art. 87. (neu.) Die Arbeitsordnung muß Bestimmungen enthalten:

1. über Anfang und Ende der regelmäßigen täglichen Arbeitszeit, über Zahl und Dauer der für die erwachsenen Arbeiter vorgesehenen Pausen und darüber, unter welchen Voraussetzungen und in welchem Maße, abgesehen von Fällen der Beseitigung von Gefahren und der Ausführung von Notharbeiten, die Arbeiter verpflichtet sind, die Arbeit über die ordentliche Dauer der Arbeitszeit hinaus fortzusetzen, oder besondere Nebenschichten zu verfahren, bei Arbeiten unter Tage über die Regelung der Ein- und Ausfahrt und über die Ueberwachung der Anwesenheit der Arbeiter in der Grube,
2. über die zur Festsetzung des Schichtlohns und zum Abschlusse, sowie zur Abnahme des Gedinges ermächtigten Personen, über die Art des Gedingabschlusses und die Bekanntmachung des Gedinges an die Betheiligten, über die Voraussetzungen, unter welchen der Bergwerksbesitzer oder der Arbeiter eine Veränderung oder Aufhebung desselben zu verlangen berechtigt ist,
3. über Zeit und Art der Abrechnung und Lohnzahlung, über die Fälle, in denen wegen ungenügender oder vorschriftswidriger Arbeit Abzüge gemacht werden dürfen, über die Vertreter des Bergwerksbesitzers, welchen die Befugniß zur Anordnung von Abzügen wegen ungenügender oder vorschriftswidriger Arbeit zusteht, sowie über den Beschwerdeweg gegen solche Anordnungen,
4. sofern es nicht bei den gesetzlichen Bestimmungen bewenden soll, über die Frist der zulässigen Aufkündigung, sowie über die Gründe, aus welchen die Entlassung und der Austritt aus der Arbeit ohne Aufkündigung erfolgen darf,
5. sofern Strafen vorgesehen werden, über die Art und Höhe derselben, über die Art ihrer Festsetzung, über die hiezu bevollmächtigten Vertreter des Bergwerksbesitzers und den Beschwerdeweg gegen diese Festsetzung und, wenn sie in Geld bestehen, über deren Einziehung und über den Zweck, für welchen sie verwendet werden sollen,
6. sofern die Verwirkung von Lohnbeträgen nach Maßgabe der Bestimmung des Art. 85 durch Arbeitsordnung oder Arbeitsvertrag ausbedungen wird, über die Verwendung der verwirkten Beträge,
7. über die etwaige Verabfolgung und Berechnung der Betriebsmaterialien und Werkzeuge (§ 115 der Gewerbeordnung).

Dem Bergwerksbesitzer bleibt überlassen, neben den im Abs. 1 bezeichneten noch weitere, die Ordnung des Betriebes und das Verhalten der Arbeiter im Betriebe betreffende Bestimmungen in die Arbeitsordnung aufzunehmen.

Mit Zustimmung eines ständigen Arbeiterausschusses können in die Arbeitsordnung Vorschriften über das Verhalten der Arbeiter bei Benützung der zu ihrem Besten getroffenen, auf dem Bergwerke bestehenden Einrichtungen, sowie Vorschriften über das Verhalten der minderjährigen Arbeiter außerhalb des Betriebs aufgenommen werden.

Art. 88. (neu.) Werden auf Grund der Arbeitsordnung Fördergefässe wegen ungenügender oder vorschriftswidriger Beladung ganz oder theilweise nicht angerechnet, so ist den betheiligten Arbeitern Gelegenheit zu geben, hievon nach Beendigung der Schicht Kenntniß zu nehmen. Der Bergwerksbesitzer ist verpflichtet, zu gestatten, daß die Arbeiter auf ihre Kosten durch einen von ihnen, oder, wenn ein ständiger Arbeiterausschuß besteht, von diesem gewählten Vertrauensmann das Verfahren bei Feststellung solcher Abzüge insofern überwachen lassen, als dadurch eine Störung der Förderung nicht eintritt. Genügend und vorschriftsmäßig beladene Fördergefässe zur Strafe in Abzug zu bringen, ist unzulässig.

Art. 89. (neu.) Strafbestimmungen, welche das Ehrgefühl oder die guten Sitten verletzen, dürfen in die Arbeitsordnung nicht aufgenommen werden. Geldstrafen dürfen in jedem einzelnen Falle die Hälfte des für die vorhergegangene Lohnperiode ermittelten durchschnittlichen Tagesarbeitsverdienstes derjenigen Arbeiterklasse nicht übersteigen, zu welcher der Arbeiter gehört; jedoch können Thätlichkeiten gegen Mitarbeiter, erhebliche Verstöße gegen die guten Sitten, sowie gegen die zur Aufrechterhaltung der Ordnung des Betriebes, zur Sicherung gegen Betriebsgefahren oder zur Durchführung der Bestimmungen dieses Gesetzes und der Gewerbeordnung erlassenen Vorschriften mit Geldstrafen bis zum vollen Betrag dieses durchschnittlichen Tagesarbeitsverdienstes belegt werden. Das Recht des Bergwerksbesitzers, Schadensersatz zu fordern, wird durch diese Bestimmung nicht berührt.

Alle Strafgelder, sowie alle wegen ungenügender oder vorschriftswidriger Beladung der Fördergefässe den Arbeitern in Abzug gebrachten Lohnbeträge müssen der zu Gunsten der Arbeiter des Bergwerks etwa bestehenden Unterstützungskasse, an deren Verwaltung die Arbeiter mitbetheiligt sind, oder, wenn eine solche nicht besteht, der Knappschaftskasse überwiesen werden.

Art. 90. (neu.) Der Inhalt der Arbeitsordnung ist, soweit er den Gesetzen nicht zuwiderläuft, für die Arbeitgeber und die Arbeiter rechtsverbindlich.

Andere als die in der Arbeitsordnung oder in den Art. 97 und 98 vorgesehenen Gründe der Entlassung und des Austritts aus der Arbeit dürfen im Arbeitsvertrage nicht vereinbart werden. Andere als die in der Arbeitsordnung vorgesehenen Strafen dürfen über den Arbeiter nicht verhängt werden. Die Strafen müssen ohne Verzug festgesetzt und dem Arbeiter zur Kenntniß gebracht werden.

Die verhängten Geldstrafen, sowie die sonstigen Strafen sind in gesonderte Verzeichnisse einzutragen, welche den Namen des Bestraften, den Tag der Bestrafung, sowie den Grund und die Höhe der Strafe ergeben und auf Erfordern dem Inspektionsbeamten jederzeit zur Einsicht vorgelegt werden müssen.

Art. 91. (neu.) Vor dem Erlaß der Arbeitsordnung oder eines Nachtrages zu derselben ist den auf dem Bergwerk, in der betreffenden

Betriebsanlage oder in den betreffenden Abtheilungen des Betriebes beschäftigten volljährigen Arbeitern rechtzeitig Gelegenheit zu geben, sich über den Inhalt der Arbeitsordnung zu äußern. Auf Bergwerken, für welche ein ständiger Arbeiterausschuß besteht, wird dieser Vorschrift durch Anhörung des Ausschusses über den Inhalt der Arbeitsordnung genügt.

Auf Bergwerken, welche mehr als 20 Arbeiter beschäftigen, sind ständige Arbeiterausschüsse einzusetzen.

Als solche gelten nur jene Vertretungen, deren Mitglieder in ihrer Mehrzahl von den volljährigen Arbeitern des Bergwerkes, der betreffenden Betriebsabtheilung oder der mit dem Bergwerke verbundenen Betriebsanlagen aus ihrer Mitte in unmittelbarer und geheimer Wahl gewählt werden. Die Wahl der Vertreter kann auch nach Arbeiterklassen oder nach besonderen Abtheilungen des Betriebes erfolgen.

Die Arbeiterausschüsse sind alle drei Jahre neu zu wählen; der Wahltermin ist vier Wochen vor der Wahl bekannt zu geben.

Art. 92. (neu.) Die Arbeitsordnung, sowie jeder Nachtrag zu derselben ist unter Mittheilung der Seitens der Arbeiter geäußerten Bedenken, soweit die Aeußerungen schriftlich oder zu Protokoll erfolgt sind, binnen drei Tagen nach dem Erlaß in zwei Ausfertigungen unter Beifügung der Erklärung, daß und in welcher Weise der Vorschrift des Art. 91 Abs. 1 genügt ist, der Berginspektion einzureichen.

Die Arbeitsordnung ist an geeigneter, allen betheiligten Arbeitern zugänglicher Stelle auszuhängen. Der Aushang muß stets in lesbarem Zustande erhalten werden. Die Arbeitsordnung ist jedem Arbeiter bei seinem Eintritt in die Beschäftigung zu behändigen.

Art. 93. (neu.) Arbeitsordnungen und Nachträge zu denselben, welche nicht vorschriftsmäßig erlassen sind, oder deren Inhalt den gesetzlichen Bestimmungen zuwiderläuft, sind auf Anordnung der Berginspektion durch gesetzmäßige Arbeitsordnungen zu ersetzen, oder den gesetzlichen Vorschriften entsprechend abzuändern.

Gegen diese Anordnung findet Beschwerde nach Art. 227 statt.

Art. 94. (neu.) Arbeitsordnungen, welche vor dem Inkrafttreten dieses Gesetzes erlassen worden sind, unterliegen den Bestimmungen der Art. 84 Abs. 1 und 2, 86 bis 90, 92 Abs. 2 und 93 und sind binnen vier Wochen der Berginspektion in zwei Ausfertigungen einzureichen. Auf spätere Abänderungen dieser Arbeitsordnungen und auf die seit dem 1. Mai 1900 erstmalig erlassenen Arbeitsordnungen finden die Art. 91 und 92 Abs. 1 Anwendung.

Art. 95. (neu.) Erfolgt die Lohnberechnung auf Grund abgeschlossener Gedinge, so sind hiebei nachstehende Vorschriften zu beachten:

1. Zur Förderung des gewonnenen Minerals dürfen nur geaichte Gefäße von gleichem Rauminhalte verwendet werden. Der Rauminhalt sowie das Leergewicht der Gefäße ist den Arbeitern durch öffentlichen Anschlag bekannt zu machen.
2. Ausnahmen können aus besonderen Gründen vom Oberbergamt zugelassen werden, welches hiebei die Bedingungen festzusetzen hat, die eine Benachtheiligung der Arbeiter hintanhalten.

Die Bergwerksbesitzer sind verpflichtet, die hienach erforderlichen Einrichtungen zu treffen.

Für Waschabgänge, Halden und sonstige beim Absatz der Produkte gegen die Fördermenge sich ergebende Verluste dürfen dem Arbeiter Abzüge von der Arbeitsleistung oder dem Lohne nicht gemacht werden. Ausnahmen hievon bedürfen der Genehmigung der Berginspektion.

Art. 96. (79.) Das Vertragsverhältniß kann, wenn nicht ein Anderes verabredet ist, durch eine, jedem Theile freistehende, vierzehn Tage vorher zu erklärende Aufkündigung gelöst werden.

Werden andere Aufkündigungsfristen vereinbart, so müssen sie für beide Theile gleich sein. Vereinbarungen, welche dieser Bestimmung zuwiderlaufen, sind nichtig.

Art. 97. (80.) Vor Ablauf der vertragsmäßigen Arbeitszeit und ohne Aufkündigung können Bergleute entlassen werden:

1. wenn sie bei Abschluß des Arbeitsvertrages den Arbeitgeber durch Vorzeigung falscher oder verfälschter Abkehrscheine, Zeugnisse oder Arbeitsbücher hintergangen oder ihn über das Bestehen eines anderen, sie gleichzeitig verpflichtenden Arbeitsverhältnisses in einen Irrthum versetzt haben,
2. wenn sie eines Diebstahles, einer Entwendung, einer Unterschlagung, eines Betrugs oder eines liederlichen Lebenswandels sich schuldig machen,
3. wenn sie die Arbeit unbefugt verlassen haben oder sonst den nach dem Arbeitsvertrag ihnen obliegenden Verpflichtungen nachzukommen beharrlich verweigern,
4. wenn sie eine sicherheitspolizeiliche Vorschrift bei der Bergarbeit übertreten oder sich groben Ungehorsams gegen die den Betrieb betreffenden Anordnungen des Bergwerksbesitzers, dessen Stellvertreters oder der ihnen vorgesetzten Beamten schuldig machen,
5. wenn sie sich Thätlichkeiten oder grober Beleidigungen gegen den Werksbesitzer, dessen Stellvertreter oder die ihnen vorgesetzten Beamten oder gegen die Familienangehörigen derselben zu Schulden kommen lassen,
6. wenn sie einer vorsätzlichen und rechtswidrigen Sachbeschädigung zum Nachtheil des Bergwerksbesitzers, dessen Stellvertreters, der ihnen vorgesetzten Beamten oder eines Mitarbeiters sich schuldig machen,
7. wenn sie die Vertreter des Bergwerksbesitzers, die ihnen vorgesetzten Beamten, die Mitarbeiter oder die Familienangehörigen dieser Personen zu Handlungen verleiten oder zu verleiten suchen, welche wider die Gesetze oder die guten Sitten verstoßen,
8. wenn sie zur Fortsetzung der Arbeit unfähig oder mit einer abschreckenden Krankheit behaftet sind.

In den unter Ziff. 1 bis 7 gedachten Fällen ist die Entlassung nicht mehr zulässig, wenn die zu Grunde liegenden Thatsachen dem Bergwerksbesitzer oder dessen Stellvertreter länger als eine Woche bekannt sind.

Art. 98. (81.) Vor Ablauf der vertragsmäßigen Arbeitszeit und ohne vorhergegangene Aufkündigung können Bergleute die Arbeit verlassen:

1. wenn sie bei Abschluß des Arbeitsvertrags von dem Bergwerksbesitzer oder dessen Stellvertreter durch Vorspiegelung falscher Thatsachen in einen Irrthum versetzt wurden,
2. wenn sie zur Fortsetzung der Arbeit unfähig werden,
3. wenn der Bergwerksbesitzer, dessen Stellvertreter oder die ihnen vorgesetzten Beamten sich Thätlichkeiten oder grobe Beleidigungen gegen die Bergleute oder gegen ihre Familienangehörigen zu Schulden kommen lassen,
4. wenn der Bergwerksbesitzer, dessen Stellvertreter oder Beamte oder Familienangehörige derselben die Bergleute oder deren Familienangehörige zu Handlungen verleiten oder zu verleiten suchen, oder mit den Familienangehörigen der Bergleute Handlungen begehen, welche wider die Gesetze oder die guten Sitten laufen,
5. wenn der Bergwerksbesitzer den Bergleuten den schuldigen Lohn nicht in der bedungenen Weise auszahlt, bei Gedinglohn nicht für ihre ausreichende Beschäftigung sorgt, oder wenn er sich widerrechtlicher Uebervortheilungen gegen sie schuldig macht,
6. wenn bei Fortsetzung der Arbeit das Leben oder die Gesundheit der Arbeiter einer erweislichen Gefahr ausgesetzt sein würde, welche bei Eingehung des Arbeitsvertrages nicht zu erkennen war,
7. wenn in Folge gänzlicher oder theilweiser Unterbrechung des Betriebs an drei oder mehr aufeinanderfolgenden Schichten keine Arbeit gegeben werden kann.

In den unter Ziff. 3 gedachten Fällen ist der Austritt aus der Arbeit nicht mehr zulässig, wenn die zu Grunde liegenden Thatsachen dem Arbeiter länger als eine Woche bekannt sind.

Art. 99. (neu.) Außer den in Art. 97 und 98 bezeichneten Fällen kann jeder der beiden Theile aus wichtigen Gründen vor Ablauf der vertragsmäßigen Zeit und ohne Innehaltung einer Kündigungsfrist die Aufhebung des Arbeitsverhältnisses verlangen, wenn dasselbe mindestens auf vier Wochen oder wenn eine längere als vierzehntägige Kündigungsfrist vereinbart ist.

Art. 100. (82.) Der Bergwerksbesitzer oder dessen Stellvertreter ist verpflichtet, dem abkehrenden volljährigen Bergmann ein Zeugniß über die Art und Dauer seiner Beschäftigung und auf Verlangen auch ein Zeugniß über seine Führung und seine Leistungen auszustellen. Die Unterschrift dieser Zeugnisse hat die Ortspolizeibehörde gebührenfrei zu beglaubigen.

Wird die Ausstellung des Zeugnisses verweigert, so fertigt die Ortspolizeibehörde dasselbe auf Kosten des Verpflichteten aus.

Den Arbeitgebern ist untersagt, die Zeugnisse mit Merkmalen zu versehen, welche den Zweck haben, den Arbeiter in einer aus dem Wortlaut des Zeugnisses nicht ersichtlichen Weise zu kennzeichnen.

Werden dem abkehrenden Bergmann in dem Zeugnisse Beschuldigungen zur Last gelegt, welche seine fernere Beschäftigung hindern würden, so kann er auf Untersuchung bei der Ortspolizeibehörde antragen, welche, wenn die Beschuldigung unbegründet befunden wird, unter dem Zeugnisse den Befund ihrer Untersuchung zu vermerken hat.

Art. 101. (83.) Bergwerksbesitzer oder deren Stellvertreter dürfen volljährige Arbeiter, von welchen ihnen bekannt ist, daß sie schon früher beim Bergbau beschäftigt waren, nicht eher zur Bergarbeit annehmen, bis ihnen von denselben das Zeugniß des Bergwerksbesitzers, bei welchem sie zuletzt in Arbeit gestanden, beziehungsweise das Zeugniß der Ortspolizeibehörde (Art. 100) vorgelegt ist.

Art. 102. (neu.) Minderjährige Arbeiter können beim Abgange ein Zeugniß über die Art und Dauer ihrer Beschäftigung, sowie über ihre Führung und Leistungen verlangen. Hiebei finden die Bestimmungen des Art. 100 entsprechende Anwendung. Der gesetzliche Vertreter des Minderjährigen kann die Ausstellung des Zeugnisses fordern, auch verlangen, daß dasselbe nicht an den Minderjährigen, sondern an ihn ausgehändigt werde. Mit Genehmigung der Gemeindebehörde des Arbeitsortes kann auch gegen den Willen des gesetzlichen Vertreters die Aushändigung unmittelbar an den Arbeiter erfolgen.

Art. 103. (neu.) Minderjährige Personen dürfen auf den den Bestimmungen dieses Gesetzes unterworfenen Anlagen als Arbeiter nur beschäftigt werden, wenn sie mit einem Arbeitsbuche versehen sind. Bei der Annahme solcher Arbeiter hat der Bergwerksbesitzer das Arbeitsbuch einzufordern. Er ist verpflichtet, dasselbe zu verwahren, auf amtliches Verlangen vorzulegen und nach rechtmäßiger Lösung des Arbeitsverhältnisses wieder auszuhändigen. Die Aushändigung erfolgt an den gesetzlichen Vertreter, sofern dieser es verlangt oder der Arbeiter das sechzehnte Lebensjahr noch nicht vollendet hat, andernfalls an den Arbeiter selbst. Mit Genehmigung der Gemeindebehörde des im Art. 104 bezeichneten Ortes kann die Aushändigung des Arbeitsbuchs auch an die zur gesetzlichen Vertretung nicht berechtigte Mutter oder einen sonstigen Angehörigen oder unmittelbar an den Arbeiter erfolgen.

Art. 104. (neu.) Das Arbeitsbuch wird dem Arbeiter durch die Polizeibehörde desjenigen Ortes, an welchem er zuletzt seinen dauernden Aufenthalt gehabt hat, wenn aber ein solcher innerhalb des Staatsgebietes nicht stattgefunden hat, von der Polizeibehörde des von ihm zuerst erwählten Arbeitsortes gebührenfrei ausgestellt. Die Ausstellung erfolgt auf Antrag oder mit Zustimmung des gesetzlichen Vertreters. Ist die Erklärung des gesetzlichen Vertreters nicht zu beschaffen, oder verweigert dieser die Zustimmung ohne genügenden Grund und zum Nachtheile des Arbeiters, so kann die Gemeindebehörde die Zustimmung ergänzen. Vor der Ausstellung ist nachzuweisen, daß der Arbeiter zum Besuche der Volksschule nicht mehr verpflichtet ist, und glaubhaft zu machen, daß bisher ein Arbeitsbuch für ihn noch nicht ausgestellt war.

Arbeitsbücher, welche von der zuständigen Behörde eines anderen deutschen Bundesstaates für minderjährige Bergarbeiter ausgestellt sind, werden den von bayerischen Behörden ausgefertigten gleich geachtet.

Art. 105. (neu.) Wenn das Arbeitsbuch vollständig ausgefüllt oder nicht mehr brauchbar, oder wenn es verloren gegangen oder vernichtet ist, so wird an Stelle desselben ein neues Arbeitsbuch ausgestellt. Die

Ausstellung erfolgt durch die Polizeibehörde desjenigen Ortes, an welchem der Inhaber des Arbeitsbuches zuletzt seinen dauernden Aufenthalt gehabt hat. Das ausgefüllte oder nicht mehr brauchbare Arbeitsbuch ist durch einen amtlichen Vermerk zu schließen.

Wird das neue Arbeitsbuch an Stelle eines nicht mehr brauchbaren, eines verloren gegangenen oder vernichteten Arbeitsbuches ausgestellt, so ist dies darin zu vermerken. Für die Ausstellung kann in diesem Falle eine Gebühr bis zu fünfzig Pfennig erhoben werden.

Art. 106. (neu.) Das Arbeitsbuch (Art. 103) muß den Namen des Arbeiters, Ort, Jahr und Tag seiner Geburt, Namen und letzten Wohnort seines gesetzlichen Vertreters und die Unterschrift des Arbeiters enthalten. Die Ausstellung erfolgt unter dem Siegel und der Unterschrift der Behörde. Letztere hat über die von ihr ausgestellten Arbeitsbücher ein Verzeichniß zu führen.

Die Einrichtung der Arbeitsbücher wird durch das Staatsministerium des Innern bestimmt.

Art. 107. (neu.) Bei dem Eintritt des Arbeiters in das Arbeitsverhältniß hat der Bergwerksbesitzer an der dafür bestimmten Stelle des Arbeitsbuches die Zeit des Eintritts und die Art der Beschäftigung, am Ende des Arbeitsverhältnisses die Zeit des Austritts und, wenn die Beschäftigung Aenderungen erfahren hat, die Art der letzten Beschäftigung des Arbeiters einzutragen.

Die Eintragungen sind mit Tinte zu bewirken und von dem Bergwerksbesitzer oder dem dazu bevollmächtigten Betriebsleiter zu unterzeichnen.

Die Eintragungen dürfen nicht mit einem Merkmal versehen sein, welches den Inhaber des Arbeitsbuches günstig oder nachtheilig zu kennzeichnen bezweckt.

Die Eintragung eines Urtheils über die Führung oder die Leistungen des Arbeiters und sonstige durch das Gesetz nicht vorgesehene Eintragungen oder Vermerke in oder an dem Arbeitsbuche sind unzulässig.

Art. 108. (neu.) Ist das Arbeitsbuch bei dem Bergwerksbesitzer unbrauchbar geworden, verloren gegangen oder vernichtet oder sind von dem Bergwerksbesitzer unzulässige Merkmale, Eintragungen oder Vermerke in oder an dem Arbeitsbuche gemacht, oder wird von dem Bergwerksbesitzer ohne rechtmäßigen Grund die Aushändigung des Arbeitsbuches verweigert, so kann die Ausstellung eines neuen Arbeitsbuches auf Kosten des Bergwerksbesitzers beansprucht werden. Ein Bergwerksbesitzer, welcher das Arbeitsbuch seiner gesetzlichen Verpflichtung zuwider nicht rechtzeitig aushändigt oder die vorschriftsmäßigen Eintragungen zu machen unterlassen oder unzulässige Merkmale, Eintragungen oder Vermerke gemacht hat, ist dem Arbeiter entschädigungspflichtig. Der Anspruch auf Entschädigung erlischt, wenn er nicht innerhalb vier Wochen nach seiner Entstehung im Wege der Klage oder Einrede geltend gemacht ist.

Art. 109. (neu.) Auf Antrag des Minderjährigen oder seines gesetzlichen Vertreters hat die Ortspolizeibehörde die Eintragung in das Arbeitsbuch gebührenfrei zu beglaubigen.

Art. 110. (neu.) Bergwerksbesitzer, welche einen Bergmann verleiten, vor rechtmäßiger Beendigung des Arbeitsverhältnisses die Arbeit zu verlassen, sind dem früheren Arbeitgeber für den entstandenen Schaden als Selbstschuldner mitverhaftet. In gleicher Weise haftet der Bergwerksbesitzer, welcher einen Bergmann annimmt, von dem er weiß, daß derselbe einem anderen Arbeitgeber zur Arbeit noch verpflichtet ist.

In dem im vorstehenden Absatze bezeichneten Umfange ist auch derjenige Bergwerksbesitzer mitverhaftet, welcher einen Bergmann, von dem er weiß, daß derselbe einem anderen Arbeitgeber zur Arbeit noch verpflichtet ist, während der Dauer dieser Verpflichtung in der Beschäftigung behält, sofern nicht seit der unrechtmäßigen Lösung des Arbeitsverhältnisses bereits vierzehn Tage verflossen sind.

Art. 111. (neu.) Die Bergwerksbesitzer sind verpflichtet, ihren Arbeitern unter achtzehn Jahren, welche eine von der Gemeindebehörde oder vom Staate als Fortbildungsschule anerkannte Unterrichtsanstalt besuchen, hiezu die erforderlichen Falles von der Berginspektion festzusetzende Zeit zu gewähren. Am Sonntage darf der Unterricht nur stattfinden, wenn die Unterrichtsstunden so gelegt werden, daß die Schüler nicht gehindert werden, den Hauptgottesdienst oder einen mit Genehmigung der kirchlichen Behörden für sie eingerichteten besonderen Gottesdienst ihrer Konfession zu besuchen.

Als Fortbildungsschulen im Sinne dieser Bestimmungen gelten auch Anstalten, in welchen Unterricht in weiblichen Hand- und Hausarbeiten ertheilt wird.

Durch statutarische Bestimmung einer Gemeinde oder eines weiteren Kommunalverbandes, welche nach Maßgabe des § 142 der Gewerbeordnung erlassen wird, kann mit Zustimmung des Oberbergamtes für männliche Arbeiter unter achtzehn Jahren die Verpflichtung zum Besuche einer Fortbildungsschule begründet werden. Auf demselben Wege können die zur Durchführung dieser Verpflichtung erforderlichen Bestimmungen getroffen werden. Insbesondere können durch statutarische Bestimmung die zur Sicherung eines regelmäßigen Schulbesuches den Schulpflichtigen, sowie deren gesetzlichen Vertretern und Arbeitgebern obliegenden Verpflichtungen bestimmt und diejenigen Vorschriften erlassen werden, durch welche die Ordnung in der Fortbildungsschule und ein gebührliches Verhalten der Schüler gesichert wird. Von der durch statutarische Bestimmung begründeten Verpflichtung zum Besuch einer Fortbildungsschule sind diejenigen befreit, welche eine andere Fortbildungs- oder Fachschule (Steigerschule, Bergvorschule, Bergschule) besuchen, sofern der Unterricht dieser Schule von dem Oberbergamt als ausreichender Ersatz des durch statutarische Bestimmung geregelten Fortbildungsschulunterrichts anerkannt wird.

Art. 112. (neu.) Das Dienstverhältniß der von den Bergwerksbesitzern gegen feste Bezüge zur Leitung und Beaufsichtigung des Betriebes nach Maßgabe der Art. 74 und 75 angenommenen oder dauernd betrauten Personen (Maschinen- und Bautechniker, Chemiker, Zeichner und dergl.) kann, wenn nicht etwas Anderes verabredet ist, von jedem Theile mit

Ablauf jedes Kalender-Vierteljahres nach sechs Wochen vorher erklärter Aufkündigung aufgehoben werden.

Jeder der beiden Theile kann vor Ablauf der vertragsmäßigen Zeit und ohne Innehaltung einer Kündigungsfrist die Aufhebung des Dienstverhältnisses verlangen, wenn ein wichtiger, nach den Umständen des Falles die Aufhebung rechtfertigender Grund vorliegt.

Art. 113. (neu.) Gegenüber den im Art. 112 bezeichneten Personen kann die Aufhebung des Dienstverhältnisses insbesondere verlangt werden:

1. wenn sie beim Abschluß des Dienstvertrages den Bergwerksbesitzer durch Vorzeigung falscher oder verfälschter Zeugnisse hintergangen oder ihn über das Bestehen eines anderen, sie gleichzeitig verpflichtenden Dienstverhältnisses in einen Irrthum versetzt haben,
2. wenn sie im Dienste untreu sind oder das Vertrauen mißbrauchen,
3. wenn sie ihren Dienst unbefugt verlassen oder den nach dem Dienstvertrage ihnen obliegenden Verpflichtungen nachzukommen beharrlich verweigern,
4. wenn sie eine sicherheitspolizeiliche Vorschrift bei der Leitung oder Beaufsichtigung der Bergarbeit übertreten, oder wenn ihnen durch die Berginspektion die Befähigung zum Aufsichtsbeamten aberkannt ist,
5. wenn sie durch anhaltende Krankheit oder durch eine längere Freiheitsstrafe oder Abwesenheit an der Verrichtung ihrer Dienste verhindert werden,
6. wenn sie sich Thätlichkeiten oder Ehrverletzungen gegen den Bergwerksbesitzer, seine Vertreter oder gegen Arbeiter zu Schulden kommen lassen,
7. wenn sie sich einem unsittlichen Lebenswandel ergeben.

In dem Falle zu 5 bleibt der Anspruch auf die vertragsmäßigen Leistungen des Bergwerksbesitzers auf die Dauer von sechs Wochen in Kraft, wenn die Verrichtung der Dienste durch unverschuldetes Unglück verhindert worden ist. Jedoch mindern sich die Ansprüche in diesem Falle um denjenigen Betrag, welcher dem Berechtigten aus einer auf Grund gesetzlicher Verpflichtung bestehenden Kranken- oder Unfall-Versicherung oder aus einer Knappschaftskasse zukommt.

Art. 114. (neu.) Die im Art. 112 bezeichneten Personen können die Aufhebung des Dienstverhältnisses insbesondere verlangen:

1. wenn der Bergwerksbesitzer oder seine Stellvertreter sich Thätlichkeiten oder Ehrverletzungen gegen sie zu Schulden kommen lassen,
2. wenn der Bergwerksbesitzer die vertragsmäßigen Leistungen nicht gewährt,
3. wenn der Bergwerksbesitzer oder dessen Stellvertreter Anordnungen ergehen läßt, welche gegen den Betriebsplan verstoßen, oder wenn er die Mittel zur Ausführung der von der Bergbehörde getroffenen polizeilichen Anordnungen verweigert,
4. wenn bei Fortsetzung des Dienstverhältnisses ihr Leben oder ihre Gesundheit einer erweislichen Gefahr ausgesetzt sein würde, welche bei Eingehung des Dienstverhältnisses nicht zu erkennen war.

Art. 115. (neu.) Unter den in Art. 110 aufgestellten Voraussetzungen tritt die daselbst bestimmte Haftung des Bergwerksbesitzers auch für den Fall ein, wenn die in Art. 112 bezeichneten Personen zur Aufgabe des Dienstverhältnisses verleitet, in Dienst genommen oder im Dienst behalten werden.

Art. 116. (84.) Auf jedem Bergwerke ist über die daselbst beschäftigten Arbeiter eine Liste zu führen, welche die Vor- und Zunamen, das Geburtsjahr, den Wohnort, den Tag des Dienstantrittes und der Entlassung, sowie das Datum des letzten Arbeitszeugnisses enthält.

Die Liste muß der Berginspektion auf Verlangen vorgelegt werden.

Vierter Titel.

Von den Rechtsverhältnissen der Mitbetheiligten eines Bergwerkes.

Art. 117. (85.) Zwei oder mehrere Mitbetheiligte eines Bergwerkes bilden eine Gewerkschaft.

Die Gewerkschaft kann ihre besondere Verfassung durch notariell errichtete Satzungen regeln, welche der Zustimmung von wenigstens drei Viertheilen aller Antheile und der Bestätigung des Oberbergamtes bedürfen. Die Bestimmungen der Art. 118—131, 135 Abs. 2, 144 bis 149 dürfen durch die Satzungen nicht abgeändert werden.

Art. 118. (86.) Die Gewerkschaft führt den Namen des Bergwerkes, sofern sie nicht in den Satzungen einen anderen Namen gewählt hat.

Art. 119. (87.) Die Gewerkschaft kann unter ihrem Namen Rechte erwerben und Verbindlichkeiten eingehen, Eigenthum und andere dingliche Rechte an Bergwerken und Grundstücken erwerben, vor Gericht klagen und verklagt werden.

Art. 120. (88.) Das Bergwerk kann nur von der Gewerkschaft und nur als Ganzes mit Hypotheken, Grundschulden und Rentenschulden und dinglichen Lasten beschwert werden.

Art. 121. (89.) Für die Verbindlichkeiten der Gewerkschaft haftet nur das Vermögen derselben.

Art. 122. (90.) Durch das Ausscheiden einzelner Mitglieder — Gewerken — wird die Gewerkschaft nicht aufgelöst. Auch können einzelne Gewerken nicht auf Theilung klagen.

Art. 123. (91.) Die Zahl der gewerkschaftlichen Antheile — Kuxe — beträgt Hundert.

Durch die Satzungen kann die Zahl auf Tausend bestimmt werden.

Die Kuxe sind untheilbar. Sie haben die Eigenschaft der beweglichen Sachen.

Art. 124. (92.) Die Gewerken nehmen nach dem Verhältniß ihrer Kuxe an dem Gewinne und Verluste Theil.

Sie sind verpflichtet, die Beiträge, welche zur Erfüllung der Schuldverbindlichkeiten der Gewerkschaft und zum Betriebe erforderlich sind, nach Verhältniß ihrer Kuxe zu bezahlen (Art. 150, 151).

Art. 125. (93.) Ueber sämmtliche Mitglieder der Gewerkschaft und deren Kuxe wird ein Verzeichniß — das Gewerkenbuch — geführt.

Auf Grund dieses Gewerkenbuches wird einem jeden Gewerken, welcher es verlangt, ein Antheilschein — Kuxschein — ausgefertigt.

Die Kuxscheine sind nach der Wahl des Gewerken über die einzelnen Kuxe oder über eine Mehrheit derselben auszustellen.

Die Kuxscheine dürfen nur auf einen bestimmten Namen, niemals auf den Inhaber lauten.

Ein abhanden gekommener oder vernichteter Kuxschein kann, wenn nicht das Gegentheil bestimmt ist, im Wege des Aufgebotsverfahrens für kraftlos erklärt werden.

Die Vorschriften der §§ 798, 800 des Bürgerlichen Gesetzbuches finden auf Kuxscheine entsprechende Anwendung.

Das Gewerkenbuch wird von dem Oberbergamte geführt, welches auch die Kuxscheine ausfertigt. Bei der Gewerkschaft wird ein Duplikat des Gewerkenbuches geführt, zu welchem Zwecke das Oberbergamt der Gewerkschaft von jedem Eintrage sofort Nachricht gibt.

Art. 126. (94.) Die Kuxe können ohne Einwilligung der Mitgewerken auf andere Personen übertragen werden.

Art. 127. (95.) Zur Uebertragung der Kuxe ist die schriftliche Form erforderlich.

Der Uebertragende ist zur Aushändigung des Kuxscheins und, wenn dieser verloren ist, zur Beschaffung des Ausschlußurtheils auf seine Kosten verpflichtet.

Die Umschreibung im Gewerkenbuche darf nur auf Grund der Uebertragungsurkunde und gegen Vorlegung des Kuxscheins oder des Ausschlußurtheils erfolgen.

Art. 128. (96.) Wer im Gewerkenbuche als Eigenthümer der Kuxe verzeichnet ist, wird der Gewerkschaft gegenüber bei Ausübung seiner Rechte als solcher angesehen.

Art. 129. (97.) Bei freiwilligen Veräußerungen von Kuxen bleibt der seitherige Eigenthümer derselben der Gewerkschaft für die Beiträge (Art. 124) verpflichtet, deren Erhebung die Gewerkschaft beschlossen hat, bevor die Umschreibung der Kuxe im Gewerkenbuche gesetzlich (Art. 127) beantragt ist.

Art. 130. (98.) Die Verpfändung der Kuxe geschieht durch Uebergabe des Kuxscheins auf Grund eines schriftlichen Vertrages.

Art. 131. (99.) Die Zwangsvollstreckung in den Antheil eines Gewerken erfolgt nach den Vorschriften über die Zwangsvollstreckung in das bewegliche Vermögen.

Der Ansteigerer haftet der Gewerkschaft für die noch nicht bezahlten Beiträge.

Art. 132. (100.) Die Gewerken fassen ihre Beschlüsse in Gewerkenversammlungen.

Das Stimmrecht wird nach Kuxen, nicht nach Personen ausgeübt.

Art. 133. (101.) Zur Giltigkeit eines Beschlusses ist erforderlich, daß alle Gewerken anwesend oder unter Angabe des zu verhandelnden Gegenstandes zu einer Versammlung eingeladen waren.

Einladungen durch die Post erfolgen durch eingeschriebenen Brief.

Gewerken, die nicht im Deutschen Reiche wohnen, haben zur Empfangnahme der Einladungen einen im Deutschen Reiche wohnenden Bevollmächtigten zu bestellen.

Ist dies nicht geschehen, so sind die treffenden Gewerken in einer wenigstens zwei Wochen vor Abhaltung der Gewerkenversammlung zu veröffentlichenden Bekanntmachung zu derselben einzuladen und zwar, wenn zu den öffentlichen Bekanntmachungen der Gewerkschaft satzungsgemäß bestimmte Blätter bezeichnet sind, in diesen, außerdem in dem Amtsblatte des Kreises, in welchem die Gewerkschaft ihren Sitz hat.

Dasselbe gilt bei Gewerken, deren Wohnort unbekannt ist.

Art. 134. (102.) Die Beschlüsse werden in der beschlußfähigen Gewerkenversammlung mit einfacher Stimmenmehrheit gefaßt.

Beschlußfähig ist die erste Versammlung, wenn die Mehrheit aller Kuxe vertreten ist.

Ist die Mehrheit aller Kuxe nicht vertreten, so sind sämmtliche Gewerken zu einer zweiten Versammlung einzuladen.

Die zweite Versammlung ist ohne Rücksicht auf die Zahl der vertretenen Kuxe beschlußfähig.

Diese Folge muß indeß, wenn sie eintreten soll, in der Einladung angegeben werden.

Ueber jede Gewerkenversammlung ist ein Protokoll aufzunehmen.

Art. 135. (103.) Eine Mehrheit von wenigstens drei Viertheilen aller Kuxe ist erforderlich zu Beschlüssen, durch welche über den Gegenstand der Verleihung — Substanz des Bergwerkes — ganz oder theilweise verfügt werden soll. Dies gilt insbesondere von den Fällen des Verkaufes, des Tausches, der Verpfändung oder der sonstigen dinglichen Belastung des Bergwerkes, sowie der Ueberlassung der Ausbeute gegen Entgelt (Verpachtung).

Zu Verfügungen über das verliehene Bergwerkseigenthum durch Verzicht oder Schenkung ist Einstimmigkeit erforderlich.

Art. 136. (104.) Binnen einer ausschließenden Frist von einem Monat vom Ablaufe des Tages, an welchem ein Gewerkschaftsbeschluß gefaßt ist, kann jeder Gewerke, welcher denselben für nachtheilig erachtet, gegen die Gewerkschaft auf Aufhebung des Beschlusses klagen und es hat das Gericht dessen Aufhebung auszusprechen, wenn nachgewiesen wird, daß derselbe der Gewerkschaft zum Nachtheile gereiche.

Durch die Satzungen kann bestimmt werden, daß die Entscheidung dieser Frage in Streitfällen durch ein Schiedsgericht erfolgen, wie das Schiedsgericht gebildet und unter welchen Formen von demselben verfahren werden soll.

Diese Bestimmungen finden auf einen in Gemäßheit des Art. 117 Abs. 2 gefaßten Beschluß keine Anwendung.

Art. 137. (105.) Durch die Anstellung der Klage auf Aufhebung des Gewerkschaftsbeschlusses wird die Ausführung desselben nicht aufgehalten.

Wird der Beschluß aufgehoben, so verliert derselbe erst von der Rechtskraft der richterlichen Entscheidung an seine rechtliche Wirksamkeit.

Diese Bestimmungen finden keine Anwendung, wenn der Beschluß die im Art. 141 bezeichneten Gegenstände betrifft.

Art. 138. (106.) Jede Gewerkschaft ist verpflichtet, einen in Bayern wohnenden Repräsentanten zu bestellen und dem Oberbergamte namhaft zu machen.

Statt eines einzelnen Repräsentanten kann die Gewerkschaft jedoch einen aus zwei oder mehreren Personen bestehenden Grubenvorstand bestellen.

Als Repräsentanten oder Mitglieder des Grubenvorstandes können auch Personen bestellt werden, welche nicht Gewerken sind.

Art. 139. (107.) Die Wahl erfolgt in einer nach Art. 134 beschlußfähigen Versammlung durch absolute Stimmenmehrheit.

Ist eine solche bei der ersten Abstimmung nicht vorhanden, so werden diejenigen beiden Personen, welche die meisten Stimmen erhalten haben, in die engere Wahl gebracht. Bei Stimmengleichheit entscheidet das Loos.

Bei Ausmittelung der in die engere Wahl zu bringenden zwei Personen entscheidet im Falle der Stimmengleichheit ebenfalls das Loos.

Das Protokoll über die Wahlverhandlung ist notariell aufzunehmen. Eine Ausfertigung desselben wird dem Repräsentanten oder dem Grubenvorstande zu seiner Legitimation ertheilt.

Art. 140. (108.) Der Repräsentant oder Grubenvorstand vertritt die Gewerkschaft in allen ihren Angelegenheiten gerichtlich und außergerichtlich.

Eine Spezialvollmacht ist nur in den im Art. 141 bezeichneten Fällen erforderlich.

Beschränkt oder erweitert die Gewerkenversammlung die Befugnisse des Repräsentanten oder Grubenvorstandes, so müssen die treffenden Festsetzungen in die Legitimation (Art. 139) aufgenommen werden.

Art. 141. (109.) Der Repräsentant oder Grubenvorstand bedarf eines besonderen Auftrages der Gewerkenversammlung:

1. wenn es sich um Gegenstände handelt, welche nur von einer Mehrheit von wenigstens drei Viertheilen aller Kuxe oder nur mit Einstimmigkeit beschlossen werden können;
2. wenn Beiträge von den Gewerken erhoben werden sollen.

Art. 142. (110.) Der Repräsentant oder Grubenvorstand ist verpflichtet, für die Führung der erforderlichen Bücher der Gewerkschaft Sorge zu tragen und jedem Gewerken auf Verlangen die Bücher zur Einsicht offen zu legen.

Art. 143. (111.) Der Repräsentant oder Grubenvorstand beruft die Gewerkenversammlungen.

Er muß, wenn das Bergwerk im Betriebe ist, alljährlich eine Gewerkenversammlung berufen und derselben eine vollständig belegte Verwaltungsrechnung vorlegen.

Er ist zur Berufung einer Gewerkenversammlung verpflichtet, wenn dies die Eigenthümer von wenigstens einem Viertheile aller Kuxe verlangen. Unterläßt er die Berufung, so erfolgt dieselbe durch das Oberbergamt auf Antrag.

Zur Vornahme der Wahl eines Repräsentanten oder Grubenvorstandes oder zur Beschlußfassung über den Widerruf der erfolgten Bestellung kann das Oberbergamt auf Antrag eine Gewerkenversammlung berufen.

Art. 144. (112.) Der Repräsentant ist berechtigt und verpflichtet, alle Vorladungen und andere Zustellungen an die Gewerkschaft mit voller rechtlicher Wirkung in Empfang zu nehmen. Bestellt die Gewerkschaft einen Grubenvorstand, so kann die Zustellung an jedes Mitglied des Grubenvorstandes erfolgen.

Art. 145. (113.) Die Bestimmungen der Art. 141, 142 und 143 dürfen nur durch Satzungen (Art. 117), diejenigen des Art. 144 aber gar nicht abgeändert werden.

In keinem Falle darf dem Repräsentanten oder Grubenvorstande die Vertretung der Gewerkschaft bei den Verhandlungen mit der Bergbehörde, mit dem Knappschaftsvereine und mit anderen auf den Bergbau bezüglichen Instituten, sowie in den gegen sie angestellten Rechtsstreiten entzogen werden.

Art. 146. (114.) Die Gewerkschaft wird durch die von dem Repräsentanten oder Grubenvorstand in ihrem Namen geschlossenen Rechtsgeschäfte berechtigt und verpflichtet.

Es ist gleichgiltig, ob das Geschäft ausdrücklich im Namen der Gewerkschaft geschlossen worden ist oder ob die Umstände ergeben, daß es nach dem Willen der Kontrahenten für die Gewerkschaft geschlossen werden sollte.

Art. 147. (115.) Der Repräsentant oder die Mitglieder des Grubenvorstandes sind aus den von ihnen im Namen der Gewerkschaft vorgenommenen Rechtshandlungen Dritten gegenüber für die Verbindlichkeiten der Gewerkschaft persönlich nicht verpflichtet.

Art. 148. (116.) Das Oberbergamt ist befugt, eine Gewerkschaft aufzufordern, innerhalb drei Monaten einen Repräsentanten oder einen Grubenvorstand zu bestellen.

Wird dieser Aufforderung nicht entsprochen, so kann das Oberbergamt bis dahin, daß dies geschieht, einen Repräsentanten bestellen und demselben eine angemessene, von der Gewerkschaft aufzubringende Vergütung zusichern. Das Oberbergamt kann nöthigenfalls die Urkunde, durch welche diese Vergütung zugesichert wurde, vollstreckbar erklären und für deren Beitreibung sorgen.

Dieser interimistische Repräsentant hat die in den Art. 140—144 bestimmten Rechte und Pflichten, insofern das Oberbergamt keine Beschränkungen eintreten läßt.

Art. 149. (117.) Soweit der gegenwärtige Titel nicht Anderes bestimmt, sind die durch die Bestellung eines Repräsentanten oder Grubenvorstandes entstehenden Rechtsverhältnisse nach den allgemeinen Vorschriften über den Auftrag zu beurtheilen.

Art. 150. (118.) Die Klage gegen einen Gewerken auf Zahlung seines durch Gewerkschaftsbeschluß bestimmten Beitrages kann nicht vor Ablauf der in dem Art. 136 bestimmten ausschließenden Frist von einem Monat erhoben werden.

Ist innerhalb dieser Frist von den Gewerken auf Aufhebung des Beschlusses Klage erhoben worden (Art. 136), so findet vor rechtskräftiger Entscheidung über dieselbe die Klage gegen den Gewerken nicht statt.

Art. 151. (119.) Der Gewerke kann seine Verurtheilung und die Zwangsvollstreckung dadurch abwenden, daß er unter Ueberreichung des Kurscheines den Verkauf seines Antheiles behufs Befriedigung der Gewerkschaft anheimstellt.

Art. 152. (120.) Der Verkauf des Antheils erfolgt nach den Vorschriften über die Zwangsvollstreckung in das bewegliche Vermögen.

Ist der Antheil unverkäuflich, so wird er den anderen Gewerken nach Verhältniß ihrer Antheile in ganzen Kuxen, soweit dies aber nicht möglich ist, der Gewerkschaft als solcher im Gewerkenbuche lastenfrei zugeschrieben.

Art. 153. (121.) Jeder Gewerke ist befugt, auf seinen Antheil freiwillig zu verzichten, wenn auf dem Antheile weder schuldige Beiträge, noch sonstige Schuldverbindlichkeiten haften oder die ausdrückliche Einwilligung der Gläubiger beigebracht wird und außerdem die Rückgabe des Kurscheins an die Gewerkschaft erfolgt.

Der Antheil soll alsdann, soferne die Gewerkschaft nicht anderweit über denselben verfügt, durch den Repräsentanten zu Gunsten der Gewerkschaft verkauft werden.

Ist der Antheil unverkäuflich, so findet die für diesen Fall in Art. 152 getroffene Bestimmung Anwendung.

Art. 154. (122.) Die Bestimmungen der Art. 117 bis 153 kommen nicht zur Anwendung, wenn die Rechtsverhältnisse der Mitbetheiligten eines Bergwerkes durch Vertrag oder sonstige Willenserklärung anderweit geregelt sind. Ein solches Rechtsgeschäft bedarf zu seiner Giltigkeit der notariellen Beurkundung. Die Urkunde über dasselbe ist dem Oberbergamt einzureichen.

Mitbetheiligte eines Bergwerkes im Sinne des Art. 117 sind nicht die Theilhaber an einer ungetheilten Erbschaft oder an einer sonstigen gemeinschaftlichen Masse, zu welcher ein Bergwerk gehört.

Art. 155. (123.) In den Fällen des Art. 154 muß, wenn die Mitbetheiligten eines Bergwerkes nicht eine Gesellschaft bilden, deren Vertretung durch die allgemeinen Gesetze geregelt ist, ein in Bayern wohnender Repräsentant bestellt und dem Oberbergamte namhaft gemacht werden, widrigen Falles letzteres nach Art. 148 zu verfahren befugt ist.

Dasselbe gilt, wenn der Alleineigenthümer eines Bergwerkes außerhalb Bayerns wohnt.

Dieser Repräsentant hat diejenigen Geschäfte zu besorgen, welche im Art. 145 als solche bezeichnet sind, die dem Repräsentanten oder Grubenvorstande einer Gewerkschaft niemals entzogen werden dürfen. Eine Abänderung ist auch hier unzulässig.

Fünfter Titel.

Von den Rechtsverhältnissen zwischen den Bergbautreibenden und den Grundbesitzern.

Erster Abschnitt.

Von der Grundabtretung.

Art. 156. (124.) Ist für den Betrieb des Bergbaues und zwar zu den Grubenbauen selbst, zu Halden-, Ablage- und Niederlageplätzen, zu Wegen, Eisenbahnen, Kanälen, ohne Unterschied, ob diese Anlagen zur Gewinnung oder zum Absatze der Bergbauerzeugnisse dienen, ingleichen zu Maschinenanlagen, Wasserläufen, Teichen, Hilfsbauen, Zechenhäusern und zu anderen für Betriebszwecke bestimmten Tagegebäuden, Anlagen und Vorrichtungen, zu den im Art. 48 bezeichneten Aufbereitungsanstalten, sowie zu Sooleleitungen und Soolebehältern die Benützung eines fremden Grundstückes nothwendig, so muß der Grundbesitzer, er sei Eigenthümer oder Nutzungsberechtigter, die Benützung desselben dem Bergwerksbesitzer insoweit überlassen, als es der Betriebszweck erfordert.

Art. 157. (125.) Eine solche Ueberlassung kann nach Maßgabe der Vorschriften des Art. 169 erzwungen werden, wenn nicht die Weigerung des Grundbesitzers durch überwiegende Gründe des öffentlichen Interesses unterstützt wird.

Die Benützung des mit Wohn-, Wirthschafts- und Fabrikgebäuden überbauten Grundes und Bodens und der damit in Verbindung stehenden eingefriedeten Hofräume zu überlassen, kann der Grundbesitzer gegen seinen Willen niemals angehalten werden.

Art. 158. (126.) Der Bergwerksbesitzer ist verpflichtet, dem Grundbesitzer für die entzogene Nutzung im Voraus jährlich vollständige Entschädigung zu leisten und das Grundstück nach beendigter Benützung wieder zur freien Verfügung des Grundbesitzers zu stellen.

Ebenso ist er verpflichtet, für die entzogene Ausübung von Dienstbarkeiten, welche auf dem zur Benützung überlassenen Grundstücke ruhen, den Berechtigten jährlich im Voraus vollständige Entschädigung zu leisten.

Art. 159. (127.) Tritt durch die Benützung eines Grundstücks eine Werthsverminderung desselben oder einer darauf ruhenden Dienstbarkeit ein, so muß der Bergwerksbesitzer, wenn er das Grundstück wieder zur freien Verfügung des Grundbesitzers stellt, die Minderwerthe ersetzen.

Für die Erfüllung dieser Verpflichtung kann der Grundbesitzer und der Dienstbarkeitsberechtigte schon bei der Ueberlassung zur Benützung die Bestellung angemessener Sicherheit verlangen.

Der Eigenthümer des Grundstücks ist in diesem Falle zu fordern berechtigt, daß der Bergwerksbesitzer, statt den Minderwerth zu ersetzen, das Eigenthum des Grundstücks erwirbt.

Art. 160. (128.) Wenn feststeht, daß die Benützung des Grundstückes länger als drei Jahre dauern wird, oder wenn die Benützung nach Ablauf von drei Jahren noch fortdauert, so kann der Grundeigenthümer verlangen, daß der Bergwerksbesitzer das Eigenthum des Grundstücks erwirbt.

Art. 161. (129.) Wenn ein Grundstück durch die Ueberlassung einzelner Theile zur Benützung so zerstückelt werden würde, daß die übrig bleibenden Theile nicht mehr zweckmäßig benützt werden können, so muß auch für die letzteren die jährliche Entschädigung auf Verlangen des Grundbesitzers von dem Bergwerksbesitzer geleistet werden.

In diesem Falle kann der Eigenthümer des zerstückelten Grundstückes, soferne hinsichtlich des zur Benützung überlassenen Theiles entweder die Voraussetzung des Art. 159 oder jene des Art. 160 gegeben ist, verlangen, daß der Bergwerksbesitzer das Eigenthum des ganzen Grundstückes erwirbt.

Art. 162. (129a.) Die im Art. 158 und im Art. 161 Abs. 1 bezeichneten Entschädigungsforderungen haften, wenn das benützte Grundstück oder das Grundstück, dessen jeweiligem Eigenthümer die Dienstbarkeit an dem benützten Grundstücke zusteht, mit Reallasten, Hypotheken, Grundschulden oder Rentenschulden belastet ist, für diese Rechte. Die Vorschriften des § 1123 Abs. 2 Satz 1 und der §§ 1124, 1125 des Bürgerlichen Gesetzbuches finden mit der Maßgabe entsprechende Anwendung, daß Verfügungen über die Entschädigungsforderungen den Berechtigten gegenüber unwirksam sind, soweit die Fälligkeit erst später als drei Monate nach der Beschlagnahme eintritt.

Art. 163. (130.) Bei der zwangsweisen Ueberlassung eines Grundstückes zur Benützung oder der Erwerbung des Eigenthums eines Grundstückes zu einer bergbaulichen Anlage kommen diejenigen Werthserhöhungen, welche das Grundstück erst in Folge dieser Anlage erhält, bei der Entschädigung nicht in Anschlag.

Art. 164. (131.) Die Entschädigung für jede zwangsweise Erwerbung des Eigenthums eines Grundstückes von Seite des Bergwerksbesitzers nach den Bestimmungen der Art. 159 Abs. 3, 160 und 161, ingleichen für den von dem letzteren nach Art. 159 Abs. 1 zu ersetzenden Minderwerth des Grundstücks ist nach Art. V des Gesetzes vom 17. November 1837, die Zwangsabtretung von Grundeigenthum für öffentliche Zwecke betreffend, zu bemessen.

Art. 165. (132.) Kleben unkörperliche Rechte dem für den Betrieb des Bergbaues nach den Vorschriften der Art. 159 Abs. 3, 160 und 161 von dem Bergwerksbesitzer zum Eigenthume zu erwerbenden Grundstücke an, so muß der Bergwerksbesitzer

1. nutzbare Rechte auf anderen unbeweglichen Sachen, welche aktiv mit dem zu erwerbenden Grundstücke verbunden sind, auf Verlangen des Eigenthümers gegen volle Entschädigung des letzteren übernehmen;

2. nutzbare Rechte, welche passiv auf dem zu erwerbenden Grundstücke ruhen, durch volle Entschädigung der Berechtigten ablösen, wenn diese darauf dringen oder die Ausübung jener Rechte mit der neuen Bestimmung des Grundstückes nicht mehr vereinbar ist.

Art. 166. (133.) Für die mit dem zu erwerbenden Grundstücke verbundenen, in Art. 165 bezeichneten Rechte, ingleichen für den nach Art. 159 Abs. 1 zu ersetzenden Minderwerth der Dienstbarkeiten ist die Entschädigung nach den im Art. VI des Zwangsabtretungsgesetzes vom 17. November 1837 enthaltenen Bestimmungen zu ermitteln und zu leisten.

Art. 167. (134.) Die von dem Grundeigenthümer nach der Vorschrift des Art. 159 Abs. 1 erworbenen Ansprüche auf Ersatz des Minderwerths haften, wenn das beschädigte Grundstück oder das Grundstück, dessen jeweiligem Eigenthümer die Dienstbarkeit an dem beschädigten Grundstücke zusteht, mit Reallasten, Hypotheken, Grundschulden oder Rentenschulden belastet ist, für diese Rechte nach Maßgabe der Vorschriften des § 1127 Abs. 2 und des § 1128 des Bürgerlichen Gesetzbuchs. Erhebt ein Berechtigter innerhalb der im § 1128 bestimmten Frist Widerspruch gegen die Zahlung der Entschädigung an den Eigenthümer, so kann der Eigenthümer und jeder Berechtigte die Eröffnung eines Vertheilungsverfahrens nach den für die Vertheilung des Erlöses im Falle der Zwangsversteigerung geltenden Vorschriften beantragen. Die Zahlung hat in diesem Falle an das für das Vertheilungsverfahren zuständige Gericht zu erfolgen.

Das Recht, die im Art. 159 Abs. 2 bezeichnete Sicherheitsleistung zu verlangen, steht auch den im Abs. 1 bezeichneten Berechtigten zu. Macht einer der Berechtigten von dieser Befugniß Gebrauch, so ist die Sicherheit in der Weise zu leisten, daß sie auch dem Berechtigten haftet.

Art. 168. (135.) Die auf dem vom Bergwerksbesitzer zum Eigenthume zu erwerbenden Grundstücke ruhenden Hypotheken, Grundschulden und Rentenschulden und die in Beziehung auf dasselbe im Grundbuch etwa eingetragenen Verfügungsbeschränkungen erlöschen durch dessen Abtretung, falls nicht bezüglich der Hypotheken, Grundschulden und Rentenschulden, deren Uebernahme durch den Bergwerksbesitzer im Einverständnisse mit den Hypotheken-, Grundschuld- und Rentenschuldgläubigern erfolgt.

Auf die in den Fällen des Art. 159 Abs. 3, des Art. 160, des Art. 161 Abs. 2 und des Art. 165 zu leistenden Entschädigungen finden, wenn das betroffene Grundstück oder das Grundstück, dessen jeweiligem Eigenthümer das betroffene Recht zusteht, mit Hypotheken, Grundschulden oder Rentenschulden oder mit anderen Rechten belastet ist, für welche eine besondere Entschädigung nicht gewährt wird, die für die Entschädigung im Falle der Zwangsenteignung geltenden Vorschriften Anwendung.

Art. 169. (136.) Können sich die Betheiligten in den Fällen der Art. 156 bis 161 nicht gütlich einigen, so erfolgt die Entscheidung darüber, ob, in welchem Umfange und unter welchen Bedingungen der Grundbesitzer zur Ueberlassung der Benützung oder der Bergwerksbesitzer zum Erwerbe des Eigenthums des Grundstücks verpflichtet ist, durch diejenige Kreisregierung, Kammer des Innern, in deren Bezirk das Grundstück liegt, in einem Senate, welcher aus drei Mitgliedern der Regierung und zwei Mitgliedern des Oberbergamtes besteht.

Die durch diese Zuziehung erwachsenden Reisekosten der Mitglieder des Oberbergamtes dürfen den Parteien nicht aufgerechnet werden.

Art. 170. (137.) Der bei der Berginspektion anzubringende Antrag des Bergwerksbesitzers auf Ueberlassung eines Grundstückes zur Benützung muß enthalten: den Namen und Wohnort des treffenden Grundeigenthümers oder Nutzungsberechtigten, die Bezeichnung der zur Benützung zu überlassenden Grundfläche nach Lage, Größe und Grenzen, die Beschreibung der Anlage, zu welcher dieselbe verwendet werden soll, die muthmaßliche Dauer der Benützung, das Anerbieten einer bestimmten jährlichen Nutzungsentschädigung, endlich die Erklärung, daß eine gütliche Einigung auf der bezeichneten Grundlage vergebens versucht worden sei.

Als Beleg ist dem Antrage beizufügen der Steuerkatasterplan mit einer Einzeichnung der zur Benützung in Anspruch genommenen Grundfläche und der beabsichtigten Anlage.

Art. 171. (138.) Der bei der Berginspektion anzubringende Antrag des Grundeigenthümers auf Erwerbung des Eigenthums des Grundstückes durch den Bergwerkseigenthümer muß in den Fällen der Art. 159 Abs. 3, 160 zweite Alternative und 161 enthalten: den Namen und Wohnort des letzteren, beziehungsweise der Gewerkschaft, die Bezeichnung der bereits zur Benützung überlassenen Grundfläche nach Lage, Größe und Grenzen und des Zeitpunktes der zwangsweise oder freiwillig nach Art. 156 erfolgten Gebrauchsüberlassung, ferner den Kapitalbetrag, für welchen die Abtretung angeboten wird, endlich die Erklärung, daß eine gütliche Vereinigung auf dieser Grundlage erfolglos versucht worden sei.

Ist die Ueberlassung zur Benützung noch nicht erfolgt, und stützt der Grundeigenthümer sein Verlangen auf Erwerbung des Eigenthums des Grundstückes durch den Bergwerksbesitzer auf die Vorschrift des Art. 160 erste Alternative oder des Art. 161, so hat er dieses Verlangen als Gegenantrag dem auf Gebrauchsüberlassung gerichteten Antrage des Bergwerksbesitzers gegenüber anzubringen.

Art. 172. (139.) Die Berginspektion hat den bei ihr eingekommenen Antrag (Art. 170, 171) im Benehmen mit derjenigen Distriktspolizeibehörde, in deren Bezirke das Grundstück liegt, einer vorläufigen Prüfung zu unterstellen. Wird der Antrag unvollständig befunden, so ist er zur Vervollständigung zurückzugeben; wird er unzulässig befunden, sei es wegen Gefährdung öffentlicher Interessen oder aus anderen Gründen, so ist ein Beschluß gemäß Art. 169 herbeizuführen. Liegt keiner dieser Fälle vor, oder ist der Antrag nachträglich vervollständigt worden, so hat die Distriktspolizeibehörde zur weiteren Instruktion des Antrages zu schreiten.

Art. 173. (140.) Die Distriktspolizeibehörde hat vorerst sämmtliche bei dem Antrage Mitbetheiligte im Benehmen mit dem treffenden Rentamte und dem Grundbuchamte zu ermitteln.

Sie setzt hienach gemeinschaftlich mit der Berginspektion einen Termin zur Untersuchung und Verhandlung der Sache an Ort und Stelle an, erläßt die Ladung hiezu an sämmtliche Betheiligte unter genauer Bezeichnung der Zeit und des Ortes und gibt nach Umständen das beabsichtigte Unternehmen in der Gemeinde, in deren Bezirke die Anlage ausgeführt werden soll, durch Anschlag oder durch ein hiefür geeignetes Lokalblatt bekannt.

Die Vorladung der Parteien und der Mitbetheiligten namentlich der Realberechtigten, der Hypotheken-, Grundschuld- und Rentenschuldgläubiger sowie der Eigenthümer der benachbarten Grundstücke, Wasserrechte und Triebwerke hat unter dem ausdrücklichen Beisatze zu geschehen, daß das Nichterscheinen der Geladenen in Person oder durch einen Bevollmächtigten zur rechtlichen Folge haben werde:

1. für den Antragsteller die Verbindlichkeit zur Schadloshaltung der Erschienenen in Bezug auf Auslagen und Versäumnisse, ferner die Annahme, daß der Antrag als auf sich beruhend erachtet werde,
2. für den Gegner des Antragstellers die Verbindlichkeit zur Schadloshaltung der Erschienenen in Bezug auf Auslagen und Versäumnisse und die Wiederaufnahme des Termins auf seine Kosten unter Androhung des weiteren Rechtsnachtheiles, daß bei seinem wiederholten Ausbleiben seine Einwilligung in die verlangte Benützung oder Erwerbung des Grundstücks werde angenommen werden,
3. für die geladenen Mitbetheiligten den Verlust ihrer Einwendungen gegen den Antrag, beziehungsweise gegen die nach der Vorschrift des Art. 175 auszumittelnde Größe der Sicherheitsleistung oder Entschädigung.

Die Bescheinigung der stattgehabten Vorladung ist zu den Akten zu bringen.

Art. 174. (141.) Bei dem Termine selbst, welcher mit der Ortsbesichtigung im Beisein eines Abgeordneten der Berginspektion zu beginnen ist, hat der Distriktspolizeibeamte vor Allem auf die Erzielung einer gütlichen Uebereinkunft zwischen den Theilen über die Abtretungsfrage und die zu leistende Entschädigung hinzuwirken und das Ergebniß zu Protokoll zu nehmen.

Kommt eine solche Uebereinkunft nicht zu Stande, so sind die gegen den Antrag erhobenen Einwendungen vorerst mündlich zu erörtern und hienach mit den Gegenerinnerungen des Antragstellers genau und vollständig zu Protokoll zu nehmen.

Art. 175. (142.) Den Beamten der Distriktspolizeibehörde und der Berginspektion liegt auch ob, bei dem anberaumten Termin (Art. 173) die für die Benützung oder für die Abtretung des Eigenthums des Grundstücks, ingleichen die nach den Vorschriften der Art. 165 und 166 zu leistenden Entschädigungen, sowie die in Art. 159 bezeichnete Sicherheitsleistung auszumitteln.

Diese Ausmittelung hat auch dann zu geschehen, wenn der Gegner des Antrages nach der Vorschrift des Art. 173 Abs. 3 Ziff. 2 die Folgen seines ungehorsamen Ausbleibens hinsichtlich der Abtretungsfrage verwirkt hat.

Art. 176. (143.) Zur Ausmittelung der Entschädigung nach der Vorschrift des Art. 175 und, wo es sonst nach der Sachlage nöthig erscheint, sind Sachverständige beizuziehen.

Die Wahl derselben ist der Uebereinkunft der Betheiligten überlassen.

Es können hiebei nicht mehr als drei Sachverständige aufgestellt werden.

Kommt eine Uebereinkunft hierüber innerhalb einer den Betheiligten vorzusteckenden Frist nicht zu Stande, so werden die Sachverständigen von Amtswegen ernannt und durch Eidesabnahme verpflichtet.

Art. 177. (144.) Nach Abschluß der Verhandlungen (Art. 173 bis 176) hat die Distriktspolizeibehörde die Akten der Kreisregierung, Kammer des Innern, vorzulegen.

Der Beschluß der Kreisregierung (Art. 169), durch welchen die zwangsweise Gebrauchsüberlassung oder die Erwerbung eines Grundstückes zum Eigenthume ausgesprochen wird, muß dasselbe genau bezeichnen und die Bedingungen der Gebrauchsüberlassung oder Erwerbung enthalten.

Ingleichen ist in dem Beschlusse die nach der Vorschrift des Art. 175 ausgemittelte Entschädigung, beziehungsweise Sicherheitsleistung festzusetzen.

Art. 178. (145.) Gegen den Beschluß, durch den die Verpflichtung zur zwangsweisen Ueberlassung der Benützung oder zur Erwerbung eines Grundstücks als Eigenthum ausgesprochen worden ist, findet die Beschwerde nach Maßgabe des Art. 226 statt. Der Rechtsweg ist ausgeschlossen. Gegen die Festsetzung der Entschädigung und der Sicherheitsleistung findet die Beschwerde nicht statt. Dagegen steht den Betheiligten der Rechtsweg zur Herbeiführung der richterlichen Entscheidung über den Betrag der Entschädigung und der Sicherheitsleistung offen. Für die Klage ist das Gericht ausschließlich zuständig, in dessen Bezirke das Grundstück liegt.

Durch die Beschreitung des Rechtsweges wird in diesem Falle die Besitznahme des Grundstücks nicht aufgehalten, vorausgesetzt, daß die ausgemittelte Entschädigung an den Berechtigten gezahlt oder bei verweigerter Annahme hinterlegt, desgleichen die Hinterlegung der festgesetzten Sicherheitsleistung geschehen ist.

Art. 179. (146.) Handelt es sich nach Beendigung der Benützung eines Grundstücks nach Art. 159 Abs. 1 um den Ersatz des Minderwerthes durch den Bergwerksbesitzer, so sind behufs der Festsetzung der Ersatzsumme lediglich die Gerichte zuständig.

Art. 180. (147.) Die Kosten des Verfahrens über die zwangsweise Ueberlassung eines Grundstücks zur Benützung oder über die zwangsweise Erwerbung zum Eigenthume hat für die erste Instanz der Bergwerksbesitzer, für die Beschwerdeinstanz der unterliegende Theil zu tragen.

Zweiter Abschnitt.

Von der Benützung des Wassers.

Art. 181. (148.) Auf Grubenwässer, welche der Bergwerksbesitzer erschroten hat, bleibt demselben, auch wenn er sie zu Tage ausfließen läßt, bis zu deren Vereinigung mit anderen beständigen Tagwässern das Vorrecht der Benützung zum Betriebe des Bergwerkes und der dazu gehörigen Aufbereitungsanstalten vorbehalten.

Art. 182. (149.) Insoweit und solange ein Bergwerksbesitzer seine Grubenwässer zu Betriebszwecken nicht selbst benützt, kann deren Benützung von dem Oberbergamte in widerruflicher Weise auch Anderen gestattet werden.

Den Besitzern benachbarter Bergwerke und Aufbereitungsanstalten gebührt in diesem Falle der Vorrang.

Art. 183. (150.) Hinsichtlich der Benützung des Tagwassers bei dem Betriebe der Berg- und Hüttenwerke kommen die Bestimmungen des Gesetzes vom 28. Mai 1852, die Benützung des Wassers betreffend, zur Anwendung.

Dritter Abschnitt.

Von dem Schadenersatze für Beschädigungen des Grundeigenthums.

Art. 184. (151.) Der Bergwerksbesitzer ist verpflichtet, für allen Schaden, welcher dem Grundeigenthum oder dessen Zubehörungen durch den unterirdisch oder mittels Tagebaues geführten Betrieb des Bergwerkes zugefügt wird, vollständige Entschädigung zu leisten ohne Unterschied, ob der Betrieb unter dem beschädigten Grundstücke stattgefunden hat oder nicht, ob die Beschädigung von dem Bergwerksbesitzer verschuldet ist und ob sie vorausgesehen werden konnte oder nicht.

Auf die Entschädigungsforderung finden im Falle der Beschädigung eines Grundstücks die Vorschriften des Art. 167 Abs. 1 entsprechende Anwendung; im Falle der Beschädigung von Zubehörstücken haftet die Entschädigungsforderung den im Art. 167 Abs. 1 bezeichneten Berechtigten nach Maßgabe der Vorschriften des § 1123 Abs. 2 Satz 1, des § 1124 Abs. 1, 3 und des § 1127 Abs. 2 des Bürgerlichen Gesetzbuches.

Art. 185. (152.) Ist der Schaden durch den Betrieb zweier oder mehrerer Bergwerke verursacht, so sind die Besitzer dieser Bergwerke gemeinschaftlich und zwar zu gleichen Theilen zur Entschädigung verpflichtet.

Im Verhältniß der Bergwerksbesitzer unter sich ist der Nachweis eines anderen Theilnahmeverhältnisses und der Anspruch auf Erstattung des Zuvielbezahlten nicht ausgeschlossen.

Art. 186. (153.) Der Bergwerksbesitzer ist nicht zum Ersatze des Schadens verpflichtet, welcher an Gebäuden oder anderen Anlagen durch den Betrieb des Bergwerkes entsteht, wenn solche Anlagen zu einer Zeit errichtet worden sind, wo die denselben durch den Bergbau drohende Gefahr dem Grundbesitzer bei Anwendung gewöhnlicher Aufmerksamkeit nicht unbekannt bleiben konnte.

Muß wegen einer derartigen Gefahr die Errichtung solcher Anlagen unterbleiben, so hat der Grundbesitzer auf die Vergütung der Werthsverminderung, welche sein Grundstück dadurch erleidet, keinen Anspruch, wenn sich aus den Umständen ergibt, daß die Absicht, solche Anlagen zu errichten, nur kundgegeben wird, um jene Vergütung zu erzielen.

Art. 187. (154.) Ansprüche auf Ersatz eines durch den Bergbau verursachten Schadens (Art. 184, 185), welche sich nicht auf Vertrag gründen, verjähren nach den für Ersatzansprüche aus unerlaubten Handlungen geltenden Vorschriften.

Art. 188. (155.) Auf Beschädigung des Grundeigenthums oder der Zubehörungen desselben durch die von Schürfern und Muthern ausgeführten Arbeiten finden die Art. 184 bis 187 ebenfalls Anwendung.

Vierter Abschnitt.

Von den Verhältnissen des Bergbaues zu den öffentlichen Verkehrsanstalten.

Art. 189. (156.) Gegen die Ausführung von öffentlichen Straßen und Wegen, Eisenbahnen, Kanälen und anderen öffentlichen Verkehrsmitteln, zu deren Anlegung dem Unternehmer durch Gesetz oder besondere landesherrliche Verordnung das Recht der Zwangsenteignung beigelegt ist, steht dem Bergbautreibenden ein Widerspruchsrecht nicht zu.

Vor Feststellung der solchen Anlagen zu gebenden Richtung sind diejenigen, über deren Bergwerke dieselben geführt werden sollen, Seitens der zuständigen Behörde darüber zu hören, in welcher Weise unter möglichst geringer Benachtheiligung des Bergwerkseigenthums die Anlage auszuführen sei.

Art. 190. (157.) War der Bergbautreibende zu dem Bergwerksbetriebe früher berechtigt, als die Genehmigung der Anlage (Art. 189) ertheilt ist, so hat derselbe gegen den Unternehmer der Anlage einen Anspruch auf Schadensersatz. Ein Schadensersatz findet nur insoweit statt, als entweder die Herstellung sonst nicht erforderlicher Anlagen in dem Bergwerke oder die sonst nicht erforderliche Beseitigung oder Veränderung bereits in dem Bergwerke vorhandener Anlagen nothwendig wird.

Art. 191. (158.) Können sich die Betheiligten über die zu leistende Entschädigung nicht gütlich einigen, so erfolgt die Festsetzung derselben nach Anhörung beider Theile und mit Vorbehalt des Rechtsweges durch einen Beschluß des Oberbergamtes, welcher vorläufig vollstreckbar ist.

Sechster Titel.

Von der Aufhebung des Bergwerkseigenthums.

Art. 192. (159.) Wird amtlich festgestellt, daß ein Bergwerkseigenthümer die nach Vorschrift des Art. 66 an ihn erlassene Aufforderung zur Inbetriebsetzung des Bergwerkes oder zur Fortsetzung des Betriebes nicht befolgt, so hat das Oberbergamt die Einleitung des Verfahrens wegen Entziehung des Bergwerkseigenthums durch einen Beschluß auszusprechen.

Art. 193. (160.) Der rechtskräftige Beschluß des Oberbergamtes wird den aus dem Grundbuch ersichtlichen Gläubigern und anderen Realberechtigten zugestellt und außerdem durch das Amtsblatt der Kreisregierung, in deren Bezirk das Bergwerk liegt, unter Verweisung auf die Bestimmungen dieses und des folgenden Artikels zur öffentlichen Kenntniß gebracht.

Art. 194. (161.) Jeder Gläubiger, insbesondere die Hypotheken-, Grundschuld- und Rentenschuldgläubiger oder sonstigen Realberechtigten sind befugt, binnen drei Monaten vom Ablauf des Tages, an welchem der Beschluß zugestellt, beziehungsweise an welchem das die Bekanntmachung enthaltende Kreisamtsblatt ausgegeben worden ist, behufs ihrer Befriedigung die gerichtliche Versteigerung des Bergwerkes auf ihre Kosten zu beantragen, vorbehaltlich der Erstattung derselben aus den Kaufgeldern.

Hypotheken-, Grundschuld- und Rentenschuldgläubiger oder sonstige Realberechtigte, welche von diesem Rechte binnen der angegebenen Frist keinen Gebrauch machen, haben bei der demnächstigen Aufhebung des Bergwerkseigenthums das Erlöschen ihrer dinglichen Ansprüche zu erleiden.

Auch der seitherige Eigenthümer des Bergwerkes kann innerhalb jener ausschließenden Frist von drei Monaten die Versteigerung auf seine Kosten beantragen.

Art. 195. (162.) Wird die Versteigerung nicht beantragt oder führt sie nicht zum Verkaufe des Bergwerkes, so spricht das Oberbergamt durch einen Beschluß die Aufhebung des Bergwerkseigenthums aus.

Mit dieser Aufhebung erlöschen alle Ansprüche auf das Bergwerk, von welcher Art sie auch sein mögen.

Die Vorschriften des Art. 38 Abs. 2 finden entsprechende Anwendung.

Art. 196. (163.) Erklärt der Eigenthümer eines Bergwerkes vor dem Oberbergamte seinen freiwilligen Verzicht auf dasselbe, so wird mit dieser Erklärung nach Art. 193 ebenso verfahren, wie mit dem dort bezeichneten Beschlusse.

Die den Gläubigern, insbesondere den Hypotheken-, Grundschuld- und Rentenschuldgläubigern und anderen Realberechtigten im Art. 194 eingeräumte Befugniß steht denselben auch in diesem Falle zu und hinsichtlich der Aufhebung des Bergwerkseigenthums finden die Bestimmungen des Art. 195 ebenfalls Anwendung.

Art. 197. (165.) Bei jeder Aufhebung eines Bergwerkseigenthums darf der bisherige Eigenthümer die Zimmerung und Mauerung des Grubengebäudes nur insoweit wegnehmen, als nach der Entscheidung der Berginspektion nicht polizeiliche Gründe entgegenstehen.

Art. 198. (166.) Die Kosten, welche durch das im gegenwärtigen Titel angeordnete Verfahren bei dem Oberbergamte, beziehungsweise der Berginspektion erwachsen, hat der Bergwerkseigenthümer zu tragen.

Siebenter Titel.

Von den Knappschaftsvereinen.

Art. 199. (167.) Für die Arbeiter aller dem gegenwärtigen Gesetze unterworfenen Bergwerke und Aufbereitungsanstalten, desgleichen für die Arbeiter der Salinen sollen Knappschaftsvereine bestehen, welche den Zweck haben, ihren Theilnehmern und deren Angehörigen nach näherer Bestimmung des Gesetzes Unterstützungen zu gewähren.

Sind mit den vorbezeichneten Werken zugleich Gewerbsanlagen verbunden, welche nicht unter der Aufsicht der Bergbehörde stehen, so können die bei diesen Gewerbsanlagen beschäftigten Arbeiter auf den gemeinschaftlichen Antrag der letzteren und der Werksbesitzer durch den Knappschaftsvorstand in den Knappschaftsverein aufgenommen werden.

Die Knappschaftsvereine erlangen durch die Bestätigung ihrer Satzungen die Eigenschaft juristischer Personen.

Art. 200. (168.) Die bereits bestehenden Knappschaftsvereine bleiben in Wirksamkeit; dieselben können mit Zustimmung ihrer Vertreter einem nach Art. 201 zu bildenden Bezirke einverleibt werden. Der gegenwärtige Titel findet jedoch auch auf sie Anwendung und es sind ihre Satzungen mit den Vorschriften dieses Gesetzes in Uebereinstimmung zu bringen.

Die Besitzer und Arbeiter der Hüttenwerke und der dem gegenwärtigen Gesetze nicht unterworfenen Aufbereitungsanstalten, welche bereits einem Knappschaftsvereine angehören, scheiden auf ihren gemeinschaftlichen Antrag aus dem Vereine aus.

Art. 201. (169.) Die Bestimmung der Bezirke, für welche neue Knappschaftsvereine gegründet werden sollen, hängt zunächst von dem Beschlusse der Betheiligten ab.

Wird von den Betheiligten der zu gründenden Knappschaftsvereine die Bildung eines Bezirks überhaupt nicht beschlossen oder erfolgt über die Bestimmung des Bezirkes keine Einigung unter den Betheiligten, so entscheidet das Oberbergamt nach Anhörung der Werksbesitzer und eines von den Arbeitern zu wählenden Ausschusses.

Art. 202. (170.) Alle in dem Bezirke eines bereits bestehenden oder neu gegründeten Knappschaftsvereines gelegenen Bergwerke, Aufbereitungsanstalten und Salinen (Art. 199) und die auf denselben beschäftigten Arbeiter sind dem Vereine nach näherer Bestimmung der Satzungen beizutreten berechtigt und verpflichtet.

Berechtigt zum Beitritt sind auch die Werksbeamten, sowie die Verwaltungsbeamten des Knappschaftsvereines.

Art. 203. (171.) Für jeden Knappschaftsverein haben die Werksbesitzer unter Mitwirkung eines von den Arbeitern zu wählenden Ausschusses mit dem gegenwärtigen Gesetze in Uebereinstimmung stehende Satzungen aufzustellen.

Dieselben unterliegen der Bestätigung des Oberbergamtes, welche nur versagt werden darf, wenn die Satzungen den gesetzlichen Bestimmungen zuwiderlaufen.

Werden die Satzungen nach vorgängiger Aufforderung nicht innerhalb Jahresfrist vorgelegt, so hat das Oberbergamt dieselben aufzustellen.

Art. 204. (172.) Zu allen Abänderungen von Knappschaftssatzungen ist erforderlich, daß dieselben von den Betheiligten nach den hierüber in die Satzungen aufzunehmenden näheren Bestimmungen beschlossen werden und sodann die Bestätigung des Oberbergamtes nach Maßgabe des Art. 203 erlangen.

Art. 205. (173.) Die Leistungen, welche jeder Knappschaftsverein nach näherer Bestimmung der Satzungen seinen Mitgliedern zu gewähren hat, sind:

1. in Krankheitsfällen eines Knappschaftsgenossen freie Kur und Arznei für seine Person;
2. ein entsprechender Krankenlohn;
3. ein Beitrag zu den Begräbnißkosten der Mitglieder und Invaliden;
4. eine Unterstützung an Wöchnerinnen;
5. eine lebenslängliche Invaliden-Unterstützung bei einer ohne grobes Verschulden eingetretenen Arbeitsunfähigkeit;
6. eine Unterstützung der Wittwen auf Lebenszeit, beziehungsweise bis zur etwaigen Wiederverheirathung;
7. eine Unterstützung zur Erziehung der Kinder verstorbener Mitglieder und Invaliden bis nach zurückgelegtem vierzehnten Lebensjahre.

Für die vollberechtigten Mitglieder sind mindestens die unter Ziff. 1 bis 3, 5 bis 7, für die nicht vollberechtigten Mitglieder mindestens die unter Ziff. 1 bis 4 genannten Leistungen, wenn sie aber bei der Arbeit verunglücken, auch die unter Ziff. 5 bis 7 genannten zu gewähren.

Die unter Ziff. 1 bis 4 bezeichneten Leistungen müssen in allen Fällen die durch das Krankenversicherungsgesetz für die Betriebs- (Fabrik-) Krankenkassen vorgeschriebenen Mindestleistungen erreichen.

Die Gewährung von Krankenlohn (Abs. 1 Ziff. 2) kann durch die Satzungen für die in § 26a Abs. 2 Ziff. 2 des Krankenversicherungsgesetzes vorgesehenen Fälle ausgeschlossen werden.

Art. 206. (neu.) Aus dem Betriebe ausscheidende Mitglieder können durch Entrichtung einer Gebühr, welche den monatlichen Betrag von 1 ℳ nicht übersteigen darf, die bis zum Tage des Austritts erworbenen Pensionsansprüche für sich und ihre Angehörigen wahren, insoferne nicht bei Eintritt in einen anderen Knappschaftsverein die bisherige Dienstzeit angerechnet wird.

Die bezügliche Absicht muß dem Kassenvorstand innerhalb eines Monats nach dem Austritt erklärt werden.

Bleibt der Ausgeschiedene mit der Gebühr länger als drei Monat im Rückstand, so erlischt der vorbehaltene Anspruch ohne Weiteres.

Insofern nicht nach Vorstehendem Pensionsansprüche gewahrt werden wollen, kann der Knappschaftsvorstand ausscheidenden Mitgliedern, welche eine Invalidenunterstützung nicht beziehen, eine einmalige Vergütung gewähren, deren Höhe durch die Knappschaftssatzungen bestimmt wird.

Art. 207. (174.) Für die Leistungen unter 1, 2 und 3 des Art. 205 oder für einzelne derselben können nach dem gemeinschaftlichen Beschlusse der Werksbesitzer, der Knappschaftsältesten und des Knappschaftsvorstandes besondere Krankenkassen auf sämmtlichen zu einem Knappschaftsvereine gehörigen Werken und zwar auf jedem einzelnen Werke oder gruppenweise auf mehreren eingerichtet werden.

Die für die Krankenkassen nach Vorschrift des Art. 203 aufzustellenden Satzungen unterliegen der daselbst erwähnten Bestätigung.

Die Beaufsichtigung der Krankenkassen gehört zu den Obliegenheiten des Knappschaftsvorstandes. In den Satzungen des Knappschaftsvereines sind die näheren Bestimmungen hierüber, sowie über die bei der Abzweigung der Krankenkassen eintretende Herabsetzung der Beiträge zur Hauptkasse zu treffen.

Art. 208. (175.) Die Ansprüche der Berechtigten auf die Leistungen der Knappschafts- und der Krankenkassen sind nicht übertragbar.

Art. 209. (176.) Sowohl die Arbeiter, als auch die Werksbesitzer haben zu den Knappschafts- und den Krankenkassen Beiträge zu leisten.

Art. 210. (177.) Die Beiträge der Arbeiter sollen in einem gewissen Prozentsatze ihres Arbeitslohnes oder in einem entsprechenden Fixum bestehen.

Die Beiträge der Werksbesitzer sollen mindestens die Hälfte des Beitrages der Arbeiter ausmachen.

Art. 211. (178.) Die Werksbesitzer sind verpflichtet, die Beiträge ihrer Arbeiter bei Vermeidung der zwangsweisen Einziehung an die Vereinskasse abzuliefern; sie sind berechtigt, diese Beiträge, soweit dieselben für die betreffende Lohnperiode fällig sind, durch Lohnabzüge einzuheben.

Auch haben die Werksbesitzer ihre Arbeiter und deren Lohnbezüge regelmäßig an den durch die Satzungen festzusetzenden Zeitpunkten bei dem Knappschaftsvorstande anzumelden.

Unterbleibt die Anmeldung, so ist der Vorstand befugt, die Zahl der Arbeiter, für welche die Beiträge zur Knappschaftskasse eingezogen werden sollen, nach seinem Ermessen zu bestimmen oder bei dem Oberbergamt eine Ungehorsamsstrafe gegen den säumigen Werksbesitzer in Antrag zu bringen.

Art. 212. (179.) Alle Beiträge zur Knappschaftskasse, wie zu den Krankenkassen können, nachdem die Ausstandsverzeichnisse von dem Oberbergamte vollstreckbar erklärt sind, zwangsweise beigetrieben werden.

Art. 213. (180.) Ueber Streitigkeiten, die sich aus dem Vollzug der Art. 205 bis 212 ergeben, entscheidet unter Ausschluß des Rechtsweges das Oberbergamt.

Art. 214. (181.) Die Verwaltung eines jeden Knappschaftsvereins erfolgt unter Betheiligung von Knappschaftsältesten durch einen Knappschaftsvorstand.

Art. 215. (182.) Die Knappschaftsältesten werden von den zum Vereine gehörigen Arbeitern in einer durch die Satzungen festzustellenden Zahl aus ihrer Mitte in geheimer Wahl mit verdeckten Stimmzetteln gewählt.

Auch den invaliden Arbeitern und Beamten kann die Wählbarkeit durch die Satzungen beigelegt werden.

Die Knappschaftsältesten vertreten die Knappschaftsmitglieder bei der Wahl des Vorstands und haben im Allgemeinen das Recht und die Pflicht, einerseits die Befolgung der Satzungen durch die Knappschaftsmitglieder zu überwachen und andererseits die Rechte der letzteren gegenüber dem Vorstande wahrzunehmen.

Die Satzungen oder eine besondere Instruktion (Art. 217) regeln ihre Dienstobliegenheiten.

Art. 216. (183.) Die Mitglieder des Knappschaftsvorstandes werden nach näherer Bestimmung der Satzungen zur einen Hälfte von den Werksbesitzern, beziehungsweise von den Repräsentanten und zur anderen Hälfte von den Knappschaftsältesten je aus ihrer Mitte oder aus der Zahl der königlichen oder Privatbergbeamten in geheimer Wahl mit verdeckten Stimmzetteln gewählt.

Die Hälfte des Knappschaftsvorstandes muß aus Arbeitern oder Arbeiterinvaliden bestehen.

Art. 217. (184.) Der Knappschaftsvorstand vertritt den Verein nach außen, leitet die Wahl der Knappschaftsältesten, erwählt die Beamten und Aerzte des Vereines, schließt die Verträge mit denselben, sowie mit den Apothekern ab, erläßt die erforderlichen Instruktionen, verwaltet das Vermögen des Vereins und besorgt alle übrigen durch die Satzungen ihm übertragenen Geschäfte.

Art. 218. (185.) Die jährlich zu legenden Rechnungen müssen nach vorgängiger Prüfung durch den Vorstand den Knappschaftsältesten und den Werksbesitzern zur Einsicht und etwaigen Erklärung offen gelegt werden, bevor der Vorstand dem Kassenbeamten die Entlastung ertheilt.

Art. 219. (186.) Das Oberbergamt hat die Beobachtung der Satzungen und insbesondere die satzungsmäßige Verwaltung des Vermögens zu überwachen.

Art. 220. (187.) In Ausübung dieses Aufsichtsrechtes ist der Beauftragte des Oberbergamtes befugt, allen Sitzungen des Knappschaftsvorstandes, welche zu diesem Zwecke mindestens acht Tage vorher anzuzeigen sind, beizuwohnen und gegen jeden satzungswidrigen Beschluß Einspruch zu erheben. Von der Erhebung soll er dem Oberbergamte sofort Anzeige erstatten. Das Oberbergamt entscheidet, ob der Einspruch aufrecht zu erhalten oder aufzuheben ist. Solange der Einspruch nicht aufgehoben ist, darf der Beschluß nicht vollzogen werden.

Art. 221. (188.) Der Knappschaftsvorstand ist verpflichtet, dem Beauftragten des Oberbergamtes jederzeit auf Verlangen die Einsicht der über seine Verhandlungen zu führenden Protokolle, der Kassenbücher und der gelegten Rechnungen, sowie die Revision der Kasse zu gestatten.

Auch hat er dem Oberbergamte die zur Statistik des Knappschaftswesens erforderlichen Nachrichten zu geben.

Art. 222. (189.) Beschwerden über die Verwaltung des Vorstandes sind bei dem Oberbergamte vorzubringen.

Art. 223. (190.) Für den Fall der Auflösung eines Knappschaftsvereines kann über den nach Erfüllung aller Verbindlichkeiten noch übrig bleibenden Vermögensrest durch die Satzungen oder, wenn diese eine ausreichende Bestimmung darüber nicht enthalten, durch die letzten Mitglieder nur zu Gunsten von anderen Knappschaftsvereinen oder von Gemeinden verfügt werden.

Mangelt eine solche Verfügung, so sind die Knappschaftsvereine oder die Gemeinden, welchen der Vermögensrest zufallen soll, durch die Staatsregierung zu bezeichnen.

Achter Titel.

Von den Bergbehörden.

Art. 224. (191.) Der Vollzug dieses Gesetzes obliegt, soweit nicht nach den Bestimmungen desselben andere Behörden mitzuwirken haben, den Bergbehörden (Berginspektionen, Oberbergamt), deren Organisation und näherer Wirkungskreis durch k. Verordnung bestimmt wird.

Art. 225. (192.) Das Oberbergamt bildet in den in diesem Gesetz ihm zugewiesenen Angelegenheiten, soweit nicht ein Anderes ausdrücklich bestimmt ist, die erste Instanz.

Die Berginspektionen haben außer den in diesem Gesetz ihnen sonst übertragenen Obliegenheiten insbesondere die Handhabung der Bergpolizei nach Vorschrift des Tit. IX dieses Gesetzes wahrzunehmen.

Art. 226. (193.) Zur Bescheidung von Beschwerden gegen erstinstanzielle Entscheidungen im Vollzuge der Art. 9, 32, 51, 63, 64, 117, 169, 192, 195, 203 mit 204, dann 213 ist der Verwaltungsgerichtshof zuständig, soweit nicht nach Art. 13 des Gesetzes vom 8. August 1878, betreffend die Errichtung eines Verwaltungsgerichtshofes und das Verfahren in Verwaltungsrechtssachen, anders bestimmt ist.

Die Bestimmungen des Art. 45 Abs. 1 bis 3 des bezeichneten Gesetzes finden entsprechende Anwendung.

Im Uebrigen ist gegen die Beschlüsse und die Verfügungen des Oberbergamtes binnen vierzehn Tagen ausschließender Frist vom Tage der Eröffnung an gerechnet Beschwerde an das k. Staatsministerium des Innern zulässig.

Art. 227. (194.) Die Verfügungen der Berginspektionen können binnen vierzehn Tagen ausschließender Frist vom Tage der Eröffnung an gerechnet durch Beschwerde an das Oberbergamt angefochten werden.

Art. 228. (195.) Die Beschwerde ist bei der Bergbehörde, welche die beschwerende Verfügung erlassen hat, schriftlich oder zu Protokoll anzumelden.[1])

Widerspricht die Verfügung den von zuständigen Berufsgenossenschaften erlassenen Vorschriften zur Verhütung von Unfällen, so ist zur Einlegung der Beschwerde auch der Vorstand der Berufsgenossenschaft oder der berufsgenossenschaftlichen Sektion befugt.

Art. 229. (196.) Die Beamten des Oberbergamtes und der Berginspektionen können in ihrem Verwaltungsbezirke keine Bergwerke oder Kuxe durch Muthung erwerben. Dasselbe gilt von ihren Ehefrauen und ihren unter der elterlichen Gewalt des Vaters stehenden Kindern.

Zu solchen Erwerbungen durch andere Rechtsgeschäfte unter Lebenden ist die Genehmigung des zuständigen k. Staatsministeriums erforderlich.

Neunter Titel.

Von der Bergpolizei.

Art. 230. (197.) Der Bergbau steht unter der polizeilichen Aufsicht der Bergbehörden.

Unter den Bergbauen, welche der polizeilichen Aufsicht nach den Vorschriften dieses Titels unterliegen, sind die unterirdischen Baue auch auf andere als die in Art. 1 bezeichneten Mineralien einschließlich der unterirdischen Steinbrüche und Gräbereien begriffen.

Die bergpolizeiliche Aufsicht bezweckt die Verhütung von Gefahren für Personen und Eigenthum beim Bergbau und erstreckt sich insbesondere auf:

die thunlichste Sicherheit des Lebens und der Gesundheit der Arbeiter,

die möglichste Sicherheit der Baue,

die Aufrechterhaltung der guten Sitten und des Anstandes durch die Einrichtung des Betriebes,

den Schutz der Oberfläche im Interesse der persönlichen Sicherheit und des öffentlichen Verkehrs,

den Schutz gegen gemeinschädliche Einwirkungen des Bergbaus.

Der bergpolizeilichen Aufsicht unterliegen auch die in den Art. 48 und 49 erwähnten, zur Aufsuchung, Gewinnung, Förderung und Aufbereitung erforderlichen Anstalten.

Art. 231. (198.) Die bergpolizeilichen Bestimmungen in dem im Art. 230 angegebenen Umfange sind durch Verordnung oder oberpolizeiliche Vorschriften zu erlassen.

Die Zuwiderhandlungen gegen diese Bestimmungen können mit Geldstrafe bis zu dreihundert Mark bedroht werden.

---

[1]) s. jedoch K. Deklaration v. 15. Juni 1898 (G.- u. V.-Bl. S. 294).

Zum Erlaß oberpolizeilicher Vorschriften ist nur das Staatsministerium des Innern zuständig.

Vor der Erlassung oberpolizeilicher Vorschriften, welche sich auf die Sicherheit des Lebens und die Gesundheit der Arbeiter und auf die Aufrechterhaltung der guten Sitten und des Anstandes im Betrieb beziehen, ist dem Vorstande der betheiligten Berufsgenossenschaft oder Genossenschaftssektion Gelegenheit zu einer gutachtlichen Aeußerung zu geben. Auf diese finden die Bestimmungen des § 79 Abs. 1 des Unfallversicherungsgesetzes vom 6. Juli 1884 Anwendung.

Art. 232. (neu.) Für solche Betriebe, in welchen durch übermäßige Dauer der täglichen Arbeitszeit die Gesundheit der Arbeiter gefährdet wird, kann das Oberbergamt Dauer, Beginn und Ende der täglichen Arbeitszeit und der zu gewährenden Pausen vorschreiben und die zur Durchführung dieser Vorschriften erforderlichen Anordnungen erlassen.

Art. 233. (199.) Die den Polizeibehörden durch Art. 21 des Polizeistrafgesetzbuches vom 26. Dezember 1871 eingeräumten Befugnisse zur Anwendung von Zwangsmitteln und von Ungehorsamsstrafen bis zum Betrage von fünfundvierzig Mark stehen zum Vollzuge des Berggesetzes den Bergbehörden zu.

Art. 234. (200.) Tritt auf einem Bergwerke in Beziehung auf die im Art. 230 bezeichneten Gegenstände eine Gefahr ein, so hat die Berginspektion die geeigneten polizeilichen Verfügungen nach Vernehmung des Bergwerksbesitzers oder des Repräsentanten zu treffen.

Ist die Gefahr dringend, so hat die Berginspektion sofort selbst ohne vorgängige Vernehmung des Bergwerksbesitzers oder des Repräsentanten die zur Beseitigung der Gefahr erforderlichen polizeilichen Anordnungen zu treffen.

Bergwerksbesitzer oder deren Repräsentanten, welche diesen Anordnungen nicht nachkommen oder denselben zuwiderhandeln, werden an Geld bis zu dreihundert Mark gestraft.

Art. 235. (201.) Die Bekanntmachung der auf Grund des Art. 234 getroffenen bergpolizeilichen Verfügungen an den Bergwerksbesitzer oder den Repräsentanten erfolgt durch Zustellung der Verfügung, beziehungsweise der Anordnung.

Die Bekanntmachung an den Betriebsführer und die Grubenbeamten wird nach Anweisung der Berginspektion durch Eintragung in das Zechenbuch bewirkt, welches zu diesem Zwecke auf jedem Bergwerke gehalten werden muß.

Soweit eine Bekanntmachung an die Arbeiter erforderlich ist, geschieht dieselbe auf Anweisung der Berginspektion durch Verlesung und durch Anschlag auf dem Werke.

Art. 236. (202.) Sobald auf einem Bergwerke eine Gefahr in Beziehung auf die im Art. 230 bezeichneten Gegenstände eintritt, hat der Betriebsführer und im Verhinderungsfalle der denselben vertretende Grubenbeamte der Berginspektion Anzeige hievon zu erstatten.

Art. 237. (203.) Ereignet sich auf einem Bergwerke unter oder über Tag ein Unglücksfall, welcher den Tod oder die schwere Verletzung einer oder mehrerer Personen herbeigeführt hat oder herbeizuführen droht, so sind die im Art. 236 genannten Personen zur sofortigen Anzeige bei der Berginspektion und bei der Ortspolizeibehörde, in deren Bezirk der Unglücksfall sich ereignet hat, verpflichtet.

Die genannten Behörden ordnen die zur Rettung der verunglückten Personen oder zur Abwendung weiterer Gefahr erforderlichen Maßregeln an.

Die zur Ausführung derselben nothwendigen Arbeiter und Hilfsmittel hat zunächst der Besitzer des Bergwerkes zur Verfügung zu stellen. Auch die Besitzer benachbarter Bergwerke sind zur Hilfeleistung verpflichtet.

Art. 238. (204.) Sämmtliche Kosten für die Ausführung der in Art. 237 bezeichneten Maßregeln trägt der Besitzer des betroffenen Bergwerkes, vorbehaltlich des Entschädigungsanspruchs gegen Dritte, welche den Unglücksfall verschuldet haben.

Art. 239. (205.) In den Fällen des Art. 234 Abs. 2 und des Art. 237 findet der Vollzug der getroffenen Anordnungen ohne Rücksicht auf eine vom Bergwerksbesitzer eingelegte Beschwerde statt, es sei denn, daß die Berginspektion denselben einstellt.

Zehnter Titel.

Strafbestimmungen.

Art. 240. (208.) Mit Geldstrafe bis zu dreihundert Mark und im Unvermögensfalle mit Haft wird der Bergwerksbesitzer oder dessen Stellvertreter bestraft:

1. wenn er ohne Anzeige oder eigenmächtig vor Ablauf der dreißigtägigen Frist das Bergwerk in Betrieb setzt (Art. 67),
2. wenn er das Bergwerk in Betrieb setzt, ohne der Bergbehörde einen Betriebsplan vorgelegt zu haben (Art. 68), oder ehe der Betriebsplan von der Bergbehörde ausdrücklich oder stillschweigend genehmigt ist (Art. 69), oder wenn er von dem genehmigten oder festgestellten Betriebsplan eigenmächtig abweicht, ohne durch unvorhergesehene Ereignisse entschuldigt zu sein und ohne in diesem Falle rechtzeitig Anzeige gemacht zu haben (Art. 70),
3. wenn er den Betrieb trotz Einstellungsbeschluß der Bergbehörde fortsetzt (Art. 71),
4. wenn er die Anzeige über Betriebseinstellung nicht oder nicht rechtzeitig macht (Art. 72),
5. wenn er den Vorschriften des Art. 73 über Anfertigung, Ergänzung oder Ablieferung des Grubenbildes zuwiderhandelt,
6. wenn er die Leitung oder Beaufsichtigung des Bergwerkes Personen überläßt, deren Befähigung nicht anerkannt ist (Art. 74, 75),
7. wenn er unterläßt, die zur Leitung oder Beaufsichtigung des Bergwerkes angenommenen Personen der Bergbehörde namhaft zu machen (Art. 75),

8. wenn er die in Art. 116 vorgesehene Arbeiterliste zu führen unterläßt oder dieselbe vorsätzlich unrichtig führt oder deren Vorlage an die Bergbehörde verweigert,
9. wenn er in einem Bergwerke, dessen Eigenthum er verloren hat oder aufgibt, Zimmerung oder Mauerung ohne oder gegen die Entscheidung der Bergbehörde wegnimmt (Art. 197),
10. wenn er kein Zechenbuch führt, oder Einträge in dasselbe zu machen unterläßt, oder vorsätzlich unrichtig macht, oder die gebotene Bekanntmachung bergpolizeilicher Vorschriften an die Arbeiter zu bewirken unterläßt (Art. 235).

In den Fällen der Ziff. 2, 3 und 6 tritt die Strafe auch dann ein, wenn auf Grund der Art. 71 oder 76 der Betrieb des Bergwerkes von der Berginspektion eingestellt wurde.

Art. 241. (209.) Mit Geldstrafe bis zu dreihundert Mark und im Unvermögensfalle mit Haft wird ferner bestraft:
1. wer an Orten schürft, wo dies untersagt ist, oder wer gegen Verbot der Bergbehörde im freien oder verliehenen Felde schürft, oder wer dies ohne die erforderliche Einwilligung des Grundbesitzers thut (Art. 5 und 11), ferner
2. der Betriebsführer oder dessen Stellvertreter, welcher die sofortige Anzeige einer eingetretenen Gefahr (Art. 236) oder eines Unglücksfalles (Art. 237) unterläßt,
3. wer seinen Obliegenheiten zur Rettung bei Unglücksfällen oder zur Hilfeleistung hiebei nicht nachkommt (Art. 237).

Art. 242. (neu.) Mit Geldstrafe bis zu zweitausend Mark und im Unvermögensfalle mit Gefängniß bis zu sechs Monaten werden Bergwerksbesitzer oder deren Stellvertreter bestraft, welche den Art. 100 Abs. 3, Art. 107 Abs. 3 zuwiderhandeln.

Art. 243. (neu.) Mit Geldstrafe bis zu dreihundert Mark und im Unvermögensfalle mit Haft wird bestraft, wer ein Bergwerk betreibt, für welches eine Arbeitsordnung (Art. 86) nicht besteht, oder wer der endgiltigen Anordnung der Behörde wegen Ersetzung oder Abänderung der Arbeitsordnung (Art. 93) nicht nachkommt.

Art. 244. (neu.) Den Strafbestimmungen des Art. 243 unterliegt, wer den Vorschriften des Art. 83 oder den gemäß Art. 232 getroffenen Anordnungen des Oberbergamtes zuwiderhandelt.

Art. 245. (neu.) Mit Geldstrafe bis zu einhundertfünfzig Mark und im Unvermögensfalle mit Haft bis zu vier Wochen wird bestraft:
1. wer der Bestimmung des Art. 90 Abs. 2 zuwider gegen Arbeiter Strafen verhängt, welche in der Arbeitsordnung nicht vorgesehen sind oder den gesetzlich zulässigen Betrag übersteigen, oder wer Strafgelder, Lohnabzüge oder die im Art. 87 Ziff. 6 bezeichneten Beträge in einer dem Gesetze oder der Arbeitsordnung widersprechenden Weise verwendet,
2. wer es unterläßt, den durch die Art. 88, 92 Abs. 1, 94 und 95 für ihn begründeten Verpflichtungen nachzukommen.

Art. 246. (neu.) Mit Geldstrafe bis zu dreißig Mark und im Unvermögensfalle mit Haft bis zu acht Tagen wird bestraft, wer es unterläßt, der durch Art. 84 Abs. 3 und 92 Abs. 2 für ihn begründeten Verpflichtung nachzukommen.

Art. 247. (neu.) Mit Geldstrafe bis zu zwanzig Mark und im Unvermögensfalle mit Haft bis zu drei Tagen für jeden Fall der Verletzung des Gesetzes wird bestraft:

1. wer den Bestimmungen der Art. 101 und 103 bis 108 zuwider einen Arbeiter in Beschäftigung nimmt oder behält,
2. wer außer dem im Art. 242 vorgesehenen Falle den Bestimmungen dieses Gesetzes in Ansehung der Arbeitsbücher zuwiderhandelt,
3. wer vorsätzlich ein auf seinen Namen ausgestelltes Arbeitsbuch unbrauchbar macht oder vernichtet,
4. wer den Bestimmungen des Art. 111 Abs. 1 oder einer auf Grund des Art. 111 Abs. 3 erlassenen statutarischen Bestimmung zuwiderhandelt,
5. wer es unterläßt, den durch Art. 90 Abs. 3 für ihn begründeten Verpflichtungen nachzukommen.

Art. 248. (211.) Wer, ohne die nach diesem Gesetze erforderliche Befugniß erlangt zu haben, bergbauliche Anlagen zur Gewinnung der im Art. 1 bezeichneten Mineralien macht oder ohne bergbauliche Anlagen zu Tag anstehende Mineralien in der Absicht wegräumt, um sich dieselben anzueignen, wird in dem ersteren Falle mit Geldstrafe bis zu dreihundert Mark, im anderen Falle bis zu zweihundert Mark bestraft.

Die Berginspektion ist berechtigt, vorbehaltlich der Strafverfolgung die unbefugte Gewinnung dieser Mineralien abzustellen.

Art. 249. (212.) Wer bei Benützung seines Bergwerkseigenthums fahrlässiger Weise die Grenzen seines Grubenfeldes überschreitet, wird mit einer Geldstrafe bis zu fünfzig Mark bestraft.

Geschieht eine solche Ueberschreitung der Grenze vorsätzlich, so tritt gegen den Eigenthümer oder dessen Stellvertreter Geldstrafe bis zu dreihundert Mark ein.

Art. 250. (213.) In den Fällen der Art. 248 und 249 unterliegen die widerrechtlich gewonnenen Mineralien vorbehaltlich der Rechte Dritter der Einziehung.

Art. 251. (213.) Alle nach den Bestimmungen dieses Gesetzes erkannten Geldstrafen fließen in die betreffende Knappschaftskasse.

Art. 252. (neu.) Die Strafverfolgung der in diesem Gesetze mit Strafe bedrohten Handlungen verjährt mit Ausnahme der unter Art. 242 fallenden innerhalb drei Monaten von dem Tage an gerechnet, an welchem sie begangen sind.

Elfter Titel.

Uebergangsbestimmungen.

Art. 253. (215.) Die Längenfelder bestehender Bergwerke sind auf Antrag des Berechtigten nach Maßgabe des Art. 27 ff. in gevierte Felder umzuwandeln.

Ein solcher Antrag gilt in Beziehung auf das begehrte freie Feld als Muthung.

Bei vereinigten Bergwerken kann der Antrag für jedes einzelne Feld gestellt werden.

Art. 254. (216.) Von dem durch einen Umwandlungsantrag (Art. 253) begehrten Felde dürfen die Längenfelder anderer Bergwerke nur dann ganz oder theilweise umschlossen werden, wenn die Eigenthümer dieser Bergwerke auf eine desfallsige Aufforderung des Oberbergamtes sich mit der Umschließung ihrer Felder ausdrücklich einverstanden erklären.

Tritt diese Voraussetzung nicht ein, so muß der Antragsteller sich eine entsprechende, nöthigen Falls durch einen Beschluß des Oberbergamtes festzustellende Beschränkung des begehrten gevierten Feldes gefallen lassen.

Art. 255. (217.) Mehrere Umwandlungsanträge, welche auf das nämliche Feld gerichtet sind, begründen für jeden der Antragsteller ein gleiches Recht.

Bei einer solchen Kollision bildet, insoweit eine vertragsmäßige Einigung nicht zu erzielen ist, die Theilung in gleiche Theile die Regel.

Das Oberbergamt ist jedoch befugt, bei der Verleihung von diesem Theilungsverhältnisse abzuweichen, insoweit sich dies für einen zweckmäßigen Betrieb erforderlich darstellt.

Art. 256. (219.) Wird das Eigenthum eines Bergwerkes, dessen Längenfeld von dem gevierten Felde eines anderen Bergwerkes umschlossen ist, nach dem sechsten Titel dieses Gesetzes aufgehoben, so hat der Eigenthümer des andern Bergwerkes, welchen das Oberbergamt von der Aufhebung in Kenntnis zu setzen hat, ein binnen einem Monat nach dieser Bekanntmachung auszuübendes Vorzugsrecht auf die Vereinigung des Längenfeldes mit seinem gevierten Felde.

Die Vereinigung wird durch einen Nachtrag zur Verleihungsurkunde ohne weitere Förmlichkeiten ausgesprochen.

Art. 257. (neu.) Unberührt von der Vorschrift des Art. 2 bleiben die beim Inkrafttreten dieses Gesetzes bereits erworbenen Berechtigungen auf die dem Staate vorbehaltenen Mineralien.

Schürfungen auf diese Mineralien, welche nach dem 1. November 1899 begonnen wurden, begründen keinen Anspruch auf Verleihung des Bergwerkseigenthums.

Art. 258. (221.) Soweit dieses Gesetz auf die bereits bestehenden Bergwerke überhaupt Anwendung findet, unterliegen den Bestimmungen desselben auch diejenigen Bergwerke, Steinbrüche und Gräbereien, welche den seitherigen gesetzlichen Vorschriften gemäß auf Mineralien berechtigt sind, die der Art. 1 dieses Gesetzes nicht mehr aufführt.

Der Titel VII desselben findet jedoch auf solche Bergwerke, Steinbrüche und Gräbereien, welche am 1. Juli 1869 einem Knappschaftsvereine nicht angehört haben, keine Anwendung.

Art. 259. (223.) In Ansehung der bestehenden Erbstollengerechtigkeiten, insbesondere auch der Aufhebungsarten, verbleibt es bei den bisher hiefür geltenden Bestimmungen.

Art. 260. (224.) Bei Verleihung von Bergwerkseigenthum findet ein Anspruch auf Freikuxe irgend einer Art nicht mehr statt.

Den bereits vor dem 1. Juli 1869 von Kirchen und Schulen und von Grundbesitzern erworbenen Freikuxen steht nur eine Realberechtigung auf den durch die damaligen Gesetze bestimmten Ausbeuteantheil an dem Bergwerke zu.

Die Ablösung der Freikuxe bleibt der freien Vereinbarung der Betheiligten vorbehalten.

Art. 261. (226.) Die Rechtsverhältnisse der am 1. Juli 1869 in den Landestheilen diesseits des Rheins bestandenen Gewerkschaften sind, soweit es an vertragsmäßigen Verabredungen fehlt und nicht in den nachfolgenden Art. 262 bis 272 etwas Anderes bestimmt ist, nach den Vorschriften des vierten Titels zu beurtheilen.

Art. 262. (227.) Die Art. 117 bis 120, 123, 125, 127, 128, 130 und 131 finden auf diejenigen Bergwerke keine Anwendung, welche am 1. Juli 1869 sich bereits im Besitze einer Gewerkschaft befunden haben.

Art. 263. (228.) Die seitherige Kuxeintheilung bleibt bestehen. Jedoch kann ein Kux nur noch in Zehntheile getheilt werden.

Die Kuxe behalten die Eigenschaft von Rechten, die den Grundstücken gleichstehen. Die Vorschrift des Art. 43 Abs. 1 findet entsprechende Anwendung.

Art. 264. (229.) Eine Verpfändung des ganzen Bergwerkes durch Mehrheitsbeschluß von drei Viertheilen (Art. 135) ist nur dann zulässig, wenn die einzelnen Kuxe nicht mit Hypotheken, Grundschulden und Rentenschulden belastet sind, außerdem nur, wenn die Gläubiger, denen die einzelnen Kuxe verpfändet sind, vorher abgefunden sind oder in die Verpfändung des ganzen Bergwerkes ausdrücklich eingewilligt haben und die Gewerkschaft die Verpfändung einstimmig beschließt. Bei der Geltendmachung bestehender Pfandrechte kommen die für Grundstücke geltenden Bestimmungen zur Anwendung.

Art. 265. (230.) Der Art. 129 findet mit der Maßgabe Anwendung, daß die Erhebung der Beiträge beschlossen sein muß, bevor der seitherige Eigenthümer der Kuxe dieselben veräußert hat.

Art. 266. (231.) Soweit die bereits bestellten Repräsentanten und Grubenvorstände mit besonderen Vollmachten versehen sind, behält es bei denselben sein Bewenden.

Im Uebrigen finden die Art. 140 bis 147 und 149 auf diese Repräsentanten und Grubenvorstände Anwendung.

Art. 267. (232.) In den Fällen der Art. 151, 153 müssen die Erklärungen des Gewerken und der Gläubiger öffentlich beurkundet oder öffentlich beglaubigt sein.

In dem Falle der Art. 151, 152 erfolgt der Verkauf des Antheils im Wege der Zwangsversteigerung unbeweglicher Sachen.

Ein unverkäuflicher Antheil wird in den Fällen der Art. 152, 153 der Gewerkschaft im Grundbuche zugeschrieben.

Art. 268. (233.) Durch einen von einer Mehrheit von wenigstens drei Viertheilen aller Kuxe gefaßten Beschluß kann, soweit nicht vertragsmäßige Verabredungen entgegenstehen, jede bereits bestehende Gewerkschaft sich denjenigen Bestimmungen des vierten Titels, welche nach Art. 262 auf die bestehenden Bergwerke keine Anwendung finden, unterwerfen und insbesondere die Kuxe auf die nach Art. 123 zulässige Eintheilung mit der Wirkung zurückführen, daß die neuen Kuxe die Eigenschaft der beweglichen Sachen haben.

Ist bei dem Eintritt der Gesetzeskraft dieses Gesetzes der Besitz der Kuxe einer Gewerkschaft dergestalt getheilt, daß der Zurückführung derselben auf die vorbezeichnete Eintheilung außergewöhnliche Schwierigkeiten entgegenstehen, so kann mit Genehmigung des Oberbergamtes die Zahl der Kuxe auf zehntausend bestimmt werden.

Das Protokoll über die Gewerkenversammlung, in welcher der Beschluß gefaßt wird, ist notariell aufzunehmen.

Wenn auf gewerkschaftlichen Antheilen Hypotheken, Grundschulden und Rentenschulden haften, so darf ein solcher Beschluß nur dann ausgeführt werden, wenn diese Gläubiger entweder vorher abgefunden sind oder in die Ausführung ausdrücklich eingewilligt haben.

Art. 269. (234.) Soweit nicht etwas Anderes vereinbart ist, haften den seitherigen Hypotheken-, Grundschuld- und Rentenschuldgläubigern die neuen Kuxe, welche an die Stelle der verpfändeten Antheile treten, in der bisherigen Rangordnung als Pfand.

Die auf den gewerkschaftlichen Antheilen haftenden Hypotheken, Grundschulden und Rentenschulden und anderen Realansprüche, werden aus dem Grundbuche wörtlich in die Kurscheine übertragen.

Die Löschung dieser Einträge erfolgt nach den für die Löschung im Grundbuche maßgebenden Vorschriften.

Art. 270. (235.) Ist ein Antheil nach Art. 269 mit Pfandrechten, welche an die Stelle bisheriger Hypotheken, Grundschulden und Rentenschulden getreten sind, belastet, so wird der darüber ausgefertigte Kurschein, soferne nur ein seitheriger Gläubiger vorhanden ist, diesem ausgehändigt, sofern aber zwei oder mehrere solcher Gläubiger vorhanden sind, für diese durch einen von ihnen zu bestimmenden Notar in amtliche Verwahrung genommen.

Art. 271. (236.) Die Befriedigung seitheriger Gläubiger aus dem Kurscheine erfolgt nach den Vorschriften über die Zwangsvollstreckung in das bewegliche Vermögen.

Der Antragsteller hat bei Meidung des Schadensersatzes den Versteigerungstermin sämmtlichen aus dem Kurscheine ersichtlichen seitherigen Gläubigern bekannt zu machen.

Art. 272. (neu.) Für die Gewerkschaften des älteren Rechtes, welche im vormaligen Fürstenthum Bayreuth die ihnen bergrechtlich verliehene Gewinnung von Granit und Syenit zur Zeit des Inkrafttretens dieses Gesetzes in der Weise betreiben, daß die Gewerken bestimmte Flächen im Einzelbetriebe ausbeuten, gelten die nachstehenden besonderen Vorschriften:

1. Die Bestimmungen im Art. 124 Abs. 1 und im Art. 135 finden keine Anwendung.
2. In der Gewerkenversammlung geben ein bis vier Kuxe eine Stimme, je vier weitere Kuxe eine weitere Stimme. Ein Bruchtheil von drei Kuxen wird als voll gerechnet, ein geringerer Bruchtheil bleibt außer Betracht. Ein Gewerke kann nicht mehr als zehn Stimmen haben.
3. Zu einer Verfügung über das der Gewerkschaft verliehene Recht ist Einstimmigkeit der Gewerken erforderlich.
4. Die Ueberlassung der auszubeutenden Flächen erfolgt nach Maßgabe des fünften Titels an die Gewerkschaft. Die von den einzelnen Gewerken zu benützenden Flächen werden diesen durch den Repräsentanten zugetheilt. Ist die überlassene Fläche unter mehrere Gewerken zu vertheilen, so erfolgt die Zutheilung an sie nach Verhältniß ihres Kuxbesitzes durch Beschluß der Gewerkenversammlung.
5. Wer ohne Einweisung durch den Repräsentanten eine Fläche in Benützung nimmt oder die ihm zugetheilte Fläche vorsätzlich oder fahrlässig überschreitet, wird an Geld bis zu 300 ℳ bestraft.

Einzelbetriebe, die nicht vor dem 1. April 1900 entstanden sind, sind unstatthaft.

Art. 273. (237.) In den Rechtsverhältnissen der Mitbetheiligten der am 1. Juli 1869 in der Pfalz im Besitze mehrerer Personen befindlichen Bergwerke wird durch dieses Gesetz nichts geändert. Jedoch finden die Bestimmungen des Art. 155 auch auf diese Bergwerke Anwendung.

Durch einen von einer Mehrheit von wenigstens drei Viertheilen aller Antheile gefaßten Beschluß können die Mitbetheiligten eines solchen Bergwerkes die im vierten Titel des gegenwärtigen Gesetzes (Art. 117 bis 152) enthaltene gewerkschaftliche Verfassung annehmen, soweit nicht vertragsmäßige Verabredungen entgegenstehen.

Der Beschluß ist notariell aufzunehmen.

Art. 274. (238.) Auf Fälle, in welchen vor dem 1. Juli 1869 für den Betrieb des Bergbaues Grund und Boden eigenthümlich oder zur Benützung abgetreten ist, kommen nicht die Art. 158 bis 169, sondern die bis zum 1. Juli 1869 in Geltung gestandenen Gesetze zur Anwendung.

Art. 275. (neu.) Für die Berechnung der Fristen findet die Vorschrift des § 222 Abs. 1 und 2 der Civilprozeßordnung entsprechende Anwendung.

21. Gesetz, das Ersatzgeld und das Pfändungsrecht und die Verfolgung von Ersatzansprüchen aus Feldpolizeiübertretungen betreffend (Feldschadengesetz).

(G.V.Bl. 1902 S. 99—105.)

Im Namen Seiner Majestät des Königs. **Luitpold,** von Gottes Gnaden Königlicher Prinz von Bayern, **Regent.**

Wir haben nach Vernehmung des Staatsraths mit Beirath und Zustimmung der Kammer der Reichsräthe und der Kammer der Abgeordneten beschlossen und verordnen, was folgt:

Erster Abschnitt.

Ersatzgeld.

Art. 1. Treten Hausthiere, die einer der im Artikel 2 bezeichneten Arten angehören, auf bestellte fremde Aecker vor der Beendigung der Ernte, auf fremde Wiesen während ihrer Hegezeit oder in fremde Gärten, Weinberge oder Baumschulen über, so ist derjenige, welcher die Thiere hält, zur Zahlung von Ersatzgeld verpflichtet, ohne daß es eines Nachweises des Schadens bedarf.

Treten sonst Hausthiere dieser Arten in fremde Grundstücke über, so ist Ersatzgeld zu zahlen, wenn ein Schaden erweislich ist.

Die Verpflichtung, Ersatzgeld zu zahlen, tritt im Falle des Abs. 1 nicht ein, wenn die Möglichkeit einer Beschädigung des Grundstücks oder der getrennten, aber noch nicht abgeernteten Erzeugnisse ausgeschlossen war.

Als fremde Grundstücke sind die Grundstücke anzusehen, die derjenige, welcher die Thiere hält, für seine Hausthiere zu benutzen nicht berechtigt ist. Als Uebertritt gilt auch das Reiten und das Fahren.

Art. 2. Das Ersatzgeld beträgt bei Pferden, Eseln, Mauleseln, Maulthieren, Rindvieh und Schweinen 25 Pfennig für das Stück, bei Jungvieh einer dieser Arten, das weniger als ein Jahr alt ist, sowie bei Ziegen und Schafen 15 Pfennig für das Stück, bei Federvieh, das über drei Wochen alt ist, 5 Pfennig für das Stück.

Ist gleichzeitig eine Mehrzahl von Thieren übergetreten, so darf der Gesammtbetrag der zu entrichtenden Ersatzgelder bei Federvieh 10 Mark, bei anderen Thieren 20 Mark nicht übersteigen.

Art. 3. Sind Thiere, die von verschiedenen Personen gehalten werden, zu einer Heerde vereinigt, so haften im Falle des Uebertritts der Heerde diejenigen, welche die Thiere halten, als Gesammtschuldner.

Art. 4. Verlangt der Verletzte das Ersatzgeld, so ist die Geltendmachung eines weiteren Schadens ausgeschlossen.

Art. 5. Auf die Verjährung des Ersatzgeldanspruchs finden die Vorschriften im § 852 des Bürgerlichen Gesetzbuchs Anwendung.

Zweiter Abschnitt.

Pfändungsrecht.

Art. 6. Zur Sicherung des Anspruchs auf Schadensersatz oder Ersatzgeld können die übergetretenen Thiere gepfändet werden. Die Pfändung ist nur auf dem Grundstück oder bei sofortiger Verfolgung zulässig. Sie erfolgt durch Besitzergreifung.

Die Pfändung soll sich nur auf so viele Stücke erstrecken, als zur Sicherung des Anspruchs erforderlich sind.

Art. 7. Die Pfändung kann auch von Familienangehörigen oder Bediensteten sowie von den auf dem Grundstücke beschäftigten Arbeitsleuten des Verletzten vorgenommen werden.

Dieselbe Befugniß steht den für den Feldschutz aufgestellten öffentlichen Bediensteten zu.

Art. 8. Durch die Pfändung erwirbt der Verletzte ein Pfandrecht an den gepfändeten Thieren.

Das Pfandrecht geht allen Rechten vor, mit denen die gepfändeten Thiere zur Zeit der Pfändung belastet sind.

Derjenige, welcher die Thiere hält, kann jedes einzelne der gepfändeten Stücke dadurch von dem Pfandrechte befreien, daß er für den Anspruch des Verletzten bis zu dem Betrage des Werthes des Stückes Sicherheit leistet.

Art. 9. Die Pfändung ist binnen vierundzwanzig Stunden nach der Vornahme der Ortspolizeibehörde anzuzeigen, widrigenfalls das Pfandrecht sowie der Anspruch auf Ersatz der durch die Pfändung entstandenen Kosten erlischt. Bei der Anzeige ist der Betrag des Schadensersatzes oder des Ersatzgeldes anzumelden.

Die Ortspolizeibehörde hat demjenigen, welcher die gepfändeten Thiere hält, die Pfändung und den angemeldeten Ersatzanspruch mit dem Hinweise bekannt zu machen, daß der Pfandverkauf zu gewärtigen sei, wenn nicht vor dem Ablauf einer Woche der Pfandgläubiger befriedigt oder Klage auf Rückgabe der gepfändeten Thiere erhoben werde.

Die Ortspolizeibehörde kann die gepfändeten Thiere in Verwahrung nehmen.

Art. 10. Ist unbekannt, wer die gepfändeten Thiere hält, so hat die Ortspolizeibehörde auf Antrag die erforderlichen Ermittelungen zu veranstalten und nöthigen Falls die Pfändung öffentlich bekannt zu machen.

Die öffentliche Bekanntmachung muß die Angabe des Betrags des angemeldeten Ersatzanspruchs und den Hinweis enthalten, daß der Pfandverkauf zu gewärtigen sei, wenn nicht vor dem Ablaufe der in der Bekanntmachung bestimmten Frist der Pfandgläubiger befriedigt oder Klage auf

Rückgabe der gepfändeten Thiere erhoben werde. Die Frist wird von der Ortspolizeibehörde bestimmt; sie soll nicht weniger als zwei Wochen und nicht mehr als einen Monat betragen. Die Veröffentlichung der Bekanntmachung erfolgt nach den für die Bekanntmachung eines Fundes geltenden Vorschriften.

Die öffentliche Bekanntmachung der Pfändung hat auch zu erfolgen, wenn die im Artikel 9 Abs. 2 vorgeschriebene Bekanntmachung aus einem anderen als dem im Abs. 1 bezeichneten Grunde unthunlich ist.

Art. 11. Der Verkauf der gepfändeten Thiere ist erst zulässig, nachdem die Pfändung und der angemeldete Ersatzanspruch von der Ortspolizeibehörde demjenigen, welcher die Thiere hält, bekannt gemacht worden sind und seit der Bekanntmachung eine Woche verstrichen ist. Ist die Pfändung nach Artikel 10 öffentlich bekannt gemacht worden, so muß die in der Bekanntmachung bestimmte Frist verstrichen sein.

Wird vor dem Ablaufe der Frist die Klage auf Rückgabe der gepfändeten Thiere erhoben, so darf der Verkauf erst erfolgen, wenn die Klage rechtskräftig abgewiesen ist. Das Gericht kann auf Antrag die öffentliche Versteigerung der Thiere und die Hinterlegung des Erlöses durch einstweilige Verfügung anordnen.

Im Falle schuldhafter Verzögerung des Pfandverkaufs ist der Pfandgläubiger für den daraus entstehenden Schaden verantwortlich.

Art. 12. Die öffentliche Versteigerung der gepfändeten Thiere wird von der Ortspolizeibehörde vorgenommen.

Ist derjenige, welcher die Thiere hält, unbekannt oder nicht zu ermitteln, so finden, soweit der Erlös ihm gebührt, die für den Erlös aus gefundenen Sachen geltenden Vorschriften Anwendung.

Dritter Abschnitt.

Verfolgung von Ersatzansprüchen aus Feldpolizeiübertretungen.

Art. 13. In dem strafgerichtlichen Verfahren wegen Zuwiderhandlungen gegen die Vorschriften des § 368 Nr. 9 und des § 370 Nr. 1, 2 des Strafgesetzbuchs oder des Artikel 112, des Artikel 113 Ziff. 2, 3 und der Artikel 114 bis 121 des Polizeistrafgesetzbuchs kann auch die Verpflichtung zum Ersatze des durch die Zuwiderhandlung verursachten Schadens, in den Fällen der Artikel 1 bis 3 die Verpflichtung zur Zahlung von Ersatzgeld festgestellt werden.

Art. 14. Hat der Verletzte nicht erklärt, daß er sich die Verfolgung seines Anspruchs vorbehalte, so ist auf Antrag der Staatsanwaltschaft mit der Verurtheilung zur Strafe in dem Urtheil oder dem Strafbefehl auch die Verpflichtung des Verurtheilten und der nach den §§ 831, 832 des Bürgerlichen Gesetzbuchs oder nach Artikel 122 Abs. 2 des Polizeistrafgesetzbuchs verantwortlichen Personen zum Schadensersatz oder zur Zahlung von Ersatzgeld festzustellen.

Die Entscheidung über die Verpflichtung zum Schadensersatz oder zur Zahlung von Ersatzgeld steht in Ansehung des Verfahrens, insbesondere der Rechtsmittel der Entscheidung über die Verhängung einer Geldstrafe gleich.

Der Verletzte gilt in dem strafgerichtlichen Verfahren nicht als Betheiligter.

Die Kosten des Verfahrens sind auch insoweit, als sie auf die Entscheidung über den Schadensersatzanspruch oder den Ersatzgeldanspruch erwachsen, als Kosten des Strafverfahrens zu behandeln.

Art. 15. Die Vollstreckung der rechtskräftigen Urtheile und Strafbefehle erfolgt auch in Ansehung des Schadensersatzes oder des Ersatzgeldes von Amtswegen.

Die Vorschriften über die Beitreibung von Geldstrafen finden entsprechende Anwendung.

Art. 16. Kann der zu zahlende Betrag nur theilweise beigetrieben werden, so wird der gezahlte Betrag zunächst auf die Kosten, dann auf den Schadensersatz oder das Ersatzgeld und zuletzt auf die Geldstrafe angerechnet.

Art. 17. Soweit der Schadensersatz oder das Ersatzgeld nicht beigetrieben werden kann, wird dem Verletzten auf Antrag eine vollstreckbare Ausfertigung des Urtheils oder des Strafbefehls zum Zwecke der Zwangsvollstreckung wegen des Ausfalls ertheilt. Die Ertheilung erfolgt auf Grund eines Zeugnisses der Beitreibungsbehörde über die Uneinbringlichkeit. In der Vollstreckungsklausel ist der beigetriebene Betrag anzugeben.

Für das Zeugniß über die Uneinbringlichkeit und die Ertheilung der vollstreckbaren Ausfertigung werden Gebühren nicht erhoben.

Art. 18. Soweit der Strafrichter in dem rechtskräftigen Urtheil oder Strafbefehl dem Anspruch auf Ersatzgeld oder Schadensersatz stattgegeben hat, ist eine anderweitige Verfolgung des Anspruchs ausgeschlossen. Ist der Verletzte mit dem Betrage, den ihm der Strafrichter zugesprochen hat, nicht zufrieden, so kann er den beanspruchten Mehrbetrag im Civilrechtswege geltend machen.

Ebenso kann er seinen Anspruch im Civilrechtswege verfolgen, wenn der Strafrichter die Zuerkennung von Schadensersatz oder Ersatzgeld abgelehnt oder unterlassen hat.

Vierter Abschnitt.

Vorschriften zum Schutze der Fischwasser.

Art. 19. Dringen Enten in fremdes fließendes Fischwasser während der Schonzeit der darin hauptsächlich vorkommenden Fischarten oder in fremde Fischteiche ein, so ist derjenige, welcher die Enten hält, zur Zahlung von Ersatzgeld verpflichtet.

Die Verpflichtung tritt nicht ein, wenn die Möglichkeit einer Beschädigung der Fische oder der Fischbrut ausgeschlossen war.

Als fremdes Fischwasser ist das Fischwasser anzusehen, in das derjenige, welcher die Enten hält, sie einzulassen nicht berechtigt ist.

Die Artikel 2 bis 18 dieses Gesetzes finden entsprechende Anwendung; dabei tritt an die Stelle des im Artikel 13 bezeichneten strafgerichtlichen Verfahrens das strafgerichtliche Verfahren wegen Zuwiderhandlungen gegen die im Artikel 126 Abs. 1 Nr. 1 des Polizeistrafgesetzbuchs vorbehaltenen Vorschriften der Fischereiordnungen.

Schlußbestimmungen.

Art. 20. Dieses Gesetz tritt am 1. April 1902 in Kraft.

Die in den einzelnen Landestheilen geltenden Vorschriften über das Privatpfändungsrecht werden aufgehoben.

Art. 21. Für den Fall des Uebertretens von Hausthieren auf Waldgrundstücke verbleibt es bei den Vorschriften der Forstgesetze.

Gegeben zu München, den 6. März 1902.

Luitpold, Prinz von Bayern, des Königreichs Bayern Verweser.

Dr. **Graf v. Crailsheim.** Dr. **Frhr. v. Riedel.** Dr. **Frhr. v. Feilitzsch.**
Dr. **Frhr. v. Leonrod.** **Frhr. v. Asch.** Dr. **v. Landmann.**

Auf Allerhöchsten Befehl: Der Ministerialrath im K. Staatsministerium des Innern:
Dr. Proebst.

22. Gesetz, die Zwangserziehung betr., vom 10. Mai 1902.

(G.V.Bl. 1902 S. 180—185.)

Im Namen Seiner Majestät des Königs. **Luitpold,** von Gottes Gnaden Königlicher Prinz von Bayern, **Regent.**

Wir haben nach Vernehmung des Staatsrathes mit Beirath und Zustimmung der Kammer der Reichsräthe und der Kammer der Abgeordneten beschlossen und verordnen, was folgt:

Art. 1. Das Vormundschaftsgericht kann zum Zwecke der Erziehung eines Minderjährigen dessen Unterbringung in einer geeigneten Familie oder in einer Erziehungs- oder Besserungsanstalt auf öffentliche Kosten (Zwangserziehung) anordnen,

1. wenn die Voraussetzungen des § 1666 oder des § 1838 des Bürgerlichen Gesetzbuchs vorliegen und die Zwangserziehung erforderlich ist, um die sittliche oder körperliche Verwahrlosung des Minderjährigen zu verhüten;
2. wenn der Minderjährige eine strafbare Handlung begangen hat, wegen deren er in Anbetracht seines jugendlichen Alters strafrechtlich nicht verfolgt werden kann, und mit Rücksicht auf die Beschaffenheit der Handlung, die Persönlichkeit der Eltern oder sonstigen Erzieher und die übrigen Lebensverhältnisse des Minderjährigen seiner weiteren sittlichen Verwahrlosung nur durch die Zwangserziehung vorgebeugt werden kann;
3. wenn die Zwangserziehung zur Verhütung des völligen sittlichen Verderbens des Minderjährigen nothwendig ist.

Die Zwangserziehung soll nach Vollendung des sechzehnten Lebensjahres eines Minderjährigen nur in besonderen Fällen angeordnet werden.

Art. 2. Die Staatsanwaltschaften, die Polizeibehörden und die Schulbehörden sind verpflichtet, die zu ihrer Kenntniß gelangenden Thatsachen, welche die Zulässigkeit der Zwangserziehung begründen, dem Vormundschaftsgerichte mitzutheilen.

Art. 3. Vor der Anordnung der Zwangserziehung hat das Vormundschaftsgericht, wenn es ohne erhebliche Verzögerung und ohne unverhältnißmäßige Kosten geschehen kann, die Eltern und den gesetzlichen Vertreter des Minderjährigen, sowie den Minderjährigen selbst, wenn er das vierzehnte Lebensjahr vollendet hat, ferner das Pfarramt und, sofern der Minderjährige noch eine Schule besucht, die zuständige Schulbehörde zu hören.

Die Akten sind sodann der Distriktsverwaltungsbehörde zur Aeußerung mitzutheilen. Die Distriktsverwaltungsbehörde hat der Heimatgemeinde und, wenn der Minderjährige in Bayern eine Heimat nicht besitzt, dem

Kreisfiskalate Gelegenheit zu geben, sich über die Anordnung und die Art der Zwangserziehung zu äußern.

Art. 4. Das Vormundschaftsgericht hat über die Anordnung der Zwangserziehung einen förmlichen Beschluß zu fassen, in welchem der Eintritt der gesetzlichen Voraussetzungen unter Bezeichnung der für erwiesen erachteten Thatsachen festzustellen ist.

Bei Gefahr auf Verzug kann das Vormundschaftsgericht, auch bevor das Verfahren abgeschlossen ist, durch einen schriftlichen, mit Gründen versehenen Bescheid eine vorläufige Unterbringung anordnen.

Die Verfügung des Vormundschaftsgerichts, durch welche die Zwangserziehung oder die vorläufige Unterbringung angeordnet wird, ist den Eltern und dem gesetzlichen Vertreter des Minderjährigen, dem Minderjährigen selbst, wenn er das vierzehnte Lebensjahr vollendet hat, der Distriktsverwaltungsbehörde und der Heimatgemeinde zuzustellen und kann von ihnen mit sofortiger Beschwerde angefochten werden. Die Beschwerde gegen die die Zwangserziehung anordnende Verfügung hat aufschiebende Wirkung.

Art. 5. Der Vollzug der gerichtlichen Anordnung, insbesondere die Entscheidung darüber, ob der Minderjährige in einer Familie oder in einer Erziehungs- oder Besserungsanstalt unterzubringen ist, obliegt der Distriktsverwaltungsbehörde.

Auf das Glaubensbekenntniß des Minderjährigen muß bei der Auswahl der Familie oder der Anstalt Rücksicht genommen werden.

Art. 6. Die Aufhebung der Zwangserziehung erfolgt durch Beschluß des Vormundschaftsgerichts. Das Vormundschaftsgericht hat die Zwangserziehung aufzuheben, wenn die Voraussetzungen der Anordnung weggefallen sind. Die Aufhebung kann unter dem Vorbehalte des Widerrufs beschlossen werden. Vor der Entscheidung ist die Distriktsverwaltungsbehörde zu hören.

Der die Zwangserziehung aufhebende Beschluß ist der Distriktsverwaltungsbehörde bekannt zu machen. Dieser steht die sofortige Beschwerde mit aufschiebender Wirkung zu.

Auch ohne Anordnung des Vormundschaftsgerichts ist die Distriktsverwaltungsbehörde berechtigt, die vorläufige Entlassung aus der Zwangserziehung zu verfügen.

Ueber das achtzehnte Lebensjahr des Minderjährigen hinaus soll die Zwangserziehung nur in besonderen Fällen fortgesetzt werden.

Art. 7. Die Distriktsverwaltungsbehörde hat von der Unterbringung und von der vorläufigen Entlassung dem Vormundschaftsgerichte und von der Unterbringung in einer Familie auch dem Gemeindewaisenrathe Kenntniß zu geben.

Der Gemeindewaisenrath hat über die Erziehung der in Familien untergebrachten Minderjährigen, auch wenn sie nicht unter Vormundschaft stehen, zu wachen und auf Erfordern der Distriktsverwaltungsbehörde Auskunft zu ertheilen, sowie dieser auch unaufgefordert etwaige Mängel anzuzeigen.

Der Gemeindewaisenrath kann zu diesem Zwecke die Mitwirkung der Waisenpflegerinnen in Anspruch nehmen.

Art. 8. Die Kosten der Zwangserziehung sind vorläufig von der Heimatgemeinde des Minderjährigen oder, wenn dieser in Bayern eine Heimat nicht besitzt, von der Staatskasse zu bestreiten.

Besitzt der Minderjährige Vermögen oder erwirbt er binnen zehn Jahren nach der Aufhebung der Zwangserziehung ein Vermögen, welches ihm unbeschadet der Sicherstellung des Lebensunterhaltes die Ersatzleistung ermöglicht, so ist er zum Ersatze der Kosten der Zwangserziehung verpflichtet. Desgleichen haben diejenigen, welche dem Minderjährigen gegenüber nach den Vorschriften des Bürgerlichen Gesetzbuchs während der Dauer der Zwangserziehung unterhaltspflichtig sind, Ersatz der Kosten zu leisten.

In Ermanglung zahlungsfähiger Verpflichteter kann die Heimatgemeinde beanspruchen, daß ihr ein Fünftel der Kosten von der Distriktsgemeinde und zwei Fünftel der Kosten von der Staatskasse ersetzt werden.

Die Kosten einer vorläufigen Unterbringung sind, wenn die Zwangserziehung demnächst nicht angeordnet wird, von der Staatskasse zu tragen und, soweit dieselben von dem Minderjährigen oder einem Unterhaltspflichtigen, von der Heimatgemeinde oder der Distriktsgemeinde bestritten worden sind, zu ersetzen.

Art. 9. Streitigkeiten über die in Art. 8 Abs. 1, 3, 4 begründeten Ansprüche und Verbindlichkeiten werden von den Distriktsverwaltungsbehörden in erster und von den K. Regierungen, Kammern des Innern, in zweiter Instanz entschieden.

Gegen die Entscheidungen der K. Regierungen, Kammern des Innern, ist Beschwerde nach Art. 45 des Gesetzes vom 8. August 1878, betreffend die Errichtung eines Verwaltungsgerichtshofes und das Verfahren in Verwaltungsrechtssachen, zulässig.

Art. 10. Auf Antrag der Heimatgemeinde oder des Kreisfiskalates können die Eltern und Großeltern des Minderjährigen durch Beschluß der Distriktsverwaltungsbehörde angehalten werden, nach Maßgabe ihrer Unterhaltspflicht die Kosten der Zwangserziehung zu bestreiten und die hiefür gemachten Aufwendungen zu ersetzen. Das Gleiche gilt in Ansehung eines unehelichen Kindes von dem Vater, sofern er seine Vaterschaft nach § 1718 des Bürgerlichen Gesetzbuchs anerkannt hat, oder seine Unterhaltspflicht in einem vollstreckbaren Titel festgestellt ist.

Gegen den Beschluß der Distriktsverwaltungsbehörde kann binnen vierzehn Tagen Beschwerde zur K. Regierung, Kammer des Innern, ergriffen werden, welche vorbehaltlich des Rechtswegs endgiltig entscheidet.

Die Entscheidung der Verwaltungsbehörde ist vorläufig vollstreckbar.

Erfolgt durch rechtskräftiges gerichtliches Urtheil eine abändernde Entscheidung, so hat die Heimatgemeinde oder, wenn der Minderjährige in Bayern eine Heimat nicht besitzt, die Staatskasse dem in Anspruch genommenen Angehörigen das bis dahin Geleistete beziehungsweise das zu viel Geleistete und die Prozeßkosten, soweit diese nicht ihm selbst auferlegt sind, zu ersetzen. Im Weigerungsfalle ist die Heimatgemeinde hiezu im Aufsichtswege anzuhalten. Die Heimatgemeinde kann ihrerseits Ersatz nach Maßgabe des Art. 8 Abs. 3 beanspruchen.

Art. 11. Die den Gemeinden und den Distriktsgemeinden, sowie dem Staate durch die Zwangserziehung Minderjähriger erwachsenden Kosten gelten in keiner Hinsicht als Armenunterstützungen.

Art. 12. Soweit nicht in diesem Gesetze ein Anderes vorgeschrieben ist, sind für die Zuständigkeit und das Verfahren in Angelegenheiten der Zwangserziehung die allgemeinen gesetzlichen Vorschriften, insbesondere für die Zuständigkeit und das Verfahren der Gerichte die für Vormundschaftssachen geltenden Vorschriften maßgebend.

Die örtliche Zuständigkeit der Distriktsverwaltungsbehörde bestimmt sich nach der Heimat des Minderjährigen oder, wenn dieser in Bayern eine Heimat nicht besitzt, nach demjenigen Orte, an welchem die Zuständigkeit des Vormundschaftsgerichts begründet ist. In München ist die K. Polizeidirektion zuständig.

Für die Verhandlungen in Angelegenheiten der Zwangserziehung kommen Gebühren und Porti nicht in Ansatz. Die baaren Auslagen werden aus der Staatskasse bestritten. Die durch unbegründete Anträge und Einwendungen verursachten Kosten können den Betheiligten überbürdet werden.

Art. 13. Mit Geldstrafe bis zu einhundert fünfzig Mark oder mit Haft wird bestraft, wer einen zur Zwangserziehung in einer Familie oder in einer Anstalt untergebrachten Minderjährigen unbefugt entfernt oder zur Entfernung verleitet.

Art. 14. Vorstehender Artikel findet auch bei Unterbringung von Minderjährigen auf Grund des § 56 und des § 362 Abs. 3 Satz 2 des Reichsstrafgesetzbuches Anwendung.

Im Uebrigen sind für solche Fälle die zum Vollzuge dieser Bestimmungen erlassenen oder künftig zu erlassenden Ministerialvorschriften maßgebend. Die Kosten der Unterbringung trägt in diesen Fällen die Staatskasse.

Art. 15. Gegenwärtiges Gesetz tritt am 1. Juli 1902 in Kraft.

Gegeben zu München den 10. Mai 1902.

Luitpold, Prinz von Bayern, des Königreichs Bayern Verweser.

Dr. **Graf v. Crailsheim.** Dr. **Frhr. v. Riedel.** Dr. **Frhr. v. Feilitzsch.** Dr. **Frhr. v. Leonrod. Frhr. v. Asch.** Dr. **v. Landmann.**

Auf Allerhöchsten Befehl: Der Ministerialrath im K. Staatsministerium des Innern:
Dr. Proebst.

23. Gesetz, das Nachlaßwesen betreffend, vom 9. August 1902.[1]

(G.V.Bl. 1902 S. 463—469.)

Im Namen Seiner Majestät des Königs. **Luitpold,** von Gottes Gnaden Königlicher Prinz von Bayern, **Regent.**

Wir haben nach Vernehmung des Staatsrathes mit Beirath und Zustimmung der Kammer der Reichsräthe und der Kammer der Abgeordneten beschlossen und verordnen, was folgt:

1. Erstattung der Todesanzeigen.

Art. 1. Der Standesbeamte hat dem Amtsgericht, in dessen Bezirk er seinen Amtssitz hat, jeden Todesfall anzuzeigen, der ihm gemäß § 56 des Gesetzes über die Beurkundung des Personenstandes und die Eheschließung vom 6. Februar 1875 angezeigt wird. Die Staatsministerien der Justiz und des Innern können über die Erstattung der Anzeigen allgemeine Anordnungen treffen.

Von einer Todeserklärung hat das Amtsgericht dem Nachlaßgerichte Mittheilung zu machen.

2. Eröffnung der Verfügungen von Todeswegen.

Art. 2. Für die Eröffnung einer Verfügung von Todeswegen sind die Amtsgerichte zuständig.

Befindet sich jedoch die Verfügung von Todeswegen verschlossen in der amtlichen Verwahrung eines bayerischen Notars und hat dieser seinen Amtssitz an einem anderen Orte als das Nachlaßgericht, so liegt dem Notar an Stelle des Nachlaßgerichts die Eröffnung der Verfügung von Todeswegen ob. Die Verfügung ist nebst einer beglaubigten Abschrift des über die Eröffnung aufgenommenen Protokolls dem Nachlaßgerichte zu übersenden; eine beglaubigte Abschrift der Verfügung ist zurückzubehalten.

3. Amtliche Vermittelung der Auseinandersetzung in Ansehung eines Nachlasses.

Art. 3. Das Nachlaßgericht hat den Erben von Amtswegen zu ermitteln.

Art. 4. Ergeben die Ermittelungen, daß mehrere Erben vorhanden sind, so hat das Nachlaßgericht, sofern die Auseinandersetzung in Ansehung des Nachlasses zwischen ihnen nicht innerhalb der Frist von zwei Monaten seit dem Eintritte des Erbfalls, im Falle der Erbfolge auf Grund einer Verfügung von Todeswegen seit der Eröffnung der Verfügung bewirkt ist, die Auseinandersetzung zwischen den Betheiligten von

---

[1] Vgl. J.M.Bl. v. 20. März 1903, das Nachlaßwesen betr., J.M.Bl. 1903 S. 111.

Amtswegen zu vermitteln. Die Frist kann von dem Nachlaßgerichte verlängert werden, wenn ihre Einhaltung nach den Umständen des Falles nicht möglich oder nicht thunlich ist. Solange die Auseinandersetzung nach den §§ 2043 bis 2045 des Bürgerlichen Gesetzbuchs ausgeschlossen oder aufgeschoben ist, läuft die Frist nicht. Im Falle der Todeserklärung beginnt die Frist nicht vor der Erlassung des die Todeserklärung aussprechenden Urtheils.

Die Vermittelung unterbleibt, sofern ein zur Bewirkung der Auseinandersetzung berechtigter Testamentsvollstrecker vorhanden ist oder vor der Einleitung der amtlichen Vermittelung der Antrag auf Vermittelung gestellt wird oder sämmtliche Erben erklären, daß sie sich nicht auseinandersetzen wollen.

Art. 5. Zum Zwecke der Vermittelung der Auseinandersetzung hat das Nachlaßgericht die Theilungsmasse von Amtswegen festzustellen. Das Nachlaßgericht kann, wenn die Betheiligten die zur Feststellung der Theilungsmasse erforderlichen Angaben nicht binnen angemessener Frist machen, die Aufnahme eines Nachlaßverzeichnisses anordnen.

Art. 6. Nach der Feststellung der Theilungsmasse soll das Nachlaßgericht, wenn ein Grundstück zu dem Nachlasse gehört, die Vermittelung der Auseinandersetzung, sofern die Betheiligten die Wahl eines Notars vereinbaren, diesem, anderenfalls einem Notar, der im Bezirk oder am Sitze des Nachlaßgerichts aufgestellt ist, überweisen. Auf Antrag sämmtlicher Betheiligter ist die Vermittelung einem Notar auch dann zu übertragen, wenn ein Grundstück nicht zum Nachlasse gehört.

Durch die Ueberweisung gehen auf den Notar die Verrichtungen über, die nach den Vorschriften der §§ 89 bis 95 des Gesetzes über die Angelegenheiten der freiwilligen Gerichtsbarkeit dem Amtsgerichte zustehen. Bei den nach den Vorschriften der Civilprozeßordnung erfolgenden Zustellungen liegen dem Notar auch die Verrichtungen des Gerichtsschreibers ob. Der Notar ist auch für die Festsetzung der einem Betheiligten zu erstattenden Kosten zuständig.

Art. 7. Im Uebrigen finden auf die Auseinandersetzung die Vorschriften der §§ 88 bis 98 des Gesetzes über die Angelegenheiten der freiwilligen Gerichtsbarkeit mit der Maßgabe Anwendung, daß das Nachlaßgericht und, wenn die Vermittelung einem Notar überwiesen ist, dieser bei der im § 89 bestimmten Ladung der Betheiligten zu dem Verhandlungstermine die Betheiligten und die Theilungsmasse zu bezeichnen haben.

4. Vermittelung der Auseinandersetzung in Ansehung eines Nachlasses oder eines Gesammtguts auf Antrag eines Betheiligten.

Art. 8. Für die Vermittelung der Auseinandersetzung in Ansehung eines Nachlasses oder in Ansehung des Gesammtguts einer aufgehobenen ehelichen oder fortgesetzten Gütergemeinschaft auf Antrag eines Betheiligten sind neben den Amtsgerichten die Notare zuständig.

Der Antrag kann, sofern nicht die Betheiligten die Wahl eines anderen Notars vereinbaren, nur bei einem Notar gestellt werden, der im Bezirk oder am Sitze des für die Vermittelung zuständigen Gerichts aufgestellt ist.

Wird der Antrag bei dem Amtsgerichte gestellt, so soll dieses, wenn ein Grundstück zum Nachlaß oder zum Gesammtgute gehört, die Vermittelung nach der Ermittelung der Erben und der Feststellung der Theilungsmasse, sofern die Betheiligten die Wahl eines Notars vereinbaren, diesem, anderenfalls einem Notar, der im Bezirk oder am Sitze des Amtsgerichts aufgestellt ist, überweisen.

Soweit dem Notar die Vermittelung obliegt, ist er für die Verrichtungen zuständig, die nach den §§ 87, 89 bis 95 des Gesetzes über die Angelegenheiten der freiwilligen Gerichtsbarkeit dem Amtsgerichte zustehen. Bei den nach den Vorschriften der Civilprozeßordnung erfolgenden Zustellungen liegen ihm auch die Verrichtungen des Gerichtsschreibers ob. Der Notar ist auch für die Festsetzung der einem Betheiligten zu erstattenden Kosten zuständig.

5. Ertheilung der in den §§ 37, 38 der Grundbuchordnung bezeichneten Zeugnisse und ähnlicher Bescheinigungen.

Art. 9. Hat das Nachlaßgericht einen Erbschein über das Erbrecht sämmtlicher Erben oder ein Zeugniß über die Fortsetzung der Gütergemeinschaft ertheilt, so ist der Notar, welcher die Auseinandersetzung vermittelt hat, auch für die Ertheilung der in den §§ 37, 38 der Grundbuchordnung bezeichneten Zeugnisse zuständig. Anderenfalls ist für die Ertheilung der Zeugnisse nur das Nachlaßgericht zuständig.

Für die Ausstellung der nach den Gesetzen über das Reichsschuldbuch oder das Staatsschuldbuch eines Bundesstaats beizubringenden Bescheinigung, daß der Rechtsnachfolger über die eingetragene Forderung zu verfügen berechtigt ist, ist auch der Notar, vor welchem die Auseinandersetzung erfolgt ist, zuständig.

6. Gebühren in Nachlaß- und Theilungssachen.

Art. 10. Das Gesetz über das Gebührenwesen in der Fassung der Bekanntmachung vom 11. November 1899 wird dahin geändert:

I. Dem Artikel 94 werden folgende Vorschriften als Abs. 3, 4 beigefügt:

Wird der Antrag auf Vermittelung zurückgenommen oder endigt das Verfahren, weil ein Betheiligter im Termine der Vermittelung widerspricht, so wird ein Drittel, wenn aber das Gericht bereits den Vertheilungsplan aufgestellt hatte, die Hälfte der im Abs. 1 bestimmten Gebühr erhoben. Das Gleiche gilt, wenn das Verfahren für beruhend erklärt wird, weil im Termine kein Betheiligter erschienen und das Verfahren seitdem mehr als sechs Monate lang nicht betrieben worden ist.

Endigt das gerichtliche Verfahren mit der Verweisung der Auseinandersetzung an einen Notar, so wird eine Gebühr für das gerichtliche Vermittelungsverfahren nicht erhoben, wenn die Auseinandersetzung innerhalb eines Jahres seit der Verweisung vor dem Notar erfolgt. Anderenfalls wird für das gerichtliche Vermittelungsverfahren $^1/_{10}$ der Sätze des § 8 des Reichs-Gerichtskostengesetzes aus dem Werthe des reinen Nachlasses erhoben; diese Gebühr wird jedoch, wenn später die Auseinandersetzung vor dem Notar erfolgt, auf die Gebühr aus Art. 165 angerechnet. Das Gericht kann die im Satz 1 bezeichnete Frist auf Antrag oder von Amtswegen verlängern.

II. Der Artikel 96 erhält folgende Fassung:

Für die Ertheilung eines Erbscheins einschließlich des vorangehenden Verfahrens werden $^2/_{10}$ und, wenn der Ehegatte oder ein Abkömmling des Erblassers Erbe ist, $^1/_{10}$ der Sätze des § 8 des Reichs-Gerichtskostengesetzes erhoben.

Die Berechnung der Gebühr erfolgt aus dem Werthe des Nachlasses nach Abzug der Schulden. Die Gebühr für den einem Vorerben ertheilten Erbschein wird aus dem Betrage berechnet, aus welchem ein Vorerbe nach den Vorschriften des Erbschaftssteuergesetzes die Erbschaftssteuer zu entrichten hat.

Ist der Erbe nur zu einem Theile der Erbschaft berufen und der Erbschein nur über die Größe dieses Erbtheils zu ertheilen oder ist die Ertheilung des Erbscheins nur für bestimmte Gegenstände beantragt, so erfolgt die Erhebung der Gebühr nur aus dem Werthe dieses Theiles oder dieser Gegenstände. Wird über mehrere Erbfälle ein Erbschein ertheilt, so werden die Beträge der Nachlässe zusammengerechnet.

Die auf den Ehegatten oder einen Abkömmling des Erblassers treffende Gebühr für den Erbschein wird, wenn nach seiner Ertheilung die Auseinandersetzung in Ansehung des Nachlasses erfolgt, auf die nach Art. 146 Ziff. 1 b oder Art. 147 geschuldete Gebühr zur Hälfte angerechnet.

III. Dem Artikel 98 wird folgender Satz 3 beigefügt:

Bei der Berechnung der Gebühr für das Zeugniß über die Fortsetzung der Gütergemeinschaft tritt an die Stelle des Nachlasses der halbe Werth des Gesammtguts der fortgesetzten Gütergemeinschaft nach Abzug der Schulden; sofern dem überlebenden Ehegatten von der gütergemeinschaftlichen Masse ein anderer Bruchtheil als die Hälfte zufällt, wird das Gesammtgut zu diesem Bruchtheil in Ansatz gebracht.

IV. Der Artikel 99 erhält folgende Fassung:

Für die nach den Gesetzen über das Reichsschuldbuch oder das Staatsschuldbuch eines Bundesstaats beizubringende Bescheinigung, daß der Rechtsnachfolger über die eingetragene Forderung zu verfügen berechtigt ist, sowie für das im Art. 51 des Ausführungsgesetzes zum Bürgerlichen Gesetzbuche bezeichnete Zeugniß wird eine Gebühr von $^1/_{10}$ der Sätze des § 8 des Reichs-Gerichtskostengesetzes bis zum Meistbetrage von 10 ℳ erhoben. Die Gebühr wird nach dem Betrage der Forderung berechnet.

Die Gebühr wird, wenn ein Verfahren zum Zwecke der Vermittelung der Auseinandersetzung stattfindet, auf die für dieses zu entrichtende Gebühr angerechnet.

Die in den §§ 37, 38 der Grundbuchordnung bezeichneten Bescheinigungen sind gebührenfrei.

V. Im Artikel 101 erhalten der Satz 2 des Abs. 1 und der Abs. 2 folgende Fassung:

Die Berechnung der Gebühr erfolgt aus dem Werthe des Nachlasses nach Abzug der Schulden. Wenn nur einzelne Theile des Nachlasses Gegenstand der Sicherung sind, wird der Berechnung der Gebühr der Werth dieser Theile zu Grunde gelegt, sofern er geringer ist als der Werth des ganzen Nachlasses nach Abzug der Schulden.

Die Gebühr des Abs. 1 wird auf die Gebühr des Art. 94 angerechnet.

VI. Der Artikel 103 erhält folgende Fassung:

Wird eine Nachlaßverwaltung oder eine Gesammtgutsverwaltung angeordnet, so finden die Vorschriften des Art. 102 mit der Maßgabe Anwendung, daß 6/10 der Sätze des § 8 des Reichs-Gerichtskostengesetzes erhoben werden.

VII. Im Artikel 104 erhält

1. der Eingang folgende Fassung:

Für die Entgegennahme von Erklärungen, Anmeldungen und Anzeigen, welche nach gesetzlicher Vorschrift dem Nachlaßgerichte gegenüber abgegeben werden müssen, Seitens des Nachlaßgerichts . . . .

2. An die Stelle des Abs. 1 Satz 2 tritt folgende Vorschrift:

Findet die Entgegennahme in einem in diesem Unterabschnitte bezeichneten Verfahren statt, so wird eine Gebühr nicht erhoben.

VIII. Im Artikel 105 wird zwischen Satz 1 und Satz 2 folgender Satz eingeschaltet:

Finden diese Handlungen in Verbindung mit einem in diesem Unterabschnitte bezeichneten Verfahren statt, so wird eine Gebühr nicht erhoben.

IX. Im Artikel 106 werden nach dem Worte „Nachlaßinventars" die Worte:

„oder eines Nachlaßverzeichnisses"

eingeschaltet.

X. Der Eingang des Artikel 111 hat zu lauten:

Testamente und Erbverträge unterliegen ohne Rücksicht auf den Ort ihrer Errichtung bei ihrer Eröffnung einer besonderen Gebühr . . . . .

XI. Dem Artikel 165 wird folgender neuer Absatz angefügt:

Für die von dem Notar erfolgte Ertheilung der im Art. 99 bezeichneten Zeugnisse und Bescheinigungen wird eine Gebühr nicht erhoben.

7. Schlußbestimmungen.

Art. 11. Der Artikel 104 des Ausführungsgesetzes zum Bürgerlichen Gesetzbuch und der Satz 2 des Artikel 1 Abs. 2 des Notariatsgesetzes werden aufgehoben.

Im Artikel 132 des Ausführungsgesetzes zum Bürgerlichen Gesetzbuche wird der Eingang dahin geändert:

Die Kosten der Auseinandersetzung in Ansehung eines Nachlasses oder des Gesammtguts einer aufgehobenen ehelichen oder fortgesetzten Gütergemeinschaft fallen . . . . .

Art. 12. Dieses Gesetz tritt am 1. Oktober 1902 in Kraft. Für die vor diesem Zeitpunkt eingetretenen Erbfälle bleiben die bisherigen Gesetze maßgebend.

Gegeben zu Vorderriß, den 9. August 1902.

Luitpold, Prinz von Bayern, des Königreichs Bayern Verweser.

Dr. **Graf v. Crailsheim.** Dr. **Frhr. v. Riedel.** Dr. **Frhr. v. Feilitzsch.** **Frhr. v. Asch.**
Staatsrath **v. Heller.** Staatsrath **v. Schraut.**

Auf Allerhöchsten Befehl: Der Ministerialrath im K. Staatsministerium des Innern:
Dr. Proebst.

Register.

Die fettgedruckten Zahlen bedeuten die fortlaufenden Nummern, unter welchen die betr. Gesetze 2c. in der Sammlung aufgeführt sind, die anderen Zahlen bedeuten die betr. Artikel oder Paragraphen.

A.

H.

J.

K.

L.

M.

N.

O.

P.

T.

U.

V.

W.

Z.

Kolibri 360 GmbH
Ferdinand-Jühlke-Straße 7
99095 Erfurt, Deutschland
produktsicherheit@kolibri360.de